2021—2023年广东省中小学三科统编教材“铸魂工程”专项成果

中小学思政课、语文、历史
三科协同铸魂育人的探索

广东省教育研究院　编

项目组负责人：钟守权　吴晓军

项 目 组 成 员：冯善亮　杨建国　陈式华　陈家运

广东高等教育出版社
Guangdong Higher Education Press
·广州·

图书在版编目（CIP）数据

中小学思政课、语文、历史三科协同铸魂育人的探索/广东省教育研究院编. —广州：广东高等教育出版社，2024.3
ISBN 978-7-5361-7654-6

Ⅰ. ①中… Ⅱ. ①广… Ⅲ. ①政治课-教学研究-中小学 ②语文课-教学研究-中小学 ③历史课-教学研究-中小学 Ⅳ. ①G633

中国国家版本馆 CIP 数据核字（2024）第 051114 号

ZHONGXIAOXUE SIZHENGKE YUWEN LISHI
SANKE XIETONG ZHUHUN YUREN DE TANSUO

出版发行	广东高等教育出版社 地址：广州市天河区林和西横路 邮编：510500　电话：（020）87551597 http://www.gdgjs.com.cn
印　　刷	广州希扬印刷有限公司
开　　本	787 毫米×1 092 毫米　1/16
印　　张	24
字　　数	509 千
版　　次	2024 年 3 月第 1 版
印　　次	2024 年 3 月第 1 次印刷
定　　价	80.00 元

目 录

教学课例

论　文

实践案例

教学课例

中小学思政课

弘扬岭南优秀传统文化

作者：梁芸钰（广东省教育研究院黄埔实验学校）
来源：GDJY－2021－A－a15 义务教育统编教材三科协同共育教学实践研究

课例名称：弘扬岭南优秀传统文化	学科学段：中小学三科
课时教学设计理念	
一、基于核心素养，融入跨学科思维 所有学科或学习领域均应体现“综合育人原则，不断提高课程内容的适切性”。本课时依托三科统编教材协同共育，打造“课程思政”合力，融入语文、历史学科，推动课程从知识传授向培根铸魂提升转变。 **二、依托特色项目，开发校本课程** 我校醒狮社团多次在全省龙狮比赛中获一等奖，在地区有较大影响力。依托该特色项目，以本校的醒狮文化为载体，整合校内校外资源，融合醒狮文化的历史和八年级语文上册学习的新闻采访知识开发“弘扬岭南优秀传统文化”的校本课程。 **三、基于课程标准，确定教学目标** 《义务教育课程方案（2022 年版）》明确了义务教育阶段的培养目标，落实立德树人根本任务，强调育人为本。本节道德与法治课，除了要研究道德与法治学科的课程标准，还要研究语文和历史的课程标准，树立协同育人理念，确定教学目标。 **四、以学生为主体，促进知行合一** 学生应该是积极建构知识的主体。学生通过自主搜集资料（融合历史）、新闻采访（融合语文），自主、合作和探究学习，以道德与法治学科为主导，融入学科思维，将学习延伸至课堂之外，促进知行合一，从而达到铸造中国魂的目的，为实现中华民族伟大复兴提供动力之源。	

续表

课时教学内容分析
本课是铸魂工程统编教材三科协同共育校本课程“弘扬岭南优秀传统文化”的内容，主要是以本校的醒狮文化这项岭南优秀传统文化为切入点，通过引导学生学习醒狮文化的起源、创造以及背后的精神力量，引导学生自觉弘扬岭南优秀传统文化遗产，培养民族自豪感，坚定文化自信，从而实现培养担当民族复兴大任的时代新人的目标。
课时学情分析
八年级的学生对于岭南优秀传统文化有一定的感性认识，但是对岭南优秀传统文化的内涵以及其背后深层次的意义了解不够，影响他们对博大精深的中华文化的认同感，从而没有形成主动传承优秀传统文化的意识。
课时教学目标
1. 搜集岭南优秀传统文化的代表性成果。 2. 了解醒狮的基本常识，并感受其魅力及精神内涵。 3. 感受中华文化的力量，增强对岭南优秀传统文化的认同，从而增强文化自信，能以自觉的行动弘扬中华优秀传统文化。
课时教学重点、难点
1. 教学重点：弘扬岭南优秀传统文化，增强文化自信，以自觉的行动弘扬中华优秀传统文化。 2. 教学难点：感受醒狮文化的魅力及精神内涵，增强文化认同感和民族自豪感，增强文化自信。
课时教学资源（含教学媒体、工具、素材等）
歌曲、视频、醒狮的道具——狮头、狮身；学生合作做的介绍醒狮历史的课件、学生的采访提纲。
课时教学过程
（一）导入新课 播放岭南乐曲的视频，引入主题：弘扬岭南优秀传统文化。 活动一：展岭南文化 教师简单介绍岭南文化的含义以及派别并提问：“除了岭南乐曲，你还知道哪些岭南优秀传统文化的代表性成果？” （学生根据课前搜集的资料分小组发言）

续表

（二）讲授新课

活动二：现醒狮风采

说到岭南优秀传统文化，不得不提大家熟悉的醒狮文化。我们学校的龙狮社团，自成立两年多以来，就深受同学们的喜爱，也获得了丰厚的佳绩。为了吸引更多的同学加入龙狮社团，每当新学期开学，学校的龙狮社团都会开始招新。下面，有请我们班的龙狮社团成员上台进行招新，也欢迎对醒狮有兴趣的同学来对他们进行采访。

1. 醒狮我招新：通过招新环节，学生自己展示和解说课前做的介绍醒狮历史的课件，让同学们了解醒狮文化的历史。（融合历史）

2. 醒狮小采访：让台下的学生对社团成员进行采访。（融合《语文》八年级上册第一单元正在学的新闻采访）采访提纲如下：

（1）你们为什么要加入醒狮队？

（2）学醒狮时，你们有什么感受？有放弃的想法吗？你是怎么坚持下来的？

（3）训练时间和自己的时间冲突，你会怎么选择？

（4）你觉得参加醒狮你获得了什么？你还会坚持下去吗？

（5）你们是如何展现狮子的动作和神态的？狮子眨眼是什么意思？

设计意图：通过招新环节，发挥学生的主体性，让同学们了解醒狮文化（融合历史）；让学生通过采访，知道在学习醒狮背后凝聚的精髓和精神力量，从而为吸引更多的同学传承中华文化做铺垫（与语文“联姻”）。

3. 狮子舞起来：请有兴趣的同学亲身体验一下醒狮子。

引导学生说说感受。

设计意图：让同学们在轻松愉悦的氛围下，通过动手实践去体会醒狮的乐趣并感受其背后蕴含的文化意义，为弘扬中华文化做进一步铺垫。

活动三：话醒狮意义

小组合作探究：2021年12月19日晚，为庆祝澳门回归祖国22周年，广州歌舞剧院创演的大型科技民族舞剧《醒狮美高梅》在澳门美高梅剧院首演。《醒狮美高梅》充分运用美高梅剧院的顶尖科技，再融入醒狮、南拳、舞蹈的非遗传统元素，创新地将虚拟及实景完美结合，为观众带来令人耳目一新的视觉冲击效果。在震撼的场景背后，《醒狮美高梅》以醒狮文化为契机，大力加强粤港澳大湾区的交流，彰显粤港澳大湾区在文化上的同根同源，以焕然一新的形式凝聚全球华人。（播放《醒狮美高梅》的宣传视频）

结合材料，运用所学知识回答：你觉得醒狮文化所代表的岭南优秀传统文化有什么重要意义？

续表

活动四：扬文化自信

播放顶尖的醒狮比赛视频，并让学生谈看完后的感受。

设计意图：培养学生的民族自豪感，从而为增强文化自信奠定基础。

小组合作探究：文化需要传承。所谓传承，就是越来越多的年轻人去学。只有让更多的年轻人喜欢非遗、产生兴趣，才能让传承千百年的文化瑰宝焕发出新的生命力！

结合上述材料，请你谈谈作为一名广东学子，我们应如何为传承醒狮文化贡献自己的力量。

设计意图：能结合生活实际明确中学生如何弘扬中华文化。

学生分小组讨论并派代表上台发表观点。

升华主题：投影习近平总书记的话："文化自信是一个国家、一个民族发展中更基本、更深沉、更持久的力量。"

课堂小结：这节课你收获了什么？（学生代表发言）

（三）教师总结

通过这节课的学习，我们以醒狮文化为桥梁，知道了属于岭南优秀传统文化的代表成果、意义和怎样传承岭南优秀传统文化，对灿烂的中华文化有了更深的认识，从而增强了我们的民族自豪感和民族自信心。我们要在日常生活中更加自觉地坚定文化自信，自觉传承中华文化，做一个自信的中国人！

课时板书设计

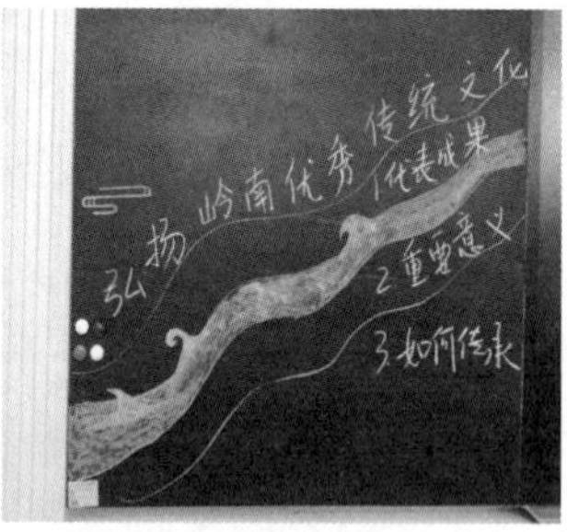

课时作业设计

请你化身文化大使，向外国友人介绍一项你感兴趣的岭南优秀传统文化。

1. 可以拍摄一个小视频，介绍一项你感兴趣的岭南优秀传统文化的由来与历史。
2. 可以用图配文的形式绘制一幅海报来宣传。
3. 可以制作一个文创作品来宣传。

请你任选一种方式，参与该活动。

设计意图：创设情景，让学生化身文化大使，通过融合信息技术、美术、语文、历史等学科知识增强对岭南优秀传统文化的认同感和文化自信，引导学生以自觉的行动弘扬中华文化，促进知行合一，培根铸魂。

续表

课时评价设计						
评价指标	优秀	良好	需要努力	自评	互评	师评
资料搜集	能根据要求，广泛搜集各种资料，并将资料进行有效整合	能进行资料的搜集，能熟悉自己搜集的资料	搜集资料马虎，不能将资料搜集齐全			
课堂听讲	认真听课，积极思考，课堂上无走神、讲闲话现象	听课比较认真，偶尔能思考下问题，偶尔有走神、讲闲话的现象	听课不认真，不思考问题，走神、讲闲话现象比较严重			
发言情况	积极举手发言，并有自己的见解	能举手发言，答案中自己的思想较少	很少发言，不表达自己的观点			
小组合作	能积极参与小组活动，发表自己的观点，能够耐心倾听、尊重其他组员的观点	能参与小组活动，基本能做到倾听别人的观点，简单发表自己的观点	参加小组活动时不能耐心听取其他组员的观点，很少发表自己的观点			
课件展示	能积极认真按照分工完成课件并做好解说	马马虎虎地完成自己负责的部分	不能完成自己负责的部分			
课后作业	积极认真按要求完成课后作业	马马虎虎地完成课后作业	不能全部完成课后作业			
成果收获	能积极将课堂上学习到的知识或者价值取向在行动习惯中体现出来	能将部分学到的知识或者价值取向在自己的行为习惯中体现出来	不能或较少地将课堂上学到的知识或者价值取向在行为习惯中体现出来			

续表

课时教学反思
本课尝试突破单科教学思维模式，构建以道德与法治学科为主导、语文历史为辅助的三科协同共育融合模式，是铸魂工程三科协同共育主导式融合模式的探索，其优点有以下三点。 一是素养的课堂。本节课以一首耳熟能详的岭南儿歌《落雨大》导入，让学生例举岭南优秀传统文化的代表性成果，从建筑到习俗，从语言到饮食，再到身边的醒狮文化，让学生对岭南优秀传统文化有一个感性的认识，为培养学生的核心素养打下基础。接着，以本校的醒狮文化为切入口，通过“醒狮我招新”“醒狮小采访”“狮子舞起来”等活动环节，引领学生认识醒狮文化。最后通过观看视频、小组合作、分析材料、分享讨论交流等引导学生深入理解岭南优秀传统文化的重要意义，融入跨学科思维，凸显以道德与法治学科为主导，引导学生通过学习、宣传、参与等方式用自己的行动去传承与弘扬岭南优秀传统文化，坚定文化自信，增强民族自豪感，做自信的中国人，提高学生核心素养。 二是学生的课堂。建构主义强调以学生为中心，不仅要求学生由外部刺激的被动接受者和知识的灌输对象转变为信息加工的主体、知识意义的主动建构者，而且要求教师要由知识的传授者、灌输者转变为学生主动建构意义的组织者、指导者、帮助者和促进者。本节课以本校的醒狮文化为切入口，让学生课前去搜集关于醒狮文化的历史资料，整理后做成 PPT 介绍醒狮文化，融合历史，以及通过在语文课上学习的新闻采访技巧采访社团成员。这些活动凸显了学生的主体地位，通过学生的自主、合作、探究，创新协同机制，使这一节课真正成为以学生为主体的课堂。 三是有效的课堂。本节课以本校的醒狮文化为载体，整合校内校外资源，尝试让学生通过查找资料、自己介绍醒狮由来等历史知识来融合历史，让学生利用本学期语文学习的新闻知识来采访龙狮社团成员。采访提纲如下： （1）你们为什么要加入醒狮队？ （2）学醒狮时，你们有什么感受？有放弃的想法吗？你是怎么坚持下来的？ （3）训练时间和自己的时间冲突，你会怎么选择？ （4）你觉得参加醒狮你获得了什么？你还会坚持下去吗？ （5）你们是如何展现狮子的动作和神态的？狮子眨眼是什么意思？ 通过新闻采访，实现道德与法治和语文的“联姻”，引导学生领会醒狮背后的精神力量，共同培育学生的文化自信；课前预设与课堂生成相得益彰，取得了良好的效果。课堂上学生兴致盎然，积极参与、主动互动，成就了课堂精彩。课后，学生们将利用作业化身文化大使，通过创作宣传岭南优秀传统文化的海报，拍摄介绍岭南优秀传统文化

续表

由来与历史的视频，或者制作文创作品等融合了语文、历史、信息技术、美术等学科的多种活动，增强对岭南优秀传统文化的认同感和自信感。课堂能引导学生以自觉的行动弘扬中华文化，推动课程从知识传授向培根铸魂提升转变，达成教学目标，促进知行合一，增强思政合力，教学效果显著。 课堂教学历来被评为遗憾的教学，这节课也有一些不足，例如可以适当延伸醒狮文化后面的精神内涵，从而增强学生更深层次的文化自信。在实践上，如何更好地延伸和拓展，也是值得思考的问题。

主动拒绝烟酒与毒品（第三课时）

作者：李华卿（广州市第四中学附属芦荻西小学）

来源：GDJY－2021－A－b093 基于教育戏剧的小学道德与法治学习方式转型研究

课例名称：主动拒绝烟酒与毒品（第三课时）	学科学段：小学道德与法治
课时教学设计理念	
新课标提出了“丰富学生实践体验，促进知行合一”的教学建议，教师应“注重案例教学，选择、设计和运用个人、社会生活中的典型实例，鼓励学生探究、讨论，提高学生的价值辨析能力”。因此，本课结合教育戏剧理念，教学中融入了多种教育戏剧范式，给予学生沉浸式和合作式的学习体验。通过设计三个情景剧，运用“假如我是你”的教育戏剧范式引发学生思考，从“自律”“自制”“警惕性”三个层面引导学生提高对危险的防范意识；运用“专家外衣”的教育戏剧范式，引出法规条例，教育学生远离危害性场所，健康生活；为有效引导学生学会拒绝，敢于求助，运用了“旁述默剧”的教育戏剧范式，让学生在具体的情景中，设身处地思考当危害来临时，该如何有效地拒绝并能果断做出反应。教育戏剧理念运用在课堂中，能有效地引导学生参与体验，促进感悟与建构，学以致用，知行合一，提高生命安全意识和自我保护能力这一学科核心素养。	
课时教学内容分析	
统编版小学《道德与法治》五年级上册第一单元第3课《主动拒绝烟酒与毒品》由三个话题组成，分别是“烟酒有危害”“毒品更危险”“拒绝危害有方法”，三个话题之间体现了知行合一的关系。前两个话题帮助学生在认知上认识烟酒的危害和毒品的危险性，是第三个话题的基础。本课是第三课时，话题为“拒绝危害有方法”，教学落实在行为层面，目的是引导学生认识到，提高防范意识是远离危险的首要方法，远离危险之地、学会拒绝、主动求助是远离烟酒、拒绝毒品的方法。本课通过活动体验，给予学生具体的行为指导。	

续表

课时学情分析

五年级学生的身心已经有一定的发展，并且已经初步具备了独立思考、辨别是非的能力，虽然他们一直对学校的教育容易接受，但好奇心强、贪玩，容易受不良思想的影响。在前两课的学习中，学生对烟酒、毒品的种类、危害有一定的认识，但是他们在思想层面的警惕性缺乏，行为上的自律、自制不足。本课着重利用学校教育的优势，让学生在课堂活动中提高防范意识，主动远离危险的地方，学会对烟酒、毒品勇敢地拒绝的言行方法。

课时教学目标

1. 提高防范意识，懂得远离烟酒和未成年人不适宜进入的场所，拒绝毒品。

2. 学会主动拒绝烟酒和毒品的方法，提高自我保护能力。

课时教学重点、难点

学会主动拒绝烟酒和毒品的方法，提高防范意识和自护能力。

课时教学资源

1. 网络视频素材：《中华人民共和国未成年人保护法》第58条介绍，《擦亮眼睛，识别诱惑》，《学生网吧上网，不料染上怪病》，《少年拒吸烟被打》。

2. 图片素材：荔湾区及金花社区多个图书馆照片及地址、荔湾区的博物馆及爱国主义教育基地、社区运动场所、荔湾区休闲娱乐好去处、本校学生在陈家祠博物馆参加志愿者活动的照片等。

3. 表演道具：警察帽子（道具）、志愿者红马甲等。

4. 表演剧本。

课时教学过程

环节设计	设计意图	教师活动	学生活动
一、任务驱动、引入新课	任务驱动，激发学习新知的兴趣。	1. 展示其他班级的同学观看本班学生制作的“烟酒、毒品危害大”宣传栏的情况，对同学们的学习成果给予肯定。 2. 反馈低年级同学的诉求：哥哥姐姐，你们能教教我该怎样拒绝烟酒和毒品吗？ 3. 引入课题，出示任务：选择任一种形式，把这节课学到的拒绝烟酒和毒品的方法对低年级的同学进行展示、宣传。	1. 观看视频，聆听低年级同学的诉求。 2. 明确学习的目标与任务。

续表

环节设计	设计意图	教师活动	学生活动
二、 增强意识、坚定立场	结合学生生活经历，设计三个情景剧，运用“假如我是你”的教育戏剧范式引发学生思考，从“自律”“自制”“警惕性”三个层面引导学生提高对危险的防范意识。	1. 指导学生带着问题观看三个情景剧：假如你是他，遇到这种情况，你是怎样想的呢？ （1）情景一。 问小明：为什么你会伸出手呢？ 问学生：假如你是小明，你会怎么想呢？你有什么想法或忠告要告诉他呢？ 小结：吸烟一点儿都不帅，更不能解决烦恼，我们不能被别人的花言巧语哄骗了。无论有没有老师或家长在场，都要坚定立场，学会自律，拒绝吸第一口烟。（板书：学会自律） （2）情景二。 问：如果你是小丽，有人向你劝酒，你会有什么想法？ 小结：在生活中什么事情都有可能发生，在好奇心或别人的怂恿下，一定要保持冷静，懂得自制，才能让自己避免危险。（板书：懂得自制） （3）情景三。 问：一个陌生人递给你一瓶不常见的饮料，同学们，如果是你，你会有什么想法呢？ 播放视频：《擦亮眼睛，识别诱惑》。 小结：在生活中，面对陌生人和来路不明的食品，我们一定要提高警惕性，不要让危险有可乘之机。（板书：提高警惕） 2. 展示教材的漫画，提出问题：同学们，你能结合前面的学习说说你对这幅图的理解吗？ 3. 总结：很多时候，意识不到危险才是最大的危险。一支烟，一口酒，一次毒，就能将我们置于危险之中。要远离危险，首先要提高防范意识。我们一定要学会自律，懂得自制，提高警惕。（板书）	1. 学生观看情景剧视频，思考问题，说出想法。 情景一：放学路上，小辉递给小明一支烟，说：“试试抽一支吧，反正老师也看不见。”旁边的小军说：“我老爸说抽烟能让人忘记烦恼呢。”小辉又接着劝：“还想什么，试一口呗，又不会上瘾的！”小明伸出了手。 情景二：小丽去参加玲玲的生日会，玲玲提议：“今天是我的生日，我们喝点酒来庆祝一下吧。”小丽说：“我们还未成年，不能喝酒吧？”玲玲说：“不怕的，这是低度的果酒，喝了也不会醉。” 情景三：坐高铁时，小杰对面的陌生人递给他一瓶饮料：“小帅哥，坐这么久高铁口渴了吧？我多带了一瓶可乐，请你喝，咱们交个朋友吧。”小杰：“咦，这款可乐我从来没见过……”陌生人忙说：“喝吧，喝吧，这是新出的牌子。” 2. 观察漫画，说出理解。

续表

环节设计	设计意图	教师活动	学生活动
三、远离危害、增加保障	运用“专家外衣”的教育戏剧范式，借助法规条例的具体要求，明确远离有可能对未成年人造成危害地方的必要性，强化未成年人不能到禁入的场所，是为自己的安全增加保障。倡导学生去健康的场所，促进学生健康成长。	1. PPT 示标志牌：同学们，你见过这样的警示标志吗？课前，你调查到在哪些场所有这样的警示标志呢？ 过渡：你们知道这是为什么吗？今天，老师请了两位“专业人士”来到现场，为大家讲解。 2. 普法微课堂。 （1）请学生扮演的法律宣讲员（警官）上台宣传《中华人民共和国未成年人保护法》第五十八条、第五十九条的内容。 （2）“警官”与学生互动：大家听完后有什么问题想问我呢？ （预设：“警官”播放案件《学生网吧上网，不料染上怪病》。同学们看看，网吧、酒吧、歌舞娱乐场所等地方人员复杂，会藏着许多危险。同学们由于受到年龄、智力发展、社会经验等限制，身心发育还不健全，极容易受到不良行为的影响。为了保护未成年人免受不良影响，保障未成年人的身心得到健康发展，所以法律禁止未成年人进入一些不适宜的场所。） （3）“社区居委会主任”介绍课余生活好去处。 （4）“警官”小结：法律就在我们身边，它就像一块无形的盾牌在保护我们。大家要学法、知法，更要守法，主动远离危险烟酒与毒品的伤害。今天，我的法律宣传就到这里了，同学们再见。 3. 同学们，听了刚刚“警官”和“社区居委会主任”的微课堂，你们有什么收获呢？ 教师小结：我们要提高防范意识，主动远离危险地方，坚决不去未成年人禁入的场所，就能为自己的安全增加保障。（板书）	1. 学生课前调查汇报。 （预设：网吧、酒吧） 2. 一生扮演警官宣传《中华人民共和国未成年人保护法》第五十八条和第五十九条的内容。 3. 其他学生提出疑问。 4. 一生扮演社区居委会主任介绍课余生活好去处。 同学们了解到荔湾区及金花社区多个图书馆及地址、荔湾区的博物馆及爱国主义教育基地、社区运动场所、荔湾区休闲娱乐好去处、志愿者活动等。 5. 学生谈收获。

续表

环节设计	设计意图	教师活动	学生活动
四、 学会拒绝、敢于求助	通过活动，引导学生从信心、理由、行为三个角度获得说“不”的拒绝步骤和方法。运用“旁述默剧”的教育戏剧范式，让学生在具体情境中，设身处地思考当危害来临时该如何有效地拒绝，并果断做出反应。	1. PPT 展示教材活动园内容：这里有一份《学会说“不”》的操作手册，请同学们看一看，试着完善它，再在小组里交流。可以从“坚定的信心”“充分的理由”“恰当的方法”三个角度展开讨论。 2. 汇报： （1）说说你拒绝危害坚定的信心。 （2）说说你拒绝危害充分的理由。 过渡：同学们，拒绝危害是一种勇气，但也需要智慧。为什么这样说呢？请看这一件案例。 3. 播放视频《男孩被同龄人逼吸烟，拒绝后遭殴打致重伤》。 问：同学们，看完这个男生的遭遇，你有什么想法？ 过渡：是呀，在面对危害时，我们要用合适的方法，才能既避免面对面的冲突，又能拒绝危害，更好地保护自己。同学们想到什么聪明的方法呢？ 4. 小组讨论，回答。 教师相机归纳梳理拒绝危害的小妙招： 坚定型 委婉型 智慧型 学会求助 5. 教师旁述默剧，邀请学生表演，在老师说话声停止时，按照自己的想法表演。 教师采访表演者：“你刚刚是怎样做的？” 6. 小结：刚才这些同学采用了不同的方法，既能避免面对面的冲突，又能拒绝危害，更好地保护自己，这些方法值得提倡。要记住，如果我们对事情的危险性判断不清，就要及时寻求家长或老师的帮助。 出示《毒品预防教育》读本。 在我们课室的图书角有高年级的《毒品预防教育》读本，里面介绍了许多拒绝危害的小妙招，有兴趣的同学课后可以去读一读。	1. 完善并在组内交流《学会说“不”》操作手册。 2. 汇报。 3. 观看视频，回答想法。 4. 小组讨论，回答问题。 5. 各小组学生根据老师的要求分配角色，听老师旁述演绎情景剧，并在老师声音停止时，思考该怎样有效地拒绝危害，并做出反应，接着演下去。

续表

环节设计	设计意图	教师活动	学生活动
五、总结延伸、深化探究	总结学习内容，通过活动，强化方法，并把学到的知识、技能在校内辐射。	1. 总结：远离烟酒，拒绝毒品，关键在我们自己。这节课，我们通过学习，知道要提高防范意识，主动远离未成年人禁入场所等危险地方，面对诱惑时果断拒绝，做到言行一致。这既是我们健康生活、成长的保障，也是对自己、家庭和社会负责任的表现。 2. 课后延伸：选择任一种形式（制作小报、拍摄表演视频、制作《学会说“不”》操作手册、绘制漫画等），把这节课学到的知识和方法，整理成以“拒绝危害有方法”为主题的成果作品。中队委员整理好后，对低年级的同学进行展示、宣传。	1. 回顾本节课的学习内容。 2. 获取任务，为展示宣传做准备。

课时板书设计

主动拒绝烟酒与毒品

提高防范意识	学会自律	懂得自制	提高警惕
远离危险场所			
学会拒绝与求助	坚定信心	明确理由	灵活应变

课时作业设计

课前任务：（1）以“烟酒、毒品危害大”为主题布置宣传栏，向低年级的同学宣传烟酒与毒品的危害。（2）调查在哪些场所有“未成年人禁止入内”这样的警示标志。

课后任务：选择任一种形式（制作小报、拍摄表演视频、制作《学会说“不”》操作手册、绘制漫画等），把这节课学到的知识和方法，整理成以“拒绝危害有方法”为主题的成果作品。中队委员整理好后，对低年级的同学进行展示、宣传。

续表

课时评价设计

评价项目	评价等级
能积极参与各学习活动	☆☆☆☆☆
能积极思考，踊跃发言	☆☆☆☆☆
懂得在不同场景下应远离或主动地拒绝烟酒和毒品	☆☆☆☆☆
掌握了主动拒绝烟酒和毒品的方法	☆☆☆☆☆

课时教学反思

“主动拒绝烟酒与毒品”这一课时教学重点落实在行为层面，引导学生学会主动拒绝烟酒和毒品的方法，提高自护能力。为了丰富学生实践体验，促进知行合一，教学中融入了教育戏剧理念，有效地突破了教学重难点。

在“增强意识、坚定立场”教学环节，结合学生生活经历和教材内容，设计了三个情景剧，编写简单剧本后，邀请了三组同学利用课余时间进行排练。课堂中，运用“假如我是你”的教育戏剧范式，通过学生的情景剧表演引发学生思考，从“自律”“自制”“警惕性”三个层面引导学生提高对危险的防范意识。

在“远离危害、增加保障”教学环节，运用“专家外衣”的教育戏剧范式设计“普法小课堂”活动，由两名学生分别扮演警官和社区居委会主任进行讲解。首先，在宣传与互动交流中，“警官”引出法规条例，明确远离有可能对未成年人造成危害地方的必要性，强化未成年人不能到禁入的场所，是为自己的安全增加保障；其次，由“社区居委会主任”介绍荔湾区及金花社区多个图书馆及地址、荔湾区的博物馆及爱国主义教育基地、社区运动场所、荔湾区休闲娱乐好去处、志愿者活动等，倡导学生去健康的场所，促进学生健康成长。

在“学会拒绝、敢于求助”教学环节，运用“旁述默剧”的教育戏剧范式，引导学生在体验中学以致用。课前教师编写好故事剧本，剧本中设计好需学生判断的几个问题。课堂中各小组学生根据教师要求分配角色，听教师旁述演绎情景剧，并在教师声音停止时，思考该怎样有效地拒绝危害，并做出反应，接着演下去。这样的学习方式，让每一个学生都能参与到具体情境中并设身处地思考当危害来临时该如何有效地拒绝，果断做出反应。

本课教学把教育戏剧理念运用在课堂中，能有效地引导学生参与体验，促进感悟与建构，学以致用，知行合一，提高生命安全意识和自我保护能力这一学科核心素养。

公民的基本义务

作者：马佩仪（广州市从化区江埔街联星小学）

来源：GDJY－2021－A－b094 小学道德与法治课程中提高学生法治素养的实践研究

课例名称：公民的基本权利和义务（第二课时：公民的基本义务）	学科学段：小学道德与法治
单元教学设计说明	
一、单元教学目标 1. 了解公民的概念及含义，知道公民享有的基本权利、承担的基本义务，能列举出我国政府为尊重和保障人权做出的努力和取得的成就，进一步萌发爱国情感。 2. 联系生活，认识居民身份证和护照，能够列举居民身份证的用处及护照的使用，知道主动配合查验身份证是公民的法定义务，学会妥善保管身份证。 3. 尝试依据宪法中规定的公民基本权利和义务对现象进行分析、判断，清晰地表达自己的观点，倾听他人的思考，并能进行有针对性的评价。懂得权利和义务是统一的，在享受权利的同时要自觉承担法律所规定的义务。 4. 在逐渐了解公民概念与内容的过程中，树立公民意识，增强作为中国公民的责任感和荣誉感，自觉维护中国公民的声誉和形象。 二、单元教学重点 1. 了解公民的概念及含义，认识居民身份证和护照的作用，学会保护个人信息的方法。 2. 了解公民基本权利的含义与内容，知道公民享有的基本权利、承担的基本义务，懂得权利和义务是统一的。 三、单元教学难点 1. 树立公民意识，增强作为中国公民的责任感和荣誉感，自觉维护中国公民的声誉和形象。 2. 增强社会责任感，增强国家观念和法律意识。 四、单元课时安排 6 课时。	

续表

五、单元内容结构

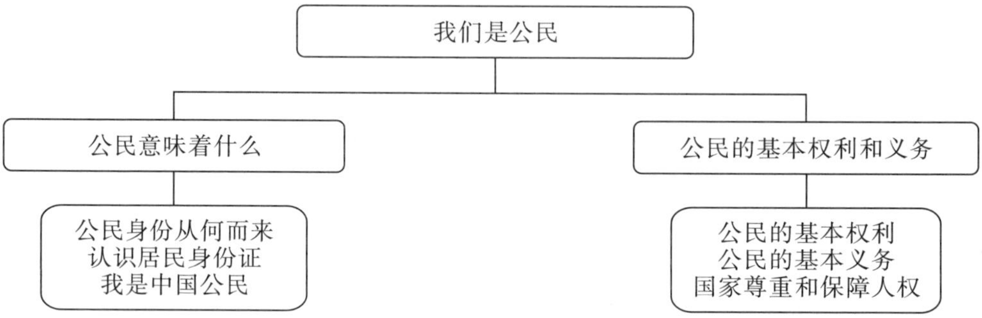

课时教学设计理念

为了让学生更易于理解和感悟本课的知识，建立权利与义务一致性的理念，教师根据学生的认知规律，采用了一系列的情境教学法引导学生层层深入探究、辨析、体验、感知、内化，逐步理解“公民基本义务”的真正含义，知道公民基本义务包含了哪些内容，在生活中如何履行。学生通过对课本图片、本课相关视频、法律条文等的学习，对道德两难的问题进行行为实践的正确选择，从而建立权利与义务一致性的理念。学生在教师精心设计的情境活动中进行探究、合作、知识迁移，提高合作、思辨、应用等能力，提高了法治意识。

课时教学内容分析

人教版《道德与法治》六年级上册第二单元《我们是公民》共有两课，分别是《公民意味着什么》《公民的基本权利和义务》。《公民的基本义务》是《公民的基本权利和义务》的第二课时。本课教材编写的依据是《义务教育品德与社会课程标准（2011 年版）》中“我们的国家”第 13 条“知道自己是中华人民共和国的公民，初步了解自己拥有的基本权利和义务”。《义务教育道德与法治课程标准（2022 年版）》也提出要培养学生法治观念核心素养，树立宪法法律至上、法律面前人人平等、权利义务相统一的理念，使尊法学法守法用法成为人们的共同追求和自觉行为。《青少年法治教育大纲》中要求，小学中高年级“要初步了解公民的基本权利和义务，初步理解权利行使规则，树立依法维权意识，树立有权利就有义务的观念”。

教材从学生的经验出发，设计了学习和活动的内容。本节内容有三个知识点，同时也引出三个环节的学习活动。第一个环节引导学生了解基本义务是宪法规定的，体现国家利益、集体利益和个人利益相结合的原则。公民应当履行的义务是广泛的，既有对国家、社会的义务，也有对家庭的义务。第二个环节让学生了解权利与义务的一致性的理念。第三个环节是让学生感受履行公民基本义务的强制性，如果不履行相应的义务就要承担法律责任，让学生进一步明确权利的主体、义务的主体，增强权利与义务一致性的观念。

续表

课时学情分析

六年级学生对“基本权利”和“基本义务”只有较为模糊的概念，缺乏深入的认识。本课通过具体案例展现公民基本权利和义务的情境，帮助学生理解公民的基本权利和义务的内涵，有助于学生认识基本权利和义务的重要性。学生大多意识不到行使权利和履行义务的关系，容易将行使权利和履行义务割裂开来。本课要帮助学生意识到权利和义务具有一致性，公民在行使权利的同时必须履行义务，没有无义务的权利，也没有无权利的义务；最后帮助学生树立履行公民基本义务的意识，知道不履行公民义务需要承担相应的法律责任。

课时教学目标

《义务教育道德与法治课程标准（2022 年版）》提出：要培养学生法治观念核心素养，树立宪法法律至上、法律面前人人平等、权利义务相统一的理念，使尊法学法守法用法成为人们的共同追求和自觉行为。根据核心素养的培养要求，结合教材内容，制定本课的教学目标为：

1．了解公民应履行的各项基本义务，知道要自觉履行宪法和法律规定的义务。

2．增强权利与义务一致性的观念，提高法治意识。

课时教学重点、难点

1．教学重点：知道公民基本义务的内涵，理解每个公民都享有宪法赋予的权利，也必须履行宪法规定的义务。

2．教学难点：树立权利和义务相一致的理念，提高义务意识。

课时教学资源

1．多媒体课件。

2．学案、试题。

3．《宪法》第二章学习资源包。

课时教学过程

活动环节	教师活动	学生活动	设计意图	组织形式
（一）复习导入，揭题	1．复习导入。 （1）说一说常见的公民的基本权利有哪些。 （2）是什么保障了公民的基本权利？ （3）宪法不仅保障了公民的基本权利，还规定了公民的基本义务。 下面我们一起来学习第二课时“公民的基本义务”。 2．板书课题。	说一说常见的公民的基本权利。	回顾旧知，加深记忆，揭示课题。	师生对话

续表

活动环节	教师活动	学生活动	设计意图	组织形式
（二）公民义务我了解	1. 知道公民的基本义务的含义。 （1）出示公民基本义务的含义。 （2）学生了解。 2. 了解公民基本义务的内容。 （1）同桌交流：课前阅读了学习资源包，了解了《宪法》第二章的内容，从中你知道了公民的基本义务有哪些？ （2）出示公民的基本义务的内容，学生记一记。 3. 情景判断，辨析义务。 （1）出示课本活动园的四幅图。 （2）图中的情景对应公民的哪项义务呢？请将序号写在圆圈中。 （3）遵守公共秩序、赡养扶助父母、维护民族团结、保守国家机密分别履行的是对谁的义务？ （4）小结：我们应当履行的基本义务，既有对国家、社会的义务，也有对家庭的义务。 4. 结合实际，加深理解。 （1）同学们，你和身边的人有履行义务吗？履行了哪些基本义务呢？请把你调查到的结果与小组的同学进行交流。 （2）指名说。 （3）小结：看来，我们身边大多数的人，都能自觉履行法律规定的义务。	1. 了解公民的基本义务的含义。 2. 说一说公民的基本义务的内容。 3. 完成判断。 4. 交流汇报。	明确含义，理解本课的主题。 课前阅读学习资源包，拓宽学生视野，打开思路。学生对公民的基本义务有了初步的了解。 在图片情境中了解常见的各种公民的基本义务，懂得我们应当履行的基本义务，既有对国家、社会的义务，也有对家庭的义务。 通过小调查了解自己或身边人履行基本义务的情况，从教材拓展到学生生活实际，既增进了学生对公民的基本义务的了解，又提升了学生的责任意识。	同桌交流 情景判断 调查交流

续表

活动环节	教师活动	学生活动	设计意图	组织形式
（三）履行义务很必要	1．了解依法纳税的重要性。 （1）播放关于纳税的案例视频的前半段。 （2）他们为什么事起争执？ （3）你和家人外出吃饭有试过不开发票吗？不开发票的原因是什么？ （4）播放税收小视频。 （5）税收都用在什么地方？ （6）小结：税收用之于民，取之于民。 2．依法纳税，履行义务。 当饭店坚决不肯开发票时，我们应该怎么办呢？一起来看看孙园爸爸的做法。 （1）播放案例视频后半段。 （2）孙园爸爸是怎么做的？ （3）我们以后在生活中遇到同样的事情，应该怎么做？ （4）除了吃饭要开发票，还可以在什么情况下开发票呢？ （5）出示《中华人民共和国税收征收管理法》，介绍纳税服务热线及相关规定。 （6）小结：依法纳税是公民应尽的义务，我们每个人都应该向孙园爸爸学习，依法纳税，履行义务。（板书）	1．观看案例视频。 2．说一说争执的原因。 3．说一说自己不开发票的原因。 4．观看税收小视频，说说税款的用处。 5．继续观看案例视频。 6．说说孙园爸爸的做法。 7．说说自己以后的做法。 8．列举可以开发票的情况。 9．阅读了解《中华人民共和国税收征收管理法》。	通过实例辨析，讨论现实中的行为，加强对学生行为的引导，让学生懂得一定要依法履行义务，法律要求做的事必须做。 了解税收的来源、用途，感受依法纳税的必要性。 再次深入案例，了解正确的做法并联系生活指导学生的行为。 通过对纳税服务热线及相关规定的了解，学会处理生活中出现的不依法纳税的行为，维护国家利益。	观看视频 案例分析

续表

活动环节	教师活动	学生活动	设计意图	组织形式
（四）权利义务相一致	1. 阅读故事，感受权利和义务相一致。 （1）播放丁飞爸爸的照片故事。 （2）你从丁飞爸爸的成长经历看出他享有哪些基本权利，履行了哪些基本义务？ （3）小结：丁飞爸爸不仅享有权利，还履行义务，因为权利和义务是一致的。（板书） 2. 案例分析，增强权利和义务观念。 （1）出示关于“受教育”的权利与义务的案例。 （2）你怎么看待王丽的行为？ （3）出示《宪法》第33条规定：“任何公民都享有宪法和法律规定的权利，同时必须履行宪法和法律规定的义务。” 3. 知道不履行义务的后果。 （1）如果我们只享有权利而不履行义务，结果又会怎么样呢？ （2）播放“八旬老人状告子女索要赡养费”的案例视频。 （3）思考：老人为什么要状告子女？ （4）法院如何判决？ （5）你从中受到什么启发？ （6）小结：如果我们不履行义务，就要承担相应的法律责任，所以我们要依法履行义务。（板书） 4. 了解国家对公民权利的保障。 （1）出示教材活动园情景。 （2）小组合作交流并填表：下列情景中涉及什么权利？这些权利是谁享有的？谁应该保障这些权利的行使？ （3）学生交流。 （4）观察表格中“谁应该保障这些权利的行使”，你们发现了什么共同点？ （5）小结：生活中，我们公民享有的基本权利的实现离不开国家的保障，这也是国家要履行的义务。	1. 观看丁飞爸爸的照片故事。 2. 说一说图片中丁飞爸爸享有的基本权利和履行的基本义务。 3. 阅读案例。 4. 说一说自己的看法。 5. 观看案例。 6. 说说老人状告子女的原因。 7. 交流法院判决的结果。 8. 谈谈自己的启发。 9. 小组合作，完成表格的填写并交流。	帮助学生认识公民的基本权利和义务与个人的成长息息相关，公民在享有宪法和法律规定的权利的同时，还要履行法律规定的义务。 通过对案例的分析深化学生对公民基本权利和义务关系一致性的认识，增强权利观念和义务观念。 结合案例提升法治意识，明白不履行义务就是违法，需要承担法律责任。 通过图文结合和问题引导的方式，引导学生善于观察并思考生活中涉及权利的情境，帮助学生认识基本权利的实现需要国家的保障，这也是国家要履行的义务。	阅读故事 情境分析 案例分析 小组交流

续表

活动环节	教师活动	学生活动	设计意图	组织形式
（五）遵守法律伴成长	1. 这节课你有什么收获？ 2. 出示习近平总书记语录：“公民的基本权利和义务是宪法的核心内容，宪法是每个公民享有权利、履行义务的根本保证。” 3. 小结：希望我们每一位公民都能依法享有权利，同时自觉履行法律规定的义务。	1. 谈收获。 2. 读习近平语录。	对本课的学习内容再次进行梳理，让学生了解权利和义务是相辅相成、相互统一的，我们应该依法履行义务、自觉履行义务。	师生对话

课时板书设计

4 公民的基本权利和义务（第二课时）

公民的基本义务

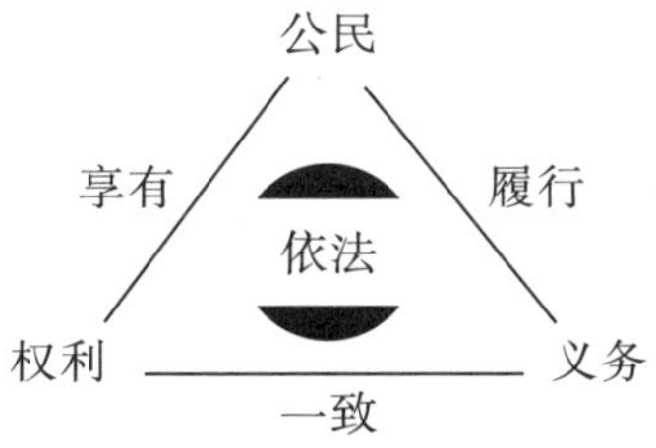

课时作业设计

阅读法律的相关书籍：《趣味法律启蒙书——权利与义务》《小包法官告诉你》。

课时评价设计

本课时教学评价以“教—学—评”一体化为思想，评价主要涉及价值观念、学习态度、过程表现、学习效果等多方面，贯穿课堂学习的全过程和教学的各个环节，发挥以评促教、以评促学、以评育人的功能。

续表

评价对象	评价内容	评价标准	评价反馈
教师教学行为	教学目标	指向学科核心素养形成，符合课标，落实教材，遵照学情。明确具体，可检测。	课堂立足培养学生法治观念核心素养，树立权利义务相统一的理念，提高法治意识。
	教学内容	符合学科特征。准确把握教材，创造性地使用教材。符合学生认知水平。	根据学生的认知规律，利用教材文本，创设一系列的情境引导学生层层深入探究、辨析、体验、感知、内化，效果明显。
	教学活动	活动方式符合学习内容特征。活动板块结构清晰、层次清楚。切合学情。	结合课本图片、本课相关视频、学生生活经验以及法律条文等内容组织教学活动，让学生逐步理解“公民基本义务”的真正含义，知道公民基本义务包含了哪些内容，在生活中如何履行。
学生学习活动	学习活动	能主动参与学习的学生比例大。学习过程专注投入，学习氛围好。	学生积极参与，课堂气氛活跃，呈现了师生间、生生间的有效对话。
	思维过程	积极思考、主动质疑。体现合作探究、乐于交流展示以及懂得实践反思。	学生善于思考，积极互动，对享有权利与履行义务的认识进行深入的交流并结合生活实际进行反思。
	学习效果	达成课堂学习阶段目标。	学生了解公民应履行的各项基本义务，知道要自觉履行宪法和法律规定的义务。增强权利与义务一致性的观念，提高法治意识。

课时教学反思

《青少年法治教育大纲》中要求，小学中高年级“要初步了解公民的基本权利和义务，初步理解权利行使规则，树立依法维权意识，树立有权利就有义务的观念”。《义务

续表

教育道德与法治课程标准（2022年版）》提出要培养学生法治观念核心素养，指的是树立宪法法律至上、法律面前人人平等、权利义务相统一的理念，使尊法学法守法用法成为人们的共同追求和自觉行为。为此，本课根据学生的认知规律，采用了一系列的情境教学法引导学生层层深入探究、辨析、体验、感知、内化，结合课本图片、本课相关视频、法律条文等学习，逐步理解“公民基本义务”的真正含义，知道公民基本义务包含了哪些内容，在生活中如何履行。

一、图片情境加深理解

道德与法治教材根据教学内容的需要配置了许多恰到好处的插图，插图作为现实世界的具体映象，是具体、形象的存在。图片情境的运用有利于学生通过视觉的感触来拓展思维的认知，对加深法治知识的理解也具有积极的作用。

课本活动园的四幅图对应公民的哪项义务？学生对于这个问题的解决是在查阅《宪法》第二章的规定后完成的。学生通过图片情境了解常见的各种公民的基本义务，知道我们应当履行的基本义务既有对国家、社会的义务，也有对家庭的义务。学生既解决了问题，又了解了《宪法》第二章的内容，加深了对法治知识的认识。

活动园中的图片情境中涉及什么权利？这些权利是谁享有的？谁应该保障这些权利的行使？本环节采用小组合作交流的形式进行。学生在合作中充分发表自己的意见，分享了自己的生活经验，在交流中产生了思维的碰撞。在汇报的过程中，教师通过图文结合和问题引导的方式，引导学生善于观察并思考生活中涉及权利的情境，同时渗透了保障性住房等相关知识的补充，帮助学生做出有效的判断。学生从中懂得了我们公民享有的基本权利的实现离不开国家的保障，这也是国家要履行的义务。

二、故事情境引发共鸣

课堂上创设意味深长、妙趣横生的故事情境，把法治知识寓于形象化的故事叙述之中，更有效地教育学生、感染学生。学生在轻松、愉快的氛围中自然而然地学习和运用法治知识。

以丁飞爸爸的故事的形式出现，让学生边听故事边思考：你从丁飞爸爸的成长经历看出他享有哪些基本权利，履行了哪些基本义务？学生汇报时，教师用鱼骨状的思维导图呈现，基本权利和义务的内容一目了然。这一故事情境的创设帮助学生认识公民的基本权利和义务与个人的成长息息相关，公民在享有宪法和法律规定的权利的同时，还要履行法律规定的义务。

三、问题情境升华认识

问题情境的创设能激发学生思维的深度与广度，使他们在探求问题、解决问题的过程中既增长知识，又增长智慧。如在感悟“履行义务很必要”这一环节，结合视频内容，

续表

教师巧设问题情境，引导学生步步深入探讨“他们为什么事起争执?”“你和家人外出吃饭有试过不开发票吗?”“不开发票的原因是什么?”“服务员会给出什么优惠?”“这么多的优惠，你还开发票吗？为什么?”“税收有多重要?”“如果对方坚持不开发票，我们应该怎么做?”“除了吃饭要开发票，还有什么情况下也可以开?”问题看起来多，但其实都是在上一个问题后的追问，学生思考的角度在扩大，思考的意义也在加深。在问题情境的引领下，学生逐渐能理解依法纳税是公民应尽的义务，我们每个人都应该向孙园爸爸学习，依法纳税，履行义务。 **四、案例情境利于导行** 案例情境是从现实问题入手，以案例为依托，把法律知识与法治事件，与常见法律问题紧密结合，引导学生参与、互动、思考，在此过程中加深对法律条文的理解和认同，体会法治的理念，利于学生把知法守法转化为自发的行为，在实践中践行法治。 “发票风波”案例的使用让学生清楚地知道了税收的来源、用途，并联系实际生活感受到依法纳税的必要性，结合宪法规定明确了公民有依照法律纳税的义务，学生都从心底产生了对法律的认同。“王丽辍学”案例的探讨深化学生对公民基本权利和义务关系一致性的认识，增强权利观念和义务观念。“老人状告子女”案例的分析提升了学生的法治意识，明白不履行义务就是违法，需要承担法律责任。各案例的使用目标明确，侧重点不同，层层深化，有效指导了学生的行为。 本课例教学环节清晰、构思巧妙，课堂气氛活跃，师生、生生之间不时呈现法律思维的碰撞。经过学习，学生学会用法律解决问题，知道我们每一位公民在依法享有权利的同时也要自觉履行法律规定的义务，有效提高了学生的法治素养。

一点中国红，耀我华夏龙

作者：秦文琰（深圳市螺岭外国语实验学校）

来源：GDJY－2021－A－a08 小学道德与法治“价值体悟”教学模式创新实践研究

课例名称：一点中国红，耀我华夏龙 ——五年级上册第四单元第10课《天下兴亡、匹夫有责的爱国情怀》	学科学段：小学道德与法治
单元教学设计说明	

一、单元教学设计说明

《骄人祖先　灿烂文化》是统编版小学《道德与法治》五年级上册第四单元的内容。中华优秀传统文化是先辈传承下来的丰厚遗产，不仅是历史的结晶，它所蕴含的思维方式、价值观念、行为准则等更有深刻的影响。这一单元对培养学生政治认同、道德修养、健全人格、责任意识等核心素养至关重要，对学生建立文化认同、树立文化自信、激发爱国情怀意义深远。结合课程标准、单元内在逻辑和学情分析，整个单元的设计思路如下：

（一）课标要求

《骄人祖先　灿烂文化》这个单元的编写依据是《义务教育道德与法治课程标准（2022年版）》总目标第一条“学生能了解中华民族优秀文化的主要代表性成果，热爱伟大祖国、中华民族、中华文化，能够以实现中华民族伟大复兴为己任”，也是“了解中华文化的悠久历史和博大精深，体会中华优秀传统文化的精髓，了解中华民族对人类文明的贡献，为中华民族创造的文明成就感到自豪，坚定文化自信”的学段目标要求。课程内容中提出了“了解中华文化的悠久历史和博大精深，体会中华优秀传统文化的精髓；为中华民族创造的文明成就感到自豪，坚定文化自信”。学业质量中提出“能够用实例说明中华文化的源远流长和博大精深”。

（二）单元学习的核心素养价值

这个单元涉及的核心素养及其价值：

续表

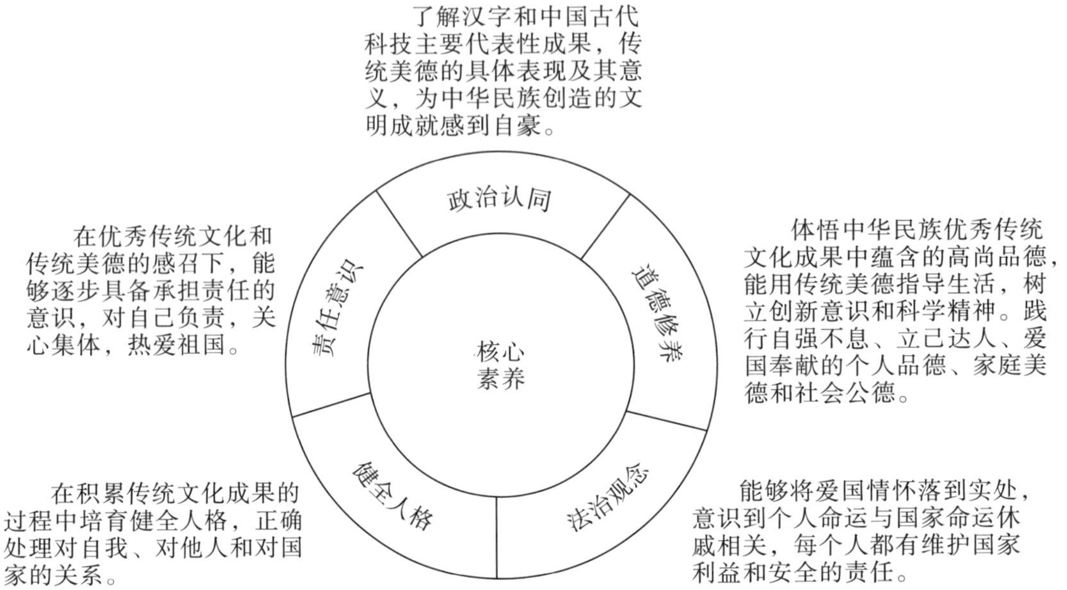

（三）单元内容及学科、学段关联

本单元围绕“传统文化”设有三课，分别从文字、科技、美德勾勒出中华优秀传统文化的不同方面。本单元学习内容是核心素养“政治认同”中素养内涵“家国情怀”在五年级上册的体现。重构“家国情怀”大单元，可再分为“热爱家乡”“热爱祖国”“传统文化与文化自信”三个维度。“骄人祖先　灿烂文化”属于“传统文化与文化自信”维度。

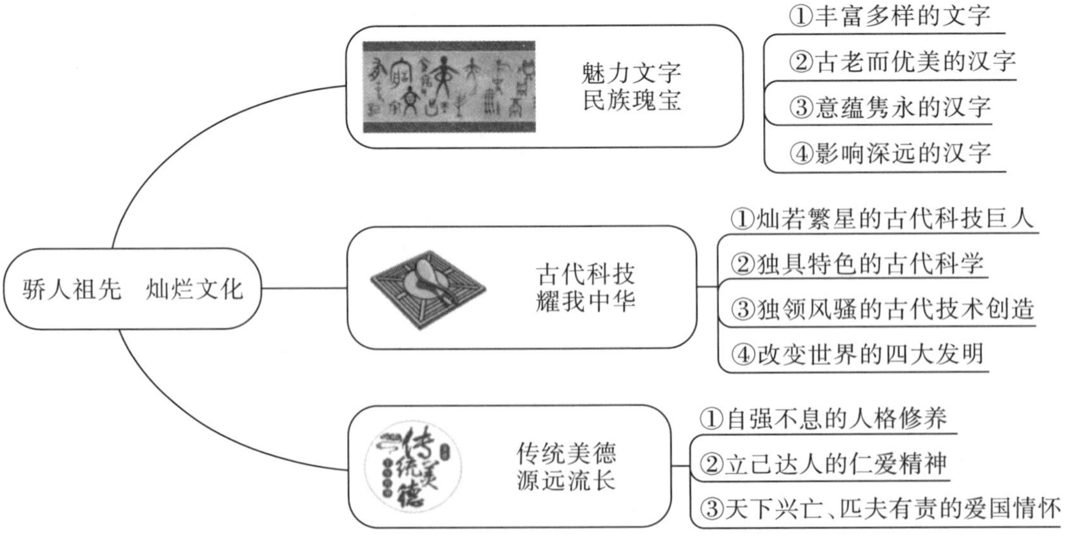

单元内容一览

续表

就道德与法治学科而言，要让学生的文化自信不断提升，家国情怀逐渐浓郁，初步养成所需的核心素养，学生要经由“牵挂”“了解”“表达”“担当”这一循序渐进的过程：第一学段用熟知的传统节日打下情感基础；第二学段通过了解家乡风俗和民间艺术，根植深度持久的文化自信根基。“骄人祖先　灿烂文化”属于第三学段，情感和知识奠基上升为“表达”，是传统文化教育的温度体现，为初中道德与法治、高中思想政治课继续深化认知与学会担当奠定基础，同时也为语文、历史等科目的学习打下认知基础。以下是本单元内容与各学科、各学段的联系。

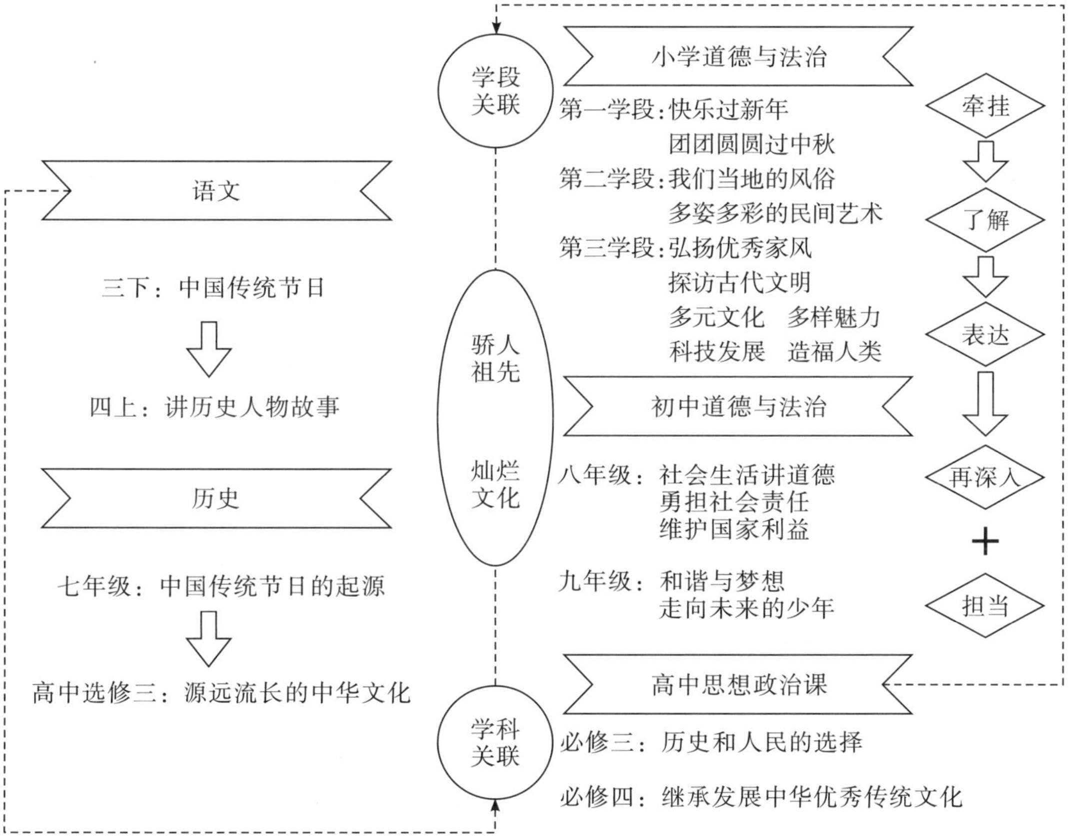

续表

二、单元学情分析、目标与重难点

（一）学情分析

SWOT学情分析

优势

在语文、科学等学科学习和日常生活中，五年级学生已经积累了关于汉字、科技的相关知识，对一些格言和故事也有所了解。

S

劣势

大多学生对汉字和中国古代科技缺乏系统认知，对传统美德的认识还局限在名人名言，认同和践行中华传统美德的意识薄弱。

W

O

机会

五年级学生的认知水平和理解能力不断提升，学生的视野已经扩大到对祖国的认识。且深圳市拥有丰富的文化、科技和红色公共资源，本校也有较多家长从事相关行业，便于学生衔接生活了解本单元学习知识。

T

挑战

五年级学生开始步入青春期，在课堂上的表现欲有所降低，且本单元抽象概念较多，如何设计能激发学生自主探究的学习活动，让学生在积累和理解知识的同时懂得珍视祖国的历史和文化、具有中华民族的归属感和自豪感是一大挑战。

SWOT 学情分析

（二）单元目标及重难点

政治认同：通过课前调查和游戏活动，了解汉字和中国古代科技代表性成果、传统美德的具体表现及意义，为中华民族的文明成就感到自豪。

道德修养：经由情景模拟、采访体验，体悟中华优秀传统文化中蕴含的高尚美德，并能用优秀传统美德指导日常生活。

法治观念：通过时政分析和案例分析，将传统美德落到实处，让学生意识到个人和国家命运紧密相连，每个人都要养成维护国家利益和安全的法治观念。

健全人格：在学习传统文化成果的过程中培育健全人格，正确处理对自我、对他人和对社会的关系。

责任意识：在游戏活动和实践体验中感受优秀传统文化的感召力，逐步具备责任意识，对自己负责，关爱集体，热爱祖国。

三、单元整体教学思路

本单元以“传统文化”为主线，以提升学生“文化自信”为目标，对整个单元三课十个课时的内容进行了整合。设计开发了核心学习任务——假如你是中华文化小使者，你会选择什么内容、怎样向外国友人讲述中华文化的故事？在这一主题情境下，将单元内容分解为一个总任务、三个子任务。任务一：围绕“汉字”探究汉字的“历史”“当下”和“未来”，做“汉字代言人”；任务二：围绕“古代科技巨人”和“古代科学重器”两个方面，绘制古代科技“中国名片”；任务三：围绕“爱国情怀”拍摄新闻节目《大爱说爱国》，做“美德传承者”。

续表

四、单元课时安排

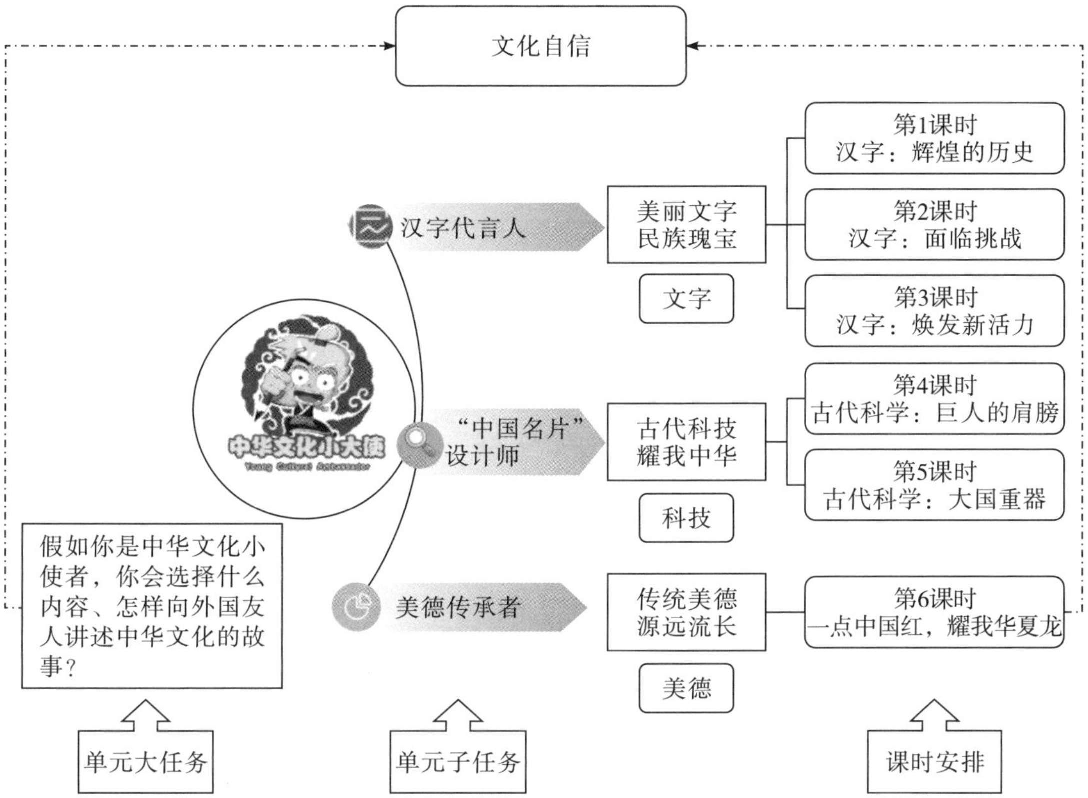

五、单元内容结构思路

单元主任务	情境子任务	学习活动	课前	课中	课后
假如你是中华文化小使者，你会选择什么内容、怎样向外国友人讲述中华文化的故事？	汉字代言人	汉字：辉煌的历史	自主探究：汉字的前世今生	合作探究：汉字魅力万花筒	实践体验：我是小小书法家
		汉字：挑战来临	调查研究：汉字使用大调查	游戏活动：计算机输入PK手写	生活体验：不能手写的一天
		汉字：焕发新活力	采访调查：与外国“汉字迷”对话	宣讲会：汉字推广提案大赛	创意设计：我是汉字宣讲员

续表

<table>
<tr><th>单元主任务</th><th>情境子任务</th><th>学习活动</th><th>课前</th><th>课中</th><th>课后</th></tr>
<tr><td rowspan="3">假如你是中华文化小使者，你会选择什么内容、怎样向外国友人讲述中华文化的故事？</td><td rowspan="2">“中国名片”设计师</td><td>古代科学：巨人的肩膀</td><td>信息搜集：科技巨人故事会</td><td>合作探究：绘制古代科技巨人“中国名片”</td><td>情景模拟：穿越时空的对话</td></tr>
<tr><td>古代科学：大国重器</td><td>信息搜集：大国重器知多少</td><td>案例分析：绘制古代大国重器“中国名片”</td><td>探究实践：我是小小发明家</td></tr>
<tr><td>美德传承者</td><td>一点中国红，耀我华夏龙</td><td>信息搜集：爱国故事会</td><td>新闻特别节目《大爱说爱国》</td><td>实践体验：爱国“童”行</td></tr>
</table>

课时教学设计理念

习近平总书记对新时代思政课改革创新提出坚持八个“相统一”的要求，要切实提高思政课的思想性、理论性、亲和力和针对性。本课时在这一总体目标和要求的基础上进行了设计。

一、以任务群为依托的核心素养教学

本单元教学设计指向学生的学科核心素养，将“内容单元”转化为“学习单元”，设置了一个单元大任务“假如你是中华文化小使者，你会选择什么内容、怎样向外国友人讲述中华文化的故事？”以及三个情境子任务——汉字代言人、“中国名片”设计师、美德传承者。而本课时立足“美德传承者”的子任务，引导学生在任务探究中自主学习、合作学习，真正让学科核心素养落地。

二、基于主题任务，情境式教学设计

创造良好的问题情境是进行互动、探究学习的前提。要通过创设生动具体的情境教学，引起学生的道德体验，激发学生的爱国情感。整个课时教学以“小螺号新闻直播间”为教学情境贯穿全程——以该新闻直播间速递党的二十大时政，引入爱国主题；以该新闻直播间开展《大爱说爱国》特别节目，探究爱国内涵——让学生在情境体验中感悟爱国情怀。

续表

三、以“线上+线下”为载体进行混合式教学 本单元涉及的传统文化内容庞杂且博大精深，为了提高教学效率，采用“线上+线下”混合式教学，为学生线下学习提供丰富的学习单和资源包。课前引导学生聚焦学习内容，避免散点式学习；课中凝练方法与思路，为课后的学习和自主探究奠定基础。
课时教学内容分析
本课是整个单元设计第三模块《传统美德　源远流长》的第三课时《天下兴亡、匹夫有责的爱国情怀》的教学内容，主要体现了核心素养政治认同中的家国情怀。学生通过前两个课时的学习，已初步了解中华传统美德在个人修养、社会关爱中的表现，可以列举生活中反映传统美德的事例，逐步培养起用传统美德引导生活的意识。 本课教学将分为三大板块，通过《小螺号新闻直播间》这一新闻节目串联起来。第一板块：衔接时政，体会“为什么要爱国”；第二板块：信息搜集，理解“什么是爱国”；第三板块：合作探究，明晰“小学生如何爱国”。
课时学情分析
经过课前调查，五年级的学生已经积累了不少爱国典故，但是缺乏对历史的真切感知，爱国仍停留在朦胧的意识和口号上，主动关心国家大事和社会实事，将爱国和自己的生活相联系的意识还有待加强。 通过研学，我们发现周边学习资源丰富：深圳本地红色资源丰富，坐拥三十余处红色地标；超半数家庭中含括如下经历的家长：参加过抗美援朝战争（参军）、工作在抗疫一线的医生或社区工作者等。虽然资源丰富，但是学习内容较为抽象，如何启发学生将爱国与自己的人生相联系有一定的难度。
课时教学目标
一、政治认同 通过合作探究和实践体验理解爱国的内涵，初步形成文化自信和民族自豪感。 **二、道德修养** 经由情境模拟、实践体验，体悟爱国是中华民族的传统美德，愿意用爱国情怀指导生活。 **三、法治观念** 通过时政分析和材料分析能够将爱国情怀落到实处，意识到个人和国家命运紧密相连，每个人都要养成维护国家利益和安全的法治观念。

续表

四、健全人格

在学习传统文化成果的过程中正确处理个人与国家的关系。

五、责任意识

在游戏活动和实践体验中感受中华优秀传统文化的感召力，初步树立为实现中华民族伟大复兴而奋斗的理想。

课时教学重点、难点

一、课时教学重点

能够在盘点祖国伟大成就的过程中，理解个人与国家具有共同命运，激发学生的民族自豪感。能够通过名人和身边人的爱国故事，了解中华传统美德在家国情怀方面的具体表现，知道爱国的具体内涵。

二、课时教学难点

通过联系生活和自我经验，激发学生将小我融入国家大我的情感，能将爱国落到实处。

课时教学资源

一、教学媒体

《一点中国红，耀我华夏龙》PPT 课件、纸质学习单。

二、教学工具

WPS（课件制作与展示）、剪映（视频剪辑）、Photoshop（图片编辑）。

三、教学素材

视频：《这些数字，量化了一个国家的非凡十年》《榜样》《大爱说爱国》《清澈的爱，只为中国》。

音乐：《种子》（袁隆平作词）。

课时教学过程

教师活动	学生活动
环节一：亮眼中国红，闪耀爱国价值（时政导入，亮爱国主题）	
活动一： 今日时政知巨变 【创设“新闻直播间”情境】 课前，时政小主播做课前 2 分钟新闻播报。	时政播报： A：欢迎各位同学收听今天的《小螺号新闻直播间》。 B：金色的阳光洒向天安门广场，世界的目光聚焦新时代中国。

续表

【数说新时代成就】 播放视频《这些数字，量化了一个国家的非凡十年》。 【设问启思】 感谢两位小主播的热情播报。观看完这则视频，哪些数字和巨变给你留下了深刻的印象？ 【数说幸福】 学生交流自己的想法。 小结：这一个个数字汇聚成了一个强大的中国。十年光阴，中国发展硕果累累。制造业世界第一，全球货物贸易世界第一，铁路营运里程世界第一，国际专利申请数量连续3年世界第一，就是最亮眼的中国红。 （出示板书：中国红） 【图说幸福】 师：生活在这样一个强大的国家，你能用一个词形容一下你的生活吗？你们这一张张笑脸就是最鲜活的证明——国家富强，人民幸福。	A：2022年10月16日上午，中国共产党第二十次全国代表大会在北京人民大会堂隆重开幕。 B：各代表团陆续抵达天安门广场，肩负着9600多万名党员、14亿多中国人民的期盼与重托，代表们满怀信心步入人民大会堂。 A：人民大会堂万人大礼堂内华灯璀璨，金色的党徽与鲜艳的红旗交相辉映。上午10时整，雄壮的国歌声响起，中国共产党第二十次全国代表大会隆重开幕。 B：习近平总书记健步走上报告席，代表第十九届中央委员会向大会作题为《高举中国特色社会主义伟大旗帜 为全面建设社会主义现代化国家而团结奋斗》的报告。 A：两小时的报告过程中，是什么让雷鸣般的掌声一次次响彻雄伟的人民大会堂？ B：让我们再走进这一组组数据一探究竟。 合：今天的《小螺号新闻直播间》到此结束，我们下期再会。 自由发言：概括祖国的变化和自己的生活，并生发民族自豪感和幸福感。
设计意图：通过时政小主播速递党的二十大召开的新闻，引导学生透过一组组数据，感受新时代中国十年间的巨变，初步激发起学生生活在强大中国的自豪感、安全感和幸福感，明晰个人命运与国家命运紧密相连——国家富强，人民幸福。	

续表

环节二：凝聚一抹红，共话爱国内涵（合作探究，知爱国内涵）	
活动二： 集爱国镜头 【过渡】 师：中国的强大是喊口号喊出来的吗？是一代又一代爱国者打拼出来的。让我们聚焦强大中国背后的爱国者们，凝聚这一抹红。 （板书：一抹红） 【创设情境】 为了庆祝党的二十大胜利召开，《小螺号新闻直播间》推出了特别节目《大爱说爱国》，讲述爱国者的故事。 （播放《大爱说爱国》介绍视频）	进入情境：为拍摄庆祝党的二十大召开的特别节目《大爱说爱国》搜集身边爱国者。
【猜爱国人物】 节目第一期，《大爱说爱国》将摄像头对准了三位爱国者，请猜一猜他们分别是谁呢。 出示三组谜语：	游戏活动：学生根据视频、歌曲、他人评价等猜爱国人物，在重温爱国故事的过程中，提炼爱国品质和爱国内涵。
1. 说说第一位爱国者：他用了 7 年履行保护故宫的职责。他就是故宫“看门人”。 （谜底：单霁翔） 师：单霁翔的出现给 600 岁的故宫带来了很多变化，有同学了解吗？ 小结：爱国就是为中国传统文化的生根发芽、传递传承贡献力量。	学生分享：单霁翔院长带给故宫的变化，是让传统文化焕发新活力。
2. 第二位爱国者不仅是一位伟大的科学家，他还将他的梦想写进了歌里，你们听。 （播放音乐《种子》） （谜底：袁隆平）	学生分享：袁隆平爷爷怎么将个人梦想与国家联系起来，体现了怎样的品质。

续表

师追问：你们知道袁隆平爷爷的梦想是什么吗？为了实现这个梦想他又做了什么呢？ 小结：爱国就是将毕生精力献给祖国的温饱事业。 3．节目镜头来到西部边陲，外交部发言人华春莹女士是这样评价第三位爱国者的。 （播放视频《清澈的爱，只为中国》） （谜底：陈祥榕） 小结：爱国就是誓死捍卫祖国疆土。 【讲身边的爱国者】 他们对祖国的拳拳深情让我们感动，让我们崇拜。但其实，我们身边也有许多爱国者。 现在，《大爱说爱国》要拍第二期节目，课前委任同学们担任特邀记者，寻找我们身边的爱国者。你们的镜头都捕捉到了哪些爱国者？ 虽然我们不能在这里一一展开这些爱国的故事，但可以自豪地说出他们的名字。 【小结】 是啊，像这样的人遍布中国的每一寸土地，他们默默无闻但都有一个共同的称呼——爱国者。我们每个人都在用自己的行动诠释着爱国。	观看视频：了解陈祥榕的爱国事迹。 学生展示：分享自己身边的爱国者和爱国故事，并展示爱国见证实物。 学生分享：学生依次说出身边爱国者的名字，为爱国者鼓掌。
设计意图：在拍摄《大爱说爱国》特别节目这一情境中，调动学生的知识储备和生活观察，先由游戏活动重温学生们耳熟能详的爱国榜样，感受楷模的爱国引领；再激发学生寻找身边爱国者，明白爱国人物就在身边，而爱国的内涵十分广泛，包含敬业奉献、责任担当、热爱中华文化等。	
环节三：成为一点红，践行爱国情怀（活动激情，悟爱国情怀）	
活动三：做爱国少年 【过渡】 师：我们仰望这一抹红，更要成为一点红，争当新时代爱国少年。 （板书：一点红）	

续表

【联系实际】 师：作为一名小学生，怎么做才能成为新时代“爱国少年”？ 师：我非常认同，虽然大家只是小学生，但是我们可以从自己做起，奋发图强、强身健体、遵纪守法、助人为乐、传承文化、心怀天下。 【合作探究】 《大爱说爱国》栏目组现在将镜头对准了同学们，要在班上寻找六位符合上述要求的爱国少年代表，为他们授予奖章。请各小组担任评委，讨论要将奖章授予班上哪位同学，为什么？ 【颁奖升华】 大家讨论得这么热烈，心中一定有了心仪的人选。有请各位组长上台颁奖！ 【爱国接龙】 台上六位同学只是代表。班上还有许许多多的新时代爱国少年，只是缺乏机会表达。 爱就要大声说出来。现在机会来了，让我们用全班接龙的方式，响亮地说出你们热烈而真挚的爱国宣言。 【小结】 2021年，大家都是孜孜求学的小学生，正逢建党一百周年；2035年，你们20出头，正是打拼事业的好时候，我国已基本实现社会主义现代化；2049年，中华人民共和国成立一百周年，你们年近40，已经成为国家栋梁。 国家因我们的爱更美好，我们也因对国家深沉的爱而茁壮成长。 在实现中华民族伟大复兴的征途上，让我们——成为一点红，耀我华夏龙。	学生交流：小学生爱国可以做什么事情。 合作探究：联系生活实际，商议颁发六枚奖章的标准并选定同学。 分组汇报（颁奖）： 1. 奋发图强组：学好文化知识，养成良好习惯，有梦想，肯努力。 2. 强身健体组：热爱运动，坚持锻炼。 3. 遵纪守法组：遵守课堂纪律，遵守学校规定，遵守社会规范。 4. 文化传承组：了解中华文化，热爱中华文化，诗词达人。 5. 乐于助人组：乐于助人、友爱同学、宽容大度。 6. 心怀天下组：关心国家大事，爱看新闻，对国内外大事有自己的看法。 爱国接龙：学生说爱国宣言，明确具体落实方向。

续表

设计意图：学生从他人回到自身，由“言”转向“行”。通过“新时代爱国少年”评选和颁奖活动，从六个方面具体化“爱国行为”，深刻感悟要将个人梦想与国家发展结合，明白可以通过方方面面的行动践行爱国情怀。而获奖的荣誉感能进一步激发学生的爱国情怀。

课时板书设计

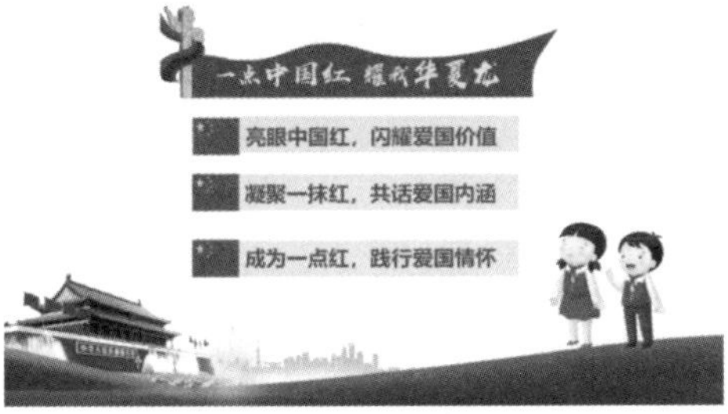

课时作业设计

根据“双减”政策，布置了如下项目式作业供学生自由选择：

作业类型	能力考查	作业内容	作业形式	作业载体
基础性作业	基础识记	了解典型爱国人物、故事	查找资料、观看视频	《爱国格言“飞花令”》比赛
拓展性作业	整体把握、资料分析	寻找身边的爱国人和爱国事	合作探索、资料收集、观察生活	《大爱说爱国》新闻故事
综合性作业	创新意识、分析和解决问题的能力	设计一次深圳爱国研学活动	实践体验、自主设计和展示	《深圳爱国研学活动策划书》

课时评价设计

过程性评价与终结性评价一体化评价设计

设置“爱国情怀成长树”评价管理小程序，学生即时收获当堂课能量星，帮助“爱国情怀成长树”注入能量，帮助种子生根发芽。在学习过程中，爱国的小种子逐渐长成参天大树，并结出五颜六色的“爱国情怀成长果”，让成长可视化。过程性评价表如下：

续表

教学过程	评价内容	评价标准	自评	学生评	家长评	教师评
课前	课前研学	根据导学单要求预习课时内容	☆☆☆	☆☆☆	☆☆☆	☆☆☆
		能够通过多渠道搜集课堂学习和探究需要的资料	☆☆☆	☆☆☆	☆☆☆	☆☆☆
课中	学习态度与能力	认真对待每个活动，乐于合作，能和同学高效沟通	☆☆☆	☆☆☆	☆☆☆	☆☆☆
		积极参与课堂讨论和探究，正确评判事物，具有良好的是非观	☆☆☆	☆☆☆	☆☆☆	☆☆☆
		能够搜集、提取、分析和表达材料信息	☆☆☆	☆☆☆	☆☆☆	☆☆☆
		合理、有创意地运用本课知识来探究和解决生活中的问题，指导自己的生活	☆☆☆	☆☆☆	☆☆☆	☆☆☆
课后	学习成果	在日常生活和学习生活中具备良好的道德修养	☆☆☆	☆☆☆	☆☆☆	☆☆☆
		高质量完成课后实践作业	☆☆☆	☆☆☆	☆☆☆	☆☆☆

课时教学反思

一、本课在设计上有以下特点

1. 在还原情境中激发学习兴趣。本课创设、还原时政情境，如导入环节的《这些数字，量化了一个国家的非凡十年》视频，把抽象的概念以生动的场景呈现，将遥远的事件显现于眼前。

2. 在合作探究中提升学科能力。本课注重以生为本，让学生在小组合作中完成学科知识、提升能力，如教学设计的环节二和环节三中，充分发挥了学生的主观能动性。

3. 在体验实践中获得价值认同。如何把“爱国”抽象的概念生动化、将爱国与学生的生活关联，是这一节课的重点和难点。课前收集爱国故事的活动能增强学生的感悟，令学生在亲身实践中接受行动熏陶和感情奠基，并实现价值认同。

二、本课还有待改进的地方

教师在资源选择和利用、学习活动方式设计、实际生活案例呈现、问题情境创设等方面，要兼顾学生需求和内容需要，突破教学难点。

我是广告创意师

作者：张龙（深圳市龙华区松和小学）

来源：GDJY－2021－A－b097 小学道德与法治大单元教学实践探索

课例名称：我是广告创意师	学科学段：小学道德与法治
单元教学设计说明	
单元名称	信息万花筒

一、单元教学设计说明

1. 单元教学内容解析。

《信息万花筒》是统编版小学《道德与法治》四年级上册第三单元的内容。现代媒介是儿童在信息时代了解社会的重要工具，它改变了儿童群体的交流方式、表达途径和社会活动参与路径，在儿童社会化过程中扮演着越来越重要的角色。本单元《信息万花筒》紧扣时代主题，旨在引导儿童认识到多姿多彩的网络世界，并且能够有意识地辨别和筛选信息，健康看电视，合理使用网络，正确认识广告，高效、规范、文明地使用媒体，从而提升儿童的良好媒介素养。

本单元共设计了三课内容：第七课《健康看电视》重在让学生辩证地看待电视，了解电视给我们生活带来的变化，反思和调整自己看电视的行为，养成健康看电视的习惯；第八课《网络新世界》从调查儿童当下网络生活入手，呈现网络对生活的作用，引导学生学习网络世界规则，正确对待网络游戏；第九课《正确认识广告》通过呈现广告的形态和基本功能，引导学生学会理性对待商业广告，思考如何甄别广告信息。以思维导图的形式将本单元的教材内容梳理、呈现如下：

续表

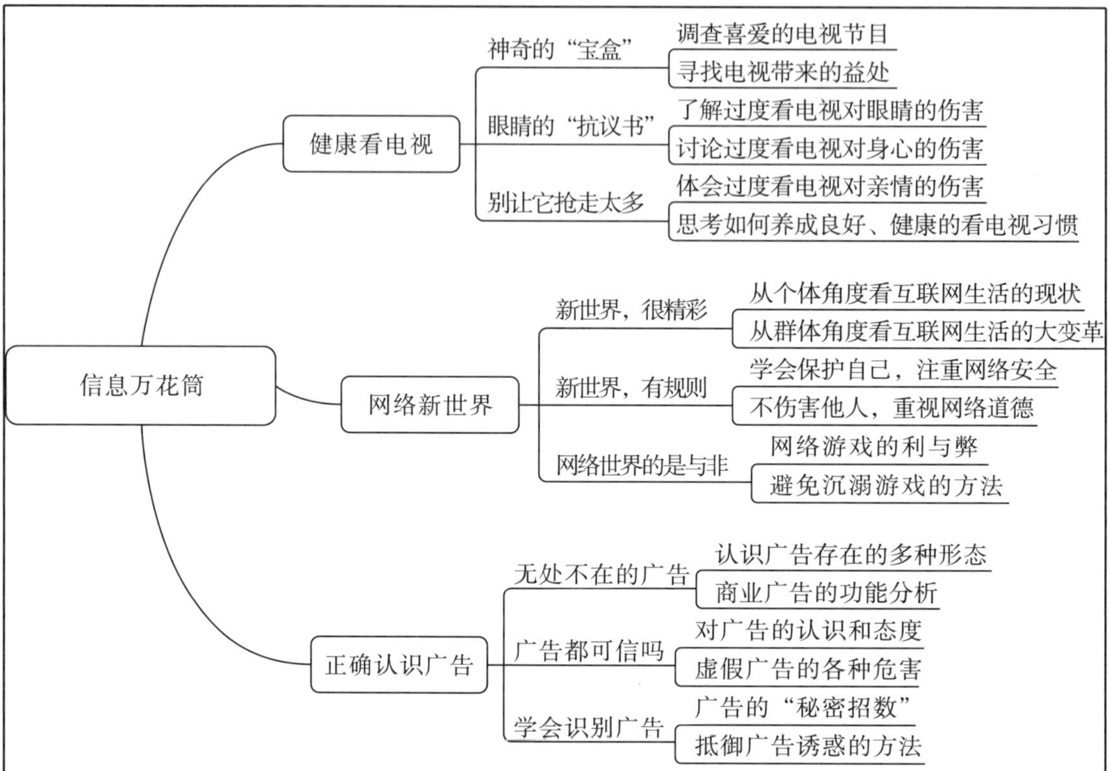

2. 单元内容与学科、学段关联。

根据对教材内容的分析，以大概念、大主题为线索，对本单元的内容进行学段关联和学科关联对比，以求更好地辅助教师建立起整体教学意识，帮助学生进行知识组块化学习，更有利于学生进行知识迁移。以下是本单元内容与各学科、各学段的联系。

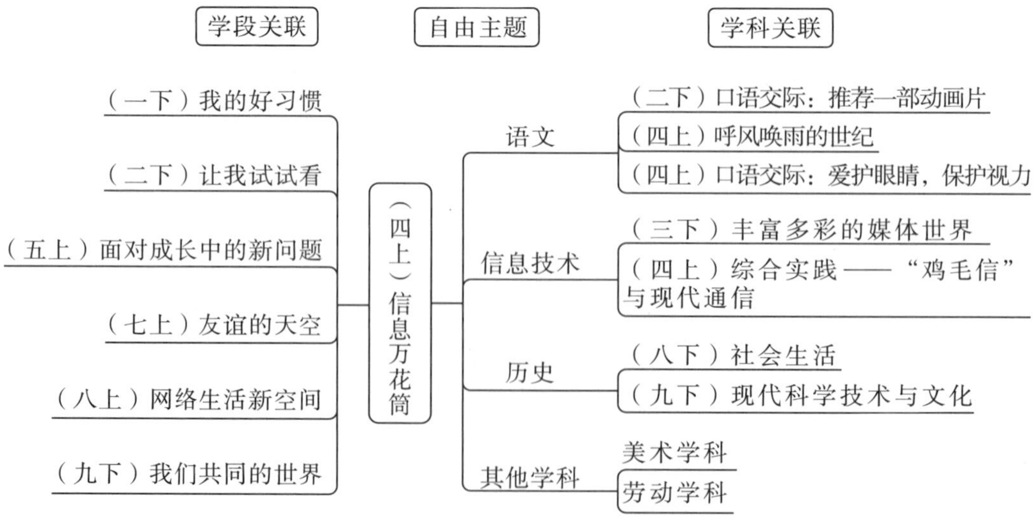

续表

3．课标对本单元教学内容的相关要求。

本单元的编写依据是《义务教育品德与社会课程标准（2011 年版）》中主题一“我的健康成长”第七条“了解迷恋网络和电子游戏等不良嗜好的危害，抵制不健康的生活方式”和主题五“我们的国家”第八条“知道现代通信的种类和方式，体会现代传媒，尤其是网络与人们生活的关系。在有效获取信息的同时，增强对信息的辨别能力，遵守通信的基本礼貌和网络道德、法律规范，做到文明上网”。

《义务教育道德与法治课程标准（2022 年版）》确定了政治认同、道德修养、法治观念、健全人格、责任意识五大核心素养。具体到第二学段（3—4 年级）的学段目标中，我们要引导学生“学习基本的网络道德规范，做到文明上网”；要“分小组收集网络交往中不文明现象的资料，选取典型事例进行评价，讨论制定网上文明公约”；同时根据课标中“核心素养学段表现”相关内容要求，我们要引导学生“了解生活中的法律规范，形成规则意识，知道法律能够保护自己的生活，养成遵纪守法的行为习惯，具备自我保护意识和初步的自我保护能力”，从而促进学生完善自我，参与社会实践。

4．本单元学习对学生核心素养发展的价值。

政治认同	通过了解国家互联网发展的现状，让学生感受到国家富强、媒介发展带给人们的便捷，并引导学生初步理解社会主义核心价值观的要求，在使用网络的过程中自觉加以践行。
道德修养	通过梳理、辨别互联网上的不文明行为，引导学生学习基本的网络道德规范，做到文明上网。
法治观念	通过辨析和筛选网络信息，增强网络安全交友的意识。了解《中华人民共和国广告法》等法律法规，能够做到合法上网并学会用法律保护自己。
健全人格	知道隐私保护的重要性，远离网络上的不良信息，以保证身心健康成长。
责任意识	做到共同维护健康的网络环境，不在网络上随意伤害他人。

二、单元目标与重点难点

1．学情分析。（SWOT 分析法）

S（strengths）：四年级的学生处于从中年级向高年级的过渡期，对人和事物的认识逐渐脱离形象思维，初步具备抽象思维的能力，为理解本单元内容打下良好基础。目前，学校有设备完善的电脑室，并开设了信息技术课。在前三年的课程学习中，学生对于现代媒介的使用方法、特点和作用也有了初步认识。

W（weaknesses）：四年级学生好奇心强，但由于社会认知和经验有限，辨别能力相对较弱，还没有足够的能力筛选、鉴别现代媒介信息中的虚假或不良内容，难以安全有效地获取、利用信息。本年龄段学生自我约束和控制能力有限，对于网络信息，特别是对于商业广告的概念和功能缺乏一个全面、清晰的认知，以致部分学生无法抵御诱惑，

续表

不能健康、合理地使用媒介。

O（opportunities）：全媒体时代下学生的信息素养有自然的基础。学生基本上都有参与网课学习的经历，对于电视、网络等使用都积累了相当程度的经验，这为学生辨析互联网对我们生活的利弊、影响提供了很好的现实基础。

T（threats）：一方面，海量的信息、繁多的广告对学生造成了空前的信息压力，面对各种网络诱惑，有些学生被电子产品绑架，不仅面临视力下降的风险，还可能沉迷网络，影响学业质量。互联网营造的虚拟社交世界，容易让学生沉溺其中，从而对现实生活中的人际交往造成负面影响。这给本节课教学目标的达成带来一定挑战。另一方面，家长对孩子的上网限制、管教方式的不科学、不适当，也容易引起学生的反感，增加本课的教学难度。

2．单元学习目标。

依据单元教学大主题、大观念，结合本单元学习内容，形成了以下指向核心素养的学习目标：

a．提升信息素养，提高辨别能力。通过搜集整理信息，了解网络对于人们生活的意义和作用，认识到过度看电视、过度使用网络的危害。在有效获取信息的同时，增强对信息的辨别能力，能辨别广告的真实性，反思并调整自己看电视及上网习惯。

b．提升责任意识，加强法治观念。通过访谈、问卷调查、辩论等活动辨析网络游戏的是与非，学习基本的网络道德规范，做到文明上网。

c．提高道德修养，健全学生人格。通过游戏和活动，促使学生全面辩证看问题。引导学生初步理解社会主义核心价值观的要求，在使用网络的过程中自觉加以践行。

3．单元学习重难点。

重点：信息收集与整理，分析与判断信息，良好习惯的养成。

难点：全面辩证看问题，信息辨别的能力。

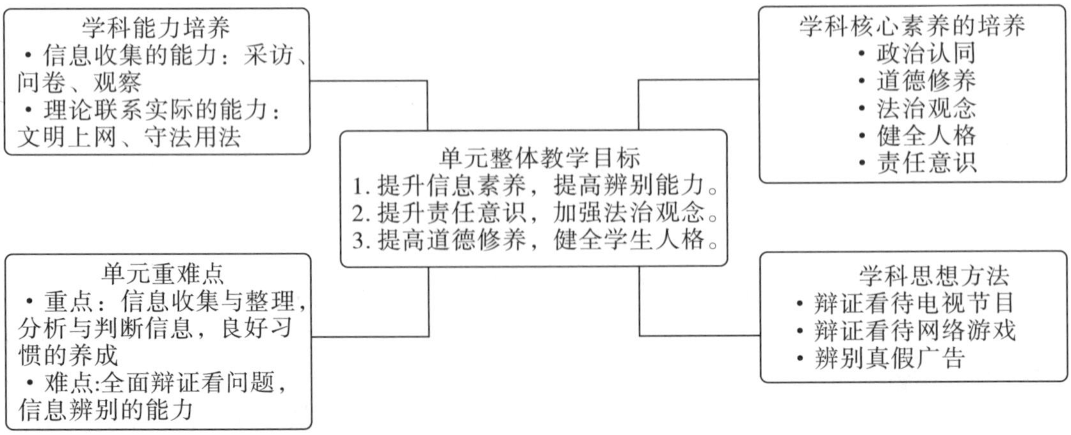

续表

三、单元整体教学思路

围绕学科核心素养，本单元教学设计以学生学习目标为指向，以学习任务为载体，以教师的学习支持为保障，以学习评价为引领，通过对教材、教参、课程标准的研读和分析，结合学情，明确在本单元教学过程中贯彻以下教学策略：以“信息万花筒”这一大主题为主线，以学生生活体验为基础，通过课前、课中、课后形式多样的任务设计将知识概念照进生活，唤起学生生活经验，引导学生自主探究，合作交流，在循序渐进的趣味闯关活动和职业体验活动中夯实知识，提升能力，强化素养。

本单元整体教学设计思路图如下：

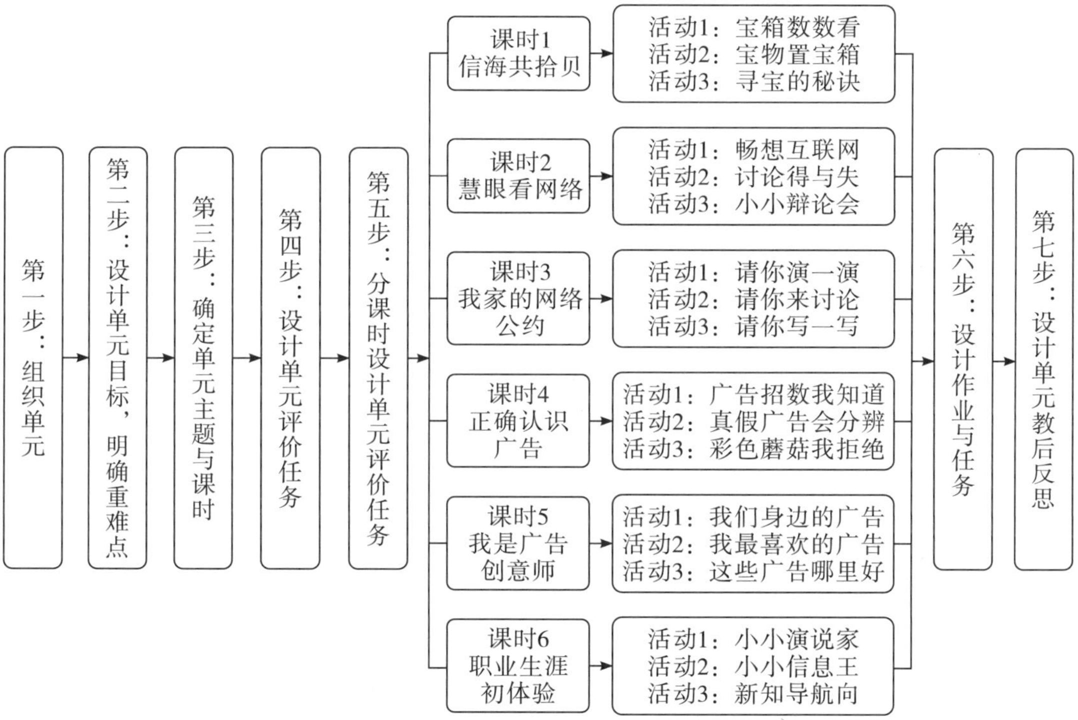

课时教学设计说明

课题	我是广告创意师

一、教学内容分析

本课是统编版小学《道德与法治》四年级上册中《信息万花筒》单元整体设计的第四课时内容。本课从学生已有的生活经验出发，通过情景体验、案例分析等活动教学，让学生感受到广告在生活中无处不在，体会广告给生活带来的影响；重点使学生在感性了解的基础上，还能透过现象，理性地分析信息互联时代广告的特征、分类及其功能；并通过学习《中华人民共和国广告法》的相关规定，提高法治意识。

续表

二、学情分析

四年级的学生好奇心强，感性认知高于理性认知，但由于社会认知和经验有限，对广告的概念、功能等缺乏全面、清晰的认识。因此，本课的学习意在帮助学生实现对广告从感性认识到理性认识的转变，能够更系统地认识广告。

三、教学目标

1．知识与能力：了解信息互联时代广告的特征、分类以及功能。

2．过程与方法：通过游戏导入、设置情境、小组合作、设计广告等活动，培养学生观察和辨别能力，令学生学会合作学习，拥有创新实践的能力。

3．情感态度与价值观：引导学生感受到广告对于我们生活的影响，感受好广告的魅力，培养创新意识。

四、教学重难点

重点：了解信息互联时代广告的特征、分类以及功能。

难点：小组合作，激发创意，通过设计一则广告将所学知识用于实践，学以致用。

五、教学活动设计

教师活动	学生活动
环节一：眼力大比拼——找广告	
1．游戏导入。 同学们，我们今天先来玩一个小游戏“耳力大比拼”。老师播放音频，看看哪位同学能最快反应，听出老师播放的是什么。 （播放两个学生熟悉的广告音频）	1．倾听互动。 学生仔细倾听音频，参与游戏互动，猜猜音频播放的广告内容。
2．引导提问。 请同学们看课本第 64 页的插图，用你们的火眼金睛来找一找，你能发现哪些广告呢？（展示杂志广告、招牌广告、车身广告插图）	2．读图互动。 学生打开课本，读课本插图，寻找插图中的广告，并举手发言。
3．反馈提升。 喇叭里的叫卖声的确也是广告，它们属于口播广告。叫卖吆喝这种古老的口播广告形式，随着时代的发展，迸发出新的活力，我们一起来看一看吧！（播放视频《成都喊堂》）	3．欣赏感悟。 学生观看《成都喊堂》视频，感受喊堂广告中蕴含的民族记忆和文化，激发文化自信。

续表

<table>
<tr><td>4. 升级任务。
刚刚我们找到的这些广告，基本上都是同学们在生活中见过的、听过的。接下来老师要升级一下难度了。老师要给同学们出示 4 张图片，请你看一看这几张图片里有没有广告。
（展示冠名广告、实物广告、植入广告图片）</td><td>4. 互动分享。
学生观察图片，找到隐藏在图片中的广告。</td></tr>
<tr><td>5. 小结过渡。
通过刚才找广告的活动，我们发现：无论是现实世界还是虚拟世界，到处都有广告，广告真是无处不在。从内容上来看，大到房子汽车，小到衣服鞋子，衣食住行，广告无所不包。从广告形式来看，广告无奇不有。
（相机板书）
刚刚大家都分享了这么多的广告，你们觉得广告在我们的生活中有什么作用呢？</td><td>5. 概括梳理。
学生能从广告的分布、内容、形式等概括出信息互联时代的广告特征。</td></tr>
<tr><td>6. 引导总结。
通过刚才的交流，我们知道广告有三大功能：传递信息、提高知名度、劝说购买。
（相机板书）</td><td>6. 感悟提升。
学生结合课本，联系生活实际认识广告的主要功能。</td></tr>
<tr><td colspan="2">设计意图：本环节通过“耳力大比拼”游戏导入，意在激发学生兴趣，唤醒学生的生活经验。通过“眼力大比拼”的活动增强课程互动性，让学生走到大屏幕前指出图片中的广告，意在激发学生课堂参与积极性，使学生在课堂上“动起来”。通过介绍“招牌广告”“成都吼堂”这两种穿越古今的广告形式，激发学生的民族自豪感，培养文化自信。同时让学生感知到信息互联时代广告的特征，认识广告的三大功能。</td></tr>
<tr><td colspan="2">环节二：观点大比拼——议广告</td></tr>
<tr><td>1. 任务指引。
引导学生上台分享课前搜集的“我最喜欢的一则广告”，并进行点评、总结。</td><td>1. 展示汇报。
上台展示自己课前准备的一则广告并说说自己为什么喜欢这则广告。</td></tr>
</table>

续表

2. 知识拓展。 同学们，刚刚这位同学分享的广告与前一位同学分享的不太一样，不知道大家是否发现他们分享的广告有什么不同？同学们说得没错，前一位同学分享的是商业广告，后一位分享的是公益广告。我们一起来看一看相关法律对于广告的定义。 （出示法条链接）	2. 倾听提升。 通过阅读法条，了解与广告相关的法律规定，提高法治意识，了解商业广告与公益广告的不同。
3. 引导讨论。 同学们，你们喝过图片上的这个饮料吗？谁还记得它的广告语是什么？没错，就是……你知道吗？该品牌刚推出市场的时候，广告语是这样的……跟之前的广告语相比，你觉得哪个好呢？请同学们小组讨论 2 分钟。	3. 讨论评议。 学生通过小组交流，表达自己对两个广告语的认识，探索广告语背后蕴藏的道理和法律知识。 预设：我认为后来的广告语更好，理由是这个广告语简洁明了，更容易记住。
4. 小结过渡 同学们，你们瞧，一句简简单单的商业广告语，7 个字，帮助一个企业大大提升了产品的销售量，可见广告文案创意是多么重要。你们还知道哪些富有创意的广告文案呢？除了广告语，你知道成功的广告还靠哪些要素打动人心吗？这个问题我们通过接下来的广告一起探索。 （出示电影宣传广告、“孝敬”主题公益广告、希望工程公益广告） （广告成功要素：精彩的画面、感人的故事、诱人的价格等）	4. 互动交流。 学生列举自己在生活中听到过的富有创意的广告语。
5. 总结提升。 同学们，你们瞧，一则公益广告改变了一个山区女孩儿的命运，助推了我国希望工程的发展，点燃无数中国人的爱心。这则广告的成功之处就在于摄影师捕捉到了这一双渴求知识的大眼睛。	5. 感悟提升。 学生结合前面的广告创意分析，了解一则好的广告要有富有创意的文案、吸引人的画面、动人的故事等。

续表

设计意图：这个环节鼓励学生走上台对自己搜集到的最喜欢的广告进行分享，意在考查学生课前自主探究能力和对生活的观察能力。本环节还出示了一些优秀的广告设计作品，通过小组讨论、互动交流等形式，让学生了解创作一则好广告的基本要求，为下一环节学生小组进行广告创作实践做好铺垫。	
环节三：创意大比拼——做广告	
1．引入情境。 同学们，说到党的二十大，最近有一位人大代表备受关注。在党的十九大上，这位人大代表直播带货，把土豆卖到了人民大会堂。在党的二十大上，这位人大代表又推广起了水稻旱地种植技术。这是怎么回事呢？我们一起看一看。 （播放视频《土豆院士朱有勇》《水稻旱地种植》）	1．观看视频。 学生观看两则视频，认识中国工程院院士朱有勇，了解他的相关事迹以及他为脱贫攻坚做出的努力和贡献，感受朱有勇院士爱国、爱人民的崇高精神品质。
2．明确任务。 土豆院士朱有勇满怀对祖国的热爱、对人民的热爱奋战在脱贫攻坚一线。同学们，假如土豆院士爷爷向你发出邀请，让你成为脱贫攻坚志愿者，帮助云南澜沧县的父老乡亲把土豆还有旱地种植的水稻卖给你所在社区的居民，你会怎么做呢？请大家小组讨论 8 分钟，动用智慧，发挥创意，设计一则广告。 （出示任务要求，指导小组分工、完成广告创作）	2．小组创作。 学生明确任务内容、任务要求、评价要求，围绕任务进行小组合作探究实践，撰写广告语，互相协助完成一则广告创作。
3．引导分享。 讨论结束，我们来请第一小组的同学上台展示你们的创作成果。 …… （出示任务评价卡，学生分享时引导学生自评、生生互评，教师对学生作品进行点评）	3．分享展示。 每组派学生代表上台对本组的广告设计作品进行推荐介绍，阐述广告的创作思路、小组的协作情况以及创作感受等。每组要对本小组的广告作品进行自我评价，也可以邀请别的小组以及老师对本组的作品进行评价。

续表

4．总结提升。 同学们，看完大家的广告创意，老师真心觉得：同学们的脑海里有一千一万种的创意，只要同学们继续努力开发自己的创意，你们一定会用自己的创意点亮生活，改变世界。最后，老师想借用一句广告语“一切皆有可能”结束今天的课程。 同学们，一切皆有可能，加油！本节课到此结束。	4．感悟提升。 学生跟随老师对本节课的内容进行总结梳理，通过总结梳理提高对广告的认识，感受广告对于我们生活的影响；同时也能从穿越古今的广告中感受传统文化的魅力，能够激发自身的创造力，提高创新意识，带着创意学习和成长。
设计意图：这个环节结合时政热点进行任务设计，一方面引导学生关注时政热点，另一方面通过小组合作的方式进行广告创作，是对本节课所学知识的实践运用，旨在提高学生学以致用的能力。同时，本环节通过对中国工程院院士朱有勇事迹的介绍，让学生以脱贫攻坚志愿者的身份进行广告创作，意在培养学生爱党、爱国、爱人民的道德品质和爱心助农的责任担当。	

六、板书设计

续表

七、作业与拓展学习设计

结合单元学习目标、学情以及“双减”相关政策，本课设计如下任务：

任务名称	任务性质	评价指标	评价主体	评价等级
火眼金睛找广告	课前观察	能够发现生活中各种各样的广告	学生自评	☆☆☆☆☆
			小组互评	☆☆☆☆☆
			教师评价	☆☆☆☆☆
畅所欲言议广告	课中讨论	能够积极参与课堂，联系生活实际，从不同角度理解广告	学生自评	☆☆☆☆☆
			小组互评	☆☆☆☆☆
			教师评价	☆☆☆☆☆
我帮院士打广告	课后实践	能够小组合作；广告设计方案具有创意，符合简洁、文明、易于传播的要求	学生自评	☆☆☆☆☆
			小组互评	☆☆☆☆☆
			教师评价	☆☆☆☆☆

八、特色学习资源分析、技术手段应用说明

1. 学习资源分析。

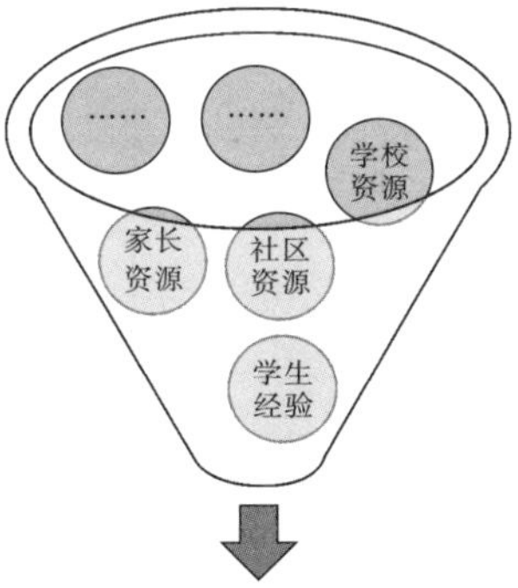

2. 教学活动方式。

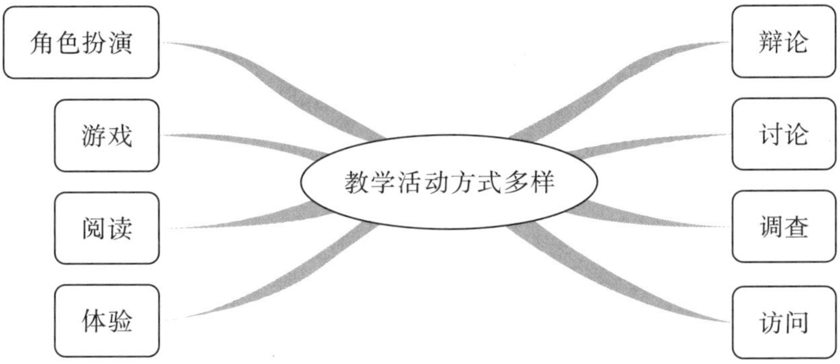

续表

3．技术手段运用。

（1）与教学相关内容的视频、音频、图片等网络资源的运用。

（2）指导学生们在课前以小组调查形式进行自主探究。

（3）提供多样的广告设计实例，如图片、海报、歌曲、视频等，并提供给学生一定的网络资源平台进行自主广告设计。

九、教学反思与改进

1．本课在设计上有以下三个特点。

（1）注重从学生的实际生活出发，让学生结合个人经验分享想法。

（2）寓教于乐，通过活动让学生体验思考、分类、辨别是非的乐趣。

（3）让学生进行自主探究，激发学生的创造力和想象力。

2．本课还有待改进的地方。

（1）关于广告功能的探讨不够深入。

（2）课程设计中给到学生的行动指令不够清晰准确。

十、学习评价设计

1．评价单设计思路。

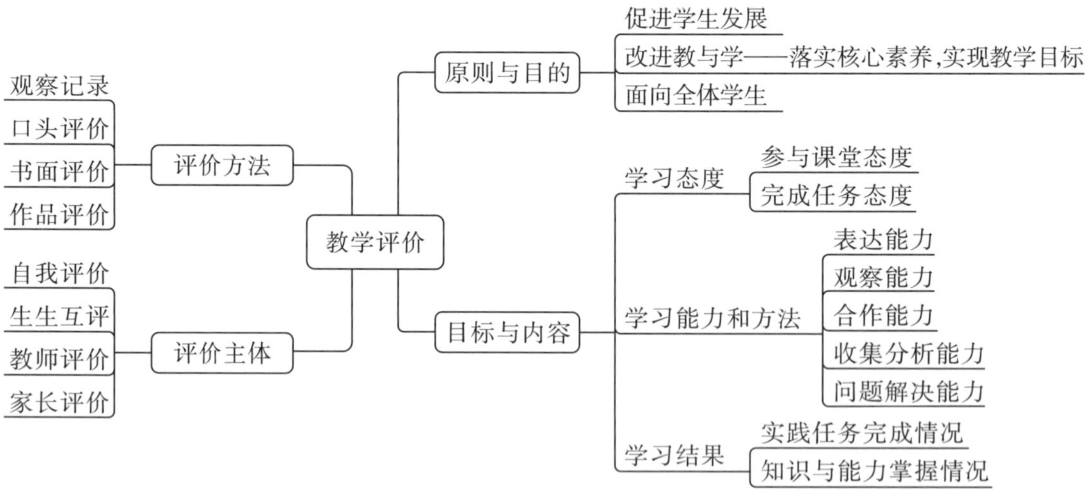

续表

2. 学习评价设计。

教学过程	评价内容	评价指标	评价方法	赋值方法			评价主体
课前	课前准备	根据要求，预习课时内容	课中观察记录	优秀(8~10分)	良好(5~7分)	一般(5分以下)	自评、互评、师评、家长评
		通过多渠道广泛搜集生活中常见的广告					
课中	学习态度与能力	积极参与课堂探究和讨论，能够与学习小组同学探究、输出有效观点	发言交流				自评、互评、师评、
		对于课堂知识点以及不懂的问题能够及时记录，积极解决					
		能够搜集、提取和分析材料信息					
		能够积极参与小组讨论，结合生活经验进行讨论学习、发表观点					
课后	学习成果	梳理总结知识，不懂要及时询问	作业提问				自评、互评、师评、家长评
		高质量完成课后任务					

这些东西哪里来（第二课时）

作者：纪少芬（汕头市龙湖区金珠小学）

来源：GDJY－2021－A－b098 核心素养导向下的小学道德与法治课程学业质量评价研究

课例名称：这些东西哪里来（第二课时）	学科学段：小学道德与法治
课时教学设计理念	
《义务教育道德与法治课程标准（2022 年版）》指出：要以学生的真实生活为基础，突出学生主体地位，充分考虑学生的生活经验，通过设置议题，创设多样化的学习情境，引导学生开展自主、合作的实践探究和体验活动，使他们在感悟生活中认识社会、学会做事、学会做人。因此，本课主要采用情境教学法、自主探究法、体验式教学法进行教学。	
课时教学内容分析	
《这些东西哪里来》第二课时是统编版《道德与法治》四年级下册第三单元《美好生活哪里来》的第二课。本单元旨在引导学生了解和学习与工农业生产相关的基本知识，引导学生认识和尊重各行各业的劳动者及其劳动，帮助学生树立正确的劳动观念，认识到劳动是美好生活的源泉。 本课由“物品身世‘探秘’”“它们带来的舒适与方便”“‘中国制造’到‘中国创造’”三个话题组成，每个话题一个课时。其中，第二课时由话题“它们带来的舒适与方便”构成，旨在引导学生认识到工业产品的创新和发展让人们的生活越来越方便，敬佩和感谢工业劳动者，激发创新意识。	
课时学情分析	
四年级的学生对生活体验不深，对工业生产缺乏了解，在生活中虽对各种工业产品带来的舒适与方便习以为常，但并未深入思考其背后的意义。在第一课时的学习中，学生对工业产品有了一定的了解，但没有真正意识到产品的发展与劳动者的付出息息相关。因此，引导学生了解工业产品给生活带来的美好变化，了解劳动者的付出，感谢工业劳动者，具有现实意义。	

续表

课时教学目标
为了落实2022年版新课标中政治认同、道德修养、责任意识、健全人格核心素养的培育，依据本课内容及学生学情，本课教学目标设定如下： 1. 了解生活中的工业产品，通过爷孙两代人的生活对比，知道改革开放后人们的生活发生了翻天覆地的变化，体验工业产品给人们带来的舒适与方便。 2. 通过探究性学习，了解工业产品的变革，感受创新与发展对生活方式的改善，激发幸福感，为自己所处的时代感到骄傲和自豪。 3. 了解工业产品劳动者的努力和付出，懂得感恩，珍惜他们的劳动成果。 4. 培养责任感和创新意识，知道身上肩负的责任，要为人们的将来创造更加美好的生活。
课时教学重点、难点
重点：感受工业产品的创新与发展给人们生活带来的舒适与方便。 难点：感谢创造工业产品的劳动者，珍惜他们的劳动成果，培养创新意识。
课时教学资源
希沃白板、PPT、预学单、学习单。
课时教学过程
一、激情导入 师：同学们，习近平爷爷讲过："追求美好生活，是永恒的主题，是永远的进行时。"美好生活从哪里来呢？在前面的学习中，我们知道人们的衣食住行离不开工业生产。请同学们打开课本第60页，今天我们将继续带着对美好生活的追求，走近工业产品，感受它们带来的舒适与方便。（板书课题） **二、开展活动** **活动一：实践体验，感受舒适与方便** 1. 联系生活，感受工业产品给足球运动带来的方便与舒适。 师：同学们，这个星期以来，我们学校开展了一项活动，这项活动特别受同学们的欢迎，大家说说是什么呀？ 师：没错，就是我们的校园足球联赛！今天上午第四节，我们班也将迎来今年的第一场比赛，你们做好准备了吗？ 师：先问咱们班的球员吧！为了踢好比赛，同学们准备了哪些物品？（球衣、球鞋、护具、球袜） 师：天气这么热，踢球的时候，不一会儿就满头大汗了。同学们还准备了什么呢？

续表

师：啦啦队员们做了哪些准备呢？（助威海报）用什么做的？ 师：我们的同学准备得真充分，老师也预祝大家旗开得胜！刚刚大家说到的这些物品，有一个共同的名字——工业产品（板书），这些产品帮助我们尽情地享受足球运动的快乐。 2. 引入课文，感受工业产品给日常生活带来的方便与舒适。 师：随着社会的进步和人们生活需求的提高，工业产品也在不断创新与发展（板书：创新与发展）。请同学们观察课本第60页的图片，找找看图中人们的生活发生了什么变化？洗衣机、电梯、空调等产品的诞生，帮助人们解决了什么问题呢？ 预设：洗衣机解放了人们的双手，节约了时间。电梯让人们上下楼变得轻松了，尤其是腿脚不方便的老人家。空调解决了人们夏天酷热难耐、冬天寒冷彻骨的问题。 师：是呀，这些产品把人们从重复、劳累的工作中解放出来，让我们有更多的时间和精力做其他事情，生活也变得更加舒适与方便，我们的生活多幸福呀！ **活动二：生活变化，体会创新与发展** 师：课前，老师请同学们完成课前学习单，大家完成了吗？哪些物品现在已经不生产了？哪些物品是过去没有而现在有的，给我们的生活带来了哪些舒适与方便？现在请拿出学习单，和小组同学交流吧！（PPT出示课前学习单“生活大变化”） 师：同学们都做了深入的调查，讨论得也很认真，还有同学用对比的方式呈现了调查的结果，做了一张有趣的对比图。我们一起来看看。（展示对比图） 师：仔细观察，大家有什么发现？ 师：是的，不实用、不方便的物品随着时代的变迁被更舒适、更方便的新物品替代。大家最喜欢哪个变化呢？老师也想来分享。 师：老师也想说说我喜欢的变化，我最喜欢的是交通工具的改变。老师是在广州上的大学。大一的时候，汕头还没有通往广州的高铁，只能搭火车或大巴来回。后来有了高铁，那可方便舒服多了，直接网上订票，坐上宽敞平稳的高铁，回家的旅程也成了一种享受。 师：大家体会最深刻的、最喜欢的变化是什么呢？（可以说图中的，也可以是大家了解到的、经历过的） （煤油灯用起来很不方便，也不够亮，会伤害我们的眼睛。台灯既方便，又能保护我们的眼睛。粪桶用起来不舒服，还有很难闻的味道，用完后还要清洗……） 师：生活在这样的时代，大家感到幸福吗？ 生：我们的生活比爷爷奶奶那时候好多了，我们很幸福。 师小结：是呀，工业产品的创新与发展给我们的生活带来舒适和方便，我们太幸福了。（板书：舒适与方便）

续表

活动三：产品揭秘，感谢辛勤的劳动者 师：随着社会的发展，有些产品消失在时间长河里，手机等产品却没有消失，反而越来越先进，是谁的功劳呢？我们要感谢谁呢？ 生：我们要感谢那些发明、制造产品的人。 师：接下来，我们一起来一场“产品揭秘之旅”吧！请同学们观看视频，了解手机发展背后的秘密。 师：谁来谈谈感受？ 生：原来他们遇到这么多困难。 生：生产者非常辛苦。（细致、专注、认真、坚持、奉献） 师：我们习以为常的产品原来是如此来之不易。生产者们可真了不起！ 师：中国出名的手机品牌是华为。那咱们汕头最出名的美食是什么呀？ 师：没错，就是汕头牛肉丸！大家心目中的汕头牛肉丸是怎么样的？ 师：现在的汕头牛肉丸可厉害了，已经从小店手工作坊式的生产，变成了工业化、规范化的产业，从一种民间小吃变成畅销全国的美食名片。我们走到哪里，都可以方便快捷地品尝到家乡美味。汕头牛肉丸还入选了北京冬奥会食品呢！这种巨大的改变是谁带来的？我们来观看一段视频。 师：这些改变是谁带来的？为了让我们吃到更好的牛肉丸，他们做了哪些努力？ （精心挑选原材料，精益求精，采用先进的设备，注重消费者的体验） 师：是呀！每一件我们享用到的产品，都蕴含着产品设计者的劳动与智慧（板书：智慧与劳动）。此时此刻，你最想说些什么？ （学生各抒已见） 师：老师从同学们的回答中感受到大家的感恩之心。我们享受的舒适和方便背后是无数人的努力和付出。我们要感谢那些发明和制造产品的人，是他们用智慧和劳动为我们创造了幸福生活，我们应该倍加珍惜他们的劳动成果。（板书：感谢、珍惜） **活动四：产品直播，创想未来产品** 师：现在有一种观点是：“现在科技这么发达，产品这么丰富，饭由炒菜机来做，地由扫地机器人来扫，我们享受就好了，什么也不用干！”同学们认可这种观点吗？ （学生各抒已见） 师：现在我们的生活很幸福了，那未来更加美好的生活由谁来创造？ 生：我们！ 师小结：将来我们也可以发明、创造新的产品为人们服务。未来的美好生活由我们创造！（PPT 展示引读）

续表

师：现在让我们来创造吧！请同学们当一个小小发明家，从人们的生活需要出发，想一想生活中还有什么烦恼，我们还可以改进发明哪些产品，让生活更美好。拿出学习单，和小伙伴们一起交流吧！

师：老师从同学们的奇思妙想中看到了许多令我心动的产品。现在我们即将开启“金珠小学”直播间，举办一场未来产品推荐会，请同学们来当小主播，推荐大家设计的未来产品，注意要说清楚推荐理由。

[PPT 出示“我是主播（　　　），今天我推荐的产品是（　　　）”]

（学生分享）

三、总结

师：生活在一个科技高速发展的时代，我们是幸福的一代。我们享受着人们为我们创造的舒适和方便，我们要感谢他们，珍惜他们的劳动成果。未来，我们也要用智慧和劳动让人们的生活变得更加美好。

课时板书设计

这些东西哪里来

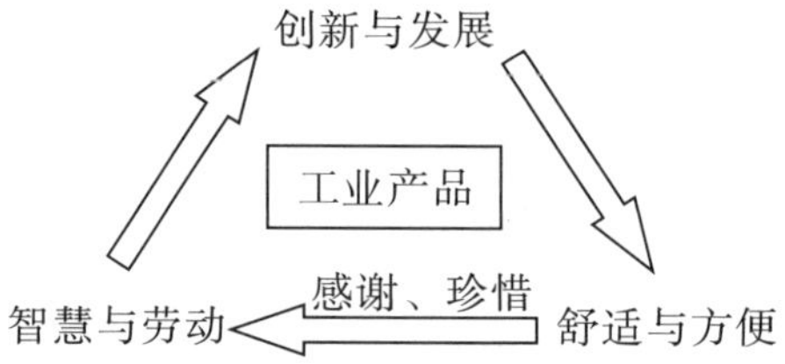

课时作业设计

从人们的生活需要出发，做一份“未来产品说明书”，向家人介绍你所设计的产品吧！

课时评价设计

学习活动	评价标准	自评	同学评	教师评
小组讨论	积极参与讨论；说出自己的感受，表达清晰	☆☆☆	☆☆☆	☆☆☆
视频分析	认真观看；积极发表见解	☆☆☆	☆☆☆	☆☆☆
辩论	观点明确；能用事例佐证观点；认真倾听他人的观点	☆☆☆	☆☆☆	☆☆☆
产品介绍	能用清晰的语言讲解；说出产品能给人们的生活带来哪些舒适与方便	☆☆☆	☆☆☆	☆☆☆
综合评价				

续表

课时教学反思
本课的教学过程中采用“课前学习单”引导学生进行前置性学习，学生通过访谈、对比两代人生活中产品的变化、制作“爷爷的一天”与“我的一天”对比图，课上畅谈最喜欢的产品变化，直观地感受到工业产品带来的舒适与方便，为自己生活在高度发展的社会感到幸福。课前学习单也方便教师了解学情。教师利用手机这一很多学生喜欢的产品，更新迭代背后的故事，让学生了解产品的发展离不开工业生产者的智慧与付出。紧接着教师结合汕头本土美食牛肉丸入选北京冬奥会食品、成为畅销全国的美食这一热点事件，以学生熟悉的事物让其进一步感受工业生产者的努力和付出。但学生的感受还不够深刻，如果课前学生能实地走进工厂，与生产者们近距离交谈，就能让学生更加直观地感受到工业生产者的努力和付出。 随后，教师通过“现在科技这么发达，产品这么丰富，饭由炒菜机来做，地由扫地机器人来扫，我们享受就好了，什么也不用干”这个观点引发学生的讨论，激发学生的责任感，知道“新一代的我们有责任努力学习，为未来的人们创造更好的产品”，顺势让学生从人们的生活需要出发，想一想生活中还有什么烦恼，可以怎样改进或发明产品，设计学生喜欢的“直播间”的方式让学生介绍产品，学生的参与积极性高。但学生在介绍时主要围绕自己的学习用品进行发明创造，课上如果及时介入，引导学生多角度思考，可以拓宽学生的思考范围。

古代科技　耀我中华

作者：王贞（韶关市曲江区实验小学）

来源：GDJY－2021－A－b102 小学道德与法治青年教师专业成长研究

课例名称：古代科技　耀我中华	学科学段：小学道德与法治
单元教学设计说明	

一、政策依据

《教育部关于培育和践行社会主义核心价值观进一步加强中小学德育工作的意见》指出："各级教育部门和中小学校要深入开展中华优秀传统文化教育"，"要深入浅出地讲清楚中华优秀传统文化的历史渊源、发展脉络、基本走向，让学生逐步明白中华文化的独特创造、价值理念、鲜明特色"。《新时代爱国主义教育实施纲要》指出："对祖国悠久历史、深厚文化的理解和接受，是爱国主义情感培育和发展的重要条件。要引导人们了解中华民族的悠久历史和灿烂文化，从历史中汲取营养和智慧，自觉延续文化基因，增强民族自尊心、自信心和自豪感。"

二、理论依据

《中国学生发展核心素养》提出："社会性是人的本质属性。社会参与，重在强调能处理好自我与社会的关系，养成现代公民所必须遵守和履行的道德准则和行为规范，增强社会责任感，提升创新精神和实践能力，促进个人价值实现，推动社会发展进步，发展成为有理想信念、敢于担当的人。"

本单元的学习为学生核心素养的培育提供了情境，体现了核心素养中"社会参与"方面"国家认同"素养中的具有文化自信、尊重中华民族的优秀文明成果、能传播弘扬中华优秀传统文化和社会主义先进文化。

三、课标依据

本单元的编写依据是《义务教育品德与社会课程标准（2011 年版）》中主题五"我们的国家"第 9 条"知道我国是有几千年历史的文明古国，掌握应有的历史常识，了解中华民族对世界文明的重大贡献。珍爱我国的文化遗产"，以及《义务教育道德与法治课程标准（2022 年版）》第三学段（5～6 年级）"中华优秀传统文化与革命传统教育"学习主题中"了解中华文化的悠久历史和博大精深，体会中华优秀传统文化的精髓"

续表

“了解中华民族对人类文明的贡献，为中华民族创造的文明成就感到自豪，坚定文化自信”和“国情教育”学习主题中“初步理解社会主义核心价值观的内涵，并在日常学习和生活中践行和弘扬社会主义核心价值观”。 《义务教育道德与法治课程标准（2022 年版）》指出，道德与法治课程要培养的核心素养主要包括政治认同、道德修养、法治观念、健全人格、责任意识。本单元的学习能够促进学生核心素养的发展，体现了核心素养中“政治认同”方面的第三学段（5～6 年级）学段目标：“了解中华优秀传统文化的主要代表性成果及其意义，为中华民族创造的文明成就感到自豪”，以及“理解社会主义核心价值观的内涵，在日常生活和社会活动中积极践行”。 **四、教育教学依据** 建构主义学习理论认为，学习是引导学生从原有经验出发，生长（建构）起新的经验；学习是学生自己建构知识的过程。在本单元的教学中，教师采用建构主义学习理论，从学生已有经验出发，采取热点分析、情境体验等活动方式，引导学生开展自主探究与合作探究，从而建立文化认同，树立文化自信，为中华民族拥有悠久、灿烂的文化而自豪。 **五、单元目标** ①知道中华民族取得了众多优秀传统文化成果，体会中华文化源远流长、博大精深，为中华民族拥有悠久、灿烂的文化而自豪。（政治认同） ②了解中华民族对世界文明的重大贡献，感受中华民族文化的力量，增强文化认同，树立文化自信，自觉弘扬和传承中华优秀传统文化。（政治认同、责任意识） ③感悟中华民族祖先运用勤劳和智慧创造了中华优秀文化成果与新时代的关系，树立创新意识和科学精神。（责任意识） **六、单元重点** 知道中华民族取得了众多优秀传统文化成果，体会中华文化源远流长、博大精深，为中华民族拥有悠久、灿烂的文化而自豪。 **七、单元难点** 感受中华民族文化的力量，增强文化认同，树立文化自信，自觉弘扬和传承中华优秀传统文化。 **八、单元整体教学思路** 本单元是《道德与法治》五年级上册第四单元“骄人祖先 灿烂文化”，由“美丽文字民族瑰宝”“古代科技耀我中华”“传统美德源远流长”三课组成。三课间的逻辑属于并列关系，分别以文字、科技和美德为中心，勾勒出中华优秀传统文化。在整个

续表

单元的教学过程中，首先从学生熟悉的人民币中的文字入手，再通过探究“马”字演变历程、“中国印”等让学生感知汉字的独特魅力以及对经济和文化交流所发挥的重要作用，培养学生自觉传承汉字；其次以案例向学生介绍中国古代的科技巨人、古代技术创造特别是四大发明，激发学生对古代科学家和传统科技的钦佩之情及热爱，培养他们的科学精神；最后引导学生理解中华传统美德的内涵并联系自己的生活实际，激励学生汲取中华传统美德的精华，提高自己的修养，长大后积极投身于实现中华民族伟大复兴事业中。

教师结合教学内容，联系学生生活实际，或创设典型情境，让学生身临其境去体会和尝试；或组织开放辨析学习，引导学生进行批判反思；或开展自主合作探究活动，让学生在思考、讨论和表达中获得能力，培养素养。

本单元逻辑结构图如下：

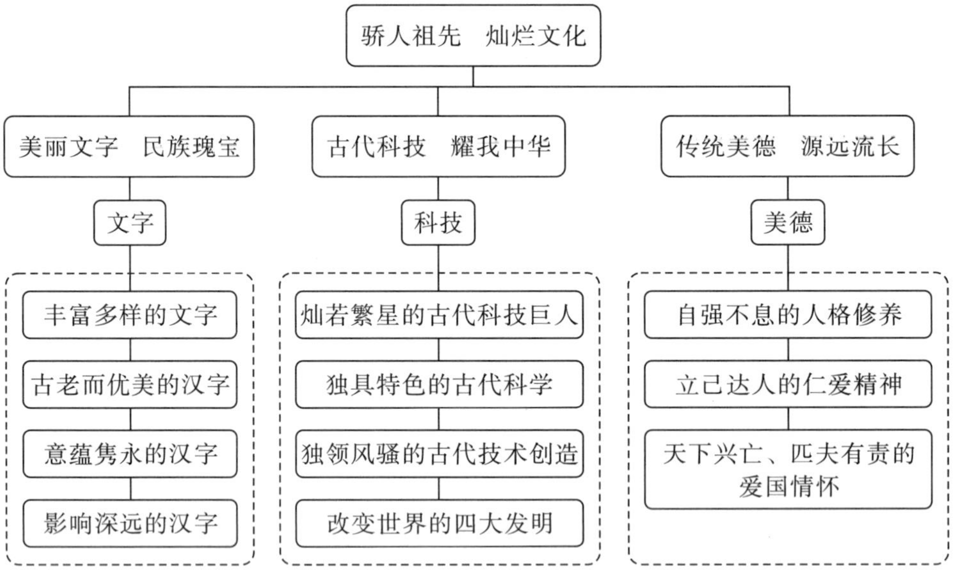

续表

根据教学需要，本单元共安排8课时，单元学习目标如下：

- 骄人祖先 灿烂文化
  - 8. 美丽文字 民族瑰宝
    - 第一课时：丰富多样的文字；古老而优美的汉字——了解中华民族语言文字的多样性；了解不同字体，学习欣赏书法；懂得多样的文字共同书写了祖国的历史和文化
    - 第二课时：意蕴隽永的汉字；影响深远的汉字——知道汉字烙印着祖先的智慧和灵感，承载着中华民族的传统文化，自觉传承中华优秀传统文化
  - 9. 古代科技 耀我中华
    - 第一课时：灿若繁星的古代科技巨人——了解我国古代灿烂辉煌的科技成就，学习古人身上的精神特质，增强民族自豪感和文化自信
    - 第二课时：独具特色的古代科学；独领风骚的古代技术创造——知道古代技术对世界的重要影响，感受古代劳动人民的智慧，激发对传统科技的钦佩之情和对传统文化的热爱
    - 第三课时：改变世界的四大发明——了解四大发明，理解创新的力量，增强民族自豪感
  - 10. 传统美德 源远流长
    - 第一课时：自强不息的人格修养——感悟自强不息的人格修养对中华民族的影响；学会提高人格修养的方法
    - 第二课时：立己达人的仁爱精神——在生活中践行传统美德，对他人、社会、自然乐于奉献
    - 第三课时：天下兴亡、匹夫有责的爱国情怀——认识个人与国家的命运休戚相关，继承中华传统美德，对国家深刻认同，增强爱国情怀

课时教学设计理念

本节课力求培养学生的政治认同和责任意识等核心素养，从感知古代科学家灿如繁星到走进他们的故事，了解他们取得的巨大成就，感受中国优秀传统文化的源远流长和博大精深，增强文化自信，自觉传承中华优秀传统文化；同时，通过科学成就进一步感悟科学家背后的科学精神以及随着时代的发展，科学家精神品质是不断在传承和发扬的，了解这种科学精神是以爱国主义为核心的民族精神的具体体现，自觉将学习到的精神落实到自己的一言一行之中，真正成长为能担当民族复兴大任的时代新人。

续表

课时教学内容分析
第 9 课“古代科技　耀我中华”是本单元的第二课，与第 8 课“美丽文字　民族瑰宝”和第 10 课“传统美德　源远流长”形成并列关系。 这一课由四个板块组成：第一板块旨在让学生了解中国古代科学家求真求善，在不同领域取得了当时领先世界的科学技术成就；第二板块旨在让学生了解中国古代理论科学体系，特别是中医药学、农学、天文学和算学四大理论体系，代表着中国古代理论科学体系的最高成就，展现了中国独有的科学传统和文化传统；第三板块旨在让学生了解中国古代在技术方面的成就，尤其是在青铜器制造、桑蚕养殖和丝织技术、瓷器制造、水利工程技术等领域展示出的精湛技艺，在当时领先世界；第四板块旨在让学生了解中国古代“四大发明”以及对世界文明产生的影响。 本课时的学习旨在让学生了解古代科技巨人灿若繁星且成果多、研究领域广，引导他们体会背后的科学精神，从而培养他们的民族自信心和增强对祖国文化的认同感、自豪感。
课时学情分析
五年级学生经过四年的道德与法治课程学习，特别是低段和中段传统文化和国情教育的学习，已经了解了部分内容，对其有了感性的认识，但是对距离我们遥远的古代科技巨人及他们的成果对中国、对世界的影响认识不多，自信心不够。另外，五年级学生虽然能够在校内外自主阅读了解名人名事，领会他们的优秀品德和崇高精神，但是要达到认同并愿意去践行也有难度。基于此，在本课的学习过程中，教师选取与学生生活实际相贴近的素材，让学生自己身临其境地感受中国古代科技巨人多、研究领域广、研究成果多、古代科学技术魅力大，领悟科学家精神，从而产生认同感。
课时教学目标
1. 了解中国古代科学技术领域广、影响大，众多伟大科学家在不同领域取得了巨大的科学成就。（政治认同） 2. 学习古代科学家勤于思考、脚踏实地、持之以恒、亲身实践、敢于创新的科学精神。（责任意识） 3. 感受中华民族文化的力量，增强文化认同，树立文化自信，自觉传承中华优秀传统文化。（政治认同、责任意识）

续表

课时教学重点、难点
重点：感受中华民族文化的力量，增强文化认同，树立文化自信，自觉传承中华优秀传统文化。 难点：学习古代科学家勤于思考、脚踏实地、持之以恒、亲身实践、敢于创新的科学精神。
课时教学资源
教学中，以课件和图片、视频等多媒体资源为载体，结合学生的生活经验和教学内容，捕捉学生的课堂生成。 ①视频资源：以《蔡伦的故事》视频开始本节课的学习，吸引学生的注意力，激发学生的学习兴趣，让学生感受蔡伦改进造纸术的艰辛和付出，以及对中国发展和世界文明进步的重要贡献；播放40位古代科学家人物视频，加深学生对课前所查阅资料的印象，让学生感受到我国古代科技巨人多。“科学家的铮铮誓言”与古代科学家形成对比，让学生明白，虽然时代不同、条件不同，但是这种科学家精神一直存在，中国优秀传统文化在不断被继承和弘扬，也让他们明白自己所肩负的责任。 ②学生生活经验：课前学习单的设置、谈话导入的内容，包括生姜实物的展示，以及在课堂上交流古代科技与现代生活的关系等一系列活动，这些资源均源于学生生活，贴近学生实际。 ③图片资源：PPT中呈现色彩鲜明的图片，更能够吸引学生。
课时教学过程
环节一：生活导入，激活动机。 1. 引入：展示道德与法治教材。 2. 提问。 师：同学们，你们看，老师手里拿着的是什么？ 学生认真看教师手里的物品，齐答问题。 师：在老师眼里，它不仅仅是书，它更是中国古代两项伟大发明的结晶，你们知道是哪两项伟大发明吗？ 学生思考回答。 师：提到这两项伟大发明，你想到了谁？ 学生继续思考，一起回答。 师：他是怎样创造出这样的技术，直到今天还被我们所铭记的？下面让我们一起走近他，去了解他的故事。

续表

设计意图：让学生从今天的学习生活中发现，原来我们的书籍中有千百年前古代科技的影子。面对这样“活灵活现”的“历史”，学生探究古代科技、了解科技背后工作者的热情马上被调动起来了，而学生的时空观念、政治认同等素养，也在潜移默化中得到培养。 环节二：了解古代科技巨人，感受科技成就。 1. 走近古代科技巨人。 （1）播放视频《蔡伦的故事》。 学生观看视频，思考蔡伦为什么被称为“古代科技巨人”。学生独立思考，自由发言。 （2）点拨：他改进的造纸术不仅深刻影响着中国，也对世界文明的发展起着巨大的作用。像他这样的人，我们称之为“中国古代科技巨人”。（板书：古代科技巨人） 学生齐读课题。 （3）提问：你还知道哪些古代科技巨人？ 学生根据课前查阅的资料回答，并将课前准备好的写有古代科技巨人名字的星星贴在黑板上。 （4）过渡：现在请跟随老师一起来了解更多的古代科技巨人。 （5）播放视频《中国古代有名的四十位科学家》。 学生观看视频并一起读出古代科技巨人的名字，了解古代科技巨人的故事，感受科技巨人数量之多，灿若繁星。 （6）提问：看完视频，大声读着这些古代科技巨人的名字，你有什么感受？ 学生自由发言，谈谈自己看完视频后的感受。 （7）小结：中国古代的科技巨人真多啊，就像满天的繁星。（板书：灿若繁星） 学生齐读课题：灿若繁星的古代科技巨人。 2. 感受科技成就。 （1）阅读：一起打开教材，认真阅读“活动园”。根据课前查阅的资料，先在小组内交流，然后全班分享小组成果。 （2）出示：课件中展示教材第73页“活动园”内容。 学生认真阅读教材“活动园”内容，然后分小组展开交流，最后每个小组派代表上台分享自己小组的成果。 （3）小结：在中华文明的历史画卷里，一代又一代劳动人民用汗水和智慧创造了无数的光辉业绩，一个又一个科学巨人取得了不朽的科技成就。 设计意图：本环节通过蔡伦的故事引出古代科技巨人，再由学生结合课前查阅资料感知古代科技巨人多，形成初步印象，通过视频跟读古代科技巨人的名字，深刻感受

续表

到古代科技巨人像繁星那样多；通过让学生课前查阅资料完成“活动园”，然后在课堂上与小组成员分享自己的成果，再与全班分享，集全班学生的力量，让学生在潜移默化中感受到古代科技巨人研究的领域广、成果多。

对于五年级的学生而言，培养他们的情感远重要于知识传授。播放小视频，一方面可以吸引他们的注意力，提高他们的学习兴趣，符合这一阶段学生的身心特点；另一方面可以使他们在轻松的学习氛围中感受到古代科学家真了不起，中国古代文明发展程度高，有利于学生文化自信、政治认同素养的形成。

环节三：领略古代科技巨人的精神魅力。

（1）过渡：我们一起了解了古代科技巨人的成就，老师已经迫不及待想带领大家走进他们的故事，感受他们的精神魅力。

（2）出示实物生姜。

提问：你们想不想尝一尝？

学生回答。

（3）提问：在古代有一个人，他在不知道这是什么、有没有毒的情况下去品尝，而且不止一次去品尝，直到研究出药性来。你们知道他是谁吗？

学生认真听问题，回答。

（4）出示课件：李时珍的故事（教材第72页内容）。

提问：你觉得李时珍是一个怎样的人？说说你的看法。

学生自由发言，谈自己通过故事了解到李时珍是一个怎样的人。

（5）出示课件：展示《本草纲目》中关于生姜的功效的记载。

学生了解《本草纲目》中记载的生姜的功效，回顾生姜在现实生活中的作用。

（6）小结：李时珍编撰的《本草纲目》让我们知道生姜不仅是一味调味品，更是日常生活中的一剂良药，他的研究给我们今天的生活带来了极大的影响。他真是深蓝的夜空中一颗闪耀的星星。

（7）提问：李时珍还有哪些令你难忘的故事？

学生分享李时珍其他的故事，感受他优秀的精神品质。

（8）提问：哪位同学想分享你心目中闪耀的星星？

学生分享其他古代科技巨人的故事，其他同学感受古代科技巨人优秀的精神品质。

（9）出示课件：张衡的故事以及他的成就。

提问：你感受到张衡是一个怎样的人？

学生上台分享张衡的故事，其他同学感受张衡的精神品质。

续表

（10）过渡：为纪念张衡为人类做出的重要贡献，人们把太阳系中的一颗小行星命名为“张衡星”，把月球背面的一座环形山命名为“张衡环形山”。我们可以看到，除了张衡外，还有很多科学家也取得了巨大的成就。 学生观看月球背面图，一起说出科学家的名字。 （11）播放视频《班级同学分享的有关祖冲之的故事》。 提问：祖冲之为什么在前人已经计算出圆周率的基础上，还要继续算下去呢？ 学生带着问题看视频，思考问题并说出自己的看法。 （12）过渡：看到深蓝的天空中有这么多星星，不知大家是否和老师一样还想再听听更多古代科技巨人的故事？谁能上台来分享？ 学生举手并上台自由分享古代科技巨人的故事，交流这些科技巨人的精神品质。 （13）小结：大家一起回顾古代科技巨人身上的优秀精神品质。 设计意图：本环节伊始，以学生日常生活中的生姜为线索，建立起李时珍和《本草纲目》的联系，并探究其背后的故事，引领学生逐步认识李时珍身上所具备的品质及科学精神；然后通过学生现场讲故事、视频播放故事等形式，让学生在故事中感受追求真理、勇于实践、敢于创新等科学家精神，由此增强学生的钦佩之情和民族自豪感，引导学生主动学习古代科技巨人的科学精神。 环节四：拓展延伸，总结全文。 （1）过渡：从古至今，科学家们对科学的探索没有尽头，对真理的追求也永无止境。那又是什么力量推动着他们一直走在追求真理的道路上呢？ （2）播放视频《这是中国科学家的铮铮誓言》。 学生观看视频并思考问题，自由举手发言。 （3）小结：数千年过去，我们一代又一代的科学家们传承着爱国主义精神，一直走在追求真理的道路上。 （4）提问：你想对这些科学家们说些什么？请思考并小组交流，全班汇报。 学生认真思考问题，小组交流并派代表上台分享。 （5）出示：习近平总书记的话。 学生读习近平总书记的话，感悟习爷爷的期望。 （6）总结：今天这节课我们有幸与这些灿若繁星的古代科技巨人对话，希望你们能学习他们优秀的精神品质，立下志向，好好学习，不怕苦难，勇于实践，敢于创新，成为能担当民族复兴大任的时代新星。 设计意图：很多人认为文化自信就是对中华优秀传统文化的推崇，而忽视了其与今日中国的联系。播放《这是中国科学家的铮铮誓言》，可以让学生对比我国古今科学

续表

家，其实就是要让学生感受到，我国古代科技辉煌，现代科技强大，做出贡献的这些科学家所展现出的精神都是一脉相承、靠一代代人传承和弘扬下来的，因此我们有理由自信，我们也应该自信，而且坚信，未来我们国家的文化发展会越来越好。同时，学生在古今科技的辉煌中产生强烈的民族自豪感和责任感，由此，本节课的教学目标得以实现。

让学生学习习近平总书记的话语，让他们知道中国共产党和国家一直高度重视科技、重视人才，借此勉励他们好好学习，同时促使他们更加自觉地去学习科学家身上的优秀品质，成为一名优秀的小学生。

课时板书设计

古代科技　耀我中华

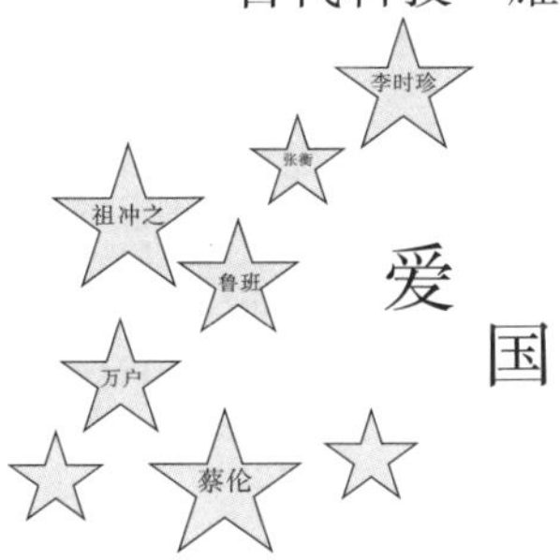

追逐梦想

孜孜不倦

坚持不懈

献身科技

……

课时作业设计

一、前置性作业

查找资料或者请教家人，了解我国至少 5 位古代科技巨人（除教材中所列外），看看他们做出了哪些贡献。

本课课前通过“导学案”的形式引导学生动手查阅资料，进行课前预习，熟悉教学内容。这样学生在课堂中学习的时候就会很轻松，同学之间谈论交流起来会很顺畅，对授课中所讲的内容很容易产生共鸣。

续表

二、课中小组合作作业

人物	时代	突出成就
蔡伦	东汉	改进造纸术
张衡	东汉	发明地动仪
华佗	东汉	发明“麻沸散”
祖冲之	南朝	把圆周率的精确值推算到小数点后第七位
毕昇	北宋	发明活字印刷术

三、课后作业

课后布置“继续了解更多的古代科技巨人以及他们的成就，小组合作制作一份古代科学家手抄报或剪贴报”这一作业，目的是让学生回顾课堂所学，同时也为第九课接下来的学习做铺垫，还能培养学生的小组合作意识，增强责任感。

课时评价设计

项　目	标　　准	学生自评	小组评	教师评	家长评
1. 课前预习	★★★：积极完成了课前学习单。 ★★：完成课前学习单中大部分内容。 ★：只完成课前学习单中一点点内容。				
2. 学习态度	★★★：全程主动参与学习。 ★★：提醒后主动参与学习。 ★：提醒后学习积极性不高。				
3. 课堂学习	★★★：积极参与课堂小组合作，能认真倾听他人的见解，有自己的独立思考，有独到的个人见解。 ★★：提醒后参与课堂小组合作，能倾听他人见解，但不发表个人见解。 ★：不能参与到小组合作中，不倾听他人见解。				

续表

项　目	标　　准	学生自评	小组评	教师评	家长评
4. 课后践行	★★★：积极主动将学习到的古代科学家的精神品质落实到自己的行动中。 ★★：提醒后将学习到的古代科学家的精神品质落实到自己的行动中。 ★：不能将学习到的古代科学家的精神品质落实到自己的行动中。				

课时教学反思

本节课我设置四个教学环节，让学生从数量上感知古代科技巨人多，从范围上感知研究领域广、成果多，增强学生作为中国人的自豪感；让学生从古代科技巨人故事中领略他们的科学精神，从现当代科学家的铮铮誓言中感悟科学精神被一代又一代的科学家传承和弘扬，借此培养学生的政治认同；启迪学生学习科学家的精神并落实到日常学习生活中，引导学生担负起作为担当民族复兴大任的时代新人身上的责任。这些内容一一指向核心素养要求，我认为有效达成了素养目标。

本节课的不足之处在于让学生通过故事感悟古代科技巨人的优秀精神品质的活动设计形式过于单一，教学中给予学生发言的准备时间不够充分。

父母多爱我

作者：胡嵘苹（东莞市东城教育管理中心）

来源：GDJY－2021－A－b107 构建“协同浸润”的小学道德与法治课程实践研究

课例名称：父母多爱我（第 1 课时）	学科学段：小学道德与法治
课时教学设计理念	
本课侧重讲父母对孩子的爱，引导学生体会父母的爱，尝试走进父母的内心世界，加深对父母的理解，能够接纳父母对自己爱的表达方式。第一课时的话题是“父母的爱是默默的”，让学生从父母每日为子女做的日常小事体会父母默默的爱，从父母关爱子女的感人故事中体会父母深深的爱。通过小诗，学生能够进一步体会父母之爱。本课侧重引导学生从生活细节中体会父母的爱。	
课时教学内容分析	
本课选自小学道德与法治三年级上册第四单元，本单元的主题是“家是温暖的地方”。第二课时的话题是“多一些理解”，学生交流父母不能让自己理解的做法，理性分析这些做法是否藏着爱，以及哪些地方需要改进，尝试与父母谈心，学会对父母爱的方式多一些理解。	
课时学情分析	
三年级的学生知道父母爱他们，很多家长反映孩子习惯了长辈的呵护，觉得一切都理所当然，他们很容易忽视日常生活中父母给予的爱，这需要进行一定的引导。父母对子女的爱的形式是多样的，三年级学生不太容易理解父母深层的爱或者其他隐藏形式的爱。因此，要引导他们走进父母的内心世界，去发现爱、感受爱、理解爱、辨析爱，从而形成积极的、相互理解和相互关爱的亲子关系。	
课时教学目标	
1. 了解到父母的爱，从不同角度去感受家庭的温暖。 2. 走进父母的内心世界，去发现爱、感受爱，并用实际行动表达爱。 3. 感受父母默默的爱，体验表达带来的积极情绪情感，激发感激、感恩之情。	

续表

课时教学重点、难点

重点：留意父母每天为自己做的事情，感受父母默默的爱。

难点：走进父母的内心世界，去发现爱、感受爱、理解爱。

课时教学资源

1. 学生家庭照片。
2. 手语操学习。
3. PPT 课件、制作课前视频，设计微课、情境人物教具等。

课时教学过程

一、教学框架

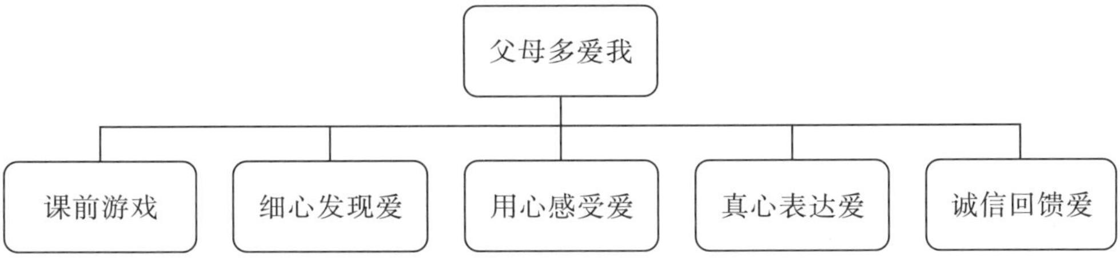

二、教学过程

（一）活动导入

围圈游戏“爱的传递”。

1. 导入：同学们，在刚才美妙的歌声里你们想到了什么？心情怎么样？（快乐、开心）听到你们快乐的歌声，有一个讲故事特别厉害的客人悄悄来到了你们的身边，跟你们做朋友。她是谁呢？请同学们静静坐回座位，看看是谁来了？

2. 出示视频：知心姐姐讲故事《猜猜我有多爱你》。

3. 提问：知心姐姐是谁？（老师）老师摇身一变，变成了听你们说悄悄话的知心姐姐。今天，带着这个问题（爸爸妈妈有多爱你呢?），我们一起开心、快乐地进入课堂吧！（引出主题）

设计意图：在《爸爸妈妈谢谢你》的旋律中，用围圈游戏来进入课堂，传递手势，用手语来表达爱，并在“知心姐姐讲故事”的情境创设中，巧妙地抓住学生的兴趣点，进入课堂。

（二）活动点拨

1. 引入风铃树。

这是一棵风铃树，它有 3 个小锦囊，打开一个小锦囊完成一个任务，就可以挂一片

续表

树叶在风铃树上。等树上挂满树叶，就会开出美丽的花朵。孩子们，你们有信心让这棵树挂满爱的树叶吗？（设想：课前把爱心树叶纸发给学生，让学生分享完就挂在风铃树上） 树叶锦囊 1：我爱我的家，爸爸和妈妈，爸爸陪我做游戏，妈妈会陪我玩耍。 2. 分享“爱的树叶”。 树叶锦囊 2：在你需要的时候，爸爸妈妈为你做过哪些事呢？ 3. 体验活动：爱的天平。 同学们看，这一串串风铃，爸爸妈妈为我们做了多少事呀！那你为他们做过什么呢？现在我们就来玩一个“爱的天平”的小游戏，看看我们为爸爸妈妈做了多少。 树叶锦囊 3：你为爸爸妈妈做过什么呢？ 点拨：掌声送给会发现爱的孩子。在这个游戏里，称出了你们的懂事和可爱，更称出了父母对你们沉甸甸的爱！ 设计意图：通过在风铃树上挂满爱的树叶的方式让学生发现父母的爱，通过“爱的天平”的游戏，让学生思考自己为父母做了什么，感受到父母沉甸甸的爱，从而想到要表达自己的爱。 （三）活动探索 1. 倾听知心姐姐讲故事《鱼头的故事》。 师：爱真的很奇妙，一边让你感受到，一边又会捉迷藏。有一个小男生，他发现了爱藏在一个很特别的地方，于是他写了一封信给知心姐姐，我们一起来看看。 2. 思考与分享。 师：这个小朋友的疑惑是什么呢？为什么她们都喜欢吃鱼头呢？ 3. 观看组图“最美背影”，感受父母无私的爱。 师：同学们，你们看，爱还藏在了很多地方，你们能找出来吗？ 4. 一封家书诉心声。 师：同学们，你们不仅会发现爱，还会感受爱。你们的懂事和贴心让风铃树上挂满了爱的故事。这棵树真的开出了美丽的花朵（一封封信）。这一封封信，正是一颗颗爱你们的心，一份份沉甸甸的心意。听到爸爸妈妈的心里话，你感受到了什么？ 设计意图：在“知心姐姐讲故事”的氛围里，引发学生思考爱无处不在；通过“最美背影”引导学生发现爱藏在生活的点滴中，藏在一封封充满了爱的家书里，让学生充分感受到爱的真谛。 （四）活动小结 师：同学们，你们都是爸爸妈妈的好孩子，就像父母的小天使。（轻轻拨动风铃）听，

续表

这就是爱的声音。你们的爱，爸爸妈妈也感受到了，你们看！（播放视频《父母寄语》）。在这节课里，我们发现爱，感受爱，更知道了表达爱！

播放《听我说谢谢你》，师生手语演示。

设计意图：在《父母寄语》里听到亲切的话语，看到熟悉的身影，将把学生的情绪推向一个高潮。在师生的共同演绎中，学生感受父母默默的爱，体验表达带来的积极情绪情感，激发感激、感恩之情。

三、教学拓展

师：你们还有什么要跟爸爸妈妈说的吗？下课后，请在这封信的背后写上几句对爸爸妈妈说的话，然后折成小纸船，放进漂流瓶里，让它飘啊，飘啊，飘到爸爸妈妈的身边。

四、资源链接

1. 知心姐姐讲故事《猜猜我有多爱你》。
2. 知心姐姐讲故事《鱼头的故事》。
3. 家庭音乐相册《听我说谢谢你》。

课时板书设计

课时作业设计

亲爱的小朋友们，非常高兴和你们在一起。知心姐姐还有一个小要求，下课后，请在这封信的背后写上几句对爸爸妈妈说的话，然后折成小纸船，放进漂流瓶里，让它飘啊，飘啊，飘到爸爸妈妈的身边。

课时评价设计

1. 本节课采用双师教学，以“知心姐姐”的角色穿插到部分教学环节。比如在导入环节，讲绘本故事、读信分享《鱼头的故事》，以及读父母的信等。双师教学模式带给学生新奇、丰富的课堂体验，迸发两个老师的智慧，激发学生的思维，实现“1 + 1 > 2”的效能。

续表

2. 本节课用一封书信打开父母和孩子的心扉。课堂上学生通过阅读父母写给自己的信，走进父母的内心世界，进一步发现深沉的爱，感受父母长久的爱。一些学生读到父母的亲笔家书，深深被信中真挚的情感打动，情不自禁地流下眼泪，使感恩这种抽象的情感具体化、深刻的情感平常化，真切感受到平凡小事背后父母的爱。
课时教学反思
“父母多爱我”一课是道德与法治三年级上册第四单元的第10课，这个单元的主题是“家是温暖的地方”，侧重引导学生体会父母的爱，加深对父母的理解。上课伊始，有趣的课前活动“爱的传递”围圈游戏一下子拉近了师生距离，让课堂气氛活跃起来。知心姐姐讲故事《猜猜我有多爱你》触动了学生柔软的心房，为引入双师巧妙地埋下了伏笔。接下来，充满浓浓“爱”意的活动贯穿整节课：分享“爱的树叶”，从小事中发现爱；玩“爱的天平”游戏，感悟父母爱的分量；观看“最美背影”，感受父母无私的爱；知心姐姐带来父母的信，每一封家书都是一份沉甸甸的爱，引发泪点，将课堂气氛推向最高潮。每个环节了然无痕却颇具匠心，教师在活动中精心引导学生细心发现爱、用心感受爱、真心表达爱。 这节课教学内容丰富、教学活动多样，每个活动都指向目标达成，但有效落实需要处理好课堂细节，课后反思有两处可以做得更好： 第一，“爱的天平”游戏环节旨在引导学生发现父母日常为自己付出很多。天平的一端是父母为孩子做的事，另一端是孩子为父母做的事。课堂上请一组学生上台，说一件自己为父母做的事便在天平的一端投一颗小石子，另一端根据上一教学环节统计的父母给我做的事的件数投放小石子。课后反思，可以换成学生说一件自己为父母做的事便投一颗小石子，老师说一件父母为孩子做的事便投一颗小石子，这样形成鲜明的对比，更有利于引发学生的思考。 第二，在观看图片，发现细处爱这一环节，学生不难说出图片内容，但是要由图片的事例激活学生的实际经验，说出父母的爱体现所在之处，就需要教师层层设问，引导学生在回答中呈现。除此之外，学生要从图片的事例联系生活实际，分享自己从哪一件事中发现爱，爱藏在什么举动中，这样才能做到知行有机统一。

语文学科

清平乐·村居

作者：周婷（华南师范大学附属小学）

来源：GDJY－2021－A－a03 基于“三步五径”古诗词文赏读教学模式下诗歌意境领悟的策略研究

课例名称：清平乐·村居	学科学段：小学语文

单元教学设计说明

本单元以“乡村生活”为主题，编排了《古诗词三首》《乡下人家》《天窗》《三月桃花水》四篇课文。本单元的习作要求是“写喜爱的某个地方，表达出自己的感受”，安排了“我的乐园”这一习作内容，旨在引导学生从日常生活中发现乐趣，并表达出自己的快乐感受。

因此，根据本单元语文要素“抓住关键语句，初步体会课文表达的思想感情”，单元教学目标设计如下：

1. 通过抓住能帮助理解主要内容、体会思想情感等的关键语句，初步体会作者的情感世界。

2. 通过想象画面，丰富对乡村生活的感受，体会乡村生活的乐趣。

3. 积累优美的语言，能写清楚乐园的样子和在乐园的活动，表达在乐园的快乐。

单元教学重难点：能抓住关键语句，想象画面，初步体会课文表达的思想感情。

单元内容结构及课时安排：

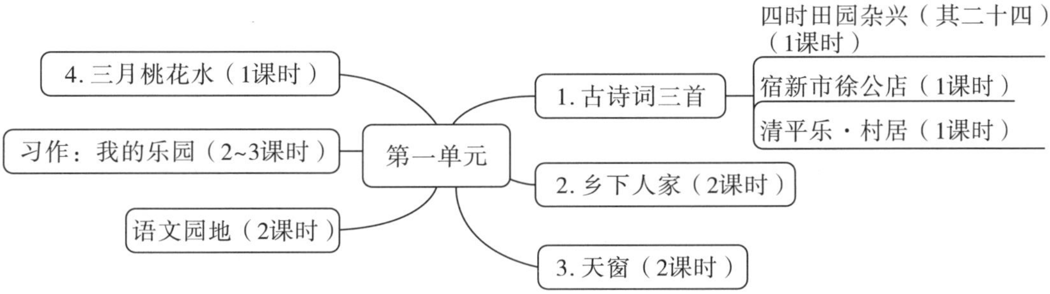

续表

课时教学设计理念
《义务教育语文课程标准（2022年版）》（以下简称“2022年版课程标准”）指出要以生活为基础，以语文实践活动为主线，以学习主题为引领，以学习任务为载体，构建语文学习任务群。因此，本单元以“感受乡村生活”活动为主线，以“乡村之美”为主题，以“抓住关键语句，初步体会文章表达的思想感情”为学习任务，设计了学习任务群。《清平乐·村居》就是“走进诗意乡村”中古诗词板块的一课。 本课的教学设计基于国家教育成果二等奖获得者姚霞晖老师的“三步五径”古诗词曲文赏读教学模式，立足于语文课堂，探究学生所能接受理解的古诗词文赏读的一般方法和意境领悟策略。
课时教学内容分析
《清平乐·村居》整首词清新质朴、浅显易懂，描写了一家五口其乐融融的乡村生活趣景。这是统编教材首次将词作为精读课文来学习。由于学生有前两首诗的学习基础，而词和诗在理解大意、想象情境等方面是相通的，因此，教学本首人物较多、画面丰富的词，应侧重引导学生想象画面，体会乡村生活情趣和作者思想感情的综合运用。
课时学情分析
四年级的学生已学过50多首古诗和一首词《忆江南》，初步具备一定的古诗词学习基础，如能有节奏地读、会结合注释理解大意、会根据诗境进行初步想象等。从心理学角度看，四年级是学生从具体形象思维逐步过渡到抽象逻辑思维的关键年龄阶段，他们的概括能力处于螺旋式上升阶段。想象画面是他们擅长的，但表达画面的语言组织能力还需要进一步提高。
课时教学目标
1. 能借助拼音，有感情地朗读课文，熟读成诵。 2. 能借助注释理解词意，通过反复诵读想象画面，能说出词中描绘的情境。 3. 通过对关键词“醉”和“溪”的拓展理解和感悟，感受作者渴望家国统一、百姓安居乐业的理想情怀。
课时教学重点、难点
1. 能借助注释理解词意，通过反复诵读想象画面，能说出词中描绘的情境。 2. 通过对关键词“醉”和“溪”的拓展理解和感悟，感受作者渴望家国统一、百姓安居乐业的理想情怀。

续表

课时教学资源
交互多媒体、黑板贴、学习单。
课时教学过程

课前			
教学步骤	教学活动	设计意图	组织形式
预习	教师提前发放预习单，组织学生带着任务预习。 《清平乐·村居》预习单 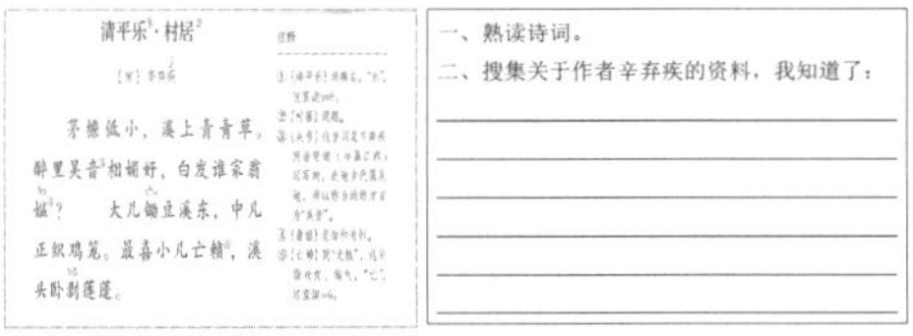 清平乐·村居 [宋]辛弃疾 茅檐低小，溪上青青草。醉里吴音相媚好，白发谁家翁媪？大儿锄豆溪东，中儿正织鸡笼。最喜小儿亡赖，溪头卧剥莲蓬。 一、熟读诗词。 二、搜集关于作者辛弃疾的资料，我知道了：	凡事预则立。学生带着任务预习，更有针对性。此作业也可作为学习查找资料的练习。	教师发放预习单，要求学生作为课前预习作业完成。
课中			
教学步骤	教学活动	设计意图	组织形式
知词人，解词题	1. 对比旧知识“词”牌。 出示二年级学过的古诗《村居》，让学生读一读，与今天要学的《清平乐·村居》放在一起对比，发现诗和词的不同，从题目、字数、格式方面，了解词的基本知识。 2. 分享预习知词人。 组织学生分享预习成果，了解词人辛弃疾的生平以及创作《清平乐·村居》的背景。	这是学生第一次在正式的课文中接触词，通过与熟悉的古诗对比，能更好地理解诗与词的不同。知人论世是理解诗词的好方法，让学生分享预习成果，了解词人的生平及创作背景，为后面理解词人情感做铺垫。	教师引导，学生思考，组织学生分享预习成果。
读词文，正词音	1. 多形式读准字音。 全班自由诵读，请个别学生读，教师相机指导，借助注释，读准字音，重点指导：清平乐的“乐（yuè）”“亡（wú）赖”“卧剥（bō）”。 2. 画停顿读出节奏。 学生根据所画停顿读出节奏。	诗词教学读准字音是最基本的要求。这首词易错字音较多，但学生通过注释可以掌握。在反复诵读中，学生对诗词有了初步的感知。	教师指导，学生诵读。

续表

<table>
<tr><th>教学步骤</th><th>教学活动</th><th>设计意图</th><th>组织形式</th></tr>
<tr>
<td>想画面，品词境</td>
<td>1．小组讨论找画面。
在读通诗句的基础上，引导学生借助注释，边读边圈画词中出现的人和景，思考：眼前出现了哪些画面？
教师提供语言支架，让学生完成任务单和评价：
我从……（词语或句子）中仿佛看见了……，我感受到了……
<table><tr><td>评价</td><td>想象合理</td><td>语句流畅</td><td>画面感强</td></tr><tr><td>打★</td><td></td><td></td><td></td></tr></table>学生先自主诵读和思考，再进行小组分享讨论，最后全班分享。
2．创设情境品“醉”境。
（1）教师引导学生聚焦于“醉里吴音相媚好，白发谁家翁媪”一句，引发学生进一步想象：你看到了什么？听到了什么？
（2）创设情境，请学生上台角色扮演翁媪“相媚好”的场景。
顺势引导学生品味“醉”字：老两口是真的酒醉吗？不是，他们是享受着儿子在身旁的乐趣，是陶醉，更是心醉。进一步追问：醉的仅仅是翁媪吗？还有作者辛弃疾，陶醉于百姓们安居乐业的生活。
3．美吟美诵入词境。
教师通过展示美图的形式，再用富有感染力的语言，在学生面前再现诗词所描写的一个个栩栩如生的画面。最后配乐朗读，古词新唱，用轻快的旋律把学生带入情境。</td>
<td>让学生找到这些画面并不难，难的是将这些画面用准确流畅的语言表达出来。此时教师提供语言支架，能降低学生思考的难度，同时进行表达的训练和评价，实现教学评一致。
2022 年版课程标准强调“创设真实而富有意义的学习情境，凸显语文学习的实践性”。本首词一个“醉”字体现了乡村生活的和谐温馨。为了让学生能身临其境地体会到白发翁媪之醉，感受作者之醉，教师通过情境创设、角色扮演，一步比一步深入地追问、引导，使学生的身心投入到画面中，使他们的情感向深层发展，并产生移情作用。在这种移情作用下，学生会情不自禁地跟着角色陶醉在这美好的画面中，体会词境，再次突破教学重点。</td>
<td>第一个环节以学生自主思考和小组讨论为主。
第二个环节创设情境，自由分享。</td>
</tr>
</table>

续表

教学步骤	教学活动	设计意图	组织形式
深拓展，悟词魂	深品“溪”意感情怀。 （1）引导学生找到这一首46个字的词作里，出现频率高达3次的“溪”字。 （2）从学生的生活体验出发，先让学生说说“小溪”给自己带来的体验和感受。学生在畅所欲言中会发现这是乡村独有的景物，能给人一种宁静、轻松、舒服的感受。 （3）教师带着学生寻根溯源，古诗词中用“溪”字的有很多，在辛弃疾的诗词中，“溪”字就出现过131次。出示这些带“溪”字的典型诗句，让学生通过诵读，感受诗词所描绘的生活状态，逐步体会有“溪”的地方是那么安宁祥和、惬意温馨，溪在则家宁，家宁则国安。 （4）可此时的国并不安，教师顺势引导学生回顾作者生平和南宋生活背景，思考作者为何反复用“溪”字，让学生深刻领悟到这正是辛弃疾渴望家国统一、百姓安居乐业的理想情怀使然。	2022年版课程标准指出要“重视古诗文的诵读积累，感受文学作品语言、形象、情感等方面的独特魅力和思想内涵”。美学家朱光潜曾说，经由意象，我们往往能“见到一种诗的境界”。小学生对意象的概念很陌生，不能直接灌输，而要慢慢渗透，为以后诗词鉴赏能力的提升打基础。在古人的诗词中，景物与情感是紧密关联的。 古诗词中的意象群体并不是孤立的，需要教师适时地拓展挖掘，引领学生一起找到关于这种意象文化的脉络和根系，并且适时补充和回顾作者生平以及社会背景。如此拓展延伸和因势利导，才能使学生对作者以及他所生活的年代产生共情，从而各抒己见，在“润物细无声”中突破教学难点。	教师引导，学生思考，各抒己见。

续表

课时板书设计

本课重难点是入词境、品情怀，因而在板书设计上，以陶醉于安居乐业作为重点呈现，与关键词“溪”组成一个“国”字，象征辛弃疾的“家国”情怀。板书简洁明了，既能突出教学的重难点，又能给学生美的享受。

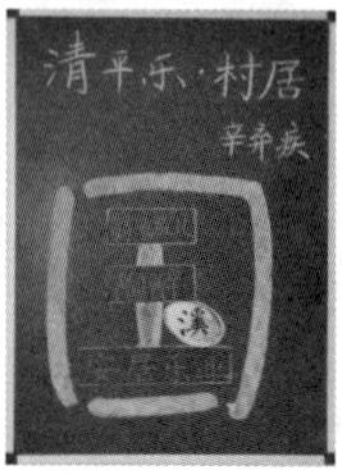

课时作业设计

必做：背诵《清平乐·村居》。

趣味选做：假设这一家人看到了辛弃疾，邀请他到家里吃饭，猜一猜他们会吃些什么？又会聊些什么？可以用文字把场景描述出来，也可以用漫画的形式画下来。

课时评价设计

统编版小学《语文》四年级下册第一单元第1课《清平乐·村居》研学单

【研学目标】

1. 能借助拼音，有感情地朗读课文，熟读成诵。

2. 能借助注释理解词意，通过反复诵读想象画面，说出词中描绘的情境。

3. 通过对关键词“醉”和“溪”的拓展理解和感悟，感受作者渴望家国统一、百姓安居乐业的理想情怀。

【研学方法】“三步五径”古诗文赏读方法图。

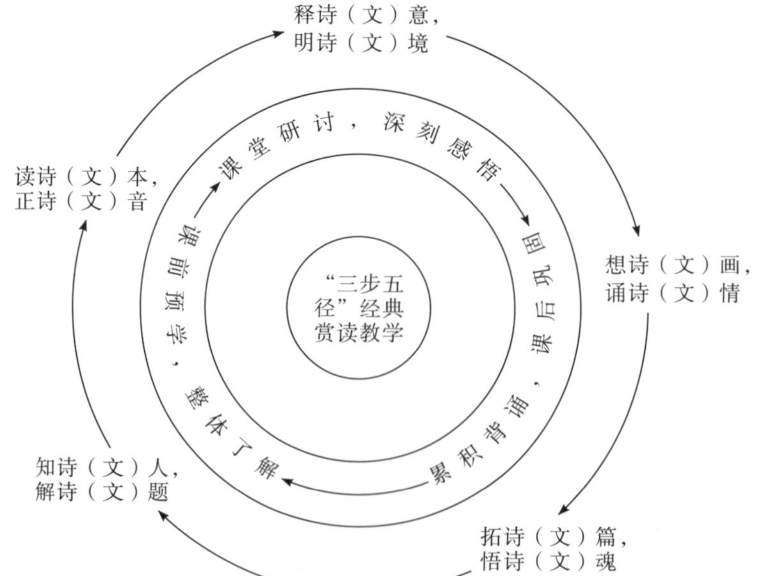

续表

【研学过程】

《清平乐·村居》预习单

1. 熟读诗词。
2. 搜集关于作者辛弃疾的资料，我知道了：

____

____

预习单评价表			
评价	能熟读诗词	能搜集比较详细的作者资料	能清楚流利地跟同学分享
打★			

《清平乐·村居》课堂任务单

分享：我从……（词语或句子）中仿佛看见了……，我感受到了……

评价	想象合理	语句流畅	画面感强
打★			

《清平乐·村居》课后任务单

1. 请将下列诗词补充完整。

清平乐·□□

宋·辛弃疾

□□低小，溪上青青草，醉里吴音相媚好，白发谁家□媪？

大儿锄豆溪东，中儿正织鸡笼，最喜小儿亡□，溪头卧□莲蓬。

书写评价表			
评价	书写正确	字迹工整	结构端正美观
打★			

续表

2. 背诵全文。

背诵评价表			
评价	背诵正确	流利熟练	有感情诵读
自评★			
同学评★			
家长评★			

3. 趣味选做。

假设这一家人看到了辛弃疾，邀请他到家里吃饭，猜一猜他们会吃些什么？又会聊些什么？可以用文字把场景描述出来，也可以用漫画的形式画下来。

趣味选做评价表			
评价	场景描述清晰	场景对话符合词意	有画面感
评★			

课时教学反思

一、围绕语文核心素养，注重诗词的诗教内涵

古诗词是中华文化瑰宝，是优秀传统文化的精华，古诗词教学是增强学生认同中华优秀传统文化的重要途径之一。因此，在教学过程中应注重诗词的诗教内涵、文化传承。这首词浅显易懂，但内涵丰富，一般情况下教到体会“醉”境时就结束了这首词的学习。然而美学家朱光潜曾说，经由意象，我们往往能“见到一种诗的境界”。我受到名师彭才华老师的启发，发现这首词有一个诗词意象——“溪”——很特别，反复出现了3次，可见是词人的特意安排。通过查找资料，我了解到辛弃疾在创作的诗词中用“溪”字达上百次，那么这里的“溪”也许蕴含着诗人独特的情感寄托。于是，我大胆地把这样的猜想迁移到课堂中。经过教学发现，学生是可以从“溪”字进一步体会辛弃疾渴望国家统一、百姓安宁的爱国情怀的。小学生对意象的概念很陌生，因此不能直接灌输，而要慢慢渗透，为他们以后诗词鉴赏能力的提升打基础，这也是诗教内涵的渗透。当然，这条路还需要继续探索和研究。

续表

二、紧扣语文新课标，创设情境想象画面 2022 年版课程标准中强调课程实施的情境性和实践性。《清平乐·村居》整首词人物较多、画面丰富，根据单元语文要素是抓住关键语句，初步体会课文表达的思想感情。教学中注重创设多样的情境，引导学生学习想象画面，体会乡村生活情趣和作者思想感情。比如教师根据诗意的语言、诗意的画面、优美的配乐，希望能营造出和谐美好的氛围，让学生从视觉、听觉等方面沉浸于画面中。在体会“翁媪相媚好”的画面时，教师鼓励学生进行角色扮演，有意识地勾连学生的生活经验，使学生能从中获得更真切的情感体验。 **三、提供任务支架，重视“教—学—评”一致** 教学中运用任务驱动，发挥学生自主学习的能力，注重引导学生对讨论结果的评价，促进学生互评互学，落实学生主体性。教学中还注重支架的提供，比如让学生思考“眼前出现了哪些画面”，找到这些画面并不难，难的是将这些画面用准确流畅的语言表达出来，于是教师提供语言支架，让学生完成任务单和评价。实践证明，学生在评价单的指引下，以终为始，基本都能按照支架进行语言实践，也能按照评价单的内容互相评价。同时教师也在多个地方拓展诗词资料，提供思维支架，丰富学生对诗词的理解。 **四、以读促悟，有梯度地达到目标** 2022 年版课程标准对第二学段（3～4 年级）诗歌的阅读要求是：在诵读过程中体验情感，展开想象，领悟诗文大意。反复诵读是古诗词教学最基本的方法。整节课紧紧围绕“读”，从“读正确”到“读出节奏”，到想象画面、读出意境和韵味。这里的“读”也变化为不同方式，如学生自读、齐读，师生配合读，配乐朗读、吟唱等，让学生在反复、有目的、有梯度的诵读中逐步走进诗词，达成教学目标。 **五、活用“三步五径”诗词赏读教学法** 灵活运用“三步五径”古诗词曲文赏读教学模式，既注重古诗词曲文学习方法的习得、学习能力的提升，又注重通过语言文字的赏读唤醒学生的丰富想象和情感体验，使学生深刻领悟诗文内涵，提升运用语言文字的能力。 当然，本节课还是诗词教学的探索实践，有很多不足，没有达到预期，在如何更好地让学生体会诗词意境、深刻体会作者的思想感情、化诗词本身为学生的个性体验等方面做得还不够深入。

呼风唤雨的世纪

作者：张浩明（华南师范大学附属小学）

来源：GDJY－2021－A－b030 基于统编教材的导图导读写教学资源的重构与育人模式探索

课例名称：呼风唤雨的世纪	学科学段：小学语文
单元教学设计说明	
统编版小学《语文》四年级上册第二单元为阅读策略单元，单元目标为让学生习得在阅读过程中提问的方法。 本单元教学的重点和难点都是如何让学生系统地习得阅读时从不同角度提问的方法。 在单元目标的引领下，经过分析和单元整体阅读便可以发现，每一课的安排都是那么的巧妙，每一节课都是在上一节课的基础上层层深入。本单元第一篇《一个豆荚里的五粒豆》是教会学生在阅读中可以多角度、多维度提问，可以从课文的整体，亦可从课文的局部提问；第二篇《夜间飞行的秘密》是教会学生可以从课文内容、课文写法、启示等角度对问题进行分类；第三篇《呼风唤雨的世纪》是教学生在会提问、懂分类的基础上，学会筛选对课文理解有价值的问题；第四篇略读课文《蝴蝶的家》是让学生将本单元学会提问的本领通过实践进行巩固。在单元导图导读课上，利用思维导图导学，给学生梳理单元脉络，学生很快便能从本单元的每一节课中找到它们之间的联系，从而形成自己的本单元知识网，有了课与课之间的联系，便为进行单元整体教学打下了基础。 我在本单元教学当中巧用了大单元设计，通过设计“问题存折”的形式，让学生通过问题的发现与分享获得积累，从而成为班级的问题“首富”。小小的问题存折，巧妙地打破了每节课之间的壁垒，切实调动了学生的积极性，从而让学生在主动学习的过程中习得了提出问题的方法，通过实践加深了对方法的认识和运用。在课堂上，巧用思维导图切实激发起学生的思辨火花，有思考有生成，在小组活动的交流中，“生本之花”已悄悄向阳开放。 单元课时安排： 第二单元导图导读课（1课时） 《一个豆荚里的五粒豆》（1课时）	

续表

《夜间飞行的秘密》（1 课时）
《呼风唤雨的世纪》（1 课时）
《蝴蝶的家》（1 课时）
问题“首富”分享评选（1 课时）
语文园地（1 课时）
习作（2 课时）
单元内容结构：

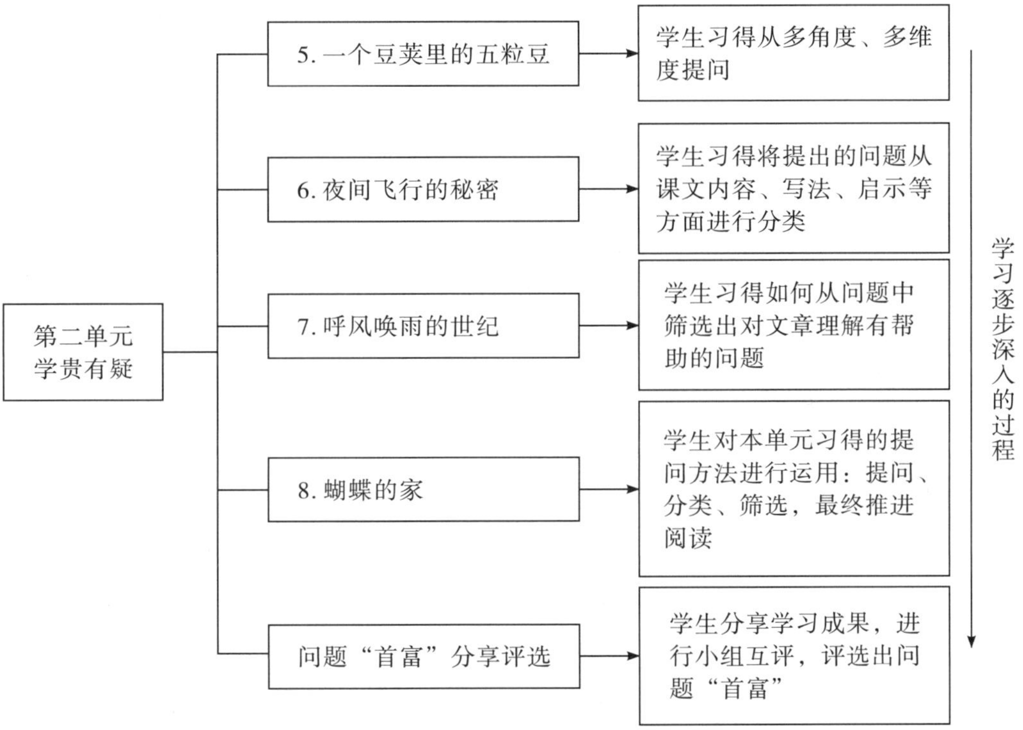

课时教学设计理念

本课教学设计理念遵循以下几点：第一，合作学习理念。合作学习能让学生在小组中合作、交流讨论，互相促进对知识的理解，有组织地开展学习活动。第二，探究性学习理念。让学习成为一种主动探索而非被动接受的行为。通过问题存折的单元设计，让学生有学习的内驱力，竞争问题“首富”。第三，分层教学理念，在本节课中针对不同层次学生的不同个性特征与心理倾向，以及不同的知识基础与学习能力，运用不同的方法进行教学，以学生的发展为中心，能够充分尊重学生的个体差异，从而尽可能使全体学生学有所得，在知识和能力方面得到发展。

续表

课时教学内容分析
《呼风唤雨的世纪》是统编版小学《语文》四年级上册第二单元的第三篇精读课文。本单元是阅读策略单元，单元教学目标的要求是：学会在阅读时从不同角度去思考，提出自己的问题。本单元第一篇让学生学会提问题，第二篇让学生学会分类整合问题，《呼风唤雨的世纪》是让学生学会进一步筛选问题。这是一篇科普说明文，仅用五六百字就清楚地介绍了20世纪的科学技术发展历程，展示了科技的飞速发展给人类生活带来的巨大变化和灿烂前景。本课教学的重点在于：能给问题分类，并且学习、运用筛选的方法，选出对理解课文最有帮助的问题，通过小组讨论的形式激发思辨火花，探究科技海洋。
课时学情分析
我班共有46名学生，其中22名男生，24名女生。本单元教学之前便进行了问题存折的大单元任务设计，让学生通过闯关积分成为问题“首富”。我班学生在本单元前两课的学习中已经习得了提问题和分类问题的方法。我班学习语文氛围一直比较活跃，学生能有自己的思考，敢反驳、善表达。教师在引导学生学会筛选问题后，通过教学设计的安排让学生充满思辨地感受科技给人们的物质生活和精神生活带来的变化。
课时教学目标
1. 能给问题分类，筛选出对理解课文最有帮助的问题。 2. 通过小组讨论，激发思辨思维，理解“科学在改变着人类的精神文化生活，也在改变着人类的物质生活”。 3. 了解20世纪科学技术给人类带来的巨大变化，激发爱科学、学科学、探索科学奥秘的兴趣，并以交流的方式概说21世纪的典型科技发展事例。
课时教学重点、难点
重点：能给问题分类，筛选出对理解课文最有帮助的问题。 难点：通过小组讨论，激发思辨思维，理解“科学在改变着人类的精神文化生活，也在改变着人类的物质生活”。
课时教学资源
1.《呼风唤雨的世纪》PPT。 2. 思维导图、表格等学习工具。 3. 问题存折。

续表

课时教学过程
一、质疑导入 学生齐读课题。师：你有什么疑问吗？ 教师写“唤”字示范。小结：学贵有疑。 **二、聚焦“筛选”** 1. 学生带着问题自读课文，记录问题存折。 2. 师：再读课文，把一眼就找到答案的问题去掉。这就说明在阅读中你已经将这个问题解决了。 3. 学生把学习单上类似的问题分类整合。 师：根据之前的学习，我们可以分为几类呢？ 生：内容、写法、启示。 4. 教师统计问题数，提问：同学们，几百个问题在一节课内没办法解决，怎么办呢？ 生：筛选出有价值的问题解决。 5. 师：同学们，这个同学也有这些问题，你觉得哪些要当堂解决，哪些可以回家查资料呢？ 教师出示习题二图。 生：留下帮助理解课文、引发思考的问题，不影响的问题可以放一放。 教师相机板书并总结：这就是筛选的过程。 6. 小组内分享并讨论筛选出一个对课文有价值的问题，记录在纸板上并进行汇报。 教师贴上黑板，对应到“助理解”“引思考”“不影响”的导图中。 **三、思辨“科技”** 1. 师：同学们，板书中“助理解”的这部分问题都离不开哪个关键词？ 生：呼风唤雨。 2. 师：那你觉得文中的呼风唤雨是指什么意思呢？ 生：指神仙呼风唤雨的本领。 教师出示查到的释义。 3. 师：从文中哪些地方能够体会到20世纪是呼风唤雨的世纪？ 生：电视、电话、飞机等。 师：古代有吗？所以古代只能用神仙来寄托。 4. 师：原来古代没有电视、电话、飞机，他们是被人类________的。 生：发明创造。 师：那“发现”又是什么？

续表

生：发现是指存在才被我们察觉的东西。 5. 师：20 世纪的发明那么多，为什么作者偏偏选这几个呢？ 生：举例子要有代表性、典型性。 6. 师：现在科技真的太发达了。那删除第三段可以吗？和同桌交流一下。 生：不行，第三段是作比较。这样可以对比出古时候的落后、现代的繁荣。 师：那大家带着感情读一读，读出区别来。 7. 师：科学确实在改变着人类的精神文化生活，也在改变着人类的物质生活，但全是好处吗？ 小组讨论思辨科技带来的利与弊。 师小结：尽管如此，归根到底，科学还是使我们不断向前发展。 **四、畅想未来** 1. 师：现代科技还将创造什么奇迹不断改善我们的生活呢？ 生 1：我们华南师范大学附属小学的“天地共播一粒种”的观察探究活动就让我感觉科技原来这么近，我们的通信技术原来这么发达。 生 2：天宫课堂让我们打破时空的界限，天地共上一堂课。 生 3：我们附小的小雨伞还能收集雨水再产生能量，这就是科技推动环保呀。 生 4：火箭、航母…… 2. 推荐阅读：《这就是科学》 教师总结：带着今天学习的方法去阅读，敢提问敢做梦，读完这本书会发现，这就是——科学的力量。
课时板书设计
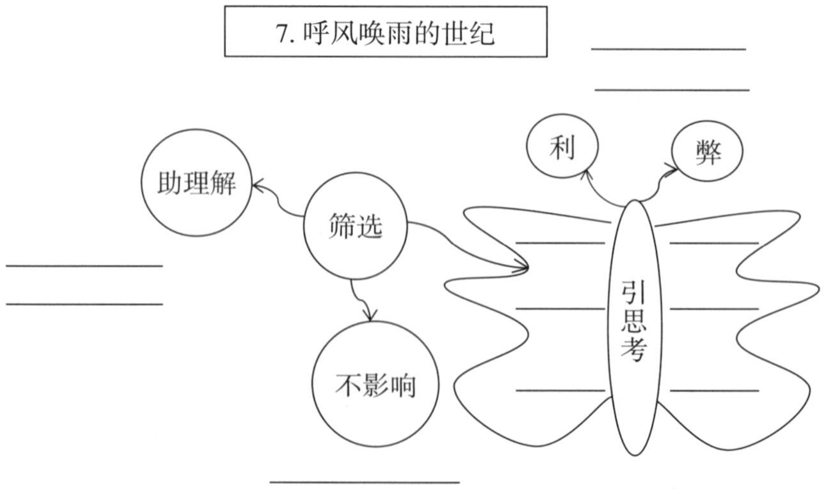

续表

课时作业设计

具体写一写你对22世纪的科技幻想。

课时评价设计

问题存折

第一关：我会提

问题序号	内容

第二关：我会分

类别	问题序号

第三关：我会选

我筛选后的问题	

学生通过预习和课堂完成的问题存折，课后进行小组内的分享，教师检查。三关各有一颗星，小组同学共同评定。星星数多的当选为本节课的问题“首富”。以此对本节课学会筛选问题的教学目标进行评价。

课时教学反思

《呼风唤雨的世纪》是一篇科普性说明文。作者仅用五六百字就清楚地介绍了20世纪的科学技术发展历程，展示了科技的飞速发展给人类生活带来的巨大变化和灿烂前景。《呼风唤雨的世纪》在教材中重新编排在了四年级上册第二单元中的第三课。第二单元是阅读策略单元，单元目标是教会学生在阅读中学会提问。本课教学的重点在于：能给问题分类，并且学习、运用筛选的方法，选出对理解课文最有帮助的问题，通过小组讨论的形式，利用导图的介质激发思辨火花，探究科技海洋。

在进行授课之前，要运用导图导学梳理清楚本单元的脉络，令学生能够直观地、便捷地从本单元中的每一节课之间找到彼此的联系。导图导学让单元、课文的学习不仅有了动力，更有了方向。在这样的基础上，本节课能够顺利开展且扎实落实目标。下面就这节课，谈几点感受：

续表

一、巧用单元设计，突破单课屏障 本单元为阅读策略单元，单元目标为让学生习得在阅读过程中学会提问的方法。经过分析和单元整体阅读便可以发现，每一课的安排都是那么的巧妙，每一节课都是在上一节课的基础上层层地深入。本单元第一篇《一个豆荚里的五粒豆》是教会学生在阅读中的提问可以多角度、多维度，可以从课文的整体，亦可从课文的局部进行提问；第二篇《夜间飞行的秘密》是教会学生可以从课文内容、课文写法、启示等角度对问题进行分类；第三篇《呼风唤雨的世纪》便是教会学生在会提问、懂分类的基础上，学会筛选对课文理解有价值的问题；第四篇略读课文《蝴蝶的家》便是让学生将本单元学会提问的本领通过实践从而进行巩固。 在教师教学中，如果不进行单元整体设计，不树立单元整体教学意识，本单元的教学会松散且难以落地，学生在零碎的课堂中也不能习得提问的系统方法。所以我在本单元教学当中巧用了单元设计，通过设计问题存折的形式，让学生通过问题的发现与分享获得积累，从而成为班级的问题“首富”。小小的问题存折，巧妙地打破了每节课之间的壁垒，且切实调动了学生的积极性，从而让学生在主动学习的过程中习得了提出问题的方法，通过实践更加深了学生对方法的认识和运用。 在单元导图导读课上，我利用思维导图导学，给学生梳理单元的脉络，使学生很快便能从本单元的每一节课中找到之间的联系，从而形成自己对本单元的知识网，了解了课与课之间的联系，也为接下来进行单元整体教学奠下了基础。 **二、巧用思维导图，激发思辨火花** 有思辨的语文课堂，是能让学生语文学科素养之花悄然绽放的课堂。可是思辨在语文课堂教学中常常容易流于形式，无法将思辨的内容可视化。我想思维导图便是将思辨火花可视化最好的介质。本节课通过蝴蝶图的思维导图，针对问题“科技带给人们的全是好处吗?”展开思辨。学生能够在小组讨论中踊跃发言，我也将学生的回答加以总结，让学生自己板书在思维导图中。通过蝴蝶图的对比，学生能够通过导图搭桥走进问题更深的层面，初步感受和习得辩证看待问题的方法和观念。 **三、巧用小组讨论，夯实生本课堂** 本节课上，我开展了同桌交流、小组合作等多形式的合作学习方法，学生通过自己和同学之间的探究学习，做好课堂的主人翁，有参与、有生成、有分享。针对筛选问题的部分，学生从自己的问题存折中筛选出一个对文章最有价值的问题，把它放入小组内再次进行筛选。两轮的筛选夯实了学生对如何筛选对文章理解有帮助的问题的方法的掌握，更是把课堂交给学生，让学生做自己学习的主人，深化其思考和所得，切实落实生本课堂的理念。

续表

四、仍有追光的方向 新媒体技术的运用在本节课中仍有进步的空间，可以尝试在科技的课堂中增加一些更新颖的科技。例如：在学生展示问题存折时，可以利用 UMU 互动学习平台实时拍照上传等，这样可以提高课堂效率，优化教学步骤，更好地促成学生课堂生成。 教师是一个拥有无限幸福感的职业，每一节课都是与学生心与心的碰撞，在学生进步的同时自己也悄然提升。所以我始终坚信教师在课堂上绝不是站在终点等待学生，而是和学生一起从起点奔向幸福的终点。

女娲补天

作者：刘亚（佛山市顺德区大良实验小学）

来源：GDJY－2021－A－a01 基于“素养导向”的小学语文“教—学—评”一致性的实践与研究

<table>
<tr><td>课例名称：女娲补天</td><td>学科学段：小学语文</td></tr>
<tr><td colspan="2">单元教学设计说明</td></tr>
<tr><td colspan="2">
一、单元目标：指向核心素养发展
根据“文学阅读与创意表达”任务群的特点，将单元目标进行整合，确定本单元的目标如下：
1. 通过学习四篇神话故事，了解神话故事的起因、经过、结果，把握文章的主要内容。
2. 借助不同的语言情境，通过讲故事、编故事、设计名片等语文实践活动，感受神话神奇的想象和鲜明的人物形象。
3. 阅读课外神话故事，感受中外神话故事的神奇，激发阅读神话的兴趣。
4. 通过阅读丰富的中国神话故事及开展多种语言实践活动，初步感受中国神话的独特魅力，播下文化自信的种子。
单元教学目标以语言运用为基础，训练思维，提升审美，增强文化自信，促进学生核心素养的发展。
二、单元教学重点
借助不同的语言情境，通过讲故事、编故事、设计名片等语文实践活动，感受神话神奇的想象和鲜明的人物形象。
三、单元教学难点
通过阅读丰富的中国神话故事及开展多种语言实践活动，初步感受中国神话的独特魅力，播下文化自信的种子。
四、单元课时安排
10 课时。
五、单元内容结构
情境与任务：云游神话馆
金秋 9 月，恰逢大良实验小学第 24 届读书节启动，因此，学校创设了“云游神话
</td></tr>
</table>

续表

馆”这个真实的学习情境。在此情境下，发布了“征集馆藏作品”这个核心任务，其中包含“名人厅：征集神话人物名片”“体验厅：举办‘我和神话人物过一天’习作展”“典藏厅：征集经典神话荐读卡”三个子任务。

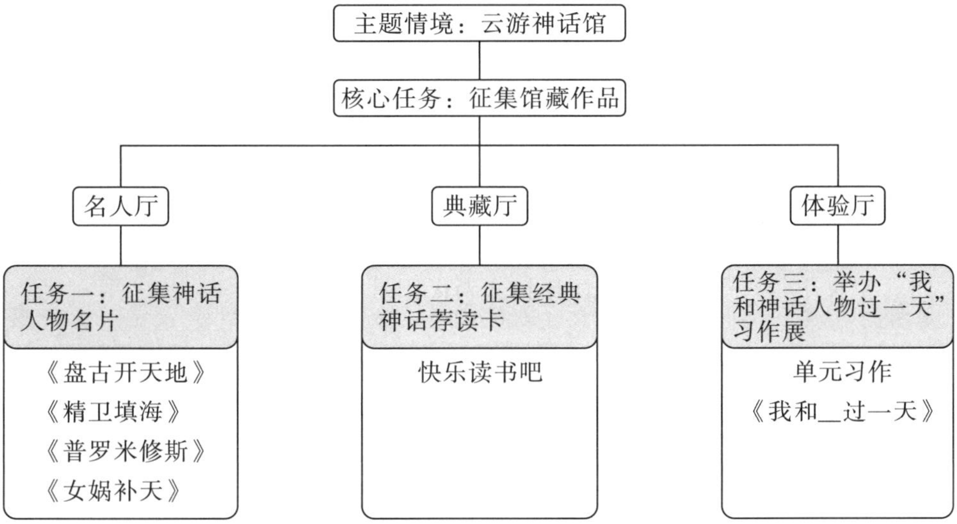

课时教学设计理念

《义务教育语文课程标准（2022年版）》“课程理念”部分指出：“义务教育语文课程结构遵循学生身心发展规律和核心素养形成的内在逻辑，以生活为基础，以语文实践活动为主线，以学习主题为引领，以学习任务为载体，整合学习内容、情境、方法和资源等要素，设计语文学习任务群。学习任务群的安排注重整体规划，根据学段特征，突出不同学段学生核心素养发展的需求，体现连贯性和适应性。”现行统编语文教材采用人文主题和语文要素双线组织单元结构形式编排，大部分教学单元符合《义务教育语文课程标准（2022年版）》提出的“任务群”的设计要求。《义务教育语文课程标准（2022年版）》同时指出：“设计语文学习任务，要围绕特定学习主题，确定具有内在逻辑关联的语文实践活动。语文学习任务群由相互关联的系列学习任务组成，共同指向学生的核心素养发展，具有情境性、实践性、综合性。”

课时教学内容分析

四年级上册第四单元的人文主题是“神话”，第一个阅读要素是“了解故事的起因、经过、结果，学习把握文章的主要内容”；第二个阅读要素是“感受神话中神奇的想象和鲜明的人物形象”；习作要素是“展开想象，写一个故事”。

续表

本单元以神话文体组织编排了《盘古开天地》《精卫填海》《普罗米修斯》三篇精读课文和《女娲补天》一篇略读课文；语文园地的“交流平台”重在总结、梳理神话的特点，并在“词句段运用”中予以强化；单元习作《我和________过一天》，内容是选择一个感兴趣的神话或童话人物，想象自己与这个人物过一天会发生的故事；“快乐读书吧”推荐阅读中国神话和世界经典神话，进一步激发学生阅读神话的兴趣。纵观单元各部分内容，我们发现，所有内容均与“神话”紧密关联，有明确的学习主题。 “感受神话中神奇的想象和鲜明的人物形象”是从阅读角度提出的要求，与2022年版新课标实施“文学阅读”的要求高度契合；“展开想象，写一个故事”这个要素是从写作角度提出的要求，更能体现2022年版新课标实施“创意表达”的理念。 通过分析，我们发现，本单元较好地体现了“文学阅读与创意表达”任务群的要求，可以将单元的学习内容和教学目标进行统整，实施“文学阅读与创意表达”任务群教学。结合“文学阅读与创意表达”任务群特点，以及本单元的特点，我们将本学习任务群的主题确定为“神奇的想象”。 根据神话文体单元的特点以及单元内各部分内容之间的关联，我们以“文学阅读与创意表达”任务群为视角，以“神奇的想象”为主题，以“神话馆研学之旅”为核心任务，安排了“名人厅：征集神话人物名片”“体验厅：举办‘我和神话人物过一天’习作展”“典藏厅：征集经典神话荐读卡”三个子任务。其中，“名人厅：征集神话人物名片”以四篇课文为抓手，通过梳理、讲演、品悟、创编、录播等活动，达成单元阅读教学目标；“体验厅：举办‘我和神话人物过一天’习作展”通过回忆、想象、构思、口头语书面表达等活动，达成单元习作教学目标；“典藏厅：征集经典神话荐读卡”通过静读、趣说、乐议等活动达成课外阅读导学目标。三个子任务从梳理脉络、讲演故事、想象情节、创意写作、课外阅读等多维度层层推进，学生在真实的学习实践活动中进行文学阅读和创意表达，感受神话文体语言和形象的独特魅力，促进精神成长。
课时学情分析
本单元的第一个语文要素是“了解故事的起因、经过、结果，学习把握文章的主要内容”。这是在三年级“了解文章的主要内容”基础上的提升，也是为本册第七单元“关注主要人物和事件，学习把握文章的主要内容”做准备。四年级学生在此之前已经学过《羿射九日》，对神话有了一些感性认识。这次专门编排神话单元，旨在引导学生进一步了解神话的特点，帮助学生形成对神话这种文学题材的初步认识。

续表

课时教学目标
1. 能熟练运用方法梳理故事的起因、经过和结果，发挥想象力，把故事讲生动。 2. 为“女娲”和自选神话故事中的人物制作名片。
课时教学重点、难点
1. 教学重点：能熟练运用前三课学习的提取关键信息的方法梳理《女娲补天》的起因、经过和结果，在自己觉得最神奇的地方发挥想象，把故事讲生动。 2. 教学难点：在自己觉得最神奇的地方发挥想象，把《女娲补天》和自选的神话故事讲生动。品析神话人物形象，为神话人物写评价语。
课时教学资源
教学课件、名片二维码。
课时教学过程
一、提出任务：继续制作人物名片 （一）开课导入，提出任务 1. 同学们，这节课，我们继续走进神话馆名人厅，为神话人物制作名片。 2. 展示女娲图片，板书课题，提出任务：为女娲制作人物名片。 （二）作品展示，明确要求 1. 展示盘古、精卫、普罗米修斯人物名片，回顾名片制作方法。 2. 发现名片制作成功的关键要点：故事录音清楚生动、评价语新颖动人。 设计意图：在名人厅，主要任务就是“为神话人物制作名片”。本单元将用七课时学习四篇课文，达成“了解故事的起因、经过、结果，学习把握文章的主要内容”“通过讲故事，感受神话中神奇的想象和鲜明的人物形象”这两个目标。在这个子任务中，阅读教学虽然分单篇进行，但在逻辑上却是一个整体。四篇课文的学习，都是围绕两个目标来展开制作人物名片活动，但各有侧重，承担不同的功能：前三篇精读课文重在学习、强化方法，《女娲补天》则是综合运用以上方法进行语言实践。开课提出任务，回顾单元活动，明确学习要求。此环节设计紧扣单元任务和目标，简洁明了。 **二、开展活动：录制故事，写评价语** 活动一：录制故事 1. 讲好《女娲补天》。 （1）勾连旧知，回忆法宝。 讲清故事的起因、经过、结果；将神奇的地方讲生动；加上自己富有创意的想象。

续表

（2）解疑释难，自主练习。

引导学生回顾自己讲故事的经历，想想自己在抓关键词、把握语气、发挥想象等方面存在什么问题、如何提升。

参照所归纳的问题，结合自己所讲的故事，现场练习。

模拟录音，学生评价。

走进“神话馆录音室”，开展模拟录音活动，学生以“三大法宝”为标准进行评价。

2. 讲好自选神话故事。

（1）自主练习，讲好故事。

（2）完整展示，学生评价。

活动二：写评价语

1. 你言我语品形象。

学生自由发言，先评价课文主角女娲，再评价自选神话故事中的主角。

2. 自主创作写评价。

出示范本，引导学生将评价语写在人物名片上，鼓励学生在准确表达的基础上进行创意表达。

3. 师生共议赏评价。

学生分享自己写的评价语，其他同学进行评价，说说自己喜欢谁的评价语，并说明原因。

设计意图：在活动中整合听说读写，将“阅读”和“创意表达”有机融合。设计进阶式实践活动——制作人物名片，安排“录故事”和“写评价”两项活动。“录故事”的“梳理”“品神奇”环节是“想象”环节的基础，“写评价”的“品形象”是“写评价”“赏评价”的基础，活动环节设置呈递进式。同时，正因为有了“录故事”的“梳理”“品神奇”等环节，才为感受人物形象以及“写评价”打好了基础。“录故事”环节，学生先练习讲故事，再录故事，并生成二维码。“写评价”环节，先品人物形象，再富有创意地写评价语。这样把“文学阅读与创意表达”巧妙地结合起来，极大地激发了学生的学习积极性。

三、布置作业

1. 录制故事，修改评价，完善名片，上传作品，参加初选。

2. 继续神话馆研学之旅。可以到体验厅想象和神话人物一起生活的情景，也可以到典藏厅畅读中外神话故事。

续表

设计意图：作业是学习过程中重要的一环，是反馈、调控教学过程的重要实践活动。单元作业设计采用学生感兴趣的组织形式，以进阶式安排，体现了内在逻辑关联，调动了学生主动学习的内驱力，延续了学生学习的学习热情，使其巩固、内化学得的知识技能。

课时板书设计

女娲补天

录故事：清楚　生动

写评价：准确　新颖

课时作业设计

<table>
<tr><td rowspan="2">课后拓学</td><td>大显身手（必做）</td><td>同学们，课后请继续发挥神奇的想象录制今天的神话故事。它可以是《女娲补天》，也可以是你喜欢的神话故事。然后修改评价语、完善人物名片、上传平台，参加班级初选。

图片
神话人物名片
人物：
故事：</td><td>我用了（　）分钟</td></tr>
<tr><td>深入研学（选做）</td><td>同学们，课后请继续神话馆研学之旅。可以到体验厅想象和神话人物一起生活的情景，也可以到典藏厅畅读中外神话故事。</td><td>自我评价：
☆优秀
☆良好
☆合格</td></tr>
</table>

课时评价设计

一、评什么

“学生阅读文学作品的过程性表现”是相对于学生学习的内容和目标而言的。因此，“评什么”要依据学生“学什么”来定位。《女娲补天》所在的四年级上册第四单元整体教学主要目标有四个，“评什么”就紧扣这四项目标确定，例如讲好故事的“三大法宝”就是依据前两个目标所制定的评价标准。写评价的要求，就是紧扣第二个目标来制定的。荐读卡、习作的评价标准就是依据第三、四个目标制定的。

续表

二、谁来评 教师是活动的组织者，在师生互动中用好嵌入式评价，教师的语言就是最好的评价，例如，“多不可思议啊”“你读得真神奇”“你想得越来越神奇了”“没想到遇到了这么多困难”“你的评价，简洁又准确”“大家一听你的评价，就记住了这个人物”等。这些语言既是对学生的评价，也是鼓励，能激起学生主动学习的兴趣。更重要的是，它能引导学生开展自我评价和相互评价，让学生成为评价的核心。此处还可以让学生的评价也处于情境中，让学生成为神话馆的小评委。若学生兴趣盎然，就能有效激发主动参与实践活动的动力。 **三、怎么评** 首先，结合已有认知，通过探究学习，制定评价标准，如“制作名片的要求”“讲好故事的法宝”“写好评价语的标准”等。其次，教师评价语应以鼓励和引导为主，保护学生的学习兴趣和积极性。最重要的是，设计学生主动参与评价的环节，引导学生依据标准进行评价，这也是让学生内化方法的有效途径。学生评价时，教师也要予以指导，既要强调听的重要性，如“小评委们，仔细听，看看他对三个法宝掌握得怎么样”；也要强调评什么，如“先说说他讲得好的地方，再提建议”“你的意思是在××方面加强就更好了，是吗?”让学生不仅心里知道怎么评，还能学会表达自己的想法，这才是真正的语言实践，真正地将阅读和创意表达融合起来。
课时教学反思
《义务教育语文课程标准（2022 年版）》创造性地设置了三个层面的六个学习任务群。我们今天立足“中华优秀传统文化类”作品，围绕“文学阅读与创意表达”这一任务群进行了较为聚焦的探讨。从这一次的实践中，我们不难发现：虽然不同教学形态的语文学习任务群具有各自不同的特点，也有不同的内容指向；但是，就基本的设计要素和实施、评价路径而言，它们还是有共性的。事实上，课标对语文学习任务群所做的描述性定义中就已经包括了主要的设计要素，如目标、情境、活动、过程、资源、评价等，这些都是我们在备课和教学时要重点关注的。当然，关于语文学习任务群的探索，我们才刚刚开始，今天所呈现的课例也不一定成熟，恳请大家批评指正。今后，我们将继续围绕语文学习任务群展开深入的研究，积累更多的经验和案例，以推动语文课程“教—学—评”三位一体的深度变革。

孤独的小螃蟹

作者：邓淑华（东莞市东城小学）
来源：GDJY－2021－A－b013 统编教材小学语文作业优化设计创新研究

课例名称：快乐读书吧《读读童话故事》 ——《孤独的小螃蟹》整本书阅读推荐课	学科学段：小学语文
课时教学设计理念	
《义务教育语文课程标准（2022年版）》明确提出了“整本书阅读”的要求：要引导学生在语文实践活动中，根据阅读目的和兴趣选择合适的图书，制订阅读计划，综合运用多种方法阅读整本书，借助多种方式分享阅读心得，交流研讨阅读中的问题，积累整本书阅读经验，养成良好的阅读习惯，提高整体认知能力，丰富精神世界。 其中，第一学段提出了这样的阅读目标：尝试阅读整本书，用自己喜欢的方式向他人介绍读过的书，养成爱护图书的习惯。明晰课标中对“整本书阅读”的要求和年段阅读目标，整本书的阅读实践才能有的放矢。 在单元的童话背景下，创设办理“童话护照”畅游童话王国的情境，通过“畅游封面”“初见童话”“猜想奇遇”“悦定计划”四个板块，引导学生借助多种形式进行猜想，激发阅读兴趣。本课以《孤独的小螃蟹》为例子，从一个故事，到一本书，再到五本介绍的书目，最后到阅读有趣的童话故事。	
课时教学内容分析	
统编教材小学语文二年级上册“快乐读书吧”安排的是“读读童话故事”。教材由内容导读和提示语两部分组成，向学生推荐了五本我国儿童文学大家的经典力作，通过最美中国经典童话的书目推荐和导读，激发学生阅读整本书的兴趣，感受浓郁的中国民族特色，培养学生课外阅读的习惯。 导语明确了两项要求：一是根据书名猜想故事中主人公有怎样的奇遇，二是打开童话故事一起读一读。这些鲜活的主人公形象一定会深深感染学生，让他们在故事中不知不觉地获得心灵的成长。提示语的对话点明了这次快乐读书吧的教学要点：一是从书的封面获取相关信息，知道书名和作者。二是让学生交流爱护图书的方法，认识爱护图书的重要性，初步养成爱护图书的好习惯。	

续表

课时学情分析

经过一学年的阅读铺垫，学生无论在生理上还是心理上都已经具备开始进行整本书阅读的能力。二年级上册的教材推荐了《孤独的小螃蟹》等童话故事书籍，教材编者把童话作为开启学生整本书的阅读“敲门砖”，是充分结合了童话的文本特点及低年级学生的思维能力发展水平的。二年级学生第一次有模有样地阅读整本书，想必是充满着新鲜感和神秘感。因此，我们重点引导学生形成对书籍的“初步印象”，让学生保有阅读书籍的新鲜感、神秘感，激发学生产生阅读期待。

课时教学目标

1. 通过书名猜测故事奇遇，对童话故事产生阅读兴趣，能自主阅读自己喜欢的故事。以《孤独的小螃蟹》为例，初步感知整本书的阅读方法，了解主要内容。
2. 认识书的封面，学习从中获取书名、作者等基本信息。
3. 尝试自主制订阅读计划。
4. 学习如何爱护图书，认识其重要性，初步养成爱护图书的好习惯。

课时教学重点、难点

教学难点：引导学生初步感知整本书的阅读方法，了解图书的主要内容。

教学重点：激发学生的阅读兴趣，提高学生的阅读能力。

课时教学资源

PPT、视频、图片。

课时教学过程

一、创设情境，开启阅读之旅

播放：一天一个好故事，故事姐姐讲故事。

孩子们，你们好，我是今天的故事姐姐。之前，我们好故事一直在莞邑小语的公众号上陪伴大家。现在故事姐姐来到课堂中，与同学们一同开始阅读之旅。

瞧，我们的阅读小火车开来了！在一年级的时候，我们感受了阅读的快乐，还读了有趣的童谣和儿歌。今天，我们将走进童话王国，开始奇妙的旅程。

孩子们，请看，童话故事里的主人公出来了，我们一起来跟他们打个招呼。童话王国里藏着许多有趣的故事，只要我们完成小任务，获得“童话护照”，就可以畅游童话王国了。你们准备接受挑战了吗？

现在，我们马上进入第一个任务——畅游封面。

续表

设计意图：二年级学生第一次有模有样地阅读整本书，想必是充满着新鲜感和神秘感的。我们创设童话王国的情景，激发学生的阅读兴趣。

二、畅游封面：学看封面

（一）看封面

孩子们，拿到一本书，我们最先看到的是书的封面。封面里藏着许多书本的信息，谁来说说，你看到了什么？（插图、书名、作者）看来小小的封面，藏着的信息可真不少。孩子们，你们认识冰波先生吗？我们一起来认识他吧！

（二）完成任务单

1. 圈一圈：圈出书名和作者。

2. 想一想：红书本买对了吗？

小结：小小的封面就像一面镜子，让我们看到童话的样子。这次畅游封面的任务，完成。

设计意图：结合学生已有的阅读经验，从浅入深，引导学生学会看封面，初步掌握封面上的信息，了解故事内容。

三、初见童话：初步认识

1. 想一想：请把故事的主角送回家。

2. 说一说：你最想看哪一个？为什么？

小结：你们能自信大方地分享自己的想法。第二个任务初见童话完成。

设计意图：利用作业单的形式，作为阅读驱动，让学生自主了解封面知识，并引发想象。

四、猜想奇遇：激发想象

（一）看书名猜故事

刚才，有同学对《孤独的小螃蟹》这本书很感兴趣。是呀，螃蟹为什么会孤独呢？谁来猜猜，这讲了一个什么故事？

（二）讲故事开头猜故事

现在，我们一起来听听，冰波爷爷是怎样说的。（教师朗读故事开头）

思考：小青蟹走后，小螃蟹会怎么做？

续表

（三）听声音猜故事 展示故事：我们小螃蟹踏上了寻找小青蟹的旅程，在这个旅程中，发生了很多奇妙的事情。孩子们，你们听？小螃蟹可能会发生什么事情？ （四）赏插图猜故事 展示插图：看，小螃蟹出现在我们眼前了。小螃蟹遇到了什么有趣的事情？ （五）品词语猜故事 展示词语：除了插图有趣，故事里的词语更有趣。看，小螃蟹给我们带来了几个漂流瓶，每个漂流瓶上都藏着有趣的词语。谁想来猜一猜？请拿到词语的同学大声读出词语，请对应小组的同学一起讨论，猜猜可能会发生什么事情。 （六）识路线猜故事 在寻找小青蟹的路上，小螃蟹遇到了各种各样有趣的事情。请选取你觉得最有趣的小故事，说说为什么觉得最有趣。（四人小组讨论） 小结：同学们发挥想象，用了各种方法猜想小螃蟹的奇遇，第三个任务，完成。 设计意图：利用多种形式猜想故事，增加阅读兴趣。 **五、悦定计划：有趣阅读** （一）制订计划 同学们发挥了奇特的想象力，猜想的结果也各不相同，到底谁猜想得和书中一样呢？让我们一起走进书本。 思考：一本书有那么多页，要怎样才能读完呢？（制作阅读计划） （二）爱护书本 书本是我们的好朋友，读完书后，我们应该怎样做？请说说你平时会怎么做。等读完这本书，咱们来评选“爱书小明星”，比一比谁的书最干净。 小结：有了阅读计划，我们阅读就更有趣了，最后一个任务挑战成功。 设计意图：渗透爱护书本教育，做一个真正的爱书之人。 **六、获得护照，畅游童话** 四个任务完成，恭喜孩子们获得“童话护照”！咦，你们听，我们的冰波爷爷给我们送来祝福语了！是呀，孩子，童话王国的大门为你们打开。课后，我们可以自己读，可以跟同学读，也可以跟大人一起读，还可以在莞邑小语的公众号上听故事。故事姐姐期待你们在童话的海洋里，尽情享受阅读的快乐。 设计意图：让学生获得成功的体验，激发学生阅读兴趣。

续表

课时板书设计

课时作业设计

续表

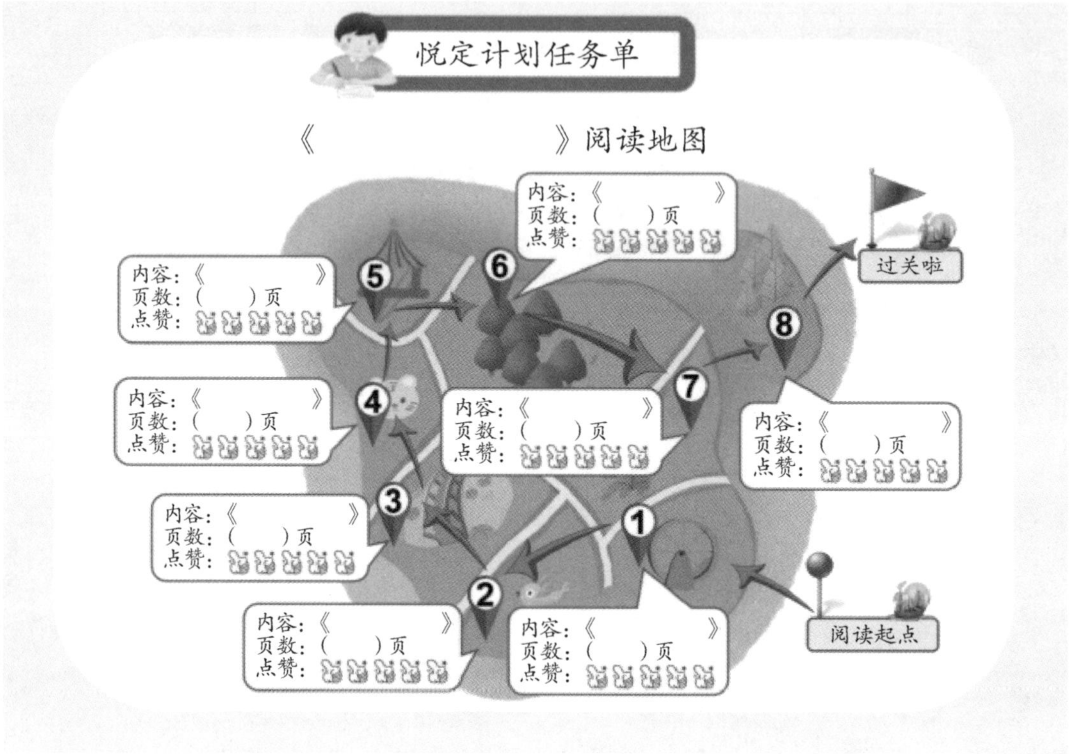

课时评价设计

完成练习后，会获得对应的星星。学生积攒星星，顺利完成任务，获得“童话护照”，开启童话大门。

课时教学反思

从“教”的角度看，我们大胆尝试用作业来推进课堂教学，呈现了课堂教学新样态。师生在完成作业的过程中平等对话，轻松活泼，有情、有趣、有法。从“学”的角度看，学生得趣、得言、得法。整堂课体现了“教—学—评”的一致性，达到了优化作业助学、赋能立德树人的目的。

在摸索中，我们也不断地在思索，产生了一些困惑：在整本书阅读推荐课中用故事引导思考，要用到什么程度，既能激发学生的兴趣，又不抑制学生对书本阅读的期待和想象，期盼得到专家的指点。

今天，我们以悬念“启动”阅读，接下来我们会以活动“推进”阅读，以共享“分享”阅读。如何让学生喜欢阅读？这是我们始终要努力的目标。

己亥杂诗

作者：刘坚（鹤山市沙坪街道第三小学）

来源：GDJY－2021－A－b021 小学古诗文教学与学生人格培养相融合的实践探究

课例名称：己亥杂诗	学科学段：小学语文
单元教学设计说明	

一、单元教学目标

通过梳理整个单元的学习内容，结合课程标准“阅读与鉴赏”“交流与表达”等学习领域对第三学段的目标要求，以及“实用性阅读与交流”学习任务群对第三学段的目标要求，本单元的重点学习目标表述如下：

（一）学生将知道

1. 诗文创作有一定的写作背景。
2. 借助资料可以了解写作背景。
3. 自古至今，爱国都是诗文表达的一个重要主题。
4. 习作提纲梳理和呈现的是一篇文章的结构思路。

（二）学生将理解

1. 结合更多的资料有助于丰富对诗文内容的认识。
2. 列提纲有助于厘清习作思路，让表达更加有条理。

（三）学生将能够

1. 通过图书查找、网络搜索等方式收集、整理诗文创作的历史背景。
2. 结合资料，更深入地理解诗文内容，体会作者感情。
3. 在列提纲的基础上，以“二十年后的家乡”为题撰写一篇文章。

二、教学重难点

1. 引导学生结合更多的资料丰富对诗文内容的认识。
2. 指导学生学习列提纲，厘清习作思路，更加有条理地表达。

三、单元课时安排

单元导读课：1 课时

《古诗三首》：2 课时

续表

《少年中国说》：2 课时
《圆明园的毁灭》：2 课时
《小岛》：1 课时
《习作》：2 课时
《语文园地》：2 课时

四、单元内容结构

主题	生活情境	任务	内容组合	对应的目标与要素
跨越古今爱国之情	“我的中国心”爱国人物故事展博会	课前任务	课内：生字词 课外：相关资料	自学生字词，熟读古诗，收集、筛选与课文相关资料，了解杰出人物的故事。
		任务一： “我为家乡展宏图”畅想会	二十年后的家乡	学习列提纲，分段叙述。
		任务二： “浩瀚五千年，壮阔爱国情”爱国诗词大赛	《示儿》 《题临安邸》 《己亥杂诗》 + 《诗经·秦风·无衣》 《满江红》	借助注释和相关资料，理解诗句意思和诗人情感。
		任务三： “勿忘国耻　振兴中华”主题宣讲会	《圆明园的毁灭》 《七子之歌》 《和平宣言》	查找资料，了解圆明园的历史、文化价值。
		任务四： “强国之梦”梦想规划会	习作 《少年中国说》 《小岛》	查找资料，了解写作背景和少年杰出人物。

续表

课时教学设计理念
《义务教育语文课程标准（2022 年版）》要求语文课程应围绕核心素养四大方面的内容进行，分别是文化自信、语言运用、思维能力、审美创造，这四个方面是一个整体，不可分割。义务教育语文课程内容主要以学习任务群组织与呈现。设计语文学习任务，要围绕特定学习主题，确定具有内在逻辑关联的语文实践活动。而且学习任务应具有情境性、实践性、综合性。因此，语文学习的结构化至关重要。本节课在单元整体设计的基础上，尝试单篇课文的结构化教学，从而避免学习的碎片化、低质化，切实提升学生的核心素养。
课时教学内容分析
《己亥杂诗》是统编语文教材五年级上册第四单元 12 课古诗三首的第三首，本单元的人文主题是“家国情怀”，语文要素之一是结合资料，体会课文表达的思想感情。 本单元编排的四篇课文均表达了强烈的爱国之情，但其文本体裁、写作背景、具体内容表现不一，且时间跨度大。如何围绕人文主题，整合学习内容、学习活动、学习情境、学习资源等关键要素，实现课堂学习的结构化，是教师必须考虑的问题。 《己亥杂诗》是小学阶段难得一见的政治诗。与平时我们教学的“借景抒情”“触景生情”的诗不同，诗人采用“创景抒情”的方法，通过创设的意象来表现情感：“九州生气恃风雷，万马齐喑究可哀。我劝天公重抖擞，不拘一格降人材。”诗的内容从“清末的社会现状”到“复杂情感”再到“急切愿望”，对学生而言理解难度比较大。学生要想深入地去理解体会，就需借助相关背景资料，与文本、作者产生共情。
课时学情分析
五年级的学生已经具备一定的诵读中体验、诵读中想象、诵读中领悟诗文大意的能力，因此应该重点引导学生通过语调、韵律、节奏等表现诗歌的情感。学生首次接触借助资料这一元素是通过三年级下册第六单元的资料袋，但尚未完全习得，所以本单元语文要素之一借助资料理解诗歌情感仍需要教师通过设计语文实践活动来搭桥，让学生习得结合资料信息理解文本内容的方法。
课时教学目标
1. 能借助注释和相关资料，理解诗歌内容，体会诗人表达的情感。 2. 有感情地诵读古诗，表现诗歌表达的情感。 3. 背诵古诗，积累语言。

续表

课时教学重点、难点
结合注释和资料，理解诗歌内容，体会诗人情感。
课时教学资源
PPT 课件，多媒体平台。
课时教学过程
一、导入课题，明确目标 1. 结合注释和资料解诗题。 （1）读题。 （2）读懂诗歌的题目有助于我们理解诗歌的内容。请一位同学来说说题目的意思。 （3）出示资料。这里面有两件历史事件，分别是什么？（虎门销烟，鸦片战争） 小结：结合历史事件，题目就容易理解了。请同学们再读题目。 设计意图：由于本诗所表现的时代与学生相距太远，而且学生平时缺少此类积累，因此通过结合历史事件，帮助理解题目的意思，同时也交代了诗歌的写作背景，有助于学生理解诗歌内容，也解决了课后练习第二题。 2. 结合单元导读和交流平台明确学习目标。 （1）读第四单元的单元导读主题部分，体会爱国之情。 （2）读《示儿》和《题临安邸》，再次体会陆游和林升的爱国之情。 （3）对比单元要素和交流平台之间的联系，确定本节课的学习目标：结合资料，体会情感；通过朗读，表达情感。 设计意图：整合人文主题、单元要素，让学生清晰地感知教材编排意图，以及这节课要掌握的核心任务是什么，使学习活动更有针对性。 **二、古诗三读，明意悟情** （一）一读：初读古诗，读准读通（读通） 1. 指名读，读准字音，读出节奏。 2. 多形式读，读流利，熟读成诵。 设计意图：创设朗读情境，在多形式的诵读中初步感受诗词音韵、节奏之美。熟读成诵是理解诗歌内容、体会诗歌情感的基础。 （二）二读：品读诗文，明意悟情（读懂） 1. 体会“哀”，表现“哀”。 （1）很多成语源自古诗佳作，请同学们找出诗中的成语。 （2）借助注释初步理解“万马齐喑”。

续表

死气沉沉就是没有活力，诗中有一个词语和它的意思恰好相反。（生气） 指导朗读，读出对比。 质疑：为什么会出现万马齐喑的局面呢？ （3）观看视频，深刻感受“万马齐喑”。 ①交流：从视频中获得的信息和“万马齐喑”有什么联系吗？ ②思考：诗人龚自珍见到“万马齐喑”的局面，内心是怎样的？ ③体验：如何理解“哀”字。 预设：诗人对死气沉沉的社会现状感到悲哀，为国家命运担忧，为朝廷的无所作为深表痛心。 ④诵读：悲哀、担忧、痛心都是因为诗人对祖国的无限热爱。一个哀字，饱含了诗人丰富的情感，应该怎么读好它？ 过渡：要怎样才能改变这样的局面呢？读诗歌后两句。 2. 体会“劝”，表现“劝”。 （1）借助资料，了解清朝八股取士，深入理解“不拘一格”。 不拘一格是什么意思？ 清朝政府是怎么选拔人才的呢？说说你从资料中获得的信息。 （2）通过诵读，体会“劝”，表现“劝”。 质疑：难道清朝是真的没有人才吗？阅读资料。 林则徐是人才，魏源是人才，诗人龚自珍又何尝不是人才呢？但是文字狱打压人才，八股取士禁锢人才，为数不多的人才得不到尊重。他作为一位爱国诗人，内心对于社会变革的期望该是多么的强烈啊！入情入境地朗读。 设计意图：抓关键词，引导学生走进文本。结合视频资料，创设问题情境，为学生搭建语言支架，促进学生的思维发展与表达提升。创设朗读情境，引导学生通过语调、韵律、节奏等，更深层次地体味诗歌的内容和情感。教学过程中引导学生学会结合资料读懂诗歌内容、体会诗歌情感的方法，培养学生的学习能力，增强学生的学习体验与习得感。 **（三）三读：拓展阅读，活学活用（读活）** 刚刚我们通过结合注释和资料读懂了古诗。学习要活学活用，现在请同学们开展小组合作，根据任务单的要求学习《己亥杂诗》第五首。 1. 合作学习：结合资料和注释理解诗歌内容。 2. 交流汇报： （1）读通：字音，韵脚，节奏。

续表

（2）读懂：结合注释和资料谈谈你对“落红不是无情物，化作春泥更护花”的理解。

（3）有感情地朗读。

（4）对比阅读：这两首诗都是在己亥年写的，我们来看看两首诗在内容、写法和情感上有什么异同？

内容：前一首写的是自我奉献，后一首写的是呼吁变革。

情感：都表达了对祖国的无限热爱之情。

写法：都运用了比喻的修辞手法来增强情感的表达效果。

设计意图：拓展学习《己亥杂诗》第五首，通过学法迁移，进一步内化结合注释和资料理解诗歌内容、体会诗歌情感的方法。通过合作学习，培养了学生的自主学习能力和合作探究能力。学生在自主学习过程中能够真实反馈课堂学习状况，实现“教—学—评”一体化。对比阅读能有效增进学生对诗歌内容、写法和情感的理解，深化学生对古诗语言的独特感受，增强情感的熏陶与激励。

三、单元统整，升华主题

1．借助时间轴，领悟中国人的家国情怀。

四篇课文所涉及的年代、人物、事件各不相同，但表达的思想感情都是爱国之情。

2．再读单元主题，体会爱的深沉。

过渡：爱国，是千百年来流淌在中华民族血液中的情感，是中华民族生生不息的力量源泉！历史的车轮永不停歇。作为新时代的少年儿童，我们应该怎么做？让我们来听听习近平总书记对我们的期望。

3．联系生活，表达情感。

观看视频，交流：作为新时代的少年儿童，我们应该用怎样的实际行动热爱祖国？

设计意图：语文教学结构化要求我们围绕人文主题，整合学习内容、学习活动、学习情境、学习资源等关键要素。借助时间轴，能够有效整合本单元的知识要素，帮助学生更深刻地体会爱国情怀是千百年来流淌在中华民族血液中的情感。联系自身，创设真实的生活情境，为学生搭建支架，让学生从感悟爱国之情，上升到表达爱国之情。

课时板书设计

己亥杂诗

古诗三读
⊘ 读通
⊘ 读懂
⊘ 读活

爱国之情 { 哀 / 劝 / 护

学习目标：
1. 结合资料，体会情感
2. 通过朗读，表现情感

续表

课时作业设计
《己亥杂诗》是一组自叙诗，共315首，请你选择其中你最喜欢的一首古诗，推荐给同学们。（注意：要说清楚推荐的理由）

课时评价设计

《己亥杂诗·其五》学习任务单

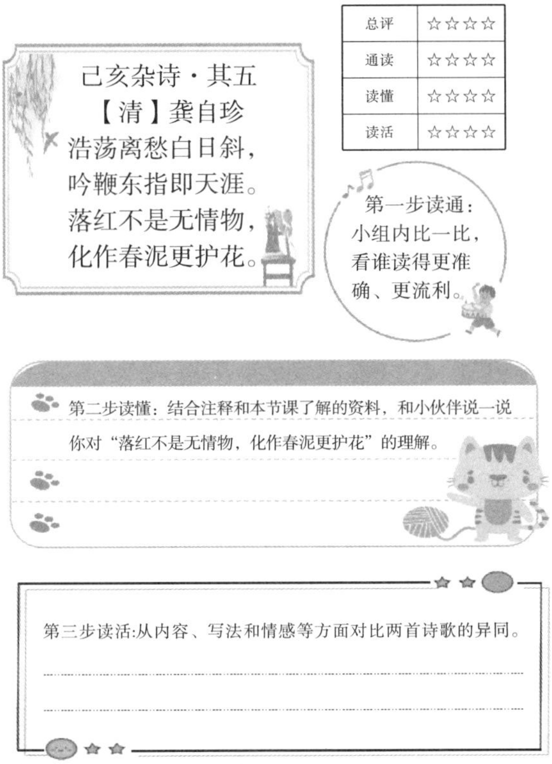

课时教学反思

本节课在《义务教育语文课程标准（2022年版）》的指导下，结合部编教材的编写特点，围绕人文主题，利用学习任务群的组织方式，创设了真实的生活情境。教学过程中，通过整体感知、联想想象、结合注释和资料，引导学生感受古诗语言之美、内容之美和情感之美。其中，创设文本情境，抓住诗眼深度体会诗歌的情感，通过朗读表现诗歌的情感；创设问题情境，引发学生独特体验和思考；创设生活情境，引导学生联系自身思考新时代的小学生应该用怎样的实际行动热爱祖国。学生在课堂上能够完成既定的学习目标，获得良好的学习体验。但在课堂生成中，面对个别问题，我的引导可能仍不够到位，需继续探索如何更有效地帮助学生解决问题。

四季之美

作者：熊静（广东高州师范附属第一小学）

来源：GDJY－2021－A－b026 精研统编教材，优化小学语文教学的研究

课例名称：四季之美	学科学段：小学语文

单元教学设计说明

一、教学目标

1. 认识16个生字，读准3个多音字，会写26个字，会写23个词语。

2. 有感情地朗读课文，背诵《古诗词三首》《四季之美》，默写《枫桥夜泊》。

3. 借助注释，联系上下文，想象课文中所描绘的景象，初步体会课文中的静态描写和动态描写。

4. 品味、积累课文中静态描写和动态描写的语句。

二、教学重点

1. 有感情地朗读课文，能背诵《古诗词三首》《四季之美》两篇课文，积累优美的句段。

2. 引导学生体会关键词句表情达意的作用，初步体会景物的静态美和动态美。

三、教学难点

学习将课文中的写作手法运用到自己的习作中，学会描写景物的变化。

四、课时安排

内容	第21课	第22课	第23课	第24课	习作	语文园地
课时	2	2	2	1	2	2

续表

五、单元内容结构图

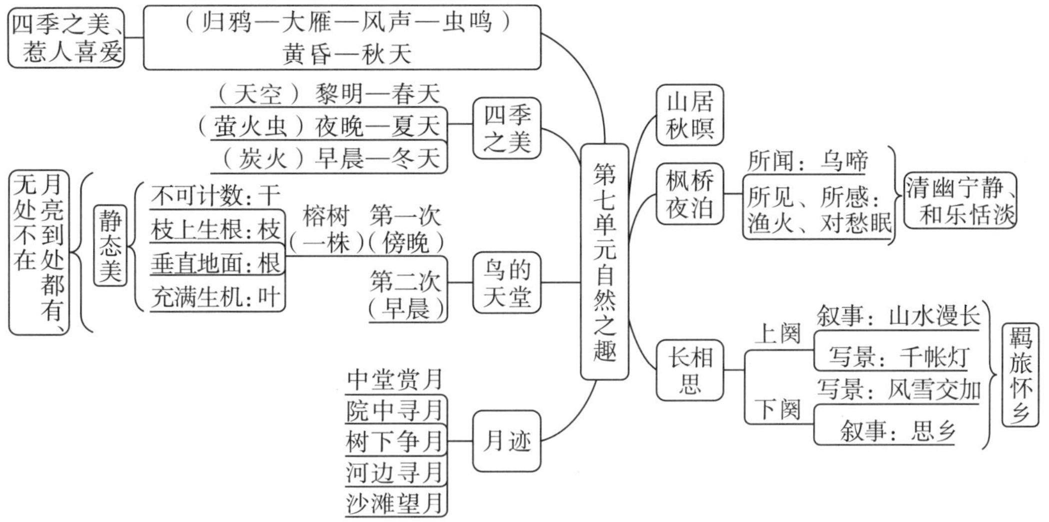

课时教学设计理念

立足于每一位学生的发展，尊重学生的差异性、自主性和独立性，让每位学生都平等地享受课堂语言的文字韵味。着眼于学生的发展，在教学中充分体现语文要素和人文要素的和谐。通过引导反复朗读课文，让学生体会景物的动态变化，感悟文章的独特韵味。

课时教学内容分析

《四季之美》是统编版教材小学《语文》五年级上册第七单元的一篇课文。本单元的单元主题是“四时景物皆成趣”，语文要素是“初步体会景物的静态美和动态美”和“学习描写景物的变化”，编排了四篇课文《古诗词三首》《四季之美》《鸟的天堂》《月迹》。古诗词与写景散文自由组合，寄情于景，让学生跨越时空、跨越国界，领略作者笔下的景物之韵味，品味作者对大自然、对生活、对生命独特的灵性与热爱。

本课选自日本平安时代中期女作家清少纳言的作品《枕草子》。它是一篇以时间为序的写景散文，描写了春天黎明天空颜色的变化、夏夜萤火虫翩翩飞舞、秋天黄昏归鸦回巢、大雁比翼而飞等景致，凸显了景物的动态美。文章寥寥数笔，饶有趣味，与课文扇面的四季插图交相辉映，意境优美。本文的语文要素是“初步体会景物的动态美”，与课后习题要求“联系上下文，体会句子中的动态描写”相呼应。四季之美，美在静的大背景下事物以动的形式存在：静是舞台，动是主角；静是积蓄，动是勃发；静是底色，动是亮点——动与静的完美结合，构成了独特的韵味之美。

续表

对于五年级的学生来说，从文字中想象画面是中年级已具备的阅读能力，但由于本课文字意韵深远，学生很难全面感受文字中的画面美。帮助学生完成由文字到画面的转化是本课教学的重点，而通过体会文字中的画面美来感悟独特韵味就是本课的教学难点。 如何突破重难点呢？首先探寻我们遵循阅读散文的规律，反复朗读课文后，在情景、上下文、时代三重语境中，引导学生探寻“言象意”的相互关系，品文字读出画面，想画面读出韵味。其次，我们遵循学生学习的心理需求，鼓励学生用已有阅读散文的经验，通过自主学习，初步建立文字（言）与画面（象）的关系。我们根据学生真实需要搭建支架，引导学生深入感受文字中的动态美，完善从“言”到“象”的转化，再通过朗读感受品味，完成从“象”到“意”的转化。教的本质是教会学生生活。在教学中，我们力求让散文学习从学生的生活中来，到作者的生活中去，再回归到学生的生活中来。
课时学情分析
对于五年级的学生来说，他们接触过写景的文章，但那些文章场景很具体，是日常生活中的常见风景。而这篇课文，作者采用片段式的写法，跨越时空，选取了独具韵味的四季风景，用“形散而神不散”的散文表现出诗人对生命的热爱。这种体裁的文章对学生而言较为陌生。 所以，学生在表达的时候，容易只关注语言文字，想象文字背后的画面仍然有一定的难度，可能导致表达不够清晰，对于文章表达方式的感悟显得很苍白。为了改善这个情况，教师必须在创设情境、反复朗读、品词析句中一步步引导，让学生感受到动态画面带来的意境美。
课时教学目标
1. 有感情地朗读课文，积累优美的词句，背诵课文。 2. 品词析句，想象画面，初步体会景物的动态描写，在动态美中感受作者笔下四季的独特韵味。 3. 初步领悟动态描写的表达方法，留心观察，仿写生活中的最美景致。
课时教学重点、难点
有感情地朗读课文，结合优美词句，展开丰富的想象，初步体会四季景物的动态美。
课时教学资源
学习单、多媒体课件、作者背景资料、古诗拓展。

续表

课时教学过程
课前互动：欣赏古往今来诗人们笔下的四季之美 等闲识得东风面，万紫千红总是春。 春色满园关不住，一枝红杏出墙来。 接天莲叶无穷碧，映日荷花别样红。 停车坐爱枫林晚，霜叶红于二月花。 忽如一夜春风来，千树万树梨花开。 这些诗句分别描写了哪个季节？ **一、回顾主题，引入四季之“美”** 1. 回顾单元主题及单元训练目标，揭示课题。 同学们，上一课我们一起学习了《古诗词三首》，看到了山雨过后的山居秋景，夜半难眠的客船夜景，以及行军营帐的塞外雪景，正好呼应了我们这个单元的主题“四时景物皆成趣”。这节课我们来学习第七单元的第二课《四季之美》，继续体会动态描写和静态描写，学习描写景物的变化。 2. 齐读课题，认识作者。 **二、初读课文，发现视角之“美”** 1. 自由朗读课文，读准字音、读通句子以及注意长句的停顿。 2. 指名分段朗读课文。穿插多音字、形近字的教学，指导学生读好长句。 3. 指导书写“黎”和“漆”，比较识记“逸”和“免”。 4. 把握每段中心句，找出“四季之美”美在哪里。 5. 交流：出示古诗“春有百花秋有月，夏有凉风冬有雪”，齐读，思考——古诗写的是什么？《四季之美》写的是什么？通过比较，感悟作者视角的独特。 设计意图：梳理文本内容，使学生对四季之美有了整体的了解。这是第一层面的字面上的认知，感受美。通过古诗对比，引导学生感悟四季时空的独特美，让他们明白怎样用不同的眼睛看世界。这是更高一层次的认知，视角美。 **三、精读首段，感受变化之“美”** 1. 自学提示：自由朗读课文第一自然段，思考——你仿佛看到了怎样的画面？这画面美在哪里？圈画出相关的词句，并在一旁写下自己的体会或感受。 2. 交流、引导、朗读。 第一层：读着读着，你仿佛看到了什么样的画面？引导学生了解文段描写了哪些景物。

续表

第二层：这幅画面美在哪里？通过抓关键词“泛着”“染上”“飘着”，以及天空色彩变化的词语，分层综合体会语句中的动态描写。

第三层：在感情朗读中，感受在大的背景下云彩颜色变化的美，带着感受有感情地朗读。欣赏云彩变幻图，带着画面指导朗读，体会云彩变化的动态美。

3. 语言训练：想象一下天空会不会继续变，它会变成什么样？引导学生用上动词和形容词：

随着太阳的升起，天空还在继续变化着，太阳露出了小半边脸，__________________，太阳继续慢慢地往上升，____________。

4. 欣赏黎明天空变化的视频，师生合作读第一自然段，再次感受春天黎明的色彩美和动态美。

5. 结合关键词背诵第一自然段。

6. 四季之美，美在视角、美在画面、美在情趣、美在表达。回顾第一自然段的学习步骤，小结学法。

第一步：我们先想象画面。

第二步：找出画面美在哪里。圈画出相关的词句体会动态美，体会动态美可以关注形容词和动词。（板书该重点）

设计意图：让学生通过比较朗读、叠词妙用、想象画面等语文实践，感受春天黎明云彩变化的动态美，同时积累丰富的语言，在潜移默化中学习语文阅读方法。

四、合作研读，体会韵味之“美”

1. 过渡：作者就是这样通过天空的色彩和几个极具画面感的动词展现了她眼中的春天所具有的独特韵味。春天这么美，那秋天呢？恰好现在正值深秋，就让秋风带我们品品秋之黄昏吧。请对照学习单上的提示，自主阅读第三自然段。

2. 出示学习单：

默读第三自然段，你仿佛看到了怎样的画面？你是如何体会画面的动态美的？

四季之美	画面	动态美
春天最美是黎明	天空、云彩	泛着鱼肚色的天空→染上微微的红晕→飘着红紫红紫的彩云
秋天最美是黄昏	画面一：	
	画面二：	
	画面三：	

续表

3. 小组合作交流。

4. 汇报，相机引导。

(1) 体会点点归鸦图。

①结合“急急匆匆”等词感受归鸦的动态美，想象画面，指导朗读。

②展开想象，感受乌鸦归巢背后所蕴含的情感，指导读出自己的感受。

③齐读，再次体会秋日黄昏里归鸦带来的动态之美以及情感之美。

(2) 体会大雁齐飞图。

通过理解“成群结队”“比翼而飞”等词，体会大雁南飞的动态美和相互团结的情谊，想象画面，带着情感朗读。

(3) 体会风声虫鸣图。

①联系上下文，感受夕阳的变化。

②聆听风声虫鸣，指导朗读，体会“心旷神怡”，师生合作朗读。

③欣赏读：让我们站在秋日的黄昏里，静静地欣赏这样一幅美好的画面。

④配乐背诵第三自然段，再次感受“秋天最美是黄昏”。

5. 课文写法小结。

我们读写景的文章，应抓住动态描写，读出画面的变化，这样就可以体会到它的独特韵味。

设计意图：“一切景语皆情语”，语文教学要确立“以人为本”的基本原则，语文是人类“诗意地栖居”的精神家园。引导学生以倾听动物的心声为出发点，到关注作者的心声，实现与作者情感的共鸣，在过程中丰富自己的情感体验，进而激发对自然、对生活的热爱。

五、课外延伸，感受四时之“美”

回归本单元主题“四时景物皆成趣”，欣赏视频，感受美好的四时美景。

课时板书设计

四季之美

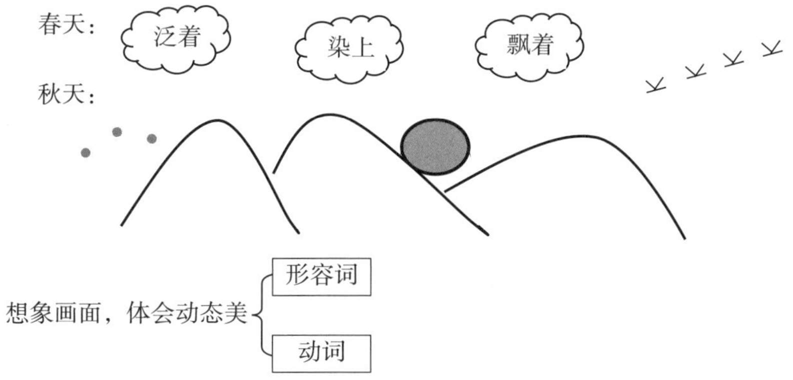

续表

课时作业设计

1. 背诵课文第一和第三自然段。

2. 课后小练笔。

欣赏了作者笔下的秋天黄昏夕阳斜照之美，你心中夕阳西下时的美景是怎样的？写一个小片段，写出景物的动态美。

课时评价设计

内容要素	评价标准	学生自评	学生互评	教师评价
学习态度	1. 学习目标明确，积极参与资料的搜集、整理。			
	2. 能够主动参与课堂学习活动。			
	3. 能够完成课后练习与实践活动。			
思维状态	1. 基于教学情境，能够归纳感悟动态美、静态美的学习方法。			
	2. 能够把所学知识迁移到新情境中，发挥想象进行语言拓展。			
	3. 思维清晰，能从不同的角度体会动态美。			
探究能力	1. 勇于表达自己的观点。			
	2. 能够与小组的其他成员展开积极的交流，贡献自己的观点并交换观点。			
	3. 善于倾听、尊重他人；能够认真听取同学和教师的反馈，进行反思并完成自己承担的任务。			
备注	1. 评价指标赋值方法：☆☆☆☆☆。 2. 星制。优：☆☆☆☆☆；良：☆☆☆☆；好：☆☆☆；一般：☆☆；尚好：☆。			

课时教学反思

《四季之美》是一篇文质兼美的抒情散文。依据文章的特点，我着重引导学生感受充满诗意的四季美的特点，体会作者对大自然的无限热爱之情，体会文章在语言表达上的特点。

续表

一、目标达成情况 为了能更好地实现教学目标，我在课前已要求学生查阅有关的书籍或上网查找相关的资料，收集古今文人描写四季之美的诗词、文章，以及通过同学之间的沟通，加深对四季美的感性认识。为了更好地理清作者的写作次序，一方面，我引导学生从整体上把握课文，以时间顺序感受四季独特的美，抓住题眼“美”字；另一方面，我引导学生体会这种构造自然流畅、脉络清楚的特点。由于品读优美语句、体会文章的表达方法是本课教学的重点与难点，于是，我想方设法引导学生品读课文精致的语言，提高学生对语言的感受力与初步的审美能力。此外，我通过引导学生以品读、吟诵、想象画面等方式体会美的意境、美的情感、美的语言。在教学的过程中，我发觉即使学生和教师多么喜爱这篇课文，假如朗读不够投入，依旧无法营造那种诗情画意的画面感，这就要求教师朗读的基本功必须十分扎实。此外，在课堂教学的过程中，我有意识地给学生范读，在一定程度上也可以起到感染学生的作用。 **二、不足之处** 1. 在指导学生有感情地朗读课文的环节上做得还不是非常到位。当学生朗读自己喜欢的部分的时候，就应适时指导学生的朗读，让他们体会作者的感受；或者让学生互相评价自己的朗读有哪些需要调整、改进的地方。如果能够在学生和教师充分交流的基础上，由教师进行范读并引导学生进行朗读、感悟作者眼里的四季之美，让学生共同通过有感情地读来获得内在的感悟、体验，达到资源共享，课堂教学将更加丰实。 2. 激励评价不够及时，导致不能激发学生探索的欲望。如果能引导学生边有感情地朗读课文，边想象课文描绘的画面，就能更好地引导学生各种感觉器官协调合作，体会四季之美，感悟作者对大自然的热爱之情。

与圣贤同行，树文化自信

作者：洪凌子（广州市第十六中学）

来源：GDJY－2021－A－b067 聚焦铸魂育人的中学三科大概念统整教学创新研究

<table>
<tr><td>课例名称：与圣贤同行，树文化自信</td><td>学科学段：中学三科</td></tr>
<tr><td colspan="2">课时教学设计理念</td></tr>
<tr><td colspan="2">1. 通过情境设置，提升学生了解中国先秦传统文化重要理念的兴趣，引导学生结合相关材料探究和辨析其思想内涵及文化价值，形成对传统文化的热爱，增强文化自信。
2. 学会从不同学科视角思考同一问题的方法，培养综合思维模式。</td></tr>
<tr><td colspan="2">课时教学内容分析</td></tr>
<tr><td colspan="2">《子路、曾皙、冉有、公西华侍坐》《齐桓晋文之事》《庖丁解牛》是高一语文统编版必修下册第一单元第一课的三篇诸子文。本单元的人文主题是“中华文明之光”，意在通过学习深化学生对传统文化的认识，强化传承中华优秀传统文化的意识，增强文化自信。从课程内容的角度看，本单元属于必修课程“思辨性阅读与表达”任务群，要求学生在阅读与鉴赏、表达与交流、梳理与探究的学习活动中学会比较、辨析、质疑，以此提高理性思维水平。而第一课所选三篇文章均为《论语》《孟子》《庄子》中的经典，蕴含了先秦诸子对于社会理想和个人生存的思考和表达，体现了中国传统文化中众多重要的价值观念和思维方式，有利于学生切入传统文化的精神内核，体悟前人高超的智慧，并由此思考其当代价值，激发源自内心的理性热爱，增强继承和弘扬传统文化的意识。这三篇文章又涉及同为中华传统文化典型代表的儒、道两家学说的大差异和儒家不同先贤之间因论说重点不同而形成的小区别，便于学生就各篇之间的关联进行深度的解读、剖析、对比，具有很大的思辨性阅读空间。因此，把第一课三篇课文进行整合教学，是对新课标“思维的发展和提升”和“文化的传承与理解”学科核心素养的具体落实。</td></tr>
<tr><td colspan="2">课时学情分析</td></tr>
<tr><td colspan="2">1. 知识储备：学生在初中阶段已经学过《论语十章》《鱼我所欲也》《逍遥游》等经典篇目，对儒、道两家的学说和思想有基本的了解，借助注释和工具书，可以初步</td></tr>
</table>

续表

读懂中国古代经典；同时，学生在高一上学期也学习了同属于“思辨性阅读与表达”任务群的必修上册第六单元，已经具有一定的思辨阅读的意识、掌握一些思辨阅读的方法。

2. 能力短板：对于高一年级的学生来说，文言文阅读能力还是相对薄弱的，仅停留在字面意义的理解上；思辨性思维也正处于发展阶段，尚缺乏通过对比、辨析来思考一些深层次问题的能力。

课时教学目标

1. 文化的理解和传承：理解中国先秦传统文化的重要理念，认识其深层内涵和文化价值，感受中华传统文化的魅力，形成对传统文化的理性热爱，增强文化自信。

2. 思维的发展和提升：对比、辨析儒、道两家学说对社会和人生的不同看法，鉴古观今，体悟传统文化之于个人生存和社会发展的现代意义，并阐述自己的观点。

课时教学重点、难点

1. 教学重点：理解中国传统文化的重要理念，认识其深层内涵和文化价值。

2. 教学难点：对比不同先贤对社会和人生的不同观点，并结合当下的社会文化生活思考其现代意义。

课时教学资源

1. 教学媒体：PPT。

2. 教学素材：（1）《子路、曾皙、冉有、公西华侍坐》《齐桓晋文之事》《庖丁解牛》；（2）初中相关课文；（3）《论语》经典名言；（4）统编版历史教材选择性必修三第一课。

课时教学过程

任务一：重温经典，体悟智慧

1. 学生分组梳理课文的观点，并通过历史和现实印证的方法来探究先秦诸子的文化理念。

内容	诸子文		
	《子路、曾皙、冉有、公西华侍坐》	《齐桓晋文之事》	《庖丁解牛》
课文言论			
文化理念			
历史印证			
现实印证			

续表

2．学生讨论并评价各个小组的展示和解说。

3．教师点评学生所提炼的先秦诸子的文化理念，并以统编版历史教材选择性必修三第一课的内容作为参考，比较孔子、孟子、庄子的思想内涵并确定“先秦传统文化”宣传展板的人选。

内容	诸子文		
	《子路、曾皙、冉有、公西华侍坐》	《齐桓晋文之事》	《庖丁解牛》
文化理念			
中国传统文化内涵			
“先秦传统文化”宣传展板人选			

任务二：鉴往知来，树立自信

1．学生结合初中课文和拓展阅读资料，进一步甄选制作宣传展板所需的经典言论，解说其思想内涵，并站在当下的立场说明选择的依据。

（提示：中华文化博大精深，底蕴深厚。德、孝、礼、仁、正、俭、公、廉、勤、能、敬、义、贤、信等，都是中国传统文化的核心概念，也由此形成厚德载物、天下为公、自强不息、以廉为本等基本理念。）

当选人物		
经典言论	社会理想	生存姿态
思想内涵		
事实印证		
当代价值		

2．教师结合社会主义核心价值观与课文内容及相应传统文化理念的联系，点评课堂讨论结果。

社会主义核心价值观	课文印证	传统文化理念

续表

课时板书设计
先秦诸子文化理念—中国传统文化内涵—历史与事实印证—传统文化当代价值

课时作业设计

1．学生根据课堂讨论结果，为“先秦传统文化”宣传展板撰写解说词。要求选择一句当选人物的经典言论，阐释其思想内涵，并以历史和现实、事实为依据，指出当下的意义和价值（300 字左右）。

2．学生根据不同媒介的传播特点，为本次任务选择最合适的宣传方式。

媒介	传播载体	传播优势	可行性
报纸	图片、文字结合		
广播	音频		
网络	视频、音频、文字结合		

课时评价设计

评价内容	评价标准	《子路、曾皙、冉有、公西华侍坐》	《齐桓晋文之事》	《庖丁解牛》
先秦诸子经典言论及解说	言论经典，代表性强（5 分）			
	观点明确，内涵深刻（5 分）			
	印证全面，意义深远（5 分）			
	用词得当，语言流畅（5 分）			

课时教学反思

1．设置情境任务时，从学生熟悉的校园生活或社会现象出发，更能够引发学生的学习兴趣，提高学生课堂参与度。

2．开展真实情境下的任务式、项目式学习，首先必须对课文中的观点和思路要有准确、清晰的理解，否则就会流于空洞、浮泛。

3．培养学生从不同学科视角思考同一问题的意识，有利于引导学生寻找解决问题的方法，提高综合思维能力。

《红楼梦》导读

作者：夏峥嵘（广州市从化区教师发展中心）

来源：GDJY－2021－A－b031 基于深度学习的中学整本书阅读课堂教学研究

课例名称：草蛇灰线　伏脉千里 ——《红楼梦》结构技法分析	学科学段：中学语文
单元教学设计说明	
本单元是统编版高中《语文》必修下册第七单元整本书阅读。单元要求梳理小说主要情节，厘清人物关系，理解和欣赏人物形象，探究人物的精神世界，整体把握小说的思想内容和艺术特点，建构阅读长篇小说的方法和经验。单元教学的重难点在于：①把握《红楼梦》中的人物关系；②体会人物性格的多样性和复杂性；③欣赏小说的结构艺术；④品味日常生活描写所表现的丰富内涵；⑤体会《红楼梦》的主题。单元安排两周课时。本课时为学生阅读完第三十三回之后。	
课时教学设计理念	
《普通高中语文课程标准（2017 年版 2020 年修订）》对长篇小说阅读的要求是：在指定范围内选择阅读一部长篇小说。通读全书，整体把握其思想内容和艺术特点。从最使自己感动的故事、人物、场景、语言等方面入手，反复阅读、品味，深入探究，欣赏语言表达的精彩之处，梳理小说的感人场景乃至整体的艺术架构，厘清人物关系，感受、欣赏人物形象，探究人物的精神世界，体会小说的主旨，研究小说的艺术价值。本课时旨在鉴赏小说整体的艺术结构。	
课时教学内容分析	
本课时是学生在读完第三十三回《手足耽耽小动唇舌　不肖种种大承笞挞》后，以宝玉挨打的原因为线索，分析“草蛇灰线法”这种中国古典小说结构技法。 “草蛇灰线法”是在故事情节之中和人物关系之间贯穿一条若隐若现、时断时续的线索。宝玉挨打的原因是“在外游荡优伶，表赠私物，在家荒疏学业，淫辱母婢”，其实是三个事件，分别是琪官事件、贾雨村事件、金钏投井事件。最严重的是“淫辱母婢”，也就是金钏投井事件。“金钏投井”事件在第七回、第二十三回、第三十回、	

续表

<table>
<tr><td>第三十一回、第三十二回、第三十三回、第三十五回、第四十三回中出现，通过梳理金钏投井的情节来理解《红楼梦》里的伏笔与照应的结构，把握《红楼梦》的两条主要线索。宝玉挨打最根本的原因在于“荒疏学业”，也就是“贾雨村事件”，以此引出《红楼梦》里的以人物为线索的结构方式，进而分析《红楼梦》里的线索人物，如贾雨村和甄士隐、刘姥姥、一僧一道。以“琪官事件”引出《红楼梦》里的另外一种结构方式——以谶语暗示，进而分析谶语的多种形式，包括物件、诗词甚至姓名。以谶语暗示相对难度较大，可让学生交流讨论举例分析谶语。</td></tr>
<tr><td>课时学情分析</td></tr>
<tr><td>学生已经阅读完第三十三回，对《红楼梦》有了初步的感知，但因为相隔的年代久远，学生对《红楼梦》不理解，或者理解不深刻，阅读也并不深入。对故事情节的关注和人物命运的关注较多，还不懂得欣赏《红楼梦》的结构技法，对“草蛇灰线”也不了解。基于此，本课时讲授的内容比较多一点。</td></tr>
<tr><td>课时教学目标</td></tr>
<tr><td>阅读《红楼梦》的重点在于提升学生审美鉴赏的能力，提升审美品位，发展语言能力。本课时的教学目标在于理解“草蛇灰线”在《红楼梦》中的具体表现，包括伏笔与照应、以人物为线索、以谶语暗示，欣赏古典小说的艺术结构“草蛇灰线法”的精妙。另外，通过情节的梳理加深学生对《红楼梦》人物的理解，理解中国古典小说的“谶语”形式，初步感受《红楼梦》的主题，欣赏《红楼梦》各方面的艺术魅力，感受中华文化的博大精深，激发学生进一步阅读的兴趣。</td></tr>
<tr><td>课时教学重点、难点</td></tr>
<tr><td>本课时重点在于理解“草蛇灰线”在《红楼梦》中的具体表现，欣赏古典小说的艺术结构“草蛇灰线法”的精妙。难点在于把握情节主线，理解谶语暗示的形式。</td></tr>
<tr><td>课时教学资源</td></tr>
<tr><td>1. 多媒体课件。
2. 微课。</td></tr>
<tr><td>课时教学过程</td></tr>
<tr><td>一、回顾导入
提问：同学们，《红楼梦》我们读到第三十三回了，这一回主要讲宝玉挨打，宝玉挨打的原因是什么？请用书本中的话来回答。
明确：宝玉挨打的原因是“在外游荡优伶，表赠私物，在家荒疏学业，淫辱母婢”，其中“游荡优伶，表赠私物”指的是宝玉和琪官互赠汗巾子的事情，我们把它叫作</td></tr>
</table>

续表

“琪官事件”。“荒疏学业”指的是“应对贾雨村时全无一点慷慨挥洒谈吐”，我们就叫“贾雨村事件”。而“淫辱母婢”是指金钏儿投井事件。最严重的事情是金钏投井事件，我们从这里开始分析。

二、理解“草蛇灰线法”

（一）学习“草蛇灰线法”之一：事件的伏笔与照应

1. 梳理金钏投井事件。

活动一：梳理前四十三回中与金钏有关的情节。

明确：

（1）金钏第一次出现是在第七回。

只见王夫人的丫鬟名金钏儿和一个才留了头的小女孩儿站在台阶坡儿上玩……

（2）第二次出现是在第二十三回。

金钏一把拉住宝玉，悄悄的笑道：“我这嘴上是才擦的香浸胭脂，你这会子可吃不吃了？”

……

宝玉答应了（王夫人），慢慢的出去，向金钏儿笑着伸伸舌头，带着两个老嬷嬷，一溜烟去了。

（3）第三十回是“淫辱母婢”的具体描述：

宝玉见了他……便自己向身边荷包里带的香雪润津丹掏了出来，便向金钏儿口里一送。金钏儿并不睁眼，只管噙了。宝玉上来便拉着手，悄悄的笑道：“我明日和太太讨你，咱们在一处罢。”金钏儿不答。宝玉又道：“不然，等太太醒了，我就讨。”金钏儿睁开眼，将宝玉一推，笑道：“你忙什么！‘金簪子掉在井里头，有你的只是有你的’，连这句话语难道也不明白？我倒告诉你个巧宗儿，你往东小院子里拿环哥儿同彩云去。”宝玉笑道：“凭他怎么去罢，我只守着你。”只见王夫人翻身起来，照金钏儿脸上就打了个嘴巴子……宝玉见王夫人起来，早一溜烟去了。……金钏含羞忍辱的出去，不在话下。

宝玉当时十三岁。我们从送“润津丹”、“咱们在一处罢”可以看出宝玉就是想把金钏当作玩伴，从“早一溜烟去了”可以看出宝玉真的是个孩子，他在想：“哇，老妈生气了，赶快跑。”

（4）第三十一回：

王夫人见宝玉没精打采，也只当是为金钏儿昨日之事，他没好意思的，越发不理他。

宝玉是因为踢了袭人才没精打采，他万万没有想到和金钏的谈笑会成为金钏投井的诱因。

续表

（5）第三十二回通过一个老婆子的口侧面交代金钏的死亡。 一句话未了，忽见一个老婆子忙忙走来，说道："这是那里说起！金钏儿姑娘好好的投井死了！"……老婆子道："……刚才打水的人在那东南角上井里打水，见一个尸首，赶着叫人打捞起来，谁知是他。他们家里还只管乱着要救活，那里中用了！"宝钗道："这也奇了。"……宝钗听见这话，忙向王夫人处来道安慰。 真正羞辱金钏的是王夫人。在当时的社会环境中，一个丫鬟被主人赶出来只有死路一条，社会舆论会把她淹死。金钏儿就像祥林嫂一样，是被封建礼教杀死的。 （6）第三十五回： 宝玉只是不吃，问玉钏儿道："你母亲身子好？"…… 宝玉故意说："不好吃，不吃了。"玉钏儿道："阿弥陀佛！这还不好吃，什么好吃。"宝玉道："一点味儿也没有，你不信，尝一尝就知道了。"玉钏儿真就赌气尝了一尝。宝玉笑道："这可好吃了。"玉钏儿听说，方解过意来，原是宝玉哄他吃一口…… 被打后的宝玉要吃莲叶羹，金钏的妹妹玉钏代替金钏做了王夫人的近身丫鬟，她送来了莲叶羹后，宝玉骗玉钏吃莲叶羹——这是一个13岁的孩子能够做到的表达愧疚传送温暖的一种方式。 （7）第四十三回宝玉又以另外的方式表达了这种愧疚。 这第四十三回的题目是"闲取乐偶攒金庆寿　不了情暂撮土为香"，其中，"攒金庆寿"说的是大家凑钱给王熙凤过生日，而"撮土为香"则是指在金钏的忌日，宝玉去庙里祭奠。 原来宝玉心里有件心事，于头一日就吩咐焙茗："明日一早出门，备两匹马在后门口等着，不要别一个跟着。说给李贵，我往北府里去了……" 头一天就预备好，可见其郑重其事。 焙茗……口内祝道："……只是受祭的阴魂，虽不知名姓，想来自然是那人间有一、天上无双的极聪敏、极清雅的一位姐姐妹妹了。（焙茗作为宝玉的贴身小厮并不知道）二爷心事不能出口，让我代祝：你若有灵有圣，我们二爷这样想着你，你也时常来望候望候二爷，未尝不可；你在阴间，保佑二爷来生也变个女孩儿，和你们一处顽耍。" 祭奠的到底是谁？小说一直没有直说出来，但是看下面的情节就知道了。 刚至穿堂那边，只见玉钏儿独坐在廊檐下垂泪，一见他来，便收泪说道："凤凰来了，快进去罢。再一会子不来，都反了。"宝玉陪笑道："你猜我往那里去了？"玉钏儿不答，只管擦泪。 玉钏垂泪并不答话，因为那天是她姐姐的忌日。宝玉也想告诉她，他用祭奠的方式怀念金钏。

续表

2．讲解“草蛇灰线法”。 金钏前前后后在第七回、第二十三回、第三十回、第三十一回、第三十二回、第三十三回、第三十五回、第四十三回中出现，在这么多的回目里，金钏投井的情节或隐或现，时断时续，作者处处伏笔、处处照应。这就是草蛇灰线法。 草蛇灰线法是中国古典小说结构技法之一。在故事情节之中和人物关系之间贯穿一条若隐若现、时断时续的线索，属连锁伏笔一类。运用此法，能增强故事的合理性和可信性，使故事情节的来龙去脉、前因后果自然而又合乎逻辑，使作品结构浑然一体而又曲折有致，富于艺术魅力。 草蛇灰线是《红楼梦》中一种重要的创作技法。甲戌本第一回、第八回、第二十六回，庚辰本第三十一回、第八十回，戚本第五十六回等处的批语中均提及“草蛇灰线法”。甲戌本眉批中这样评价： “事则实事，然亦叙得有间架，有曲折，有顺逆，有映带，有隐有现，有正有闰，以至草蛇灰线，空谷传声，一击两鸣，明修栈道，暗度陈仓，云龙雾雨，两山对峙，烘云托月，背面傅粉，千皴万染诸奇，书中之秘法亦不复少。” 3．概括《红楼梦》的两大主线。 提问：你能说说《红楼梦》的主要线索吗？ 明确：《红楼梦》有两大主线，分别是以贾府为中心的贾、史、王、薛四大家族由盛而衰的过程和以宝黛爱情悲剧为中心的大观园的人物遭遇与命运。整部小说就是由这两条主线串联而成，处处伏笔照应，如同一张编织精巧而绵密的网。 **（二）分析小说的“草蛇灰线法”二：以人物为线索** 宝玉挨打的根本原因是什么呢？是“荒疏学业”，贾政和宝玉之间因此而产生的冲突由来已久，从我们读过的前三十三回可以得知。贾政希望宝玉认真读书考取功名，为官做宰，延续家族的繁荣昌盛，而宝玉却偏偏不喜欢读书。在第三十三回中荒疏学业的表现是“应对贾雨村时全无一点慷慨挥洒谈吐”，也就是贾雨村事件。贾雨村在小说的标题中反复出现过。 活动二：快速阅读回目和第一百二十回，寻找反复出现的人物，思考这些人物在结构上的作用。 问题链：（1）哪些人物在回目的首尾均出现过？（2）有一个人勾连起了城市和农村，串联了城市贵族和乡下农民的生活。这个人是谁呢？ 明确：在回目的首尾均出现过的人物有贾雨村、甄士隐和一僧一道，串联起城市和乡村的人物是刘姥姥。

续表

1．贾雨村、甄士隐。 小说的第一回是“甄士隐梦幻识通灵，贾雨村风尘怀闺秀”，第一百二十回是“甄士隐详说太虚情，贾雨村归结《红楼梦》”。贾雨村和甄士隐是小说的线索人物。贾雨村谐音“假语村（言）”，甄士隐谐音“真事隐（去）”，以甄士隐的结局来暗写主人公贾宝玉的结局，看似散漫无关的开头又与精心构思的结局呼应。 2．一僧一道。 在第一回和第一百二十回还有两个人物，第一回中提到的茫茫大士和渺渺真人，就是第一百二十回中的夹着宝玉消失在真干净的白茫茫大地的一僧一道。这一僧一道就是癞头和尚和跛足道人，不仅出现在小说的首尾，每次贾宝玉遭受磨难生死攸关的时刻都出现。比如第二十五回《魇魔法姊弟逢五鬼　通灵玉姐弟遇双仙》，就有这一僧一道持玉救人。 3．刘姥姥。 刘姥姥第一次进荣国府是第六回，是贾府的发展时期。第二次进荣国府在第三十九回，这是在元春封为贤德妃之后，正是贾府的鼎盛时期。刘姥姥第三次进贾府在小说第一百一十三回，贾府已经被抄家了。刘姥姥的三次出现，不仅连接了城市的贵族和乡下贫民的生活，也见证着贾府盛衰的三个不同的时期：发展—繁盛—衰亡。 （三）分析小说的“草蛇灰线法”三：以谶语暗示 现在我们看宝玉挨打的最后一个原因。“琪官事件”简单说就是宝玉和琪官互赠汗巾子，琪官把大红汗巾子送给了宝玉，而宝玉则把袭人给他的松花绿汗巾子给了琪官。 活动三：梳理猩红汗巾子的前世今生，梳理《红楼梦》里起暗示作用的谶语，分析其作用。 1．物件为谶。 （1）梳理猩红汗巾子的前世今生。 大红汗巾子是茜香国女国王进贡给当朝皇帝的，皇上赐给了北静王，而北静王把它作为礼物送给了蒋玉菡。蒋玉菡转赠给了宝玉，后来就成了宝玉游荡优伶的证据，但宝玉一直都没有销毁罪证，恰恰相反，他将它作为爱物保存下来。第三十五回里宝玉烦莺儿为他打络子装物，装的也就是汗巾子。 莺儿道：“什么要紧，不过是扇子、香坠、汗巾子。”宝玉道：“汗巾子就好。”莺儿道：“汗巾子什么颜色的？”宝玉道：“大红的。”莺儿道：“大红的须是黑络子才好看，或是石青的，才压得住颜色。”宝玉道：“松花色配什么颜色？”

续表

在第一百二十回中，袭人与琪官成婚后，还提到了汗巾子： “第二天开箱，这姑爷看见一条猩红汗巾，方知是宝玉的丫头。原来当初只知是贾母的侍儿，益想不到是袭人。此时蒋玉菡念着宝玉待他的旧情，倒觉满心惶愧，更加周旋，又故意将宝玉所换那条松花绿的汗巾拿出来。袭人看了，方知这姓蒋的原来就是蒋玉菡，始信姻缘前定。” 从此，袭人就接受了这个婚姻。 这两条汗巾子预示着琪官和袭人的婚姻，这就是“草蛇灰线法”在《红楼梦》中的第三种形式：以谶语暗示。金钏在第七回里用了一句俗语，说“金簪子掉在井里头，有你的只是有你的”，结果金钏投井而亡，这种起暗示作用的话语我们叫作谶语。“谶”就是将来要应验的预言、预兆。汗巾子是以物件为谶语，在《红楼梦》里，这样的谶语还有一些。 （2）分析通灵宝玉和金锁的暗示作用。 《红楼梦》第八回《比通灵金莺微露意　探宝钗黛玉半含酸》也提到了谶语。 宝钗看毕，又从新翻过正面来细看，口内念道：“莫失莫忘，仙寿恒昌。”念了两遍，乃回头向莺儿笑道：“你不去倒茶，也在这里发呆作什么？”莺儿嘻嘻笑道：“我听这两句话，倒像和姑娘的项圈上的两句话是一对儿。”宝玉听了，忙笑道：“原来姐姐那项圈上也有八个字，我也赏鉴赏鉴。”宝钗道：“你别听他的话，没有什么字。”宝玉笑央：“好姐姐，你怎么瞧我的了呢！”宝钗被缠不过，因说道：“也是个人给了两句吉利话儿，所以錾上了，叫天天带着；不然，沉甸甸的有什么趣儿。”一面说，一面解了排扣，从里面大红袄上将那珠宝晶莹黄金灿烂的璎珞掏将出来。宝玉忙托了锁看时，果然一面有四个篆字，两面八字，共成两句吉谶。亦曾按式画下形相：不离不弃，芳龄永继。 “吉谶”就是吉祥的预言。通灵宝玉的八个字“莫失莫忘，仙寿恒昌”与金锁上“不离不弃，芳龄永继”，一一对仗，暗示了宝钗和宝玉的婚姻。这就是小说中所谓的“金玉良缘”。金玉有缘，并非良缘，宝玉和宝钗有婚姻没爱情，宝玉和黛玉有爱情没婚姻。 （3）介绍小红的手帕和史湘云的麒麟。 第二十四回中小红丢了手帕，被贾芸捡到，贾芸后来成了小红的丈夫。 史湘云的麒麟也是一种暗示，她和同样有麒麟的卫若兰结成夫妻，只是婚姻生活并不长久。

续表

2．诗词为谶。 我们看看第五回里袭人的判词（课件展示）： 宝玉看了，又见后面画着一簇鲜花，一床破席，也有几句言词，写道是："枉自温柔和顺，空云似桂如兰；堪羡优伶有福，谁知公子无缘。" 优伶是戏子，类似现在的演员，优是男演员，伶是女演员，这里指琪官，公子是宝玉，判词暗示袭人最后的归宿。 3．姓名为谶。 除了诗词、语言和物件作为谶语外，《红楼梦》中的人物姓名的谐音与他的性格或命运有关。猜一猜下面名字的谐音是什么（课件展示）： 詹光（贾府清客） 卜世仁（贾芸舅舅） 元春、迎春、探春、惜春 詹光谐音"沾光"。所谓清客就是旧社会在显贵人家或官僚地主家里帮闲的门客，在主人家里白吃白住，基本是养的闲人。卜世仁谐音"不是人"。贾芸的舅舅在贾芸的父亲死后霸占了贾芸的房产，在贾芸艰难之时不给予帮助。探春、惜春，谐音"叹息"，四春的名字开头四个字谐音"原应叹息"，叹息的不只是四春，大观园里绝大多数的女儿的命运都是让人叹息的。 4．讨论交流：列举一两个《红楼梦》中的谶语并分析。 学生发言。补充第五回中的一个判词： 可叹停机德，堪怜咏絮才。玉带林中挂，金簪雪里埋。 判词说的是薛宝钗和林黛玉。暗示林黛玉泪枯而死，薛宝钗婚后独守空闺的冷落处境。"停机德"出自典故： 乐羊子游学，一年而归。妻问故，羊子曰："久客怀思耳。"妻乃引刀趋机而言曰："此织自一丝而累寸，寸而累丈，丈而累匹。今若断斯机，则前功尽捐矣！学废半途，何以异是？"羊子感其言，还卒业，七年不返。 "停机德"是说具有封建道德的女人，这里指薛宝钗，她经常劝说宝玉考取功名，贾府上下人人喜欢她。"咏絮才"也是出自典故： 谢太傅寒雪日内集，与儿女讲论文义。俄而雪骤，公欣然曰："白雪纷纷何所似？"兄子胡儿曰："撒盐空中差可拟。"兄女曰："未若柳絮因风起。"公大笑乐。即公大兄无奕女，左将军王凝之妻也。 "咏絮才"是说女子很有才华，这里指林黛玉。

续表

这些谶语的或揭示人物性格，或暗示情节发展，或交代人物性格特征与命运，是小说结构框架的重要组成部分。

三、小结与拓展

（一）小结“草蛇灰线法”并与《西游记》比较

《红楼梦》共120万字，“草蛇灰线法”是《红楼梦》重要的结构技法，这节课我们分析了三种，分别是情节的伏笔与照应、以人物为线索、用诗词等谶语暗示。《红楼梦》与《西游记》不同，《西游记》就是以西天取经的事件来贯穿整部小说，每一个故事都具有相对的独立性。如果说把《西游记》的结构比作一条线，叫作线状结构的话，那《红楼梦》的结构应该就是网状结构。这个网状结构主要依靠“草蛇灰线法”来编织。

（二）介绍“草蛇灰线法”的由来

草蛇灰线作为中国古典小说的最为重要的结构技法之一，最早是由金圣叹提出的。“草蛇”是说一条蛇从草丛穿过，不会留下脚印，但蛇有体重，还是会留下一些不明显却仍存在的痕迹。“灰线”是拿一条缝衣服的线，在烧柴后的炉灰里拖一下，留下的恍惚的痕迹。(课件展示)

有草蛇灰线法，如景阳冈勤叙许多“哨棒”字，紫石街连写若干“帘子”字等是也。骤看之，有如无物，及至细寻，其中便有一条线索，拽之通体俱动。

——金圣叹《读第五才子书法》

（三）结束语

北京大学周先慎先生说过《红楼梦》是一本常读常新的书，台湾学者蒋勋直接说人生的每一个时段读《红楼梦》都会有不同的收获，我非常赞同两位学者的观点。我最开始读《红楼梦》时大概20岁，那时读到的是青春年华和宝黛爱情。20多年后再读这本书，读到的是世态人情，草蛇灰线。其实，每一个人读《红楼梦》的感受也会有所不同。记得鲁迅先生曾这样说过（课件展示）：

《红楼梦》为众多国人所知，至少，是知道这名目的书。谁是作者和续者姑且勿论，单是命意，就因读者的眼光而有种种：经学家看见《易》，道学家看见淫，才子看见缠绵，革命家看见“排满”，流言家看见宫闱秘事……

同学们，你们又看到了什么呢？蒋勋说《红楼梦》里的大观园是一个青春王国，希望你们带上一双智慧的眼睛，继续深入这个王国寻觅你们想要追寻的东西，并一如既往地写下属于你们自己的独特感受。

续表

课时板书设计
草蛇灰线　伏脉千里 一、情节的伏笔与照应 以贾府为中心的四大家族由盛而衰　　1. 琪官事件 宝黛钗的爱情悲剧为中心的大观园中人物命运　　2. 贾雨村事件 二、以人物为线索　　3. 金钏投井事件 三、以谶语暗示
课时作业设计
课前：梳理前三十回中关于金钏的情节。 课后：继续阅读《红楼梦》，并做笔记，撰写阅读日记。
课时评价设计
主要方式为课堂观察，主要依据学生课堂发言与表现情况进行评价。
课时教学反思
本课时重在体现基于深度学习的整本书阅读课堂教学的研究。 **一、教学内容** 加拿大西蒙菲莎大学艾根教授指出，深度学习具有一个基本的标准，即知识学习的充分广度、知识学习的充分深度和知识学习的充分关联度。这也是基于深度学习的阅读教学的基本的标准。 知识学习的广度与知识产生的背景有关，离开了知识的自然背景、社会背景、逻辑背景，前人创造的知识对后人而言几乎不具有可理解性。学习的充分广度包括还原文化场域，补充相关文化背景材料，用以理解历史与文化语境中的《红楼梦》。本课中甲戌本《红楼梦》的介绍，相关文化常识的介绍就体现了充分广度，比如“清客”就是指在封建贵族中家养的帮闲文人，他们吃穿住用都在主人家里，陪着主人下下棋，偶尔出点小主意。还比如，古代的优伶就是戏子，在古代优是男演员，伶是女演员，古代的戏子是被人歧视的。 知识的充分深度与知识所表达的内在思想认知方式和具体的思维逻辑相关，深度学习强调学习过程是从符号解码到意义建构的认知过程，这一过程是逐步深化的。本课时中充分挖掘“草蛇灰线”的三种表现形式，为了让学生理解伏笔与照应，梳理了全书中关于非主要人物金钏的情节，展示了第七回、第二十三回、第三十回、第三十一回、第三十二回、第三十三回、第三十五回、第四十三回中关于金钏的描写。列举了第五回中

续表

的判词以理解“谶语”，为了让学生深刻理解“可叹停机德，堪怜咏絮才。玉带林中挂，金簪雪里埋”的含义，讲述了乐羊子妻和咏絮才的典故。 知识的充分关联度，是指知识学习指向与多维度的理解事物的丰富内涵及其与文化情感经验的内在联系，同时通过与学生的想象情感及联系达到对知识的意义建构。充分关联度表现在文本前后的关联，本课中从第一回到第一二〇回都做了勾连。还有文本之间的勾连，比如勾连到金圣叹评《水浒传》。很重要的是勾连到生活，首先勾连到不同的人的阅读感受，比如周先慎先生以及蒋勋对《红楼梦》的解读，教师向学生讲述自己不同时段阅读《红楼梦》的感受。还包括勾连到学生的生活，比如问学生在阅读中你看见了什么；如果人家说你长得像演员，你会是什么样的想法…… **二、阅读策略** **（一）捕捉闪回策略** 捕捉闪回策略是吴欣歆老师在《培养真正的阅读者——整本书阅读之理论基础》中提到的一种策略。她认为创作长篇小说，作者通常会设置一个重复出现的场景、人物、画面，或者动作、语言，甚至“道具”，帮助读者借助重复形成勾连，强化印象，领受作者的思想感情。运用捕捉闪回的策略，需要自觉关注重复的语言、动作和场景。 深入理解传统小说的结构技法“草蛇灰线，伏脉千里”，就需要采用捕捉闪回策略。寻找前三十五回当中的关于金钏的或隐或现的情节，就属于捕捉闪回策略中的一种。学生梳理关于猩红汗巾子的内容也是捕捉闪回策略的一种，整理关于汗巾子的所有描写，可由此领会作品的意蕴和内涵。对线索人物茫茫大士和渺渺真人以及刘姥姥的出现场景的查找，也属于捕捉闪回策略。 **（二）比较阅读策略** 与《红楼梦》比较阅读的作品实在太多，题材、手法等都可以设置比较阅读的角度。将《红楼梦》的结构与《西游记》的结构做一个简单比较，可使学生理解《红楼梦》的结构的复杂性。《西游记》是以西天取经的事件来贯穿整部小说，每一个故事都具有相对的独立性，是一种以线状结构为主的结构方式；而《红楼梦》则是典型的网状结构。 **三、教学策略** 本课采用互惠教学策略。互惠教学模式是由帕林萨和布朗根据维果茨基的最近发展区理论于20世纪80年代提出的一种教学模式。这种教学模式在国外和中国台湾、中国香港地区不同学科课堂中运用，具有良好的效果。 互惠教学策略强调教师与学生一起来策划和执行教学任务，重视学习者之间的相互支持和促进。具有以下特征：①学生通过对课文的理解来展开讨论；②教师通过学生的理解，对新旧知识进行串联；③明确对话的主题、方向；④了解教学目标；⑤通过学生

续表

的发言和教师积极的评价，引导学生做出积极的建构性的反馈。 互惠教学有四种促进阅读理解的策略：①预测（predict）；②提问（question）；③厘清（clarify）；④总结（summarize）。通过以上四种策略共同实现对文本意义的建构。 1. 预测。 预测就是对情节的发展和人物的命运以及主题做出推测和预判，通过预测可以了解了解学生的前概念。前概念是指学生在学习系统科学知识之前，头脑中对于相关知识已经形成的概念。心理学家皮亚杰指出：学生不是带着空脑袋进教室的，学生进入教室之前就已经形成了一系列观念，这些观念对后期学习既有积极作用，也有消极作用，这些概念是客观事物在学生头脑中的主观反映。会发生什么是预测的基本问题，谶语暗示就是会发生什么的重要验证。 2. 提问。 本节课的核心概念是草蛇灰线法，学习主要围绕这个核心概念进行。活动主要有三个：①梳理前四十三回中与金钏有关的情节；②寻找时断时续、若隐若现出现在小说中的人物，思考这些人物在结构上的作用；③梳理《红楼梦》中起暗示作用的谶语，并分析其作用。 问题链如下：①第一回至第四十三回里有哪些章节提到了金钏？②你能说说《红楼梦》的主要线索吗？③哪些人物在回目的首尾均出现过？④有一个人勾连起了城市和农村，串联了城市贵族和乡下农民的生活。这个人是谁呢？⑤说说汗巾子的前世今生。⑥猜一猜，下面的判词说的是谁。⑦猜一猜下面名字的谐音是什么。 3. 厘清。 这些问题需要师生对话、学生讨论一起完成，这个完成的过程就变成了概念的厘清策略。本堂课的厘清还包括对以上问题链指向的教学内容的梳理，包括：①梳理金钏投井的事件；②梳理刘姥姥出现的场景；③梳理《红楼梦》的两条情节主线；④梳理汗巾子的前世今生。运用是检验厘清效果的重要方式，比如学生找出小说的谶语并分析。 4. 总结。 总结是对课堂教学的内容进行回顾与概括，以帮助学生将概念体系化。 在使用互惠教学策略时，教师应注意三个方面：一是教师要关注学生的前知，这是一切教学的起点；二是教师应该围绕着核心概念组织知识；三是教师应该重视通过讨论的方式促进学生核心概念的生成。 本课优点在于在知识学习的充分广度、深度和关联度以及阅读策略和阅读教学策略上有思考，这是深度学习的基本标准；不足在于进行核心概念知识传授时讲述过多，没有充分发挥评价的导向作用。

参考文献

[1] 曹雪芹，高鹗. 红楼梦 [M]. 长沙：岳麓书社，2016.

[2] 脂砚斋. 脂砚斋评石头记 [M]. 北京：线装书局，2013.

[3] 施耐庵. 水浒传 [M]. 北京：人民教育出版社，2019.

[4] 王蒙. 红楼启示录 [M]. 贵阳：贵州人民出版社，2015.

[5] 刘子茜. 宝玉挨打的荒唐与必然 [J]. 中学语文教学，2017 (3).

[6] 俞晓红. 从“宝玉挨打”看《红楼梦》情节经营艺术 [J]. 苏州科技大学学报（社会科学版），2020 (2).

[7] 刘泽权，石高原. 林语堂《红楼梦》节译本的情节建构方法 [J]. 红楼梦学刊，2018 (2).

[8] 周宝东. 细论“宝玉挨打” [J]. 天津师范大学学报（社会科学版），2019 (3).

[9] 吴蕾，黄小桓，田欣欣. 试析“宝玉挨打”的结撰艺术 [J]. 名作欣赏，2018 (9).

[10] 朱玉. 古代小说“线索人物”研究：以《金瓶梅》和《红楼梦》为例 [J]. 哈尔滨师范大学社会科学学报，2019 (5).

[11] 吴欣歆. 培养真正的阅读者 [M]. 上海：上海教育出版社，2019.

[12] PALINCSAR A S. The role of dialogue in providing scaffold instruction [J]. Educational Psychologists, 1986, 21 (1 & 2).

[13] PALINCSAR A S, BROWN A L. Reciprocal teaching of comprehension-fostering & comprehension-monitoring activities [J]. Cognition & Instruction, 1984, 1 (2).

历史学科

二战后的世界变化

作者：彭健斐（深圳市龙岗区布吉贤义外国语学校）

来源：GDJY－2021－A－b175 学科核心素养导向的中学历史教学设计研究

课例名称：二战后的世界变化	学科学段：中学历史
单元教学设计说明	

本单元核心主题围绕着"变化"展开，依次铺展了二战后不同地域国家的发展与变化，最终这些变化共同催化世界走向一个崭新的世界格局。笔者聚焦"变化中的二十世纪下半叶"，综合单元四课教学内容及关联单元，设计"从零和博弈到命运与共"的渐进式变化主题概念，而《义务教育历史课程标准（2022 年版）》对世界现代史板块界定的大概念是"战争与革命""和平与发展"，本单元则结合"从战争走向和平与发展"这一过程，围绕关键问题进行教学整合，以时间、概念、不同主体（国家与地区）为框架，建构一个具有缘起、发展、趋势的宏观叙史框架，设置众多环环相扣的问题链进行联结，凸显关键概念，强调时空观念，交织单元内容，聚散学生思维，关注发展趋势，基于此尝试突破《义务教育历史课程标准（2022 年版）》中对单元主题教学及概念教学的预设。

教学单元结构：

从盟友走向对手	国际格局的重构　二元对立的局面　人为分裂的世界
从两极到多极	平行时空的演变　三大阵营的变化　多极生长的趋势
从两极到单极	剧变下的秩序失衡　两极格局的瓦解　单极时代的出现
一超多强走向多极化	多极角力与共存　冷战思维的停留与休戚与共的命运一体

续表

从零和博弈到命运与共——《二战后的世界变化》

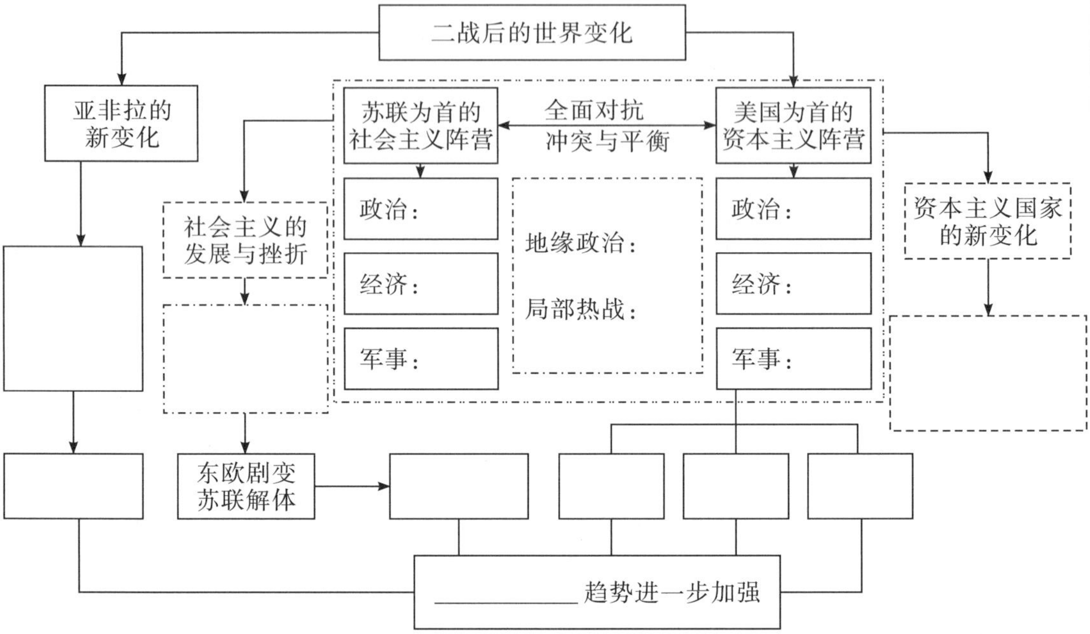

“从零和博弈到命运与共”——《义务教育教科书　世界历史　九年级　下册》第五单元“二战后的世界变化”		
课题	学习任务	关键问题
第 16 课 冷战	【任务一】从盟友到对手——冷战的诞生。 【任务二】二元对立的角逐——冷战的呈现。 【任务三】被裹挟的世界命运——角力与平衡。	1. 何为冷战？ 2. 如何理解“冷”与“战”？ 3. 冷战因何形成？ 4. 冷战有何呈现？ 5. 冷战下出现了怎样的世界格局？ 6. 冷战下的新中国如何选择？ 7. 冷战为世界带来了什么？
第 17 课 二战后资本主义的新变化	【任务一】抱团取暖·欧洲向心力——欧洲的联合。 【任务二】顺势而为·美利坚的梦想——美国的起伏。 【任务三】逆流而上·大和民族的追逐——日本的崛起。 【任务四】托住资本主义世界的安全网——社会保障制度的确立。	1. 欧洲联合的过程和影响是怎么样的？ 2. 日本战后如何迅速恢复经济？ 3. 美国经济发展呈现什么新特点？ 4. 如何辩证认识社会福利制度？ 5. 如何正确认识资本主义世界的新变化？

续表

课题	学习任务	关键问题
第18课 社会主义的发展与挫折	【任务一】趋向末路：社会主义阵营从扩大到瓦解。 【任务二】危机四伏：苏联的社会主义改革与挫折。 【任务三】红旗落地·崩塌失衡：东欧剧变和苏联解体。 【任务四】冲觅出路：社会主义中国路在何方。	1. 社会主义阵营经历了怎样的扩展历程？ 2. 苏联经历了哪些改革并造成了何种影响？ 3. 东欧剧变和苏联解体的实质是什么？ 4. 苏联解体的原因和影响是什么？ 5. 中国在建设社会主义的过程中能够获取什么启示？
第19课 亚非拉国家的新发展	【任务一】掷地有声的中国声音。 【任务二】非洲，从狂风暴雨中走出。 【任务三】追逐自由，再迎曙光。	1. 万隆会议上中国提出了什么方针？ 2. 如何理解万隆精神？ 3. 非洲和拉丁美洲人们为维护主权争取独立做了哪些努力？ 4. 亚非拉地区的新发展对世界格局有何影响？
教学子目	教学内容	问题链设置
裂变·二元对立（冷战的缘起·呈现·结果）	1. 从盟友到对手——冷战的诞生。 2. 二元对立的角逐——冷战的呈现。 3. 被裹挟的世界命运——恐怖与平衡。	1. 何为冷战？ 2. 如何理解“冷”与“战”？ 3. 冷战因何形成？ 4. 冷战有何呈现？ 5. 冷战下出现了怎样的世界格局？ 6. 冷战为世界带来了什么？

续表

教学子目	教学内容	问题链设置
渐变·多极生长（三大阵营的变化·因果）	1. 联合·欧洲向心力。 2. 崛起·日本的变化。 3. 创新·美国经济新特点。 4. 变与不变·社会保障制度的普遍确立。 5. 分崩离析：社会主义阵营从扩大到瓦解。 6. 危机四伏：苏联的社会主义改革与挫折。 7. 亚非拉战后的变化主旨。 8. 亚非拉人民追求独立的努力。 9. 亚非拉地区的新发展产生的世界性影响。	1. 欧洲联合的过程和影响是怎样的？ 2. 日本战后如何迅速恢复经济？ 3. 美国经济发展呈现什么新特点？ 4. 如何辩证认识社会福利制度？ 5. 如何正确认识资本主义世界的新变化？ 6. 亚非拉国家战后变化的主旨是什么？ 7. 亚非拉国家的新发展对世界格局产生了什么影响？ 8. 二战后社会主义阵营呈现怎样的变化？
剧变·失衡·重构（两极格局瓦解的因果·新的世界格局的酝酿）	崩塌失衡：东欧剧变和苏联解体 重觅出路：对社会主义中国的启示。	1. 东欧剧变和苏联解体的实质是什么？ 2. 苏联解体的原因和影响是什么？ 3. 中国在建设社会主义的过程中能够获取什么启示？
应变·命运一体（摒弃冷战思维·倡导合作共赢的努力）	1. 多极角力：冷战后的世界局势（国际格局的演变主题论证）。 2. 冷战思维与中国方案。 3. 后冷战时代与人类命运抉择的共识。 4. 中国与“修昔底德陷阱”。	1. 如何辩证地思考冷战的影响？ 2. 如何从时空视野梳理战后世界形势的演变？（依据材料题进行论证） 3. 后冷战时代中国如何走出“冷战思维”和“修昔底德陷阱”的困惑？

续表

课时教学设计理念
笔者在研读本单元主要研究成果中进行了学术观点的归纳和整合，包含本特利、齐格勒的《新全球史》：“冷战是二战后以美国及其盟国为一方与苏联及其他共产主义国家为另一方之间的战略斗争。它是民主的资本主义与共产主义两种势力之间的冲突……由此形成了一套新的全球关系，塑造了世界范围内的对外政策、经济体系和国家的政治机构。新的敌对关系产生了一个分裂的世界。……冷战发展成全球规模。在四十多年的时间里，冷战从双方敌对发展至和平共存与缓和，最终在20世纪末走向终结。”沈志华的《冷战国际史二十四讲》：“战后初期，美苏双方在东欧和中国问题上的较量，使前者更加认为苏联所作所为的根源在于共产主义的扩张本质。而苏联也把美国试图主宰世界的企图看作‘帝国主义’的必然表现、垄断资本主义根本矛盾的必然结果。无论怎样，双方在价值观、世界观上的分歧和冲突是不可调和的。”塞缪尔·亨廷顿的《文明的冲突与世界秩序的重建》：“苏联解体，两极格局崩溃，持续近半个世纪的冷战随之结束。两极格局中出现的世界多极化趋势不可逆转。权力正在从长期以来占支配地位的西方向非西方的各文明转移。全球政治已变成多极的和多文明的。”梁军的《从未有过的年代——基辛格“欧洲年”外交中的美英外交考察》：“两极格局自形成之日便孕育着变动的因素，到20世纪70年代，非西方世界的民族主义运动的兴起、中国等社会主义国家的独立探索与实践等有力地冲击着两极格局，来自西方阵营内部的纷争与分化也极大地促进了某种‘多极化的发展势头’。其中令人印象深刻的是美欧日力量对比的变化，当美国实力衰颓，陷入深重危机之际，西欧、日本成了美国强有力的竞争者。尤其是西欧，从战后初期到20世纪50年代后，西欧一度处于依附于美国的地位，但随着欧洲共同体的成立，西欧各国经济一体化发展迅猛，实力不断增强。进入20世纪70年代后，西欧更多地表现为欧洲‘独立自主’倾向的增强。”徐蓝的《从两极格局到多极化趋势的发展——20世纪70—90年代冷战态势的演变》：“美国作为世界上唯一的超级大国，它认为由美国领导的国际关系体系的‘单极阶段’终于到来了。……俄罗斯仍然是唯一拥有与美国能抗衡的核武器的国家。作为联合国的常任理事国，俄罗斯在世界事务中的作用仍然不可低估。与此同时，欧共体向欧盟的成功发展有力地表明了西欧仍然是国际政治中的一极重要力量。以中国、韩国、东盟成员国为代表的亚洲的崛起，同样显示出该地区除了日本以外的其他国家正在确立和发挥他们在世界事务中的重要作用。占有联合国多数席位的第三世界的国家作为一个整体，对国际事务的影响也不容忽视。”笔者在此基础上提炼了指引本单元设计的几大学术支撑。 观点一：美苏之间有不可调和的矛盾是冷战爆发的原因。 观点二：美苏冷战带来了一个分裂的世界。

续表

<table>
<tr><td>

观点三：两极格局下孕育着多极化趋势，两极格局瓦解后这一趋势不断加强。

基于大单元教学理念，从全球史观和大国关系的视角，本单元的教学主题设定为——从零和博弈到命运与共。在20世纪下半叶的历史时空框架下，以社会存在决定社会意识的唯物史观引导下，依次复盘裂变下的崭新的世界秩序（两极格局）、平行时空多极生长的过程（三大阵营）、国际格局的崩塌与重构；认识和理解二战后国际格局及世界不同主体命运的演变过程和历史意义。教学过程关注学生的学科核心素养的涵育，理解变化的因果关系，增强合作共赢、摒弃冷战思维的信念和意志。

</td></tr>
<tr><td align="center">课时教学内容分析</td></tr>
<tr><td>

二战后，世界形势发生了重大变化。战后初期，美国成为资本主义世界的头号强国，社会主义苏联是这一时期唯一能与之抗衡的国家，美、苏两国之间开始了长达数十年的冷战对峙局面。此外，资本主义国家相继调整政策，逐步实现经济复苏，并出现了新的变化。苏联和东欧国家的社会主义建设取得成就的同时遇到了不少挫折，改革遭到失败。与此同时，亚非拉地区民族解放运动空前高涨，世界资本主义殖民体系逐渐崩溃。世界格局从两极格局逐渐展露多极化趋势。

《义务教育历史课程标准（2022年版）》对本单元教学板块提出以下标准：“通过了解杜鲁门主义、马歇尔计划、德国分裂、‘北约’与‘华约’的建立，认识美苏‘冷战’对峙局面的形成；通过了解美国和日本经济的发展，欧洲联合趋势的发展以及社会保障制度的建立，初步理解战后资本主义发展的新特点；了解社会主义从一国到多国的实践，知道社会主义阵营的形成和苏联的改革，了解东欧剧变和苏联解体，认识中国特色社会主义建设的意义；通过万隆会议、‘非洲年’、巴拿马收回运河主权等史事，知道战后殖民体系的崩溃和亚非拉国家为捍卫国家主权、发展经济所进行的斗争。”

从新课标的依据来看，本单元核心课魂在于“变”一词，依次就美苏关系的变化、资本主义国家的变化、社会主义国家的变化、亚非拉国家的变化铺展战后世界之“变”，同时衔接《义务教育教科书　中国历史　八年级　下册》第三、第五单元（世界局势下的中国选择）“中国特色社会主义道路”“国防建设与外交成就”；铺展《义务教育教科书　世界历史　九年级　下册》第六单元（两极格局瓦解后的世界变化）“走向和平发展的世界”。在此基础上实现一定程度的跨单元教学融通。

《义务教育历史课程标准（2022年版）》提出：“大概念是指那些能够将分散的知识、技能、观念等联结成为整体，并且赋予它们意义的概念、观念。教学中的大概念是课程内容所要围绕的核心和基石，处于教学内容的核心位置，对学生学习具有引领作用。教师要根据大概念建构学习内容的框架，设计教学过程及环节，组织和开展教学活

</td></tr>
</table>

续表

动，以大任务、大问题来统领整个学习过程，引领学生建构合理的历史知识结构，避免碎片化，促进学生掌握探究历史的方法和路径，拓宽学生认识历史的视野。” 《义务教育历史课程标准（2022年版）》提出的世界现代史大概念为“战争与革命”“和平与发展”；依据此概念引领以上教材及课标解读、学术分析，本单元主题设定为：从美苏对峙的零和博弈演变至世界多极化命运一体，内含冷战始末与美苏对峙时期的世界变化。夏辉辉提出“单课不足以支撑具有高度抽象性的‘大概念’的建立。大单元教学是落实大概念的最好的教学载体”。大概念起到了统摄史实、史论与史法的锚点作用，大单元则是知识之间的联系，形成知识网络、思维网络的载体，最终依托创设知识产生或具体运用的情境来实现交融。 下列为基于世界格局的演变主题下三个维度的单元教学概念解读： （1）长时段：二战后的世界变化与趋势；美苏对抗是这个时代政治图景的主线。 （2）宽视野：世界的演变与欧美亚非拉地区的文明的发展与路径抉择。 （3）高概览：角逐博弈与良性竞争是变化着的世界中永恒的真谛，国际关系不断变化，调整、影响着世界格局的发展、演变。
课时学情分析
本年级授课对象为九年级学生，作为大单元整合教学的一节复习课，学习对象已经完成本单元的新课教学，对大部分知识点有一定的前置学习基础。 此外，九年级学生思维活跃、有强烈的好奇心与求知欲，且已经具备较长时间的历史学习基础和历史学习能力与思维，能够从历史发展的进程中认识历史事件的相互关系、历史发展的基本趋势，但如何用辩证的思维评价冷战？如何理解并认同多极化趋势下中国的选择？如何将零散的知识点通过单元的视野进行概况整合并进行逻辑化的呈现？如何实现学生的深度学习？这些是九年级复习课的教学目标之一，也是单元整合教学的优势和任务。考虑到九年级学生正值青春期，此综合多学科的特点可激活课堂情境、调动学生的表达欲和探索欲。此外，本课相关内容广泛见于电影、电视、报纸、杂志等主流和多元媒介中，如何在“道路”中感受智慧？如何在共情中感知历史？这就需要借助多媒体和媒介从新的角度去拓展学生对这段历史的认识。
课时教学目标
（一）关键能力与必备品格涵育 （1）史观养成：立足唯物史观的基本立场，在历史时序空间框架下提炼重要历史事件、历史现象及历史因果，在全球史观的视野下理解世界历史进程中的嬗变，建构历史发展的前后联系，认识历史发展的必然趋势。

续表

（2）概念突破：聚焦关键概念的统摄性；聚焦知识交织的关联性；聚焦宏观叙史的时空感；聚焦思维发散聚拢的整合性。

（3）主旨明晰：在人类相互依存和共同利益日益增长的背景下，各大国应在相互依存和共赢共享的基础上，彼此尊重，不断认同、磨合，摒弃冷战意识，追求命运与共。

（4）思维点拨：认识冷战是二战后人类避免大规模战争爆发的一种探索；体会冷战背景下被裹挟的世界命运和屡受挑战的和平；感受大国的理性克制与强权色彩同时存在，认识重建和平的世界秩序的重要性，树立构建人类命运共同体的世界大局意识。

（5）关键能力：通过层层递进与横纵向交替的问题链，涵育学生的历史知识整合与复原能力、辩证思维能力。借助时间线索、空间地图的有效利用，认识冷战下的分裂的世界，及不同阵营的变化过程和因果联系，推导多极化趋势产生演进的过程。培养学生的时空素养和历史解释能力。

（6）目标指向：以真实情境探究变化的表现，依据时空定位建构变化的时空，梳理线索提取明晰变化的脉络，梳理反思剖析变化的因果，情感升华以生成变化的思考。

（二）核心素养涵育路径

唯物史观	通过辨析冷战爆发的原因，渗透社会存在与社会意识等基本原理，看待历史合力下的结果；辩证地分析历史事件。
时空观念	通过地图与时序轴的使用，认识特定时空背景下的国际局势演进，形成对二战后世界变化的清晰的时空认知。
史料实证	利用文字、地图、图表等多种形式的史料来创设历史情境，将史料作为证据贯穿于课堂之中，让学生能从多元视角发现问题、分析问题、解决问题。掌握用史料论证历史问题的基本方法，形成逻辑性的认识。
历史解释	通过对多元史料的解读，用问题驱动等办法，培养学生对问题能够做出全面、合理解释的能力。重视历史概念的生成。（自我克制/冷战思维）
家国情怀	认识冷战背景下人类命运受到的威胁，体会构建和平世界秩序的不易，认同到新时期中国构建人类命运共同体理念的智慧和抉择。

课时教学重点、难点

二战后的世界变化与趋势；美苏冷战的表现及影响、世界多极化趋势的表现；不同地区文明的发展与路径抉择；如何理解影响国际关系变化的因素；认识合作共赢和摒弃冷战思维的意义。

续表

<table>
<tr><th colspan="3">课时教学资源</th></tr>
<tr><td colspan="3">1. 教学课件。
2. 多媒体教学功能室（见教学实录视频）。
3. 教学设计参考文献。
（1）教育部. 义务教育历史课程标准（2022 年版）［M］. 北京：北京师范大学出版社，2022.
（2）苏魏. 单元整体教学理念下落地核心素养的实践：以选择性必修 1 第 7 课《近代以来中国的官员选拔与管理》为例［J］. 中学历史教学，2021（5）：29－31.
（3）夏辉辉. 核心素养背景下中学历史大单元、大概念教学设计的策略与案例分析［C］. 南宁：广西教育学院，2021－11.</td></tr>
<tr><th colspan="3">课时教学过程</th></tr>
<tr><td colspan="3">（一）导入环节</td></tr>
<tr><td>教学任务及课件展示</td><td>微型项目：复盘“变化中的世界”，设置单元框架任务，驱动学生进行课程内容自我梳理。</td><td>时事热点导入：
这不单单是一个俄乌之间的冲突……是一种新形态的冷战，这种冷战可能要远远超过战场上的冲突。
——滕建群（中国国际问题研究院研究员）
通过安全问题、领土问题，不断地炒作危机、制造分裂，我认为这是“新冷战”的一个最主要的因素。
——张弘（中国社科院俄罗斯东欧中亚研究所研究员）</td></tr>
<tr><td>设计意图</td><td>布置激发学生对教材内容深度挖掘和建构内在逻辑驱动的前置任务，实现成果可视化及评价即时化。</td><td>引出“冷战”主题及概念，为历史概念解释奠定基础。</td></tr>
</table>

续表

（二）第一子目：裂变·二元对立与美苏冷战

教学任务	设计意图
多重史料展示：美苏战后有何变化？ 进阶设问：变化缘何产生？ 又带来了一个怎么样的世界？	问题链具有层层递进的倾向，引领学生环环相扣，深入理解变化的产生—缘由—表现，涵养获取历史信息能力，同时渗透史料实证及历史阐述素养。
史料实证：冷战缘何而起？带领学生基于史实进行提纲挈领的归纳和总结。	充分利用原始资料，完成对冷战缘由的多角度剖析。
概念解读：基于教材，辅之以漫话解读冷战的概念。	增进概念理解，有效推进教学。
时间轴递进：冷战带来了一个怎样的世界？基于时间轴的基础上复盘冷战下“二元对立”的世界。	渗透时空观念素养，基于时间线索和图片地图史料可视化地还原冷战下的世界分裂。
地图说史“被裹挟的世界命运”：视角放于世界地图上，从美苏到世界——冷战给世界带来了什么？	渗透时空观念素养，从世界史、文明史、人类命运发展角度理解冷战带来的动荡与不安。
漫话解史：深度解析《古巴导弹危机》，辅之以史料佐证，认识美苏剑拔弩张下的自我克制机制，理解人类为避免冲突无限升级的努力与克制。	漫画解史激发兴趣，培养批判性思维能力：深度理解大国的理性克制与强权色彩同时存在。 完成第一条问题链突破，在分析思考中提升历史素养。

（三）第二子目：多极生长　角逐共存

教学任务	设计意图
地图说史：《渐变中的平行时空》，依据史料在地图中寻找“新的萌动的力量”。	从时空视野中认知“变化中的世界”。
真题演练——多极化趋势的出现。	渗透《义务教育教科书　世界历史　九年级　上册》大单元主题复习对学生核心素养能力的涵育。

续表

教学任务	设计意图
联合·崛起·创新：结合表格、邮票、柱状图等史料依次解析欧洲、日本、美国的战后新变化。	在具体情境中落实主题概念；提升学生概括史料的能力。
变与不变：依据史料与真题演练辩证评价社会保障制度，并理解这一变化背后维护资本主义制度的“不变”。	渗透历史解释与唯物史观，辩证看待历史事件，进行小幅度升华：高福利不等于社会公平与和谐，自我价值源于自我实现。
地图说史“你将造你的城邦，在废墟之上”：视角放于世界地图上，从亚非拉各国战后的发展归纳其共性的变化；从被殖民侵略走向民族解放。	渗透时空观念素养，理解亚非拉战后变化之艰难，并能从本课主题出发理解其变化对世界格局的推动和影响。
图片递进呈现，引导学生概括社会主义国家战后变化的核心：从扩大走向瓦解。 层层递进：分崩离析—危机四伏—量变与质变，依次从苏联的改革过渡到东欧剧变，并详解“剧变”一词的内涵。	培养学生归纳历史事件的能力和逻辑化推进思考；进行历史特殊名词解释，深度认知历史事件发展；为下一步探究学习做铺垫。

（四）第三子目篇章：多极生长　剧变·失衡·重构

教学任务	设计意图
红旗落地·苏联解体：引导学生依据教材及所学知识概括苏联解体的原因。	回归教材，培养概括与归纳历史事件的能力。
时空对比：社会主义中国路在何方。 从苏联发展历程中提出三问并引导学生运用中国现代史的知识进行三解： 意识形态的困惑？——邓小平“南方谈话”，解放思想。 苏联模式的失败？——走中国特色社会主义道路。 改革的挫折与失败？——坚持党的领导地位，不断深化改革，对外开放。	同一时空下通过对比，建构中国社会主义道路自信，引发情感共鸣，落实家国情怀，强调核心价值。完成第二、三组问题链。

续表

教学任务	设计意图
探寻冷战之果：结合史料图片，引导学生打开思路，客观地评析冷战带来的影响。认识冷战下分裂的世界是一种对抗与妥协，冲突与平衡的必然产物。（辅之以真题演练）	锻造学生客观、辩证、全面的认知历史事件的思维。

（五）第四子目：应变反思　命运与共

教学任务	设计意图
回归地图，从可视化课件及饼状图递进中师生共同回归二战后“变化”中的世界，复盘本课主旨下的美苏化友为敌、欧洲走向联合、中国逐渐崛起、日本逆流而上……	提高学生读图的能力；加深对两极格局的因果理解；可视化的地图呈现，推导多极化趋势产生演进的过程。
深度学习·课堂探究：从一本书的目录出发，引导学生寻找与本课主题相关的论题，并依据目录内容自选论点进行论证。	以论证思维培养学生的联系性的历史思考及逻辑能力；提升客观全面的历史解读能力；提高学生解答论述题能力。

【重点突破】苏联解体，两极格局崩溃，持续近半个世纪的冷战随之结束。两极格局中出现的世界多极化趋势不可逆转。权力正在从长期以来占支配地位的西方向非西方的各文明转移。全球政治已变成多极的和多文明的。

——塞缪尔·亨廷顿《文明的冲突与世界秩序的重建》

阅读上述材料，作者认为两极格局瓦解后的世界格局是怎么样的？你认同他的看法吗？请说说你的理由。

【重点突破】徐蓝教授主编的《世界近现代史》第三章的目录（节选）如下：

续表

<table>
<tr><td colspan="2">
冷战的起源
雅尔塔体系与冷战
战后美、苏国家大战略的对立
冷战的爆发与两极格局的形成
美、苏、英在东欧、中欧和中近东的对抗与冲突
美苏冷战政策相继出台
冷战的爆发
冷战的高潮与两极格局的形成
冷战的演变与世界其他力量中心的成长
东西方关系的变化与冷战高潮
中美关系的紧张与松动
西方阵营的分化
社会主义阵营的解体
第三世界的崛起
世界多极化趋势和两极格局的瓦解
冷战态势的演变
美国、西欧、日本三足鼎立
中国对外政策的新发展
发展中国家与新的国际关系
两极格局的瓦解和冷战的终结

问题一：请为该目录（节选）拟定一个标题。
问题二：阅读该目录，自行拟定一个论题并结合所学知识展开论述，要求：史论结合、观点明确。
论点示例：二战后美苏国家利益的冲突导致了两极格局的形成；
冷战过程中，多极化趋势逐渐凸显；
两极格局瓦解后，多极化趋势进一步发展；
世界多极化格局的形成是一个漫长的过程。
</td></tr>
<tr><td>
新闻史料呈现：认知新词汇，冷战思维始终存在，引发主题“零和博弈与命运与共”的对比，并引导学生认识中国应对冷战思维的方案，融合中国传统价值观对“人类命运共同体”概念进行解读。
【材料】我们要树立你中有我、我中有你的命运共同体意识，跳出小圈子和零和博弈思维，树立大家庭和合作共赢理念，摒弃意识形态争论，跨越文明冲突陷阱。
世界潮流浩浩荡荡，顺之则昌，逆之则亡。要跟上时代前进步伐，就不能身体已进入21世纪，而脑袋还停留在过去，停留在殖民扩张的旧时代里，停留在冷战思维、零和博弈老框框内。
——习近平
</td><td>
首尾呼应，认识中国在世界局势下的决策与主张，建构树立命运共同体的必然选择，升华主题，彰显家国情怀及课程核心价值，提升历史智慧。
</td></tr>
</table>

续表

<table>
<tr><td>新闻材料呈现：课程进行升华，后冷战时代只有良性博弈、求同存异、合作共赢才是和平与发展的真谛。
【材料】面向未来，我们要相互尊重、平等相待；
面向未来，我们要对话协商、共担责任；
面向未来，我们要同舟共济、合作共赢；
面向未来，我们要兼容并蓄、和而不同。
——习近平</td><td>涵养家国情怀素养：在人类相互依存和共同利益日益增长的背景下，各大国应在相互依存和共赢共享的基础上，彼此尊重，不断认同、磨合，摒弃冷战意识，追求命运与共。</td></tr>
<tr><td colspan="2">课时板书设计</td></tr>
<tr><td colspan="2">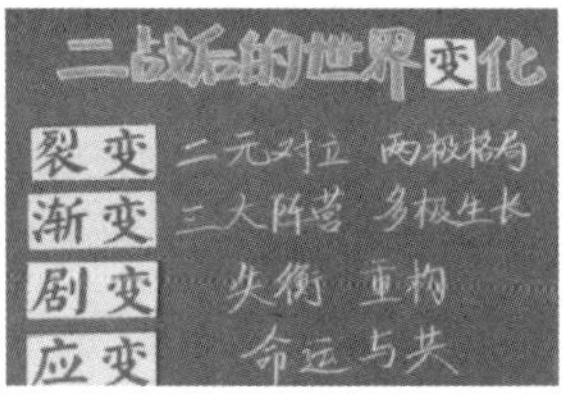
</td></tr>
<tr><td colspan="2">课时作业设计</td></tr>
<tr><td colspan="2">1. 课前学案（另附）。
2. 建构评价模型（关注历史智慧）：结合深圳中考论述题特点及九年级学生学情，本课采用建立论述模型方式进行课后评价。其一为关键词重组本课论点，给予学生创新视角，摆脱思维固有模式，培养学生自拟论点的能力。其二改编自“修昔底德陷阱”一概念，运用习近平对“修昔底德陷阱”的新解读，引导学生从本课内容出发思考中国能摆脱“修昔底德陷阱”的钥匙在哪里？鼓励学生探索个人的观点并进行思想的交流。
<table>
<tr><td>评价一：【思维碰撞】请选择 3 ~ 5 个关键词概括本单元的知识点，并选择其中 1 ~ 3 个关键词自拟一个观点，结合史实展开论证。</td><td>评价二：【拓展探究】“修昔底德陷阱”是指一个新崛起的大国必然要挑战现存大国，而现存大国也必然会回应这种威胁，这使得战争变得不可避免，习近平曾指出，中国拥有避免“修昔底德陷阱”的和平血脉、可亲胸怀、文明底蕴。就本单元的复习谈谈你的看法。</td></tr>
</table></td></tr>
</table>

续表

参考： 关键词：美苏冷战、两极格局、多极化趋势等 观点一：大国对峙引发了国际格局的变化 观点二：美苏冷战产生了一个分裂的世界 观点三：二战后各国普遍进行了政策的调整 观点四：两极格局下孕育着多极化趋势 观点五：亚非拉国家的民族解放运动推动了世界殖民体系的瓦解	参考： 和平共处——四海之内皆兄弟 求同存异——君子和而不同 平等互利——达则兼济天下 独立自主——己所不欲，勿施于人 一脉相承——“公天下”思想

课时评价设计

《义务教育历史课程标准（2022 年版）》指出：“历史课程评价以考查学生核心素养的发展状况为目标；综合运用诊断性评价、形成性评价、终结性评价等多种方式；注重评价主体多元化，让学生在自评、互评的过程中学会反思和自我改进；倡导将评价融入教学设计，实现‘教—学—评’一体，发挥评价促进学习和改进教学的功能。”

教学评价是诊断教学成果、推进教学提升的重要一环。本课作为大单元教学整合视角下的九年级复习课，在评价上更要基于单元整体理念，采用综合性、开放性的问题来检测学生运用知识与技能解决具体问题时的能力水平。基于教、学、评的一致性，笔者设计了下列聚焦学生史料实证和历史解释素养的巩固作业。

笔者首先设计了两道开放性较大的评价模型（见上述作业设计），学生可论述和施展的空间较大，能够在学生的实践过程中从单元整体角度检测其对知识的认识、整合、理解、运用，以关键词和论证的方式建构本单元知识架构，凸显中国传承千年的“公天下”思想的家国情怀，试题形式符合深圳中考论述题的命制立意和素养导向。在评价上则依据成果展示后的师生互评、生生互评、自评结合，最终实现教、学、评的一致性。

其次则是引入评价理念——预设评价标准：借助比格斯（澳）的 SOLO 可视化评价模型，对学习生成及论述结果进行立体化评价，并预设时间进行学生互评。

（1）评价层次（该评价层次参考自夏辉辉讲座课件）：

维度一：知识的结构化程度。

续表

维度二：运用情境的复杂程度。 维度三：认知程度及方法论水平。 维度四：品格与价值观水平。 （2）评价内容：学生学习参与程度、学习内容掌握程度、学生能力和素养的发展等。 （3）评价形式：诊断性评价、形成性评价、终结性评价（即参与过程、语言表达、观点论述、成果展示等）。
课时教学反思
本文为笔者尝试大单元主题视角下的教学整合的实践尝试，课程设计中呈现了大概念主题教学、可视化地图呈现、问题链推进深度学习等设计初衷，结合课程教学实际得出以下反思。 （一）打造知识脉络以建构单元总体系 在九年级中考复习课中采用大单元整体教学模式，依托的是学生的已有知识和技能，并试图引导学生主动建立逻辑联系，生成单元知识整体架构。故本单元复习中教师尤为重视知识脉络和思维框架的建立，如单元思维导图、美苏冷战时间脉络、地图上的世界格局的变化示意图等。通过思维导图与时序时空呈现以期让学生建构整个单元知识体系，深入理解 20 世纪下半叶变化中的世界格局。 （二）设计问题驱动激活深度思考 依据建构主义学习理论的指引，大单元主题教学需要引导学生成为知识的主动构建者，教师成为学生建构知识逻辑框架的帮助者、促进者、引导者。因此在实施策略上，笔者注重问题链对本单元知识线索串联的驱动作用，注重问题链的层层递进和深入，以加深学生对单元知识脉络的宏观认识和把握，并鼓励学生在真实问题情境中解决问题从而达成核心素养的落地（具体问题链见上文“单元教学子目及问题链设计”）。 （三）可视化时空呈现搭建单元的线索 《义务教育历史课程标准（2022 年版）》在跨学科主题学习板块学习主题示例中有一则主题为“历史地图上的世界格局”，本单元教学虽非跨学科主题教学的尝试，但是结合本单元中世界格局的变化这一主题，以及时空观念核心素养的落实，笔者采用了美苏冷战时间轴、地图上的美苏冷战对垒、地图上的多极化趋势凸显等呈现方式，借助地图为依托，可视化地展示世界格局演变的过程与细节，并在地图呈现上创设问题情境、追问重点内容、推导多极化趋势产生演进的过程，激活学生的时空思维，探索历史发展的真相，实现核心素养的落地。

续表

<table>
<tr><td>

（四）以家国一体的认同涵养家国情怀

本单元教学虽为世界史教学，但家国情怀素养的涵养深入单元教学片段中。如苏联解体知识点复习时笔者引入“社会主义道路在何方”之问，同一时空下通过对比，引导学生得出“三个锦囊”（姓社姓资？意识形态的困惑——邓小平“南方谈话”，解放思想；苏联模式的失败——走中国特色社会主义道路；改革不可能一帆风顺——坚持党的领导地位，不断深化改革，扩大开放），以建构中国社会主义道路自信，引发情感共鸣、落实家国情怀，强调核心价值。又如，本课在单元升华环节中，通过对比“中国威胁论”与“人类命运共同体”，认识中国在世界局势下的决策与主张，建构树立命运共同体的必然选择，升华主题，彰显家国情怀及课程核心价值，提升历史智慧，涵养家国情怀素养；认同中国倡导的在人类相互依存和共同利益日益增长的背景下，各大国应在相互依存和共赢共享的基础上，彼此尊重，不断认同、磨合，摒弃冷战意识，追求命运与共的价值观。

（五）思维的整合以实现单元教学的整体性

格式塔心理学称学习与思维是整体的，而大单元教学的初衷同样旨在实现单元知识的融通和整合，乃至跨单元和跨学科间知识的有效整合和相辅相成。因而在大单元主题视角教学时，我们需要提炼单元大概念（如基于“世界格局的演变”这一概念延伸的本课主题“从零和博弈到命运与共”），在此基础上形成层层递进的问题链驱动教学环节。并依托问题搭建教学结构与情境，在具体的情境与史料中落实核心素养的培养目标。综上，从单元整体概念出发，关注课标中单元内及跨单元知识的整合、以单元主题概念为基础链接古今内外，展开思维点播与碰撞成为本单元整体性教学的目标导向。

</td></tr>
</table>

中国工农红军长征

作者：赵世龙（南山实验教育集团麒麟中学）

来源：GDJY－2021－A－b178 生命教育在初中历史教学中的实践与应用

课例名称：中国工农红军长征	学科学段：初中历史
课时教学设计理念	
新课标背景下要求教育要“以人为本”，生命教育是教育的本质要求。作为历史教师，希望将生命教育融入日常教学中，在潜移默化中，引导学生从历史中不断吸取经验和教训，获得对生命的感悟和启迪，帮助学生逐步拥有健康的情感、积极的生命态度和正确的生命价值观。所以选取了“生命教育”的切口对“中国工农红军长征”进行课时教学设计。	
课时教学内容分析	
本课是《义务教育教科书　中国历史　八年级　上册》第五单元“从国共合作到国共对立”的第17课。这一课前承“星星之火”，后启“抗日救亡”，在中国新民主主义革命的进程中具有承前启后的重要作用，且为后世留下了不朽的长征精神，是一笔巨大的精神财富，是对学生进行生命教育的典型资源。	
课时学情分析	
八年级学生对于长征并不陌生，对于长征的一些故事已有储备，但本课需要从历史的角度去对长征有新的认识。出于这个阶段的学生好奇心强、思维积极性容易激发的特征，我在教学设计的过程中将结合学生本阶段特点，以真实历史人物为线索，以揭秘历史人物的形式引导学生学习本课，拉近学生与长征的距离，使学生对长征精神产生共鸣，从而由心而发地感知要珍爱生命，弘扬长征精神，做新时代长征路上的接班人。	
课时教学目标	
本课教学活动以真实历史人物和长征场景为线索，以揭秘真实历史人物的形式来进行教学主题设计，主要通过学生对史料的自主分析学习、课堂探究讨论、教师讲解的方式，进行问题探究性学习，以此培养学生史料实证、历史解释、时空观念和家国情怀的核心素养。并结合地图重走长征路，来理解长征史实，体悟长征精神，最终形成科学的唯物史观。	

续表

课时教学重点、难点
重点：了解遵义会议。 难点：学习长征的历史以及感悟长征精神。
课时教学资源
PPT、教材、长征路线图、人物提示卡。
课时教学过程
一、导入新课 以亲历长征的真实历史人物甲某引入课题，揭秘甲某人物身份，给予提示卡的规则，激发学生对课题内容的参与思考。 导入：这节课我们通过揭秘历史人物的环节来开启我们的学习，在揭晓谜底前，我们姑且称他为甲某。以甲某为代表的一群人，曾途经 11 个省，历经 380 余次战斗，攻占 700 余县城，牺牲 430 余名营以上干部，损失 92% 的战士，行程 25 000 余里，最终实现了这一征途的伟大胜利。这就是中国工农红军长征。我们以闯关的形式通关本课题并揭秘。规则如下： （1）我们随着甲某的经历去了解红军长征的四个部分，每个部分积极思考、准确回答、助力通关的同学可以获得一张人物提示卡。（每个部分各一张提示卡） （2）最终集齐四张提示卡的小组且正确猜出人物的小组同学可以获得小奖励。 **二、讲授新课** **［情景一］** 1934 年 9 月下旬的一天，正在瑞金编辑稿件的甲某突然接到通知："停止出刊，准备战略转移。" ［提出闯关问题一］ 为什么要进行战略转移？（战略转移用通俗易懂的语言进行解释） ［材料 1］ 农村革命根据地发生什么变化（地图略）？ 问 1：农村革命根据地发生什么变化？ 预设：增多。 ［材料 2］ 1930 年 10 月起五次反"围剿"。

续表

序次	国民党军	红军	指挥者	战略战术	结果
第一次	10 万	4 万	毛泽东	避敌主办 诱敌深入 集中优势 各个击破	胜利 ⬇
第二次	20 万	5 万			
第三次	30 万	3 万			
第四次	50 万	7 万	朱德、周恩来		
第五次	50 万	8 万	博古、李德	全面与优势敌人对决	失败

问 2：五次反“围剿”的结果如何？决定结果的关键性因素？

预设：胜利/失败？领导人战略战术的指挥错误。这种错误具体如何体现的？用弱势兵力正面对敌主力，这是保守还是冒险？所以这种冒险的做法我们称之为“左”的错误。

[材料 3] 反“围剿”失败后根据地的变化（地图略）。

[回答闯关问题一] 为什么要进行战略转移？

预设：由于博古和李德等人在军事指挥上“左”的错误，第五次反“围剿”失败，为保存有生力量，红军被迫放弃中央革命根据地，决定进行战略转移。

[过渡] 1934 年 10 月，甲某随中央红军从江西瑞金出发，踏上了长征路。

[情景二] 1935 年 1 月，甲某到达遵义，参加了在贵州遵义召开的中央政治局扩大会议。

[提出闯关问题二] 为什么召开遵义会议？

教师：那就要从长征开始说起，长征初期蒋介石设重兵对红军围追堵截，红军拼死冲破了敌人的四道封锁线，渡过湘江，挫败了蒋介石企图歼灭红军于湘江以东的阴谋。但在这个过程当中，红军付出了惨重的代价，虽然渡过了湘江，但中央红军由出征前的 8 万余人锐减至 3 万余人，千千万万的红军血染湘江。陈树湘就是其中的英雄典型，我们可以通过一个影视视频来了解他的英雄事迹。

[观看视频]

教师：在被俘后，他为了革命的信仰，选择绞肠而亡，献身革命，生命永远定格在了 1934 年的那个冬天，牺牲时年仅 29 岁，被世人誉为“永远的师长”。

惨烈的湘江战役后，关于去往何方，党内的博古和毛泽东等人有了分歧，博古坚持去湘西攻敌主力，毛泽东认为应该去敌人力量薄弱的贵州。（羊入虎口，自寻死路）

续表

问 1：红军最终选择了谁的主张？（大家可以在课本第 84 页第 1 段寻找答案） 预设：选择了毛泽东。 教师：于是红军一路向黔北挺进，强渡乌江后，占领了遵义城。在这个过程当中，对于红军战场的屡次失利，大家逐渐领悟到军事指挥错误的致命性，因此召开一场解决错误的会议水到渠成。这就是遵义会议，从而迎来了历史性的转折。 问 2：接下来请同学们根据课本第 84 页第 2 段完成遵义会议时间、地点、内容的标记，找同学协助我们完成表格。（自主完成） 预设：1935；遵义；纠错、肯定正确主张，对毛泽东、博古、李德进行了职务调整。 问 3：那军事上和组织上“左”的错误具体指什么呢？ 预设：军事上“左”的错误，面对敌强我弱，全面对敌的战略战术。组织上“左”的错误，此时的中国共产党缺乏经验，在此时的革命中摸索前进，很多的决策严重依赖苏联和共产国际的指令行事，没有切合革命的实际，所以在“左”的错误上越走越远，那遵义会议就纠错，确立起联系国情实事求是的、以毛泽东为主要代表的马克思主义正确路线。 问 4：除了确立正确路线，遵义会议在中国共产党历史上又有何地位呢，我们接着往下看。 预设：先看两个历史事件——1921 年中国共产党诞生、1949 年中华人民共和国成立，中共领导历时 28 年的革命取得胜利。那我们再看遵义会议的时间节点有何特点？（它处于这场革命历程的正中） 我们再来看遵义会议前后中国共产党领导和参与的历史事件，其结果有什么不同？ 由此我们可以看到，遵义会议使中国共产党从一次次失败走向了一次又一次的胜利，是中国共产党历史上一个生死攸关的转折点。 ［回答闯关问题二］为什么要召开遵义会议？ 预设：纠正错误，回到正确的革命路线上来 ［过渡］接下来跟着甲某的步伐，来到情景三。 **［情景三］**遵义会议后，甲某和毛泽东继续踏上了长征，和毛主席走在一起、住在一起，并在陕甘革命根据地见证了红军长征胜利会师的喜悦。 ［提出闯关问题三］胜利会师前经历了哪些艰难险阻？（通过活动，解决闯关问题三） ［活动 1］出示长征路线地图，观看视频并结合教材第 84 页以小组为单位补充完整的长征路线图。 教师：接下来请同学们就长征路线展示你的学习成果。（引领我们来走完这条长征路） （强调）那在遵义会议后，面对重兵的追剿，如何避敌也是一个技术活，所以毛泽东

续表

通过运动战四渡赤水歼灭了大量敌人，实现了变被动为主动，打乱了敌人的追剿。虽然打乱了追剿，红军此时已在国民党军的大包围和小包围中，毛泽东声东击西，开启了一系列的硬核操作，巧渡金沙江，跳出了敌人的包围圈，真正意义上摆脱了敌人的围追堵截。所以接下来红军先后克服哪些艰难险阻呢？强渡大渡河、飞夺泸定桥、爬雪山、过草地、激战腊子口，克服重重困难后，中央红军于 1935 年在陕北吴起镇与陕北红军胜利会师，中央革命根据地开始实现了由南方瑞金向陕甘的转移，但长征并没有在吴起镇就此结束，因为红二、红四方面军还在长征的途中，1936 年 10 月，中央红军和红二、红四方面军在甘肃会宁会师，宣告历时两年的长征胜利结束。所以红军长征开始于（江西瑞金），胜利结束于（甘肃会宁）。 ［活动 2］阅读材料，讨论概述长征胜利的历史意义。 ［材料 1］我们党领导红军……胜利完成震撼世界、彪炳史册的长征，宣告了国民党反动派消灭中国共产党和红军的图谋彻底失败，宣告了中国共产党和红军肩负着民族希望胜利实现了北上抗日的战略转移。 ——习近平在纪念红军长征胜利 80 周年大会上的讲话 ［材料 2］倒下的是一座座丰碑，活着的是一面面旗帜。 ——毛泽东 ［材料 3］红军经过的省份有二亿多人民。在战斗的间隙，他们每占一个城镇，就召开群众大会，举行戏剧演出……在漫长的艰苦征途上，有成千上万的人倒下了，可是另外又有成千上万的人……参加进来充实了行列。 ——埃德加·斯诺《斯诺眼中的中国》 预设：企图破灭。虽然牺牲了很多人，但活着的旗帜成为引领革命的重要力量，成为革命胜利的重要基石。千千万万人倒下，成千上万加入进来，为什么会有越来越多人源源不断地加入，正是由于红军长征过程中所散播的革命种子，铸造的长征精神不断地充实了永不枯竭的革命力量。 ［过渡］以上就是中国工农红军长征胜利的历史意义。对当时挽救了中国革命，对后世给予中国力量，正如甲某所感叹的如下这句话： **［情景四］** 甲某：“伟大的长征给中华民族留下了伟大的长征精神，是中华民族走向伟大复兴的强大精神支柱，永不过时。” ［提出闯关问题四］什么是长征精神？ ［活动 1］根据甲某长征途中的一段真实经历，谈谈你对长征精神的感悟，可以各抒己见。

续表

［材料］

1935 年 8 月下旬，甲某跟随某一军团跨越草地。进入草地后，缺食之苦极大地威胁着指战员们的生命……咀嚼火烧水煮的皮带、枪带、皮鞋、皮马鞍。草地的昼夜温差达二十几摄氏度，没有帐篷，没有被盖，晚上战士们你挤着我、我挤着你，靠相互的体温，抵御凛冽的高原风雪，共度漫漫长夜。

在艰难困苦面前，甲某和各级宣传干部，组织动员指战员们在草地行军中编出顺口溜和诗歌传唱，鼓舞大家的士气。他们说："身无御寒衣，肚内饥，晕倒爬起来，跟上去，直到宿营地。""天上无飞鸟，地上无人烟，茫茫草原，蓝蓝的天，只有红军亲眼见。"

红军经过七天七夜的艰难跋涉，一军团以大约百分之十的牺牲代价才走出草地。

教师总结：大家都真切地表达了自己对长征精神的感受，所感即所得，都是对长征精神很好的诠释。概括来说就是众志成城、团结互助的集体主义（面对饥寒相互取暖）；坚定信念、积极进取的乐观主义（面对饥寒的精神安慰）；勇往直前、排除外难的英雄主义（生死抉择面前的勇往直前）。

［活动 2］长征故事会（学生分享他们所了解的长征途中挑战生命极限，创造人类奇迹的瞬间）。

教师总结：通过甲某、陈树湘以及大家的故事补充很多长征的细节，从这些故事中我们看到一个共同点就是强大的精神力量让红军走到了最后。

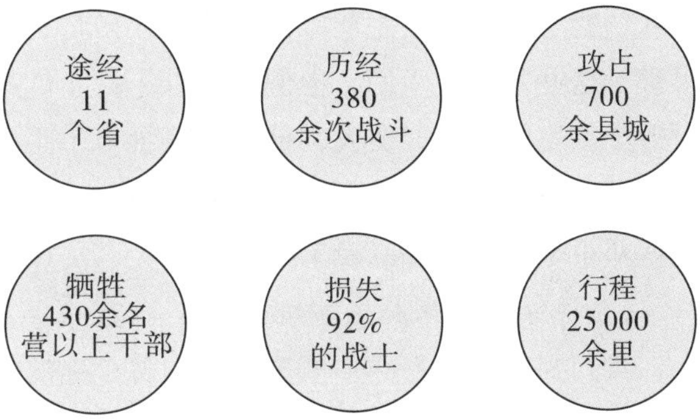

［活动 3］感受艰险，升华精神。

问 1：因为长征路线处处是艰险，我们可以回看这一组数字，透过每一个数字我们都能感受到背后的艰险，如损失了 92% 的战士，从长征出发时的约 30 万人到结束的 2. 5 万人，每 100 个人里只有 8 个人存活了下来，所以长征经历了常人难以想象的艰险，但他们依然走向了胜利，这其中靠的是什么呢？

预设：就是坚定的信念。

教师：如甲某女儿和他的一段对话。甲某的女儿问道："长征的时候你都干了些什么呀？"甲某坚定地回答："跟着党走。"这就是坚定信念的力量。

问 2：那为什么这么坚定呢？

预设：相信。

问 3：分享"多数人是因为看见而相信，少数人是相信而看见"，你怎么理解这句话？各抒己见。

续表

教师：甲某就是这少数人的代表（我相信在座的我们也在朝着这个方向而努力）。正是相信中国共产党必然会领导革命胜利，所以即使历经艰险，他依然选择相信，才能见证红军长征胜利的那一刻，而他的这份坚定信念也贯穿了始终，继续创造了新时代伟大征程。 [揭秘历史人物] 关于这位见证长征胜利并创造新时代伟大征程的甲某，大家应该有了自己的答案（接下来请集齐四张提示卡的同学在第四张提示卡的背面写上他的名字并交至老师手里，其他同学可在心里尝试着揭秘他是谁）。 没错，他就是1979年在南海边画了一个圈，将深圳从一个小渔村变成了国际化大都市的缔造者，延续开启深圳新时代“长征”的邓小平。 [总结升华，感悟长征] 邓小平的一生并不平坦，他也经历过“三落三起”，也正是他的坚定信念，才成就了他的人生价值及中国精彩。除了邓小平等这样耳熟能详的伟人，在长征过程中更多的是我们所不熟悉的陌生英雄们，他们很多都在长征途中付出了生命的代价，成为永远的丰碑，这些年轻战士们，他们除了红军战士的标签，也是和我们一样的普通人，是千千万万个家庭的儿子或丈夫，他们的牺牲对于很多家庭来说是失去了至亲之痛，他们并不想牺牲，但他们最终还是在坚定的革命信念中选择了献身革命，所以今天中国的精彩正是如邓小平、陈树湘以及千千万万的无名英雄们等老一辈人换来的。 （齐读结语）来路虽坎坷，我们已迎来新生。在国家、深圳新时代的“长征”路上，我们要珍惜当下，不怕挫折，朝着正确的方向坚定不移地相信，延续长征精神的星火，为已亡先驱活出他们想要活却遗憾未能活的精彩人生！
课时板书设计
中国工农红军长征 1. 在瑞金——战略转移 2. 在遵义——历史转折 3. 在陕甘——胜利会师 4. 在征程——长征精神
课时作业设计
在课时作业的设计上，为了学生课后去了解更多的长征事迹来体悟长征精神，懂得珍惜生命，活出生命精彩，创造更绚烂的中国精彩，选取了教材资源，通过模仿创作歌词跨学科融合的形式进行了如下设计：

续表

学习课本第 86 页“知识拓展”——萧华将军与《长征组歌》，以小组为单位，根据长征故事，模仿《长征组歌》（如《过雪山草地》），创作体现“长征主题”、讴歌“长征精神”的歌词。 雪皑皑，野茫茫，高原寒，炊断粮。 红军都是钢铁汉，千锤百炼不怕难。 雪山低头迎远客，草毯泥毡扎营盘。 风雨侵衣骨更硬，野菜充饥志越坚。 官兵一致同甘苦，革命理想高于天。 ——摘自歌词《过雪山草地》
课时教学反思
统编版《义务教育教科书　中国历史　八年级　上册》第五单元第 17 课“中国工农红军长征”从备课到上课，从思索到实践，从中获取的点滴让笔者受益匪浅。 **一、巧用资源，穿针引线** 课堂是学生汲取学识养分的平台，养分的供给需要以学生易于并乐于汲取的方式。通过查阅资料选取了邓小平的长征经历为场景线索设计主线，并通过揭秘邓小平神秘人的设定激疑，将停留在纸面上的历史与学生的距离拉近，并引发他们对了解学习这段历史的主动性，通过资源的巧用，在激发学生学习兴趣的同时，助推学生形象生动地学习历史，实现严密性与趣味性的良好结合。 **二、课标为纲，重点契合** 课程标准是国家对基础教育课程的基本规范和质量要求，是教材编写、教学、评估和考试命题的依据。教学设计的出发点从研读课标开始，并在此基础上确定重难点。本课课标内容为“中国工农红军长征”，针对课标进行解析，确定重点为遵义会议、长征的经过，难点为长征精神。在明晰课标，掌握重难点的前提下，有针对性地进行教学设计，构思有效方式突破重难点。 **三、良性互动，导学有效** 高效课堂是教师与学生实现良性互动的结果，教学中以学生为主体，教师发挥主导作用。这节课借助揭秘神秘人的环节、长征艰难险阻史料的探究分析等激发学生求知，活跃学生思维，也体现了史料实证的历史核心素养。学生积极反馈，课堂氛围活跃，节奏动静相宜。教师步步引导，学生层层深入，良性互动成就高效课堂。 **四、创设情境，情感生成** 历史教育担负着传承中华文明、弘扬民族精神的人文使命，如何通过情境的创设触

续表

发学生的家国情怀是一堂进行生命教育的历史课致力追求的目标。这节课的设计借助揭秘神秘人邓小平的长征情景设定与深圳改革开放新长征时代背景相结合，引导学生感受长征大时代背景之下普通人和伟人的付出与生命抉择，自然体悟今日之和平来之不易。新时代的长征仍在继续，面对生活和学业的挫折，不畏难，朝着正确的方向坚定地相信，去延续长征精神的星火，由心而发出：为已亡先驱活出他们想要活却遗憾未能活的精彩人生。历史与现实相结合，联合触动学生自然生成对“生命教育”的价值认识。 **五、在反思中成长** 苏联心理学家维果茨基提出“最近发展区理论”，称儿童发展存在现有发展水平和潜在发展水平，日常教学即是倡导让学生“跳一跳，够得着果子”。课堂设问应注重有效性和探究性，杜绝无意义问题，有效设问和探究设问有助于培养学生跳一跳，够得着，这是本节课需要改进之一。改进之二是资源的运用应注重严谨性和针对性，细细琢磨引用资源的细节，挖掘其中素材，借势引导。改进之三是课堂应注重给予学生足够的思考时间，并在学生反馈的同时善于抓取关键点，智慧引导及借用。改进之四是板书设计的必要性，精彩的板书是课堂的点睛之笔，根据课程内容、教学设计精心设计板书，充分发挥其点睛之作用。 最后，写给自己的寄语：尊重每一次的用心教学，尊重每一次的成长机会，充分准备，自信应对，及时总结，以期不断成长与进步！

振兴中华：革命救国与民族复兴

作者：刘莉（华南师范大学附属中学）

来源：GDJY－2021－A－b225 立德树人视角下高中历史主题教学的实践探索

课例名称：振兴中华：革命救国与民族复兴——以《辛亥革命》为例	学科学段：高中历史

单元教学设计说明

一、单元教学目标

通过本单元的学习，了解孙中山三民主义的基本内容，理解辛亥革命对中国结束帝制、建立民国的意义及历史局限性；了解新文化运动的主要内容，理解其对近代中国思想解放的影响。

二、单元教学重难点

三民主义的基本内容；辛亥革命的意义；新文化运动的影响。

三、单元内容结构

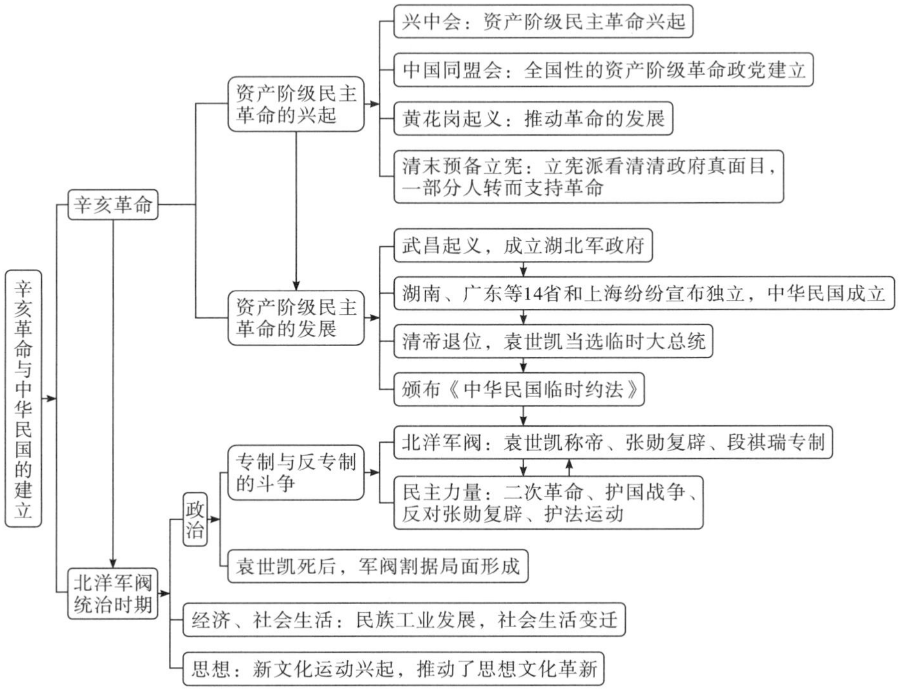

续表

课时教学设计理念
一、课时教学设计 （一）大概念教学、“教—学—评”一体化 概念梳理从抽象到具体；规律总结从具体到抽象；形成结构化的认识；通过“教—学—评”一体化与大概念相结合，提高教学质量、评价、考试质量和素养的落实。 （二）素养立意 渗透并落实核心素养：唯物史观、时空观念、史料实证、历史解释、家国情怀等。 （三）教学策略 1．任务驱动。 任务环环相扣、思维由浅入深、递进升华。 2．小组合作探究。 学生主导、教师主体，注重课堂生成、启发追问。 3．情景式教学。 世界视野、精选冲击性强的几组图片和经典史料，启发思考。 4．用好教材、学术引领、开阔视野。 学术界思辨性强的争论观点（详见后）。 5．言传身教。 用教师的思考、激情与家国情怀去熏陶感染学生。 **二、教法学法** （一）教法 大概念教学、主题教学、任务驱动教学、情景教学、小组合作探究、史料教学法。 （二）学法 深度学习、前置学案、思维导图、课前演讲。
课时教学内容分析
一、教学内容 （一）授课课题 《中外历史纲要（上）》第六单元“辛亥革命与中华民国的建立”第18课《辛亥革命》。 （二）2017年版新课标（2020年修订） 了解孙中山三民主义的基本内容，理解辛亥革命与中华民国建立对中国结束帝制、建立民国的意义及其局限性。

续表

<table>
<tr><td>

（三）大概念

振兴中华：革命救国与民族复兴。

（四）本课立意

围绕振兴中华这一核心主题，通过革命救亡图存，实现民族复兴。

二、教材分析

（一）本课地位

本课是在旧民主主义革命时期，资产阶级革命派领导的核心大事。随着民族危机不断加深，革命派通过革命手段救亡图存，以图实现民族复兴，极具开创性，意义重大，影响深远。因而本课在本单元、本册书甚至整个历史长河意义都十分重大，值得深入挖掘其对中华民族复兴的巨大意义。

（二）精华导读

随着清政府统治危机的加深，资产阶级领导的民主革命运动在全国迅速、广泛地开展起来。1911 年 10 月武昌起义爆发后，各省纷纷响应，这场革命推翻了清王朝，结束了君主专制，建立资产阶级民主共和国。南京临时政府成立后，颁布了一系列有关政治、经济、社会改革的法令，其中以《中华民国临时约法》最为重要。袁世凯夺取革命果实后，逐步建立起北洋军阀的独裁统治。以孙中山为首的革命党人，对袁世凯的倒行逆施进行了不懈斗争。

（三）子目逻辑

本课设置三个子目：资产阶级民主革命的兴起、武昌起义与中华民国的建立、辛亥革命的历史意义。这三个子目之间是层层递进的逻辑关系，主要以时间为线索，展示辛亥革命的历史过程及其所产生的影响。

（四）内容取舍

本课涉及的重大历史事件较多，要一一讲述基本史实，难以做到。高中更多注重历史思维的训练，而且初中历史教科书中对于相关基本史实已有大致介绍，因此，本课在内容取舍上主要考虑辛亥革命爆发的必然性和偶然性，并从该角度分析和评价辛亥革命这一重大历史事件。

</td></tr>
<tr><td>

课时学情分析

</td></tr>
<tr><td>

高一学生在初中阶段对辛亥革命的知识虽已有了解，但是对于辛亥革命高阶思维的训练还比较薄弱；运用唯物史观分析辛亥革命爆发的原因，注重分析原因时打开世界视野、国际大背景；时空观念的培养表现在长时段视角，及深入到当时历史长河中理性分析和解读历史事件的原因和影响；通过感人的细节熏陶家国情怀。

</td></tr>
</table>

续表

课时教学目标

1. 学生通过手绘近代史百年救亡图存的时间轴，设身处地地感受在当时的历史时空的内忧外患、救亡图存的时代最强音；理解近代史大事的长时段时空和阶段特征，并熏陶家国情怀。

2. 各学习小组通过三个任务驱动和三个学术热点，开阔视野、活跃思维，尝试运用唯物史观的科学分析方法和合力论的思维方法，分析辛亥革命爆发的偶然性和必然性。

3. 通过课前播放激动人心的音乐《精忠报国》，渲染课堂气氛。学生朗读林觉民的《与妻书》，深刻感悟当时人们牺牲小家、成全大家的奉献精神；了解当时民族危机的大时代背景之下民族意识萌发，领略朴素的家国情怀。

4. 各学习小组通过史料实证和历史解释，分析辛亥革命的历史意义；并从民生百态的生活细节中感悟辛亥革命前后真实的变化和局限性。（史料实证、历史解释、家国情怀）

课时教学重点、难点

一、教学重点

资产阶级民主革命兴起的原因。

二、教学难点

辛亥革命的历史意义。

课时教学资源

一、教学资源

多媒体技术、音像、教参教辅、专业录课公司、经典名著10部、知网专业论文140篇。

二、教参教辅

（1）统编版《中外历史纲要（上）》教学参考用书；

（2）史料阅读与微课设计的《历史教师专业发展丛书》；

（3）《历史课标解析与史料研习丛书》。

三、经典著作

（1）蒋廷黻《中国近代史》，中华书局；

（2）蒋廷黻《中国近代史》，岳麓书社；

（3）陈旭麓《近代中国社会的新陈代谢》，生活·读书·新知三联书店；

（4）郭廷以《近代中国史纲》，中华书局；

（5）李侃《中国近代史》，中华书局；

（6）斯塔夫里阿诺斯《全球通史》，北京大学出版社。

续表

四、知网论文

最权威论文、下载点击量很高的论文一共阅读 140 篇。

课时教学过程

<table>
<tr><th>教师活动</th><th>学生活动</th><th>设计意图</th></tr>
<tr><td>【课前准备】听爱国歌曲《精忠报国》，感受近代史的最强音！</td><td>做前置学案、阅读学思之窗、问题聚焦等。</td><td>任务驱动、小组探究、深度学习。</td></tr>
<tr><td>【导入】学术引领、大概念教学
上课！同学们好！（声音非常洪亮。）我们刚才听到了一首振奋人心的爱国歌曲，体现振兴中华的时代最强音！今天我们就围绕《振兴中华：革命救国与民族复兴》对辛亥革命进行探索和解读。首先我们来看两幅图：
学术引领
大革命大觉醒

巴黎百日，而伏尸百二十九万，变革三次，君主再复，而绵祸八十年，十万之贵族，百万之豪家，骨暴如莽，奔走流离。
——康有为《进呈法国革命记序》
VS
低烈度大功绩

两军交战剧烈的地区仅出现在武汉与南京地区，交战时间前后不过125天，起义军伤亡不到8 500人。
——张难先《湖北革命知之录》
真正的革命是极其深刻的，因为它将导致人们行为方式和思维方式的变革，并最终塑造和改进一个民族的精神。
——［法］古斯塔夫·勒庞《革命心理学》
特别注意一下这里面的数据，康有为对法国大革命是非常的敬佩，对它这样的一些描述，我们可以看它的人数、时间、破坏力和影响力，对比一下辛亥革命的人数、时间、地点、持续的效果。从而引入学术观点“低烈度”“大革命”，引发思考：低烈度的革命怎么引起大功绩？引起了哪些方面的大功绩？或者说对我们当今还有影响的？围绕这一问题，本课主要围绕民族精神、民族复兴来设计。</td><td>1. 提炼大概念——《振兴中华：革命救国与民族复兴》。
2. 对比法国大革命和辛亥革命，凝练辛亥革命的特点——低烈度、大功绩。</td><td>1. 通过学术引领、对比分析开阔学生视野、活跃学生思维。
2. 培养学生对“大概念”的理解，提取和凝练“大概念”的路径。</td></tr>
</table>

续表

教师活动	学生活动	设计意图
【阶级分析法明确辛亥革命的定义】 我们来看一下本课的大概念——振兴中华：革命道路的救亡图存的探索，为民族复兴奠基。思考：辛亥年发生的革命是不是辛亥革命？不是。为什么是 1911 年开始的一系列的革命是辛亥革命？我们看什么？看阶级。因为它特指资产阶级领导的一系列反对清王朝的革命，而且它产生了非常重要的影响。大家可以看一下它的历时时间和结果，这个是否就是它的大功绩所在？ 【大概念】 振兴中华：革命救国与民族复兴。 【任务驱动】 一、偶然与必然 辛亥革命爆发是偶然的还是必然的？是否中断了清末新政？ 二、革命与妥协 辛亥革命为何被称为 20 世纪中国式的“光荣革命”？ 三、低烈度与大功绩 低烈度的革命如何缔造了大功绩？ 【思维层层递进】 第一，有人说清末新政是因为辛亥革命而中断的。有的学者特别拔高清末新政，如果没有辛亥革命，清末新政可以带领中国走上近代化之路？如果没有辛亥革命，清末新政能否成功呢？很多同学说不行，怎么知道清末新政不能成功？我们要找证据。哪些因素比较缺乏？第二，在学术上面还有一种观点认为：辛亥革命被称为 20 世纪我们中国的“光荣革命”。“光荣革命”你们觉得它最大的特点是什么？妥协！非暴力！第三，更深入探讨低烈度的革命，它是如何缔造了大功绩？它是怎么做到在最短的时间以最小的伤亡而达到了最大的效果？它的功绩有很大的开创性，有哪些精神品质值得我们继续学习？	1. 对比辛亥年的太平天国和辛亥革命，弄明白辛亥革命的定义和实质。 激发思考：为何低烈度会缔造大功绩？ 2. 围绕三个问题小组合作讨论： （1）辛亥革命爆发是偶然的还是必然的？ （2）辛亥革命为何被称为 20 世纪中国式的“光荣革命”？ （3）低烈度的革命如何缔造了大功绩？	1. 通过阶级分析法和对比分析法训练学生透过现象认识本质的能力。 2. 训练科学的历史思维方式和历史解释能力。 通过任务驱动层层递进、小组合作探究、深度学习探索学术上关于三个方面的问题，培养学生科学的历史思维；以及运用科学的历史思维分析和解决实际问题的能力。

续表

教师活动	学生活动	设计意图
一、偶然与必然 1. 辛亥革命爆发是偶然的还是必然的？是否中断了清末新政？ （图略） 2. 20世纪初是一个怎样的时代？为何在辛亥革命前后，几乎整个文明同时发生动荡，有何必然因素？ 【世界视野】看所处的时代，把它放在当时的历史长河中去看。我们发现不仅仅只是中国有革命，还有很多的文明古国都发生了革命。那20世纪是一个怎样的时代？动荡！那谁占主导？资产阶级！请问是哪些国家占主导？西方国家，有人说帝国主义，欧美资本主义。那我们东方处在什么样的地位？被压迫、被剥削。其实这地方有非常重要的一点，即在20世纪初，第二次工业革命完成，我们进入了帝国主义，世界进入到垄断，也就是进入到了世界资本主义世界市场。而世界市场确立之时，我们是处在从属地位的。	结合世界背景、小组合作探究：这个压迫和剥削是非常重的，哪里有压迫，哪里就有反抗！所以这就是20世纪的时代特点。原来是20世纪世界反殖民、反霸权的表现。	训练学生的时空观念和世界视野；学会从合力论的角度坚持唯物史观的科学分析方法。
【百年视角】 章开沅：《三个一百年看辛亥》 一百年的历史背景看，辛亥革命不会无缘无故地发生，辛亥革命是中国人民多年郁积的愤怒的大爆发。两个冷酷的事实沉重地压在无数中国人的心头。一是极端深重的民族危机使人们痛感国家要灭亡了；二是当时统治中国的清朝政府一味媚外和野蛮专制，人们对这个政府丧失掉最后一点希望。 ——金冲及《二十世纪中国史纲》 在一种腐败的制度下移植一部分新事物，并不会使腐败的东西新生，而只会使新鲜的东西腐败。 ——陈旭麓《近代中国社会的新陈代谢》	1. 三个一百年看辛亥革命。 2. 追溯一百年的因。	1. 学会运用长时段的历史视角分析和解释历史现象。 2. 学会运用联系的方法，分析在整个历史长河中辛亥革命所处的近代屈辱史的背景。

续表

教师活动	学生活动	设计意图
托克维尔定律： 危险的时候通常是在其开始改革之际。 ［法］托克维尔《旧制度与大革命》 首批内阁成员 内阁总理大臣：庆亲王奕劻 内阁协理大臣：那桐、徐世昌 外务部外务大臣：梁敦彦 民政部民政大臣：肃亲王善耆 度支部度支大臣：镇国公载泽 学部学务大臣：唐景崇 陆军部陆军大臣：荫昌 海军部海军大臣：贝勒载洵 法部司法大臣：绍昌 农工商部农工商大臣：贝勒溥伦 邮传部邮传大臣：盛宣怀 理藩部理藩大臣：宗室寿耆 清末新政（1901—1911年） 催生三股力量：体制外民间革命势力、体制内北洋实力派、边缘各省士大夫精英 倡导创办工商企业——民族资本主义——资产阶级 教育改革 1905年废科举办学堂设学制——民主共和革命思想——新式知识分子 编练新军——清政府掘墓人——北洋新军 1905年是新旧中国的分水岭。它标志着一个时代的结束和另一个时代的开始，它比1911年革命更具有转折点的意义，因为它开启了一系列的变革，这些变革引发了制度的结构性的变化…… ——罗兹曼《中国的现代化》 科举制的废除，割裂了皇权与民间联系的纽带，并为辛亥革命准备了后备力量——留学生和新军。 ——萧功秦《从科举制度的废除看近代以来的文化断裂》	小组讨论、问题探究：催生清末新政的三股力量分别是什么？	运用唯物史观、时空观念分析从清末新政中滋生的三股势力，即唯物史观里面从自身的胚胎中孕育。
一场因新政诱发的革命 科举制的整合功能 1. 平民阶层补充新鲜血液； 2. 精英间阶层间流动与上下层级间的流动性强； 3. 社会价值高度一体化；文化知识与教育的覆盖面高； 4. 维系乡村社会高度自治 “保大清”终成败局→ 科举制废除后的社会动荡 1. 士农工商四民社会瓦解； 2. 跌入“离心化”状态； 3. 社会共同信仰坍塌，各种思潮、学说交相激荡； 4. 突出难题“城乡二元化”，乡村日益破败 ——根据李细珠《辛亥革命爆发是历史的必然》整理，《历史评论》2021年第3期 **长时段视野-走出误区** **走出“革命万能论”和“革命否定论”** 张之洞1909年病危，张之洞哀叹“国运尽矣！”此语正表明“清末新政”难以为继，预示着革命风暴即将来临。 如果今之论者置此不顾，指斥辛亥革命如何如何不该引发、如何如何打断清末新政，岂非痴人说梦。 ——摘编自冯天瑜《将辛亥革命置于历史长河中展开研究》，《历史学研究》，2016 清末新政难以为继，即使后面没有辛亥革命的爆发，清末新政也会失败。	1. 小组辩论，1905年科举被废对比分析。 2. 讨论：不是辛亥革命中断了新政，而是新政激发了革命，被历史淘汰，所以我们要反对“革命否定论”。	辩证分析：1905年科举被废前后的整合功能和负面效果；透过这一细节分析清末新政是革命的催化剂。

续表

教师活动	学生活动	设计意图
■ 精英引领　　同辈人成两代人——社会环境决定特定眼界和目力 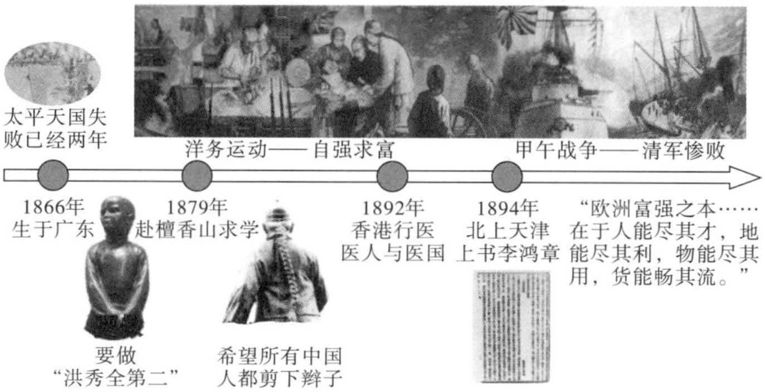 	角色扮演孙中山和康有为	分析不同的社会环境决定特定的眼界和目力，经历决定思想。
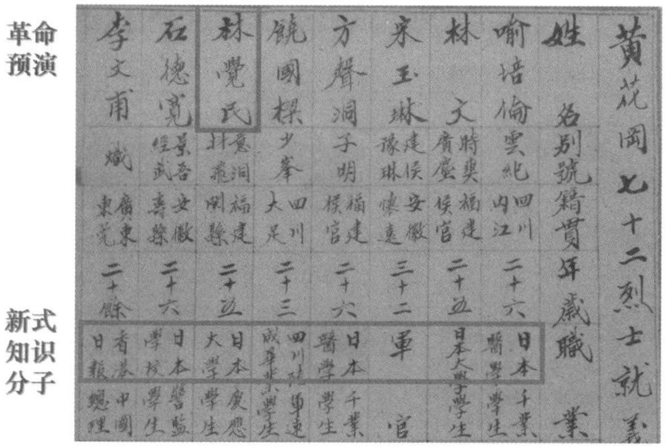 **一封《与妻书》千古家国情** 意映爱妻，见字如面。吾至爱汝，即此爱汝一念，使吾勇于就死也。吾自遇汝以来，常愿天下有情人都成眷属；然遍地腥云，满街狼犬，称心快意，几家能够？ 吾充吾爱汝之心，助天下人爱其所爱，所以敢先汝而死，不顾汝也。汝体吾此心，于啼泣之余，亦以天下人为念，当亦乐牺牲吾身与汝身之福利，为天下人谋永福也。汝其勿悲！  ——摘编自林觉民1911年4月24日绝笔《与妻书》，人教版教材《中外历史纲要（上）》，2023年8月第6次印第111页“史料阅读”	1. 小组讨论。 2. 声情并茂朗读《与妻书》。 3. 分析林觉民牺牲的原因；如果处在此时代的不是林觉民，他会怎么选？	熏陶家国情怀，深入历史情景教学，理解不同时代爱国的具体表现。

续表

<table>
<tr><th>教师活动</th><th>学生活动</th><th>设计意图</th></tr>
<tr><td>
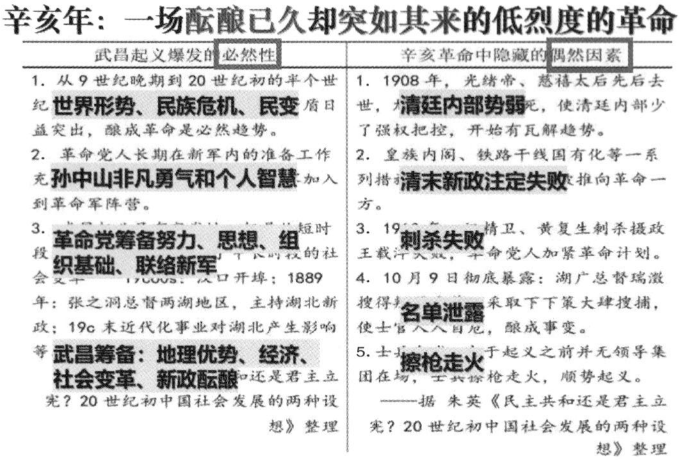

一场酝酿已久却突如其来的低烈度的革命，预示着它既有必然性也有偶然性。我们可以罗列一下：从世界形势、民族危机、民变，到精英人物的引领，再到革命党人的努力等，以及长期的筹备，还有武昌地区的经济基础。
</td><td>学生归纳小结辛亥革命爆发的必然性和偶然性，以及我们分析的角度。</td><td>唯物史观：历史是多种因素综合作用的结果。
恩格斯的合力论。</td></tr>
<tr><td>
民主共和国取代封建王朝

8小时——从打响第一枪到占领湖广总督府只用了8小时；
41天——武汉三镇保卫战坚持41天，迎来全国十余个省区的独立；
80天——从武昌首义到中华民国建立仅有80天；
125天——从起义爆发到清帝退位历时仅125天。

真共和？假共和　　是轮回，还是飞跃？

制度的鼎新并没有终结新与旧之间的冲突。有两种特别现象，一是新的来了好久之后旧的反复;一种是新的来了好久之后旧的不废即羼杂。新与旧的反复和羼杂交错地出现于辛亥革命后，既反映新的历史条件下山重水复现象，又体现中国近代社会新陈代谢的复杂性和艰巨性。
——陈旭麓《近代中国社会的新陈代谢》

实行41天、80天、125天，还是有太多不可靠的因素、不靠谱的感觉。是真的？还是假的？
</td><td>辩论：真共和？假共和？如此之快，让我们感受到什么？我们推翻清王朝是做梦？</td><td>通过情景教学，分析辛亥革命面临的困境和潜在的隐患。</td></tr>
</table>

续表

<table>
<tr><th>教师活动</th><th>学生活动</th><th>设计意图</th></tr>
<tr><td>

二、革命与妥协

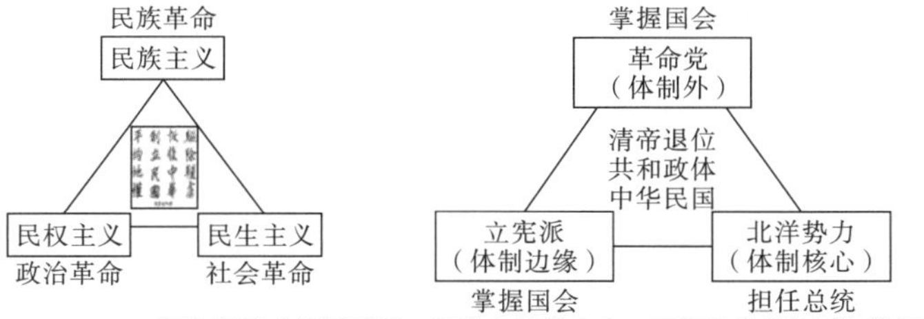

——据许纪霖《家国天下·现代中国的个人、国家与世界认同》绘图

问题：辛亥革命为何被称为20世纪中国式的“光荣革命”？

力量博弈下的政治抉择

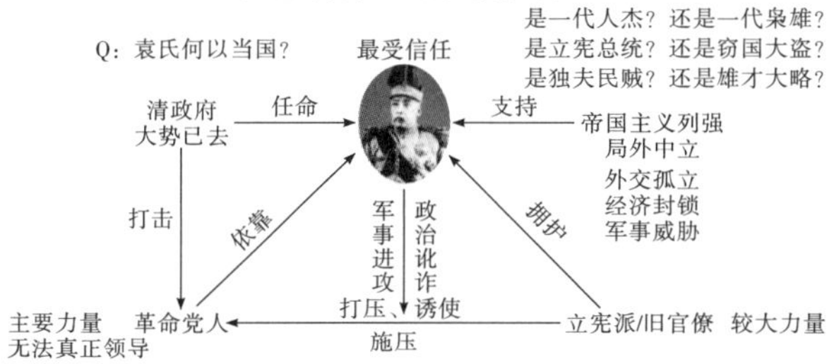

袁世凯具备孙中山缺少的财力、武力。在立宪派心中袁世凯是“统一”和“秩序”的象征。
——陈旭麓《近代中国社会的新陈代谢》

我们就明白了：为什么清王朝的支柱，为什么一个很反动，不是像孙中山看起来特别革命的人可以成为总统的？

17 票全票当选

两面不讨好变为两面讨好

《泰晤士报》驻北京记者莫理循在当时说：“革命党人不信任袁世凯，认为他是清朝的支柱；满人也不相信他，认为他在策划倾覆清朝的阴谋。”

同样的意思换一个角度却说明不同问题。因革命党人不信任，故他可得到反对革命的信任；因清朝不信任他，故他可得到反清的信任；对立面的不信任正是自己可以信任的，本来两面不讨好的袁世凯结果却两面都讨好，故他在南京临时参议院上以 17 票（全票）当上临时政府大总统，既取代清朝也取代革命。

——［澳］骆惠敏《清末民初政情内幕》（上），800 页

智慧妥协——1912 年 2 月 12 日，隆裕太后终于签发了清朝的最后一道上谕《清帝逊位诏书》

</td><td>

1. 角色扮演袁世凯、立宪派、孙中山、革命党的力量博弈下的政治抉择。

2. 辩论袁世凯为什么成为最受信任的代表。

3. 理解辛亥革命为何被称为是 20 世纪中国式的“光荣革命”？

很通俗的一句话：“敌人的敌人就是我的朋友。”

</td><td>

运用体味历史、情境创设、角色扮演，真实了解袁世凯取得政权的形势、原因；揭开袁世凯取得政权的真相。其实，当革命党人不信任袁世凯的时候，反对革命的这一大堆人就选择支持袁世凯；当清朝不信任袁世凯的时候，然而此时清朝已经是气数将尽，那就有一大部分人不相信清政府。因而，反对革命党和反对清政府的人都成了袁世凯的支持者。

</td></tr>
</table>

续表

教师活动	学生活动	设计意图
袁世凯上台——各种势力权衡的产物 民国和国民之间存在客观距离，因而也就无法产生同构效应。在孙中山和袁世凯之间，立宪派选择后者，帝国主义选择后者，更多人则处于对“乱党”不信任而在无意识中倾向后者。 1912年1月4日，张謇被南京临时政府任命为实业总长两天后，曾与孙中山就政策问题作一次长谈，在日记中写下“未知涯畔”四字，对孙中山不信任。故他们一面涣散临时政府，另一方面为袁世凯出谋划策，制造“非袁不可”“非袁不可收拾”“非袁莫属”的社会舆论。 帝国主义的选择是基于南北形势及现实利益考虑而作出的。支持袁世凯比支持孙中山对他们更有利。袁世凯“在中国有信誉，在外国有好名声，是唯一可望从目前的动乱中恢复制度的一个人”。 ——《英国蓝皮书有关辛亥革命资料选译》（上），60页，北京，中华书局，1984年。有改动 **辛亥革命是20世纪中国式的“光荣革命”** 辛亥革命推翻清王朝，建立中华民国，颁布《中华民国临时约法》，昭示人民应有的民主权利。 辛亥革命是在革命条件尚不充分，但清朝已经一触即溃的情况下，革命党人前仆后继、背水一战，以退求全的中国民族民主革命之首创伟业，可谓20世纪中国式的“光荣革命”。 辛亥革命使国人在激荡、迷茫，黑暗、抗争中，看到了近代民主政治的一线曙光，也使革命党人痛感社会觉醒和革命武装严重不足的致命伤。 ——聂幼犁《从民族复兴看辛亥革命》，《历史教学》，2012年第7期。有改动		

续表

<table>
<tr><th>教师活动</th><th>学生活动</th><th>设计意图</th></tr>
<tr><td>
三、低烈度与大功绩
时间跨度不长，前后125天，其中武汉之战断断续续49天，南京之战忽顿忽起总共26天。
伤亡不算大，以最惨烈的武汉之战为例，据统计武汉之战49天里，起义军战死4 300人，受伤4 100人，加起来伤亡不到8 500人。
——张难先《湖北革命知之录》
问题：低烈度的革命如何缔造大功绩？

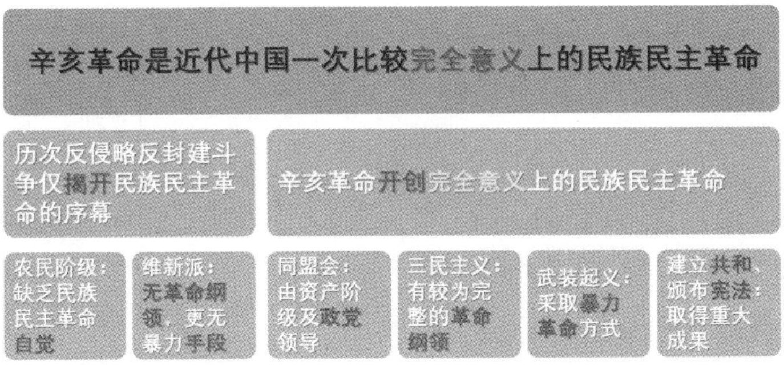

民族国家自觉 VS 王朝国歌变挽歌

亚东开发中华早，揖美追欧，旧邦新造。飘扬五色旗，民国荣光，锦绣河山普照。我同胞，鼓舞文明，世界和平永保。
中华民国国歌（1912—1915）

“巩金瓯，承天帱，民物欣凫藻，喜同胞，清时幸遭。真熙皞，帝国苍穹保，天高高，海滔滔。”
—［澳］骆惠敏《清末民初政情内幕》（上），916~917页
清朝国歌（1888—1912）
</td><td>小组讨论、辩论。
（思考一下：时间跨度不长，伤亡不大；对比辛亥年同时发生的运动，对比太平天国运动和辛亥革命。）</td><td>学术引领、运用唯物史观的科学分析方法。</td></tr>
</table>

续表

教师活动	学生活动	设计意图
从夷夏之别到华夏认同，再到国家认同  夷夏之别：华夷之别或称“夷夏之别”，用于区别华夏与蛮夷。 ↓ 华夏认同：华夏地区，中华民族统一的思想。春秋战国时被周边民族认同，戎狄蛮夷逐渐融入华夏族。 ↓ 国家认同：国家认同是政治概念，增强国民的政治认同感、文化认同感和民族认同感。1901年梁启超“国族”—1902年“中华民族”—1912年初南京临时政府《对外宣言书》首先在官方文书中正式使用“中华民族”；《中华民国临时约法》规定，“中华民国由中华人民组织之”“中华民国人民一律平等”，这是从法律层面将“五族共和”思想确定为立国的法律依据。 ——马敏《辛亥革命是中华民族走向自觉的重要一环》  《法国巴黎画报》，1912年4月14日 Freedom By Force: Compelled To Lose A Badge Of Servitude 《强制下走向自由:极不情愿地“失去”被奴役的标志》 由于辫发一旦剪去，则短期内难以再蓄，不像服饰可以轻易变换，因此民众对于剪辫的态度普遍迟疑，“剪刀一动，啼哭并作”。 ——朱春驹《武昌起义杂忆》 问题：民众对剪辫态度普遍迟疑的原因？ 这既体现了旧思维与生活方式的惯性，也体现对革命前景的疑虑 **剪辫子看观念多面观** 各种各种的中国人曾在辫子面前表演过各种各样的本相： 孙中山割辫子于1895年广州起义失败之后，显示了一个革命先行者同王朝的决裂； 黎元洪割辫子于武昌起义的枪口逼迫之下，显示了一个旧官僚在推挽之下的政治转折； 袁世凯割辫于就任民国大总统之前夕，显示了一个“名义上是共和主义者，但内心却是专制君主”的人，舍鱼而取熊掌的权衡； 梁启超有个厨子在买菜途中被人割了辫子，因此而大哭了几天，这是一种生于积习，既说不清又剪不断的恋旧之情； 而吃过很多洋面包的辜鸿铭在辛亥革命很久以后还拖着辫子，自诩“残血尤有傲霜枝”，傲然走上北京大学的讲台。这又是一种自觉的遗老意识。 ——陈旭麓《近代中国社会的新陈代谢》	1. 学生探究中国人国家认同观念形成的过程？辛亥革命发挥了怎样的作用？ 2. 探讨各种各样的中国人对剪辫子的不同看法的原因？	1. 我们还是很认可葛剑雄先生对太平天国登记和记载：当时伤亡人数是有上亿人的。那这个破坏力非常大。 2. 通过认同小归纳，了解辛亥革命在国家民族认同上作出的开创性的贡献。 3. 认识辛亥革命在国家民族复兴上取得的开创和奠基作用。

续表

教师活动	学生活动	设计意图
从梁启超开始，他是第一个提出我们“国家认同”的，他在1911年提出“国族”——“国家民族”；后来1912年就提出“中华民族”，所以为何觉得当时有时代感。因为当时的时代有中华民族的意识。辛亥革命到底是怎么贡献呢？它不是一个人、一个知识分子的一个单独行为，而是为了国家的行为。临时政府在《对外宣言书》里面正式用了“中华民族”，而且还把它在宪法里面提出来。这个民族的复兴之路起到了开创、奠基效果。		
中华民族近代复兴与认同的路向和选择 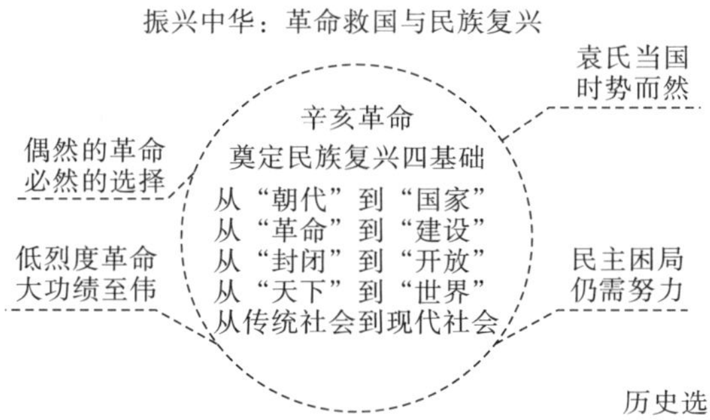 课后延伸：辛亥革命与其后的新民主主义革命是前后贯通、不可分割的，不仅仅具有鲜明的时代意义，更在中华民族的精神塑造和改进上，增添了浓墨绚丽的一笔。那么，面临困境，中华民族近代复兴与认同的路向和选择上，将继续往何处去？为何会做这样的历史选择？	小组讨论、绘制思维导图、小组代表分享。	大概念教学画龙点睛、梳理逻辑框架，紧扣大概念——振兴中华：革命救国与民族复兴。

课时板书设计

中华民族近代复兴与认同的路向和选择

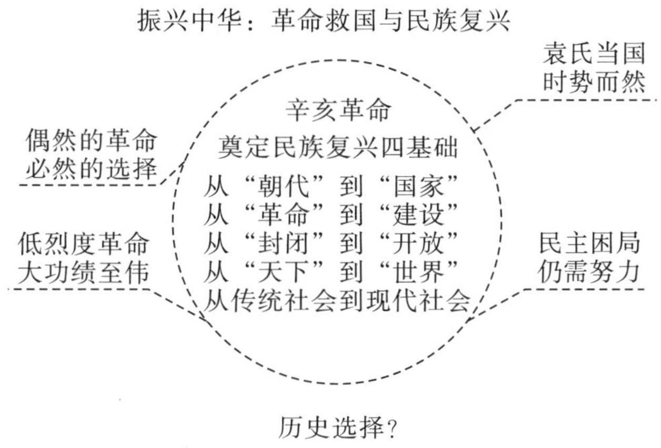

续表

课时作业设计

一、开放性作业

辛亥革命与其后的新民主主义革命是前后贯通、不可分割的，不仅仅具有鲜明的时代意义，更在中华民族的精神塑造和改进上，增添了浓墨绚丽的一笔。那么，面临困境，中华民族近代复兴与认同的路向和选择上，将继续往何处去？为何会做这样的历史选择？

二、素养落实作业——史料实证、历史解释的实践运用

关于辛亥革命的影响学术上也备受争论，你认可“辛亥革命是低烈度大功绩的革命吗？”如果你认可，还可以用哪些史实来证明？如果你不认可，请说出理由。（要求：态度明确、观点清晰、史实充分、逻辑严密）

课时评价设计

课时目标	及格	良好	优秀
1. 学生通过手绘近代史百年救亡图存的时间轴，感受时空观念；理解近代史大事的长时段时空和阶段特征，并熏陶家国情怀。（时空观念、家国情怀）	手绘百年救亡图存的时间轴；写出最简单的阶段特征；写出两个史实，逻辑清晰。	手绘百年救亡图存的时间轴；能总结救亡图存的原因和进程；阶段特征核心关键词清晰；写出四个史实，逻辑清晰。	手绘百年救亡图存的时间轴；能总结救亡图存的原因和进程；阶段特征核心关键词清晰；写出五个主要史实，凸显脉络的规律和总结。
2. 各学习小组通过三个任务驱动和三个学术热点，开阔视野、活跃思维；尝试运用唯物史观的科学分析方法和合力论的思维方式，分析辛亥革命爆发的偶然性和必然性。（唯物史观、史料实证）	初步运用唯物史观的方法，分析辛亥革命爆发的偶然性和必然性。	熟练运用唯物史观的方法，分析辛亥革命爆发的偶然性和必然性；运用合力论的思维方式分析原因。	熟练运用唯物史观和史料实证的方法，分析辛亥革命爆发的偶然性和必然性；运用合力论的思维方式分析原因；能运用唯物史观分析类似的问题。

续表

课时目标	及格	良好	优秀
3. 通过课前播放激动人心的音乐《精忠报国》，渲染课堂气氛。学生朗读林觉民的《与妻书》，深刻感受当时人们牺牲小家、成全大家的奉献精神；了解当时民族危机的大时代背景之下民族意识萌发；领略朴素的家国情怀。（家国情怀、历史解释）	学生依据音乐感受到林觉民牺牲的时代背景，感受林觉民的伟大。	学生依据音乐感受到林觉民牺牲的时代背景；朗读林觉民的《与妻书》，感受在民族危亡之下，全体中国人的民族认同加强。	学生依据音乐感受到林觉民牺牲的死亡背景；朗读《与妻书》，感受在民族危亡之下，全体中国人的民族认同加强；体会中国人从夷夏之别到华夏认同，再到国家认同，民族意识萌发。
4. 各学习小组通过史料实证和历史解释，分析辛亥革命的历史意义；并从民生百态的生活细节中感悟辛亥革命前后真实的变化和局限性。（史料实证、历史解释、家国情怀）	小组探究：回答辛亥革命的意义，可能会漏掉变化的角度。	小组探究：回答辛亥革命的意义，变化的思维角度发散；关注历史细节。	小组探究：回答辛亥革命的意义，变化的思维角度发散；关注历史细节；找出更多的证据佐证辛亥革命的历史意义。

课时教学反思

一、目标达成，素养落地

（1）大概念教学和“教—学—评”一体化相结合，教学预期基本达成。

（2）注重核心素养落实。

（3）提升对历史的思考和对好课的无限追求。

对历史的理解　对好课的追求

历史是历史学家跟他的事实之间相互作用的连续不断的过程，是现在跟过去永无止境的回答交谈。

——卡尔《历史是什么?》

一节好课见人、见事、见心、见过程、见情感、见思想、见细节、见文本、见激情。一节好课：精选典型细节拓展、上课老师的激情与魅力熏陶；一节好课：基于学情

续表

反复打磨自我革新、润物细无声，重视德育渗透、身体力行、言传身教；如何在课堂中渗透着核心素养，实实在在落实史料实证、历史解释、家国情怀、时空观念、唯物史观。一节好课：重视历史文本的内在逻辑的解读，正如汪德武老师始终铭记的孔繁刚老师一句话——“一节好课不是看评课专家的评定，而是你所教授的这段历史的专家们的认可”。

——刘莉听特级老师汪德武《一节好课的核心标准》讲座有感

二、亮点频仍，生成升华

（一）注重学术引领，深挖历史立意

高中历史教学注重素养的渗透、高阶思维的训练和历史科学思维方式的训练，因而高中教师基于学术引领之下，深挖历史立意，追求思辨味、学术味、育人味。注重世界视野的拓展、思辨的层层升华的训练。重视深入凸显“主题”/“大概念”；凸显思辨性、训练世界视野；渗透落实核心素养与历史感，从而激发肩负祖国未来富强使命的责任心和担当意识，激励大家忧国忧民、心系祖国，努力为国家做贡献。

具体到第18课的学术引领如下：

1. 章开沅《三个一百年看辛亥》。
2. 辛亥革命是否中断了清末新政？
3. 辛亥革命为何被称为20世纪中国式的“光荣革命”？
4. 1905年科举被废导致了以后社会的动荡。
5. 辛亥革命被称为“低烈度大功绩”的革命，那么为何低烈度的革命缔造了大功绩？

（二）“大概念教学”“‘教—学—评’一体化”

“‘教—学—评’一体化”与“大概念教学”相结合，通过“大概念”统领整单元和整课灵魂。因为新教材的内容非常庞杂零碎，更多是资料库，所以我在新教材的教学中一直尝试“大概念”教学、任务驱动模式，开展思辨小组合作。具体到第18课《辛亥革命》，包含资产阶级民主革命的兴起、武昌起义和中华民国的建立、辛亥革命的意义。基于课标和教材重难点的分析，我选用的“大概念”围绕“振兴中华：革命救国与民族复兴”这一主题开展，凸显单元核心主题——民族复兴之路。其包含三大主线：屈辱史、抗争史、探索史。

具体设计如下：

1. 偶然与必然。

辛亥革命爆发是偶然还是必然？是否中断了清末新政？

续表

2. 革命与妥协。

辛亥革命为何被称为20世纪中国式的“光荣革命”?

3. 低烈度与大功绩。

低烈度的革命如何铸就大功绩?

(三)立德树人培根铸魂,注重落实核心素养

时空观念、历史解释的渗透,最后升华渲染家国情怀。注重情景教学,从课前的音乐,到学生朗读林觉民的《与妻书》的悲壮,以及分析袁世凯全票当选的原因,特别是在反思辛亥革命的局限性时,探讨了政府、社会、国家、个人是否能形成一股合力,这决定了当时能否实现民族复兴。以此激发同学们的反思,渗透家国情怀。

放在当时的历史场景中,在百年视角、世界背景中,分析辛亥革命爆发的必然性和偶然性,同时分析其局限性,是为了更好地吸取经验教训。

具体细节如下:

1. 通过近代史百年救亡图存的时间轴,培养同学们的时空观念;了解近代史大事的时空和阶段特征,熏陶家国情怀。

2. 通过三个任务驱动和三个学术热点,开阔学生视野;运用唯物史观的科学分析方法和合力论的思维方式,分析辛亥革命爆发的偶然性和必然性。

3. 通过课前激动人心的音乐《精忠报国》渲染课堂气氛!学生朗读林觉民的《与妻书》,了解当时人们牺牲小家、成全大家的奉献精神;了解当时那个大时代之下民族意识萌发,朴素的家国情怀。

4. 通过史料实证和历史解释分析本课难点,即辛亥革命的历史意义;并从民生百态中了解辛亥革命前后真实的变化和局限性。

(四)创新育人模式,深入研究教材

1. 注重核心素养的渗透和落实。本课凸显了核心素养的培育:通过时空观念特别是历史解释,在潜移默化中渗透学生的家国情怀。

2. 思辨小组合作,小组长带领本组成员深入探讨、思辨争鸣。

3. 创新育人模式的探索:深度学习、主题探究、小组合作、小论文优秀作业、实践调查等。

4. 用好教材和经典著作,培养学生的史料实证和历史解释的能力。

三、教学改进

1. 进一步精选史料,侧重有冲突性或思辨性的史料;课堂容量略大,以至于有一些学生没能完全理解。

续表

2. 留足充分的讨论时间给学生，让学生充分展现自我，形成以生为本的课堂。 3. 激发师生、生生更多的争鸣，课堂上有多处的课堂生成，证明学生的思维特别活跃，虽踊跃发言，但需要进一步激发逻辑表达；给予充分的讨论时间。 4. 学生的文本阅读时间比较少，陈旭麓先生的书和蒋廷黻先生的书需要阅读，才能更好理解这段历史。学生阅读的时间有限，仅是从教材里面获取知识，批判性思维和世界视野是熏陶不出来的。 5. 继续摸索"'教—学—评'一体化"与"大概念"相结合。 6. 加强经典名著师生全班阅读。 阅读经典是提升思维、落实素养最好的捷径！教师和学生同读陈旭麓先生的《近代中国社会的新陈代谢》和蒋廷黻的《中国近代史》，一起深入学习！ 7. 科研促教，阅读思考。教书是一门遗憾的艺术！继续探索、追求卓越！ **四、教学机智** 学生机智 1：你们觉得"光荣革命"最大的特点是什么？ 学生机智 2："清末新政"能否带领中国走上近代化？ 学生机智 3：经历决定思想。 **五、学生创新** 1. 假设你是林觉民，你会选择牺牲吗？ 2. 虽然你不是林觉民，但你是他那个时代的人，你会选择牺牲吗？ 现在假设你就是林觉民，你对爱妻说完了这段话，你为什么要不顾爱情、老人，要选择牺牲？那是因为有一种传统的思想就是舍小家为大家。就是这个国家正在面临一个国破家亡的背景，国家不稳定，家也不会安宁。因而要为国家牺牲自己的小家，有一种很朴实的家国情怀。 3. 清末有那么多新的措施，滋生了那么多新的力量，为什么还是说"不新"？ 学生回答：没有抓住实质，没有深入改变…… **六、再教设计** 理念：本次课例设计思维难度虽略高，但能很好地启发学生思维、开阔学生视野。再次授课时会在继续保持学术味、思辨味的基础上，让学生充分展现思维碰撞的火花。 在正式上课前梳理成一套系统课程，展开历史情景剧、历史演讲、历史辩论；同时还需要充分了解学情，针对学情调整授课难度。 具体做法： 1. 引入学术观点——近代化道路的探索之路：后发外生型。 把整个中华民族的危亡放在当时历史大背景中/历史大势中考查，增强我们国家民

续表

族复兴的悲壮感和厚重感！探讨失败的原因需分析得更加深入。 三个问题：铺垫、讨论、最后的课后思考，注重世界视野，小切口深分析实现国家民族复兴的思考，进一步激发学生的思考。 2．“高立意、高思辨、高互动”的课堂是笔者一直追逐的目标。 目标：有世界视野、有核心灵魂、有思想的课堂，想法和呈现出来的效果还有一定的差距，笔者会继续摸索。 3．做好历史情景剧、历史法庭的扮演。 让全班同学参与课堂，留足更多的时间给学生。 4．加强经典名著师生齐阅读。 阅读经典是提升思维、落实素养的最好捷径！教师和学生同读陈旭麓先生的《近代中国社会的新陈代谢》和蒋廷黻的《中国近代史》，并一起深入学习！ 5．给足学生讨论的时间，第三部分可以改为学生讨论，教师小结、点评！ 总之，去繁就简、大道至简！

两次鸦片战争

作者：谭晓梅（深圳市南头中学）

来源：GDJY－2021－A－b204 深圳地区乡土历史课程资源在高中历史教学中的运用研究

<table>
<tr><td>课例名称：两次鸦片战争</td><td>学科学段：高中历史</td></tr>
<tr><td colspan="2">单元教学设计说明</td></tr>
<tr><td colspan="2">一、单元教学目标
通过本单元的学习，认识列强侵华对中国社会的影响；了解中国人民反抗外来侵略斗争的主要事迹，理解其性质和意义；认识社会各阶级为挽救危局所做的努力及其意义。
二、单元教学重难点
重点：列强侵华对中国社会的影响；中国人民反侵略的性质。
难点：列强侵华对中国社会的影响；中国人民反侵略的意义。
三、单元课时安排
本单元分为4个课时。2个课时讲述“西方列强侵华史实”这一线索，2个课时讲述“中国人民的觉醒、反抗和斗争”。
四、单元内容结构
三课之间既是时序关系也是因果关系，展现了从1840年前后到20世纪初，随着西方列强从自由资本主义阶段发展到帝国主义阶段后加紧侵略中国，中国各阶层人民奋起反抗，救亡图存，向西方学习的历程，同时这也是封建统治的弊端不断暴露、封建王朝日益腐朽的过程。</td></tr>
<tr><td colspan="2">课时教学设计理念</td></tr>
<tr><td colspan="2">1. 创设乡土历史情境，引入深圳地区乡土历史资源，拉近学生与历史事件的距离，帮助学生提升对教材内涵的理解，树立家国情怀。
2. 重新整合教材内容，根据能力水平层次设置教学环节，层层递进，促进学生历史思维品质的提升。
3. 设置重点探究问题，指导学生进行史料探究，能够选择合适的史料解释历史问题，培养史料实证与历史解释能力。</td></tr>
</table>

续表

课时教学内容分析
本课第一子目“19 世纪中期的世界与中国”，主要讲述战前西方国家与中国社会的不同，指出西方国家已经完成了工业革命，并积极扩张海外市场，而中国仍然实行闭关锁国的政策，政治腐败，使学生了解虎门销烟、鸦片战争的时代背景。第二子目“两次鸦片战争”，主要讲述两次鸦片战争的概况，如时间、直接原因、签订不平等条约和影响，这一子目既是本课的重难点，也是对学生进行思维训练的突破点。第三子目“开眼看世界”，讲述战争后面临三千年未有之大变局，先进的中国人开眼看世界，向西方学习以图自强的史实。
课时学情分析
初中时，学生已经学过两次鸦片战争，熟知林则徐、虎门销烟、火烧圆明园等史实，因此没有必要再花费大量的时间重复学生已经熟悉的基本史实。高中学生的抽象思维能力和对某些历史理论的理解能力都有较大程度的提高，因而这节课的重点放在不平等条约的危害、鸦片战争给中国的影响，以及中国人的反思等。在此过程中，应借用多种类型的历史材料创设情境，使学生身临其境，调动学生的好奇心和求知心，以提高课堂实效。
课时教学目标
1. 学生能够以时间轴的形式概述两次鸦片战争的基本史实，培育历史时空观念。 2. 掌握《南京条约》等不平等条约的主要内容，通过探究乡土历史情境，认识列强的侵略本质，从个人与国家两个层面理解其对近代中国产生的深远影响，提升史料实证能力与历史解释能力，涵养家国情怀。 3. 通过小组合作，进行史料探究，分析鸦片战争的影响，理解鸦片战争是中国近代史的开端，认识近代中国的主要矛盾与时代主题的变化。
课时教学重点、难点
1. 重点：近代中国第一批不平等条约的内容；两次鸦片战争的影响。 2. 难点：两次鸦片战争的影响。
课时教学资源
1. 多媒体资源：教师制作的 PPT。 2. 文字素材来源：蒋廷黻《中国近代史》，茅海建《天朝的崩溃》，陈旭麓《近代中国社会的新陈代谢》，蓝诗玲《鸦片战争——毒品、梦想与中国的涅槃》，洛赫《对华战争的最后几战》，王建朗、黄克武《两岸新编中国近代史》，许涤新、吴承明《中国资本主义发展史》。 3. 图片素材：《新安县全图》《深圳行政区划图》《1840 年前的中国与世界形势图》等。

续表

课时教学过程
课堂导入 教师：展示图片（1866 年的《新安县全图》）。 （略） 新安县，深圳旧称。1866 年，一位意大利传教士经过了 4 年的时间，绘制了这幅新安县地图。为什么一个意大利的传教士可以自由地在新安县行走呢？而这幅地图当中，为什么香港地区又标上了不同的颜色呢？是的，这些问题就跟这节课所学的内容两次鸦片战争有关。两次鸦片战争，对当时的中国产生了怎样的影响？而我们又能从这两场战败中吸取怎样的教训呢？让我们开启今天的学习吧！ 设计意图：以深圳乡土历史地图导入新课，拉近学生与历史的距离，激发学生的学习兴趣，引导学生带着新问题开始本课的学习。 **第一章　观事件之貌** **一、基础梳理：两次鸦片战争大事件** 教师：展示两次鸦片战争的时间轴。 两次鸦片战争大事件 1839—林则徐虎门销烟；九龙海战，鸦片战争前哨战 1840—英国远征军开进广州海口，鸦片战争正式爆发 1841—英军占领香港，广州三元里抗英；英军北上，攻占厦门、镇海、宁波等地 1842—清政府议和，中英签订《南京条约》 1843—中英签订《虎门条约》 1844—中美签订《望厦条约》，中法签订《黄埔条约》 1854—清政府拒绝列强修约要求 1856—英法炮轰广州，发动第二次鸦片战争 1858—清政府与英、法、美、俄签订《天津条约》 1860—清政府与英、法、俄签订《北京条约》 学生：以接龙的形式，回顾两次鸦片战争时期发生的大事件。 **二、战因分析：两次鸦片战争爆发的根源** 师生结合时间轴，总结西方列强侵华的目的以及两次鸦片战争的本质。 教师：展示地图《1840 年前的中国与世界形势图》。 （图略） 教师总结：鸦片战争爆发之前，西方殖民者忙于在全世界开拓殖民地。如非洲、美洲的加拿大、大洋洲，以及亚洲的西南和东南部，已经或者正在变为资本主义列强的殖民地、半殖民地。世界上不同的国家和民族日益增多地被卷进资本主义的漩涡里面。屹

续表

立在亚洲的中国仍置身事外，但已受到英国鸦片的不断袭击，英国的大炮也已对准我们中国了。从国际环境讲，英国侵略中国的鸦片战争，是这种世界形势的必然产物，往后在中国发生的一系列新的事变，也是以这个形势为背景展开的。而中国为何会战败呢？

学生发言：兵器、制度、经济等方面全方面落后。

教师总结：1840 年之前的中国，又处于怎样的状态之下呢？自然经济占据主导地位，封建主义根深蒂固，因此面对西方的坚船利炮，我们自然不堪一击，最终两次鸦片战争都以失败告终，并签订了中国第一批不平等条约。而这些条约给中国的危害远远比战场上的破坏更为深刻。两次鸦片战争时期签订的这些条约究竟产生了什么深远的影响？

第二章 析条约之害

一、基础梳理：两次鸦片战争的不平等条约

学生活动：结合教材中的内容，梳理两次鸦片战争签订的不平等条约及其影响。

时间	条约名称	主要内容	影响
1842—1844	中英《南京条约》 中英《虎门条约》 中美《望厦条约》 中法《黄埔条约》	割让__________、赔款__________万、协定__________、__________通商、列强获得__________权、__________待遇	使中国的独立、主权和领土完整受到了严重侵犯，中国从一个__________的封建社会逐渐沦为__________。
1858	分别与英、法、美、俄签订《天津条约》	巨额赔款、增开__________个通商口岸、__________进京、__________权、外国人可在中国内地__________等	半殖民地化进一步加深
1860	分别与英、法、俄签订《北京条约》	承认__________有效、割__________、巨额赔款、增开__________为通商口岸、__________贸易合法化	

续表

二、重点探究：从《南京条约》看条约之害

问题1：《南京条约》的签订不仅关乎国运，也关乎广东省新安县的命运。假如你是1842年新安县凤冈书院的学生，当你得知《南京条约》的内容时，你最不能接受的是哪一条？请说明理由。

学生自由发言，表达观点，阐述理由。教师总结学生发言，从而归纳《南京条约》各条款的危害。

问题2：而当时清政府最不能接受的条款却是五口通商。而对于危害极大的协定关税一条，清政府欣然接受拱手相让了？为什么呢？清政府外交失败的根源是什么？

展示材料：

材料1：一口通商与五口通商之比较。

地点	广州	广、厦、福、宁、上
居住地	固定的商馆	通商口岸内自由活动
交易对象	公行行商	废除公行，自由贸易
接触民众	仆役、买办	无法限制
管理手段	通过行商间接管理	无权管理
来华人员	“番妇不得入城”	“带同家眷，寄居五口”

材料2：新的税则……比旧日的自主关税还要略微高一点。负交涉责任者计算以后海关的收入比以前还要多。所以他们洋洋得意，以为他们的外交成功。

——蒋廷黻《中国近代史》

材料3：对于欧洲外交官热切提出、加意关注的那些条款和措辞，钦差大臣没有心思进行严格的审查，他们的全部渴望——太过强烈，掩饰不住——集中在一个目标上，那就是我们马上撤离。

——洛赫《对华战争的最后几战》

学生自由发言，表达观点，阐述理由。

教师根据学生发言进行总结：当时的清政府仍以传统的华夷观念处理外交事务，不明世界发展潮流，缺乏现代外交意识与手段，对国家主权与利益懵懂无知，导致主权丧失，酿成大祸，使国家一步一步沦为半殖民地半封建社会！

设计意图：通过创设乡土历史情境，让学生从个体层面与国家层面思考不平等条约对中国的影响，从而深刻认识近代清政府外交失败的根源与各阶级救亡图存的意义。

第三章　明时代之变

清政府的溃败与不平等条约的危害并未让清政府认清形势。尽管当时的清政府依然

续表

抱残守缺，故步自封，但是鸦片战争之后中国似乎已经不一样了。我们的书上有这样的一句话："《南京条约》等一系列不平等条约的签订，长期影响了近代中国历史的进程，鸦片战争由此成为中国近代史的开端。"正如历史学家所讲，历史最大的特性就是变，那鸦片战争无疑就是中国历史的一个变点。

主题讨论：鸦片战争让中国改变了吗？

材料1：鸦片战争后的十余年间，中国社会并没有感受到更大的压力和危机，也没有产生只有在危机下才能出现的学习西方和赶超西方的强烈诉求，中国社会基本上仍在按照自己的逻辑和节奏缓慢地发展着。

——王建朗、黄克武《两岸新编中国近代史》

材料2：鸦片战争后的自然经济。

时间	1840 年	1860 年	1894 年
土布消用棉纱（土纱+洋纱）量/万担	620.9	628.6	612.4
土布消用洋纱/万担	2.5	3.5	143.4
土布消用洋纱比重/%	0.40	0.56	23.42

——许涤新、吴承明《中国资本主义发展史》

在西方列强经济掠夺的强力冲击下，东南沿海地区的自然经济解体得最为明显。一是洋布洋纱的大量输入，导致土产棉布滞销，传统手工纺织业受到沉重打击。二是丝、茶出口贸易的扩大使得农产品商品化的趋向日益明显。

——王建朗、黄克武《两岸新编中国近代史》

材料3：开眼看世界的代表人物。

代表人物	代表作品及地位	结局
林则徐	《四洲志》"开眼看世界第一人"	鸦片战争时被革职查办，战后复出，但是始终没有公开提倡学习西方。
魏源	《海国图志》提出"师夷长技以制夷"	国内无人问津，后被列为禁书，但对日本影响深远。
徐继畬	《瀛寰志略》"中国近代第一部世界地理著作"	作者被罢官后此书被查禁。清流士大夫批评他：轻信夷书，动辄铺张扬厉……轻重失伦，尤伤国体。

续表

学生活动：以小组为单位，结合教材与材料进行主题讨论：鸦片战争让中国改变了吗？（提出你的观点，说明理由，可在材料中找到依据）

教师结合学生发言进行总结：

我们所谓的变还是不变，其实就是一个问题的两面。其本质上反映的就是近代中国社会转型的艰难。一方面，我们的社会性质、经济、文化、观念、时代任务等都发生了变化；另一方面，中国封建专制制度依然根深蒂固，而自然经济还占据主导地位，民族资本主义发展是比较艰难的。同时我们的国民意识、民族意识还没有完全觉醒，封建礼教依然禁锢人心，这些都阻碍着中国的发展。

我们这个单元接下来的几个内容，就是继续带大家回顾近代中国人是如何肩负着反封建、反侵略的历史使命，不断探索救亡图存的道路，最终实现民族的独立与国家的发展。在这个过程当中，阻碍不断，牺牲不断，他们都在共同地推动了中国的一个历史进程，那就是中国的近代化。其中既有经济的近代化，也有政治的近代化，还有思想的近代化。因为两次鸦片战争的失败告诉我们，只有在实现自身近代化的过程当中，中国才能抵抗近代化的侵略者，而这也是现在中国在一直为之奋斗的目标。因而道光皇帝的愤懑难言在140年之后才变成了邓小平铿锵有力的声音，而曾经在鸦片战争之后，与内地走向了截然不同的发展道路的香港，也回到了祖国的怀抱，当年赖恩爵将军的临终遗言终于实现。

设计意图：通过主题讨论、史料探索，引导学生深入而全面地认识两次鸦片战争的影响，同时反思民族失败的根源。最后以深圳的乡土历史资源收尾，首尾呼应，升华主题，增强课堂感染力，让学生的家国情怀进一步植根心中。

课时板书设计

两次鸦片战争

- 观事件之貌　战因、战程、战果
- 析条约之害　败因何在？危害何在？
- 明时代之变　战后中国：沉沦？上升？

课时作业设计

关于鸦片战争起因的其他观点：

马克思：这场战争是英国资产阶级旨在维护鸦片贸易而发动和进行的对华战争。

马士（美国人，曾在清政府海关总税务司服务）：当中国人实行一种激烈的禁烟运

续表

动而使危机加剧的时候，战争果然就来到了；它（鸦片战争）不过是……来决定东方和西方应有的国际和商务关系的斗争。

费正清（美国汉学家）：大家都认为鸦片战争是一次典型的非正义战争，是鸦片染成的战争……其实，根本是北京愿不愿意和美国订立平等国家关系的问题。

张馨保（美国学者）：当两种各有其特殊体制、风格和价值观念的成熟文化相接触时，必然会发生某种冲突（鸦片战争）。

请你结合本节课的学习，评述以上观点。

课时评价设计

1．评价目标。

（1）学生能够以时间轴的形式概述两次鸦片战争的基本史实，培养历史时空观念。

（2）掌握《南京条约》等不平等条约的主要内容，通过对历史情境的探究，认识列强的侵略本质，理解其对近代中国产生的深远影响，提升历史解释能力。

（3）通过小组合作，进行史料探究，分析鸦片战争的影响，理解鸦片战争是中国近代史的开端，认识近代中国的主要矛盾与时代主题的变化，提升史料实证能力。

2．实现策略。

评价目标	实现策略
（1）概述两次鸦片战争的基本史实，培养历史时空观念。	学生以时间轴的形式，整理两次鸦片战争的大事年表。
（2）掌握《南京条约》等不平等条约的主要内容，认识列强的侵略本质，理解其对近代中国产生的深远影响，提升历史解释能力。	（1）制定学案，布置预习任务，学生提前预习课本，以表格的形式梳理基础知识。 （2）创设乡土情境。假如你是当时凤冈书院的学生，你最不能接受《南京条约》的哪一条？组织学生讨论，分析不平等条约的影响。
（3）分析鸦片战争对中国的深远影响，理解鸦片战争是中国近代史的开端，认识近代中国的主要矛盾与时代主题的变化。	组织主题讨论——“鸦片战争后中国的变与不变”，提供多角度的史料供学生选择，学生进行小组讨论，各抒己见，说明理由。

续表

3. 评价指南。

表现水平	学生在该水平上的表现
水平非常高	（1）准确地以时间顺序列出两次鸦片战争的大事件； （2）从唯物史观角度解释两次鸦片战争爆发的原因； （3）掌握《南京条约》等不平等条约的内容，并说明其影响； （4）使用一系列具体和相关的历史资料说明鸦片战争的历史影响。
水平高	（1）准确地以时间顺序列出两次鸦片战争的大部分大事件； （2）能够基本解释两次鸦片战争爆发的原因； （3）列举《南京条约》等不平等条约的内容，并说明其主要影响； （4）使用具体和相关的历史资料说明鸦片战争的历史影响。
水平满意	（1）准确地以时间顺序列出两次鸦片战争的部分大事件； （2）能够基本解释两次鸦片战争爆发的主要原因； （3）列举大部分《南京条约》等不平等条约的内容，并列举其主要影响； （4）使用一些相关的历史资料说明鸦片战争的历史影响。
正在进步	（1）准确地说出两次鸦片战争的部分大事件； （2）几乎没有意识到两次鸦片战争爆发的根本原因； （3）列举一些《南京条约》等不平等条约的内容，并说出一些影响； （4）使用不相关、不准确的历史资料说明鸦片战争的历史影响。

课时教学反思

一、反思设计思路

两次鸦片战争，是学生非常熟悉的内容，如果按照传统的方式讲授，很容易变成初中内容的重复，学生的课堂兴趣与探知欲也会降低。因此，笔者在设计这一课的时候，主要尝试做到以下两点。

其一，立足地域实际，创设乡土历史情境，引入深圳地区乡土历史资源，拉近学生与历史事件的距离，帮助学生提升对教材内涵的理解，树立家国情怀。乡土历史课程资源，既是大时代历史发展的缩影，又与学生熟悉的地域环境密切相关，可以拉近学生与历史的距离，是高中历史课程资源的重要补充。因此，笔者在本课教学中，不仅在导入环节运用了乡土史料，也在知识讲解中创设了乡土历史情境；使历史课堂既充满“历史味”，

续表

又兼具“人情味”；让学生既能在问题探究中培养史料实证与历史解释能力，又能由远及近，把宏大的历史事件拉回到身边的人、事、物中，使家国情怀真正地在学生心中生根发芽。 其二，试图重新整合教材内容，根据思维能力水平层次设置了本课的三个教学环节，层层递进，促进学生历史思维品质的提升。环节一，观事件之貌，主要是让学生回顾初中所学知识，并且以时间轴的形式进行整理，有利于培养历史时空观念。环节二，析条约之害，试图透过微观透视条约的内容，引导学生通过对历史情境的探究，认识列强的侵略本质，理解其对近代中国产生的深远影响，提升史料实证能力与历史解释能力。环节三，明时代之变，主要是让学生进行史料探究，分析鸦片战争的影响，理解鸦片战争是中国近代史的开端，认识近代中国的主要矛盾与时代主题的变化。 **二、反思教学效果** 整体来说，这节课基本上落实笔者的设计思路，把既定的课堂框架完整地呈现了出来。当然，没有一节课是完美的，这节课也有许多不足。 其一，知识整合能力有待加强。一节 40 分钟的课，笔者需延长课堂 5 分钟才完成了全部的教学内容，最后收尾仍显得有些仓促，不够从容。主要的问题是在教学内容的取舍上仍不够大胆，尤其在第二个环节中，呈现的史料与讲述的内容稍多了些，使得第三个环节时间不够充裕。 其二，学生活动设计需要优化。本节课的学生活动不少，每个教学环节都有学生活动，并且提供了明确的学生任务。但是在具体实践上，第二个环节的学生活动不够活跃，有的地方成为常规的教师学生一问一答，不知不觉地教师有点喧宾夺主。第三个环节的学生活动也因时间限制没有达到最佳效果。 其三，乡土历史资源的运用技巧仍需锤炼。这节课的一大亮点是渗透了深圳地区的乡土历史资源，这也是笔者基于本组课题研究成果的一次有益尝试。整体来说，笔者利用乡土历史资源的技巧还不够纯熟，比较生疏，还可以挖掘出更丰富的与本课契合的乡土资源。今后笔者在运用乡土历史课程资源时，将不断提高运用技巧，挑选出最典型、最具代表性，与国家规定的课程内容联系最紧密的部分，帮助学生学习和理解课程内容，助力学生历史学科核心素养的培养。

论　文

中小学思政课

初探以道德与法治为主的跨学科融合教学路径
——以《岭南醒狮文化》一课为例

作者：林敏洁（广东省教育研究院黄埔实验学校）

来源：GDJY－2021－A－a15 义务教育统编教材三科协同共育教学实践研究

摘　要：在统编三科教材全面推行的背景下，学科之间交叉的部分越来越多，这让学科融合有了更高的可行性。文章以《岭南醒狮文化》一课为例，尝试采取以道德与法治为主，体育、历史为辅的跨学科融合教学方式，整合资源进行教学实践，并尝试提出实现学科融合教学的路径。

关键词：跨学科　融合教学　道德与法治

跨学科融合教学是指超越单一学科界限，涉及两个或两个以上学科的知识创造和传播活动，以问题为基础、以某一学科教学目标为中心，利用相关关联学科进行辅助加工来展开教学设计。跨学科融合教学能够为学生开阔跨学科视野，产生全新的学习体验。

一、 跨学科融合教学必要性思考

1. 基于道德与法治课程标准要求的思考。

2022 年 4 月，教育部印发《义务教育课程方案和课程标准（2022 年版）》的背景与意义之一是落实立德树人根本任务，发展素质教育。其修订的原则有三点：一是坚持目标导向；二是坚持问题导向；三是坚持创新导向，深化教学改革。这三点与跨学科融合教学的要求不谋而合。“通过深化教学改革”实现学生综合能力提升；其中“学习任务群”的提出正是围绕教学目标或问题重新整合课程内容，进而走向跨学科改革的信号。

本节课以讲述“岭南醒狮文化”为主题，在整合信息的过程当中，发现学科之间的联系是密切的。例如：讲到醒狮就得追溯其根源，了解其发展历史。另外，醒狮蕴含的精神是否可以挖掘出来为学生所用呢？这又何尝不是德育的一种途径！既然是让学生了解和激发对这项岭南优秀传统文化的兴趣动机，单纯的道德与法治课和历史课讲授略显乏味，而只通过上体育课或兴趣班去让学生体会醒狮背后蕴含的精神的话，实现这一目标需要时间长，且并不一定适合面向全体学生。因此，笔者认为有必要从不同的角度对此进行资源整合，跨学科融合教学。

2. 基于道德与法治跨学科融合教学内容的思考。

道德与法治课是学校德育的主阵地，是教育者有目的、有计划地对受教育者进行思想品德培育的活动，但落实立德树人的任务绝不能仅靠道德与法治课。习近平主席在学校思想政治理论课教师座谈会上指出："要坚持显性教育和隐性教育相统一，挖掘其他课程和教学方式中蕴含的思想政治教育资源，实现全员全程全方位育人。"道德与法治学科和历史、体育学科在德育方面有共通之处，比如爱国主义教育，维护民族团结和睦、维护祖国统一，集体主义精神，顽强意志的培养，等等。

3. 基于学生自身特点的思考。

随着时代的发展，小学生可接触到的信息渠道多样化，知识储备量丰富，有时候甚至高出教师预期。而学科融合涉及两个或两个以上学科内容，具有开放性与综合性的特点，可以兼顾到学生的个性发展与全面发展；从教学实践来看，学科融合可在一定程度提高学生学习的积极性与参与性。

这种跨学科融合教学对于教师而言是一项挑战，要求教师拓宽视野，用综合性思维去看待问题。虽然跨学科融合教学要求更高了，但是在教学设计、实施、评价等环节中都可以采取更加多元化的方法，在课堂的资源选择与活动安排设置上也有了更多的可能。

二、 跨学科融合教学的操作实施

笔者在教学实践中，尝试跨学科融合教学。通过研读新课标，设置教学目标；结合学科特点，选择教学资源；基于学生特点，灵活选用教学形式，从而实现跨学科融合教学，让学生体验不一样的课堂，激发学生兴趣，促使学科核心素养达成。笔者将结合校本公开课《岭南醒狮文化》进行阐述，具体如下。

1. 立足新课标，合理设置教学目标。

教育部基础教育司司长吕玉刚表示："要按照课程标准进行教学，学什么，考什么，而不是考什么、教什么、学什么。"课程标准是国家课程的基本纲领性文件，对于教学、评价都有着重要的指导意义，《义务教育道德与法治课程标准（2022 年版）》明确提出政治认同、道德修养、法治观念、健全人格和责任意识的核心素养要求，同时对道德与法治教育教学做了具体阐述。

《岭南醒狮文化》在新课标中对应的学段目标是，了解中华优秀传统文化的主要代表性成果及其意义，为中华民族创造的文明成就感到自豪。结合课标内容要求、教学提示、学业质量描述的研读，笔者确立了本课的教学目标：知道岭南优秀传统文化的代表性成果；了解舞狮的基本常识，并感受其魅力；增强对岭南优秀传统文化的认同，提升文化自信。

2. 结合学科特点，适当选择教学资源。

在跨学科背景下，可供学科融合选择的教学内容较多，但学科融合所利用的资源和材料都应该紧扣主题或问题。因此在选题或选择教学资源的时候，可以将学科中具有共性的内容和材料结合在一起进行教学。

同样的主题，教学内容不同，所产生的教学效果将是天壤之别。在整合信息的过程中，笔者发现“醒狮”这个主题与历史和体育学科关系密切，于是确定挖掘历史与体育学科资源融入《岭南醒狮文化》进行课堂教学。中华文化源远流长、博大精深，了解文化就必须追根溯源，这样才能更好地感受文化的魅力。讲述岭南醒狮文化起源的部分可以寻找历史老师集体备课，让历史老师参与进来，用历史的观点去解读文化的传承，这也是三年级小学生的历史课初体验；结合我校特色社团“舞龙舞狮社团”，其可利用的教学资源也较多，比如醒狮服装、醒狮动作规范、剪辑舞狮社团日常训练视频、探究醒狮背后蕴含的育人精神等。这些正是道德与法治学科和历史、体育学科在德育方面共通之处的体现，同时也是本课例很好的教学资源。

3. 基于学情，灵活设置教学形式。

任何的教学活动都离不开学生，只有在科学、充分地分析学情的基础上，才能有针对性地展开教学，达到事半功倍的效果。这要求教师不应该拘泥于教材，而应该关注学生主体，关注学生感兴趣的、生成的问题。这样才能真正实现教学目标，为学生的成长发展服务。

在《岭南醒狮文化》教学实施过程中，笔者以岭南醒狮文化为连接点，通过新颖的校本文化主题，融合了历史、体育学科，整合线上线下教学内容，广泛开发教学资源，让学生在体验中感受精彩的岭南文化魅力的同时，引导学生厚植文化情怀。本课例分三个环节展开，即舞狮知识我知道、舞狮过程我了解、岭南文化我自信。

环节一，导入部分，先以邀请体育老师录制视频作为开场白，并以体育老师发起的醒狮闯关挑战为起点激发学生的求知欲望与兴趣，让学生们在通关的过程中，了解舞狮的基本知识。接着历史老师通过微课的形式，从历史的角度，向学生们讲解了岭南醒狮的起源，同时介绍醒狮的固定环节“采青”的由来。

环节二，学生通过观看舞狮社团日常训练的视频，更加直观、深刻地体会到舞狮队训练不仅充满欢声笑语，更多的是饱含着汗水和坚持。为了让学生能在现场一览醒狮风采，笔者特地邀请了两位舞狮队的成员上台表演，这两位小老师为大家演示了龙狮“眨眼睛”的动作，并邀请在座的学生近距离接触舞狮服饰，还耐心地回答了很多疑问。其中有一位学生问道："你们只是三年级的小学生，舞狮训练那么辛苦，是什么动力使你们坚持下来呢?"一位成员坚定而自信地回答："因为我很热爱舞狮这项表演。舞狮表演是不分年龄的，这是一项传统文化，我们应该好好传承!"他的回答得到了在场所有学生的热烈掌声。笔者顺势引导学生们讨论：学习舞狮需要具备什么样的精神？学生答了热爱、坚持、敢吃苦的精神等，其中一个学生还从舞狮的两人配合感悟到团结协作的重要性。笔者便抓住这点，引导班级学生要团结一致，在课堂中落实立德树人的任务。

环节三，顺势深入，以舞狮文化为起点，继续引导学生们初步认识粤绣、岭南建筑、粤剧等其他优秀岭南文化，从而增强了学生的文化自信，让学生对岭南文化发自内心地认可，并承诺用自己的实际行动弘扬岭南优秀文化!

三、 跨学科融合教学研究的收获与感悟

1. 坚定主线，把握方向。

跨学科融合教学可选择的教学资源虽多，但处理不慎可能会出现一团乱麻的情况，那该如何串联起来呢？笔者回到了本学科，既然中心是道德与法治学科，那么教师就要加强引导，注意方式方法，在给予学生自主性的同时，引导学生最终回到本学科。

2. 学科融合的表现形式多样化。

可以一主一辅，也可以一主二辅；可以两位学科老师分时间段上讲台讲授，也可以是由一人讲授集体备课的成果，其他学科资源以录制微课的形式呈现在课堂当中。

相信通过这样一种全新的教学方式，留给学生的是一个多元的、立体的课堂。这种课堂既有思想启迪，又有文化熏陶。这正是跨学科融合教学合力催生的效果。

四、 跨学科融合教学研究的反思与不足

本文以校本课例《岭南醒狮文化》一课为例，初探以道德与法治为主的跨学科融合教学路径；但受经验与个例的限制，本研究也存在一些不足。现将不足和反思总结如下：

（1）本文的研究路径还未形成成熟的理论，属于笔者实践思路的讲述，因此该文只为抛砖引玉，给大家跨学科融合教学提供一个教学思考的新方向。

（2）学科融合需要从学生出发，基于问题去解决问题。学科融合不仅对教师来说是一种挑战，同时也要求学生对多门学科知识有所掌握。这样的教学模式对能力强、知识面广的学生来说较能接受，教学效果也更明显；但如果是对本学科理解不深，对涉及学科也不熟悉的学生就略显吃力了。因而教师在问题的设计上应该层层深入，以便更好地对学生进行启发；根据学生需求，除了内容、方法的融合，学科精神也可以融合。

参考文献

[1] 张静帆. 统编教材下学科融合教学实践：以“比较古希腊哲学与中国先秦诸子学”一课为例 [J]. 现代基础教育研究，2021 (26).

[2] 赵传栋. 跨学科学习：神奇的学科跨越 [M]. 上海：上海远东出版社，2020.

[3] 杨益根. 跨学科融合教育的实践与思考 [J]. 试题与研究，2020 (27).

[4] 周姣术，朱华. 浅谈皮亚杰认知发展理论对当代教育教学的意义 [J]. 学理论，2017 (8).

[5] 中华人民共和国教育部. 义务教育道德与法治课程标准（2022 年版）[M]. 北京：北京师范大学出版社，2022.

党史学习教育与初中思政课教学融合的课堂实践
——以《习近平新时代中国特色社会主义思想学生读本（初中）》与初中道德与法治课的新结构设计为例

作者：叶婉帼（广州市越秀区教育发展研究院）

来源：GDJY－2021－A－b067 聚焦铸魂育人的中学三科大概念统整教学创新研究

摘　要： 广州市越秀区初中道德与法治教师团队以《习近平新时代中国特色社会主义思想学生读本（初中）》同道德与法治课堂教学教研实践相结合，运用新结构“教—学—评”范式，探索党史学习教育和初中道德与法治课教育融合，进一步深入推动习近平新时代中国特色社会主义思想进教材、进课堂、进学生头脑。

关键词： 党史学习教育　新结构“教—学—评”范式

《习近平新时代中国特色社会主义思想学生读本（初中）》（以下简称《读本》）与初中统编教材《道德与法治》蕴含丰富的党史教育资源。在教学实践中，越秀区初中道德与法治教师团队运用新结构“教—学—评”范式，进一步推进党史学习教育与初中道德与法治课教育融合，具体以《读本》第六讲“筑牢坚不可摧的钢铁长城”与初中统编教材《道德与法治》八年级上册第九课“树立总体国家安全观”为例，我们做了一些有益且成功的探索。

一、基于新结构“教—学—评”范式的知识维度，挖掘《读本》、教材与党史教育契合点，构建大单元整体教学

《读本》与初中统编教材《道德与法治》蕴含丰富的党史教育资源，教师在教学过程中不仅要充分用好这些资源，更要把握《读本》和教材主旨，挖掘《读本》和教材与党史教育的契合点。在八年级上学期，《读本》第六讲“筑牢坚不可摧的钢铁长城”与《道德与法治》八年级上册第九课“树立总体国家安全观”关联性强，现实意义重大，与我们每一个人息息相关。对于长期生活在和平与安定环境下的初中生来说，他们对于我国发展过程中所面临的复杂世界形势既缺乏切实感受，也缺乏辩证思考。一方面，他们对国家安全面临的严峻形势缺少忧患意识；另一方面，一些学生认为维护国家安全只是安全部门的事情，与自己没有多大关系，关心国防、建设国防的意识不足。

从教学内容上看，《读本》第六讲的内容主要分为两部分，第一部分是新时代为什么要建设强大的人民军队，包括：应对世界形势的必然要求，中华民族复兴伟业的战略支撑。第二部分是如何才能建设强大的人民军队，包括：始终坚持党对人民军队的绝对领导，全面提高新时代备战打仗能力，推进国防和军队现代化建设。《道德与法治》八年级上册第九课“树立总体国家安全观”的主要内容包括两个框题，第一框是认识总体国家安全观，包括：国家安全与我们息息相关，坚持总体国家安全观。第二框是维护国家安全，包括：全面推进国防和军队现代化，人人都是维护国家安全的主角。

从初中学生认知水平现状看，对《读本》与教材的编写立意和教学目标、教学内容的理解与把握都是有一定的难度的。因此，广州市东风实验学校陈婷老师和广东华侨中学余海翔老师运用新结构“教—学—评”范式分别对《读本》第六讲和《道德与法治》八年级上册第九课进行了大单元整体教学目标设计。

《读本》第六讲“筑牢坚不可摧的钢铁长城”的教学目标为：

目标1：通过辛丑百年对比，让学生感知国际形势的变化和挑战，意识到建设一支强大的人民军队的必要性和重要性；认识到中华民族伟大复兴需要人民军队提供坚强后盾和安全保障。

目标2：通过观看《2020年人民军队最让人震撼的十个场面》视频，让学生确认人民军队在党的领导下取得的伟大胜利，拥护党对人民军队的绝对领导。

目标3：通过观看图片、视频和阅读材料，促使学生赞同“中国军队训练之严格，本领之高强”的客观事实；确认我国目前国防建设的成就；结合人民军队战斗历史，赞同人民军队的战斗精神和血性胆魄。

目标4：引导学生展示我国推进国防和军队现代化建设战略安排“三步走”的内容，明白国防和军队现代化建设的重要性，自觉关心国防、热爱国防。

《道德与法治》八年级上册第九课“树立总体国家安全观”的教学目标为：

目标1：通过分析“长津湖战役”爆发的原因，让学生感知国家安全的重要意义，意识到国家安全和我们每个人息息相关。

目标2：通过联系时事，引导学生确认新时期我国面临的内外威胁，以及新时期国家安全面临的复杂形势，树立总体国家安全观。

目标3：通过分析“长津湖战役”取得胜利的原因，引导学生树立军强才能国安，必须要全面推进国防和军队现代化的观念。

目标4：通过学习伟大抗美援朝精神，让学生明白自觉维护国家安全人人有责，引导学生自觉树立新时期要担当起维护国家安全、关心国家发展的决心和神圣使命，积极履行维护国家安全的法定义务，建构政治认同、法治观念和责任意识等核心素养。

从教学目标设计上，两位老师都分别从知识、情境、能力和水平四个不同维度对课堂教学进行贴合生情、学情的设计。在新结构“教—学—评”的知识维度，两位老师都紧紧抓住以大概念为核心的结构化知识要素，不仅包含了对陈述性、程序性知识的目标设计，更是指向学生的元认知知识和品格价值观。通过课堂学习，学生能够理解并坚持国家利益至上，理解并坚持树立总体国家安全观，认同中国特色社会主义最本质的特征是中国共产党领导。

二、基于新结构“教—学—评”范式的能力维度与情境维度，以问题解决的知行进阶，优化情境任务创设，促进核心素养落地

《读本》与初中统编教材《道德与法治》的学习内容对初中学生来说理论性较强。因此，在挖掘其与党史学习教育的契合点时，教师更需要优化情境与情境任务设计，以问题解决的知行进阶推进初中学生的能力素养水平。基于新结构“教—学—评”范式的能力维度与情境维度的教学设计，教师要结合时政资料、历史资料和学生生活背景创设情境，让学生在情境任务中循序渐进地实现从习得性学习、应用性学习、拓展性学习走向适应性学习。

在《读本》第六讲的教学设计中，广州市东风实验学校陈婷老师引用2021年3月18日中共中央政治局委员、中央外事工作委员会办公室主任杨洁篪，国务委员兼外长王毅在安克雷奇同美国国务卿布林肯、总统国家安全事务助理沙利文举行中美高层战略对话的背景材料，以“两个辛丑年的对比”的图片与问题引发学生的思考：“世界局势风云变幻，为什么说中国走向世界需要建设强大的人民军队?”通过使用图片、视频等材料，吸引学生注意力，使学生对当今的国际形势有更具体深入的认识；结合《读本》“资料卡片”的文本内容，设计“探究与思考”活动，引导学生从国际形势对我国发展的影响方面进行思考，深入感知、确认并赞同“强国必须强军”。

在《道德与法治》八年级上册第九课的教学设计中，广东华侨中学余海翔老师创设情境，借助电影《长津湖》片段与学生一起回到历史现场。通过情境的引入，余老师设计了两个情境任务：第一，观看电影视频片段后，分析当时长津湖地区的气候状况和中美军事实力状况如何。第二，结合情境任务一和电影《长津湖》里的人物和台词进一步思考，当时条件如此艰苦，实力如此悬殊，为什么还要打这场战争？余老师的情境创设和情境任务设计，是由一般良构问题情境到复杂良构问题情境来渐次推进学习任务，其意图在于：让学生分析材料，弄清楚长津湖战役（抗美援朝）爆发的原因，进而引导学生感知和确认国家安全的重要性和含义；结合现实生活，让学生思考新时期中国面临的安全形势并举例，进而引导学生对总体国家安全观从“认识”到“认可”，再到“认同”“认定”。

正如习近平总书记所说：“历史是最好的教科书，也是最好的清醒剂。中国人民对战争带来的苦难有着刻骨铭心的记忆，对和平有着孜孜不倦的追求。”两位老师通过情境的创设、情境任务的设置，融入党史学习教育，激发学生的学习兴趣和思考，培养学生的逻辑分析能力；通过对历史史料的重现、对时事材料的讨论与解读，增强了学生的理解能

力，进而使学生的政治认同、法治观念和责任意识等核心素养落地，明白国家安全与我们息息相关，突破学生认知的重难点，打通党史学习教育与初中道德与法治课教育的课堂融合。

三、基于新结构“教—学—评”范式的水平维度，坚持“教—学—评”一致性原则，创设多样多维作业设计

党的十九大概括和提出了习近平新时代中国特色社会主义思想，确立为党必须长期坚持的指导思想。培养德智体美劳全面发展的社会主义建设者和接班人，必须用习近平新时代中国特色社会主义思想武装学生头脑。基于新结构“教—学—评”范式的水平维度认为，学生学习结果质量不仅仅考虑学科知识等单一要素，而应综合考虑习得知识、学习进阶能力、学习过程技能、学习情境和学习品质等主要质量指标。学生的学习水平越高，预期学生面对的问题情境越复杂、知识应用越综合，能成功解决的问题难度就越大。因此，在党史学习教育与初中道德与法治课的融合教育同样应该坚持“教—学—评”一致性原则，在其作业设计和测评设计时注重加强结构化、情境化和一体化设计。

广州市东风实验学校陈婷老师结合《读本》进行了以下作业与拓展学习设计：

> 阅读《习近平新时代中国特色社会主义思想学生读本（初中）》第60～70页，运用所学知识和生活经验，与同学继续探讨以下问题：
>
> 我们的军队是人民军队，我们的国防是全民国防。
>
> 有人说：“驻守边疆、维护领土完整是战士的职责，与中学生没有关系，我们也做不了什么。”你同意这种说法吗？请说明理由。

广东华侨中学余海翔老师运用初中统编教材和《读本》进行情境的结构化整合，对《道德与法治》八年级上册第九课的作业与拓展学习设计如下：

> 在波澜壮阔的抗美援朝战争中，英雄的中国人民志愿军始终发扬祖国和人民利益高于一切、为了祖国和民族的尊严而奋不顾身的爱国主义精神，英勇顽强、舍生忘死的革命英雄主义精神，不畏艰难困苦、始终保持高昂士气的革命乐观主义精神，为完成祖国和人民赋予的使命、慷慨奉献自己一切的革命忠诚精神，为了人类和平与正义事业而奋斗的国际主义精神，锻造了伟大抗美援朝精神。
>
> ——摘自《习近平新时代中国特色社会主义思想学生读本（初中）》
>
> 阅读上述材料，回答问题：
>
> 结合课本知识和《习近平新时代中国特色社会主义思想学生读本（初中）》的相关内容，以及自身生活经验，谈谈新时期的我们应该怎样学习抗美援朝精神，我们能为维护国家安全做些什么？并举出具体的实例。

最后，余老师还建议同学们通过对此学习任务的讨论分享，形成个人的主题式小论文。

两位老师的作业和拓展学习设计，不是简单地测评学生“知道什么”，而是通过对时政情境、生活情境和学术情境的结构化设计，把学习结果测评活动嵌入真实的具体的问题情境中，情境任务设计具有较强的开放性和实践性，使评价转向对学生能否运用知识、能力和品格价值观“解决什么”。

2021 年 7 月，国家教材委员会印发的《习近平新时代中国特色社会主义思想进课程教材指南》指出，初中阶段重在感性体验和知识学习相结合，促进形成基本政治判断和政治观点，打牢思想基础。主要以具体事实、鲜活案例、生活体验和基本概念，引导学生进行初步理性思考，通过呈现中国共产党带领全国各族人民取得的历史性成就和创造的“两大奇迹”，从“是什么”的角度帮助学生初步理解习近平新时代中国特色社会主义思想的核心要义，增强学生的集体荣誉感、社会责任感、民族自豪感，引导学生热爱党、热爱祖国、热爱人民。

作为落实立德树人根本任务的关键课程，初中统编教材《道德与法治》和《读本》蕴含着丰富的党史内容。党史作为思政课的定海神针，为“拔节孕穗期”的青少年提供了丰厚的精神滋养，对培养学生树立正确的人生观、价值观起着不可替代的作用。教师以新结构“教—学—评”范式搭建大单元的教学结构，使每一节课的教学活动不仅仅传播知识，而且还以初中统编教材《道德与法治》和《读本》中蕴含的丰富的党史知识为抓手，启迪智慧，铸魂育人。

参考文献

[1] 张云平. 构建新结构教学评框架有效反思和改进学习测评 [J]. 课程 · 教材 · 教法，2021，41 (6).

[2] 韩震. 如何贯彻落实好《习近平新时代中国特色社会主义思想进课程教材指南》的要求 [J]. 中小学教材教学，2021 (10).

创设多元体验，构建素养课堂
——“价值体悟”教学模式下的小学道德与法治教学设计例谈

作者：何嘉仪、唐雪梅（深圳市教育科学研究院）

来源：GDJY－2021－A－a08 小学道德与法治“价值体悟”教学模式创新实践研究

摘　要：为进一步强化思政课在小学阶段的教学实践，培养有理想、有本领、有担当的时代新人，课题组构建小学道德与法治“价值体悟”教学模式，形成“多元体验—理论认知—思辨探究—价值选择—理念认同—生命实践”为主线的“六环”教学路径，探索“激趣导入—体验探究—践行内化—立德导行”的课堂基本结构，突出学生主体地位，深化体验，促进感悟与建构，落实核心素养培育。

关键词：价值体悟　教学路径　体验　导行

道德与法治课程作为义务教育阶段的思政课，对提升学生思想政治素养、道德修养、法治素养和人格修养具有关键作用。《义务教育道德与法治课程标准（2022年版）》提出：“要积极探索议题式、体验式、项目式等多种教学方法”“要采取热点分析、角色扮演、情境体验、模拟活动”等教学方式，从而更好地将核心素养的培育作为教学的出发点和落脚点。

为进一步强化思政课在小学阶段的教学实践，不断增强小学道德与法治课的针对性，提高有效性，实现入脑入心，“价值体悟”教学模式聚焦学生核心素养，构建以“情境”为主要特征的课堂，突出学生主体地位，打造小学道德与法治高效课堂，落实核心素养培育。

一、“价值体悟”教学模式特征

“价值体悟”教学模式以习近平新时代中国特色社会主义思想和社会主义核心价值观为引领，指向学生核心素养落实，构建“多元体验—理论认知—思辨探究—价值选择—理念认同—生命实践”为主线的“六环”教学路径（见图1）。

其中，多元体验是“价值体悟”教学模式中最突出的特征，它具体指在课前导学和课堂教学中，创设真实情境，打造沉浸式体验，以情感体验、认知体验和行为体验促进学生体验生活化、趣味化、自主化，激活学生已有的直接或间接经验，使其获得情感、能力、知识的初步认知。

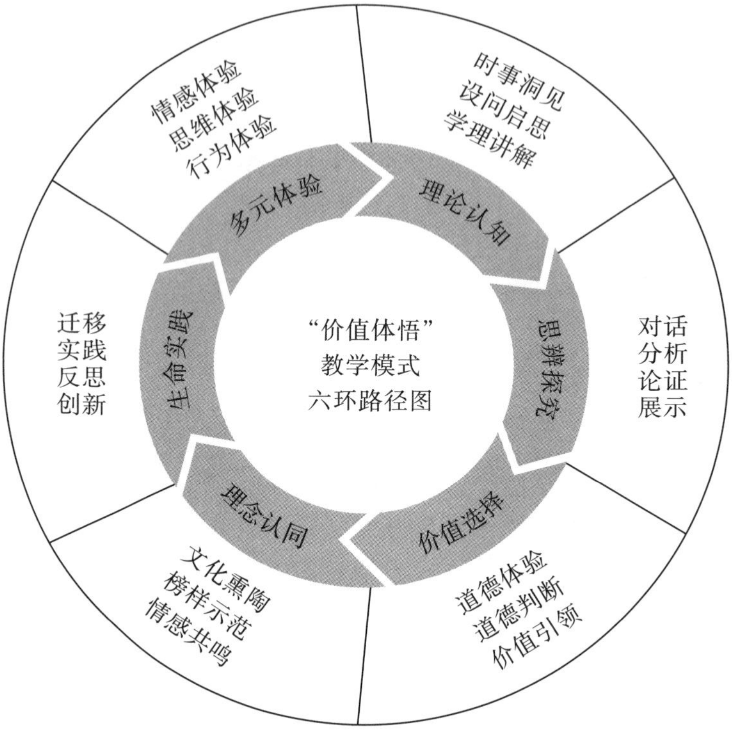

图 1 “价值体悟”教学模式“六环”路径图

课堂设置情境性体验活动。学生在充分体验音像资料、他人经验等情境性材料后，形成认知并调动情绪和情感，为进一步展开学习奠定基础。例如，在小学《道德与法治》四年级上册第三单元第 9 课“正确认识广告”第一课时教学中，通过“广告小侦探”问题情境创设，引导学生参与“找一找，广告在哪里”的小游戏。在游戏中，学生带着问题去开展学习，有的学生甚至不由自主地发出“哇，原来广告无处不在”的感叹，调动起了情感体验。

课堂设置思维型体验活动，在案例、故事、新闻等多种教学资源的运用中，引导学生进行换位思考、理性分析、出谋划策，运用思维能力从材料中抽象出理论知识，培养思维能力。如在六年级上册第二单元第 4 课“公民的基本权利和义务”教学中，结合网络上较为热门的讨论话题“高铁占座”事件，结合具体的案例，引导学生开展“你说我说”讨论会，从公民的基本权利和义务去分析乘客和乘务员的行为，促使学生在主动思考中加以领悟和感悟，形成正确的价值判断和价值认同。

课堂设置实践类体验活动，通过课内游戏式学习和课外项目式学习的行为体验提升学生实践能力。在一年级下册第四单元第 14 课“请帮我一下吧”中，设置了栏目《我会求助》。为了激发学生正确求助的意识，课堂上通过情境设置如“在超市里与父母走散了该怎么办?”“独自一人在家却有陌生人敲门怎么办?”等问题，让学生在小组内通过模拟实践，并做现场演绎，从而发现学生在遇到困难时是否懂得求助，并进一步提升他们解决问题的能力。

二、基于“价值体悟”教学模式的课堂结构

在新课标背景下，小学道德与法治教学要做到坚持素养导向，密切联系社会生活和学生生活实际，引导学生自主、合作和探究学习，丰富学生实践体验，促进知行合一。经过课题组的实践探索，“价值体悟”教学模式下的小学道德与法治课堂目前已形成了“激趣导入—体验探究—践行内化—立德导行”的基本结构。

激趣导入，是课堂的“开篇”环节，也是调动学生学习积极性和主动性的重要环节。教育家苏霍姆林斯基曾说：“任何一个优秀的教师，必须是一个善于激起学生对自己的课程兴趣，确立自己课程吸引力的教师。”在这个教学环节中，教师通过情境创设、问题导引、游戏导入、实物展示、图文激趣等形式，激发学习兴趣，使学生对课堂学习产生期待，同时也进一步增强教学的吸引力、亲和力和感染力。

体验探究，是组织学生参与探究性活动，通过体验式、项目式等教学方法，引导学生参与热点分析、角色扮演、情境体验和模拟活动等活动，引导学生开展开放性、实践性、综合性的学习探究，帮助学生理性认知，让学生在积极参与感悟和建构中提高发现问题、分析问题和解决问题的能力。

践行内化，强化课程的思想与价值引领，设置促进学生深度学习的学习任务，指向真实性问题解决。在课堂上组织学生开展小组合作探究，设置两难情境问题，通过文化熏陶、榜样示范等方式，引发学生内心真实的道德体验和道德判断，使成员之间产生对话、分析、论证、展示，提高学生批判性思维，实现知识与技能的更新迭代，帮助学生形成正确的价值观念。

立德导行，是课堂的延伸拓展，通过模拟体验、行为辨析、行动规划等学习活动，引导学生实践运用所学知识，发挥知识的价值，实现知行合一。同时，推动“思政小课堂”与“社会大课堂”相结合，在课后拓展实践中打造学校、家庭、社会形成三位一体的教育合力体系，以认知促进实践，以实践提升认知，实现“价值体悟”的持续深化和交互生成。

三、基于“价值体悟”教学模式的教学设计

经过前期的研究，课题组团队以“读懂彼此的心”一课的教学设计呈现“价值体悟”教学模式的具体实践。

“读懂彼此的心”是统编版《小学道德与法治　五年级　下册》第 1 课，关注道德修养和健全人格核心素养培育，旨在引导学生理解家人，感受家人的爱，更好地解决与家长之间产生的摩擦和矛盾，体贴父母长辈。本课设计将学生在日常生活中与家人之间产生的

小摩擦问题情境化，引起学生的情感共鸣，引导学生深入思考产生矛盾的根源，通过换位思考，理解家人的心，正确处理与家人的关系，从而更好地解决与家人之间的矛盾，提升学生解决生活问题的能力，激活道德成长。

（一）创设“树洞”情境，聚焦问题

在课堂伊始，结合教材的情境创设进行二次创造，重现学生生活中的真实问题，能更好地激发学生的学习兴趣。因此，课堂导入的环节设置了以下内容。

情境一：“树洞”的秘密

（1）情境渲染。

同学们看，一位五年级的同学欣欣在班级的“树洞”信箱，倾诉了自己的烦恼。

（2）课件展示教材活动园：李晓欣的周记。

（3）同学们，你们是否也有和欣欣同学类似的经历，与家人之间产生过不愉快呢？（学生可联系生活实际事件，在“树洞”卡片写下相关的经历）

在课堂的导入环节中，创设了班级“树洞”信箱的情境，通过同学李晓欣的心声，引发学生的情感共鸣，引导学生联系自身生活实际，以向“树洞”倾诉的方式诉说自己的烦恼。以问题为导向，创设新颖的情境，极大地调动了学生的学习积极性。学生纷纷记录下自己与家人发生的小摩擦。有的写道：“平常做完作业，我想看会电视，但妈妈让我增加课外练习题。”有的写道：“周六日我想和小伙伴玩玩，但是爸妈给我报了很多的兴趣班，我不想去。”“树洞”情境的创设，带来轻松的对话环境，让学生大胆提出了生活问题。

（二）探究问题起源，换位思考

当学生提出自己的生活问题后，要引导其合理地分析问题，自主探究，发现自己与家人之所以会产生矛盾的原因，找到解开矛盾的关键所在。

情境二：矛盾小侦探

（1）情境创设。

让我们化身“矛盾小侦探”，针对刚才你写下的“树洞”问题，利用思维导图的形式，分析和父母产生矛盾的原因。

（2）聆听：家人的心声。

播放长辈们的录音和视频（事先录制家长们关于孩子成长变化的一些评价和心声，在课堂上播出）。

（3）学生自由发言，说出自己观看视频后的感想。

以上教学环节创设了第二个情境，使学生从问题的提出者转化为问题分析的“矛盾小侦探”，使学生能转换思考的角度，更理智地去分析问题。聆听家长的录音和观看视频之后，许多学生消除了原有的抵触、消极情绪，尝试从家长的角度看待问题，感受到家长对自己的关心，对父母有了更多的理解和包容。

（三）正反辨析明道理，掌握方法

经过本课前面的教学，通过共情，学生懂得了换位思考。接着，需引导学生排解不良情绪，用积极的态度和有效的方法，去化解与家长之间的矛盾。

情境三： 回忆时光机

（1）情境渲染。

同学们，让我们乘坐“回忆时光机”，回顾家长与自己相处的让你印象最深的幸福时刻，并和大家分享。（学生课前搜集了照片、视频材料，在课堂上进行分享展示）

小结：无论是严厉的管教还是民主的协商，家人与我们相处的方式虽然不同，但都离不开“爱”。

（2）辨析：主动交流。

结合书本情境，围绕“与家人争吵时，我要据理力争”展开辩论。

小结：如果放任自己的情绪，与家人吵起来，只会进一步激化矛盾；相反，如果能主动与家人交流，就能增进相互的了解与理解。

（3）方法：“四心沟通法”。

介绍与家人沟通时的技巧和方法：四心沟通法——“留心看、细心听、用心讲、耐心说”。

以上教学环节对提高学生理性思维和判断有重要作用：“回忆时光机”的情境创设，使学生带着发现的目光去回顾、关注生活细节，从生活点滴中发现家人的爱；接着转向“正反辨析”，从正、反两个方面去发现不同的态度对解决问题所产生的不同结果，从而感受“主动交流”的重要性。概言之，结合书本的“四心沟通法”，能使学生了解和掌握与他人相处、化解矛盾的科学方法，进一步提高问题解决能力。

（四）情境实践探索，情感升华

道德与法治课重在激发学生道德成长，知行合一，促进学生更好地学习和生活。引导学生明白尊重长辈、理解宽容、科学相处的重要性以后，提升问题解决能力，更好地解决生活中的问题，是本课的一大教学重点。

情境四： 回归 “树洞”

（1）情境渲染。

请同学们利用今天课堂上学习的方法，针对自己在“树洞”卡写下的问题，提出解决问题的步骤。

（2）拓展：幸福小确幸。

自主选择完成作业单的任意一项内容，记录下自己的“小确幸”。

课堂以“树洞”情境开始，也以“树洞”情境结束，引导学生利用课堂上学到的解决问题策略，主动思考和解决自己提出的生活实际问题，并进一步延伸到课外，切实解决儿童生活中较有价值的问题冲突，提高道德情感、认识和判断，更好地满足学生的身心发展需要。

纵观本课的教学，基于“价值体悟”教学模式，遵循“知情意行”的逻辑，以学生为主体，从生活中来，到生活中去，突出“多元体验”的教学方式，从感性和理性两个维度激发学生的思考，结合学生的身心发展实际，引导主动学习和探究，在“润物无声”中培育学生核心素养发展。

新时代思政课育师模式的探索与实践

——以中山市思政“共进社 2.0”为例

作者：夏建军（中山市教育教学研究室）

来源：GDJY－2021－A－a10 中山市思政“共进社 2.0”育师模式的探索与实践

摘　要： 区域教研共同体理念下的思想政治课教师队伍建设，在落实立德树人根本任务上的关键性作用愈发凸显。通过营造良好的教研共生环境，探索引领协同式发展、项目式专业培育、系统反思式成长、动态式评价激励的育师运作策略，可以为广大思政课教师提供发展平台，实现资源共享，在区域系统教研中促进思政课教师的专业成长。

关键词： 思政“共进社 2.0”育师模式　区域系统教研

2020 年 8 月 31 日，《求是》杂志发表习近平总书记重要文章《思政课是落实立德树人根本任务的关键课程》，其指出：“思政课是落实立德树人根本任务的关键课程，思政课作用不可替代，思政课教师队伍责任重大。办好思想政治理论课关键在教师，关键在发挥教师的主动性、创造性。”可见，思政课教师是学生健康成长的指导者和引路人，新时代对思政课教师提出了更高的要求。2014 年，为满足中山市初中道德与法治学科教师共同进步成长的需求，在市教研室指导下，筹建了中山市初中道德与法治教师共同进步社，简称“共进社”（2019 年更名为中山市思政教师共进社）。

共进社成立以来，每月开展一次市级教研活动，内容涉及课堂教学、说课、中考备考、教学论文写作、课题研究及命题技术研究等。共进社教师的努力成果在教研发展平台上被放大，他们在促进自身专业发展的同时，也有效助推了区域初中思政课教师队伍素质整体跃升。反思共进社建设，在取得一定成效的同时，一些不足也日渐凸显：培养目标不够明确，部分成员持续发展动力欠缺；队伍建设不够规范，没有做到因材施培；任务导向不够精准具体，难以满足教师专业发展的广度和深度要求；辐射带动效应不够强，缺乏以点带面促进全市初中思政课教师专业成长的力度。共进社遭遇可持续发展瓶颈，思政课教师队伍建设需要探索更科学、系统的教师培养模式。因此，笔者通过区域系统教研的机制创新，探索中山市思政“共进社 2.0”育师模式，以期构筑高水平思政课教师铸魂育人的育师平台，更好落实立德树人根本任务。

一、 实现思政课教师培育走向系统化、 整体性、 策略性

区域教研共同体理念，依托于教育个体之间的联结，建构共同体的组织架构体系，在育人路径的推动之下，实现育师目标，为培育教师提供方法论依据。“共进社 2.0”是基于理论渗透和实践探索之下，对思政课教师培育领域新的思考以及育师模式新的尝试，其目的在于能够培育铸魂育人的初中思政课教师，通过搭建包括育师目标、育师内容、育师路径三个部分在内的育师模式，为区域教研提供新的范式。在育师模式的构建过程中提出区域系统教研育师的理念，通过系统性、精准性教研的开展，促进教师专业成长。

1. 中山市思政“共进社 2.0”育师模式的建设框架。(见图 1)

图 1　中山市思政“共进社 2.0”育师模式建设框架

(1) 梯队建设，分层培育，明确育师目标。确定教坛新秀、学科骨干、学科带头人、学科名师的分层培养目标。通过“共进社 2.0”活动，探索不同发展阶段思政课教师的铸魂育人核心素养和能力水平，为提升学科教师的专业素养和促进学科发展奠定坚实基础，构建起中山市初中思政课教师“名师”培养梯队。

(2) 问题导向，定向培育，拓展育师内容。聚焦学科教育教学热点，根据思政课教师铸魂育人核心素养和能力的不同方向，在调研的基础上，以成员感兴趣的研究主题开展分类定向培训，由学科核心教师为引领组建不同的教研团队，确立教研活动侧重点，切实提升一线教师解决教学实践中问题的能力，强化区域教研活动的针对性，以期提升教研实效。

(3) 搭建平台，完善机制，探索育师路径。通过规范组织建设，包括完善成员准入制度、研训制度、学习制度、学科教师发展评价制度、考核评价制度等，增强组织凝聚力，

探索育师路径的可行性；在市教研室的领导下，以区域教研活动为平台，通过“学科愿景确立、学科制度建立、学科资源通用、学科平台共建、学科任务分合、学科成果共享”等，积极为教师成长搭台铺路，提升育师路径的有效性。

2. 中山市思政“共进社 2.0”育师模式的运作策略。

“共进社 2.0”立足中山市思政课教师整体，运用调查、访谈等多样的调查方法，对中山市初中思政课教师队伍的整体需求展开分析，明确教师专业目标，设计团队发展方案，创设多样活动平台，帮助教师唤醒专业发展意识，发现专业成长方向，明确专业发展路径，解决专业发展困惑。诚然，育师模式的建构为区域教研共同体的顺利推进提供了整体引领，而真正将教研转化为现实离不开对运作策略的探索。

（1）建设团队规章制度。“共进社 2.0”正式运作之前，我们研制并完善了包括成员准入制度、研训制度、学习制度、学科教师发展评价制度、考核评价制度等，实现团队建设、教研实施、后期评价的全面制度建设，使“共进社 2.0”的运行能够有章可循。

（2）优化人员组织方式。根据育师目标的要求，广泛动员中山市思政课教师，依托人员评价方案，形成以“教坛新秀、学科骨干、学科带头人、学科名师”为主要成员的层次化组织结构，以满足不同类型的思政课教师发展的需求，实现名师引领下的教师群体的阶梯式发展。

（3）丰富考核评价方式。评价是育师路径的重要方面，承担着诊断、评估、预测的重要职责。“共进社 2.0”的运作过程将不断探索评价的新方式，以过程性评价为主，关注教师成长的影响要素，精准聚焦评价的核心领域，搭建全面、具体、客观的评价体系，总结“共进社 2.0”运行过程的有效经验，发现具体实施细节方面的不足，不断实现“共进社 2.0”的优化和深入发展，进一步发挥“共进社 2.0”的辐射效能。

基于以上关于“共进社 2.0”运作策略的探索，我们将经验转化为理论，由个案转化为普遍，提炼经验，总结优化，搭建起理论与实践之间的桥梁，形成可以普遍推广的有效示范模式。

二、实现思政课教师培育转向专项抓、专注研、专心教

《关于加强新时代中小学思想政治理论课教师队伍建设的意见》指出：“通过一系列政策举措，切实配齐建强师资队伍，打造一支政治强、情怀深、思维新、视野广、自律严、人格正，专职为主、专兼结合、数量充足、素质优良、名师辈出的中小学思政课教师队伍。”“共进社 2.0”聚焦思政教师专业素养研究、思政教师专业标准研制、思政教师专业发展评价，探索中山市思政课的育师模式。

1. 制度建设的激励机制准入与淡出。

“共进社 2.0”运用调查、实验研究等方法获取研究资料，如开展思政教师专业发展的追踪调查、建立思政教师专业成长数据库等，运用科学的量化和质性方法统计分析资

料，以期提升研究结果的科学性和可信度。“共进社 2.0”建立成员专业成长档案，我们按照“三出”标准（出勤、出言、出彩），对成员参与教研活动的频次、积极性以及专业发展情况，采取质性评价和量化评价相结合的评价原则。

（1）按需组建团队，打造育师平台。课题组成员共同研究制定准入制度，面向全市初中思政课教师招募成员，组建“共进社 2.0”团队，从而搭建起育师平台。对于那些在“三出”标准表现优秀的成员，我们颁发荣誉证书，并为特别优异的成员创造市级展示平台，让他们分享自己的研究心得和取得的专业成果；对于那些长期参与教研活动意愿不强、专业发展缺乏实际行动的成员，在做了沟通的情况下，以年度考核评价结果为参照，实行成员淡出。

（2）完善制度建设，规范育师组织。为更好促进共进社的科学化规范化建设，课题组成员在精准分析现实情况和广泛征求意见的基础上，聚焦思政课教师的专业素养、师德和专业信念层面，制定了“共进社 2.0”成员研训制度、学习及交流制度、考核评价制度等。

（3）明确分层目标，强化梯度育师。为推进教坛新秀、学科骨干、学科带头人、学科名师的分层培育、梯队建设的落实，结合中山市教体局发布的市名教师、学科带头人、骨干教师遴选的有关规定，课题组引导共进社成员对照市遴选条件，在充分考虑自身实际的基础上，确立三年内的成长发展目标及相关必备条件的落实措施，以此明确教师的努力方向，促进教师专业成长，构建起中山市初中思政课教师“名师”培养梯队。

学科名师在学科的专业发展过程中承担着关键角色，名师梯队的打造能够提升学科专业发展的高度、梯度和效度。高度在于学科名师能够为团队发展提供最前沿的理论知识，拓宽团队教师的思维视野，助力打造高水平的团队教师队伍。梯度在于学科名师不同的发展层次和专业领域满足团队教师多样化的需求，实现团队教师的个性发展，从而实现各美其美的发展氛围。效度在于学科名师能够引导团队成员走向课堂实践，真正将研究实现于教学之中，促进教师教育教学的改进，实现师生共生共长。立足“三度”之下的学科名师梯队建设，能够促进中山市初中思政课教师对标“六要”标准、“八个相统一”要求，不断提升专业能力，打造学科名师梯队，落实立德树人根本任务，为铸魂育人做出更大贡献。

2. 目标导向的任务落实落细和跟进。

根据思政课教师铸魂育人核心素养和能力的不同方向，在调研的基础上，以成员感兴趣的研究主题开展分类定向培训，在共进社成员自主选择的基础上按思政一体化、中考备考、科研课题、课程教学进行教研分组，每一个小组由学科核心教师为引领开展相关教研活动，从而强化区域教研活动的针对性，提升教研实效，更好促进教师专业发展。

各小组成立后，在组长的引领下，制订了小组教研计划，有效引领小组教研活动的开展，提升了教研活动的针对性和实效性。

一年来，共进社针对四个小组的研究侧重点，开展了系列教研活动，包括“如何科学命制一份高水平的试题”的命题培训活动，“强师能、育师德”专题教研活动，“命题—磨题—组题”共研共长教研活动，“笔耕墨耘，以写促思”的写作培训活动，教学设计、教学论文、原创试题命制评比活动，等等。这些教研活动的开展，为共进社成员的专业成长提供了养料，发挥了引领效应。

为了促进以任务为导向的育师方式的落实，2022 年暑假，各小组布置了暑期研修任务，思政一体化小组布置了研修论文，引领小组成员思考“思政一体化”建设中，围绕立德树人这一根本任务在教学目标、内容、方法、队伍、管理与评价等方面探索实施策略；课程教学小组布置了八年级上册第一单元“走进社会生活”的单元教学设计任务，引领大家探索大单元教学方式的实践；科研课题小组布置了以教学实际问题为对象提出科研项目课题构想并初步撰写课题申报书的任务；中考备考小组布置了 2022 年广东省道德与法治中考试题分析报告的任务。

3. 共同教研氛围实现学科师生共进。

教师和学生是参与教育教学活动的主体，二者不可分割。“共进社 2.0”在满足教师发展需求的基础之上，能够同时产生对于教学和学生的双向辐射作用。

在育师模式的建构之下，课堂教学模块能够督促中山市思政课教师有序展开教学实践和研究活动，在实践中不断改进课堂，优化教学方式，其所形成的乐于研究、勤于学习的课堂研究氛围有利于实现良性教学循环，以研究改进设计，以设计创新课堂，以课堂影响学生，实现师生共进的良好局面；科研课题模块能够引发思政课教师群体对于课题研究的关注，调动思政课教师参与课题研究的热情，在研讨中发现课堂研究的方法，突破课题研究的瓶颈，在区域范围内形成广泛教研的氛围，助力教师的课题研究；中考备考模块能够强化思政课教师对于试题研究的深入，在共同解读试题、原创试题、专业评价等教师群体的参与中实现对于命题理解的深刻化、系统化、多维化，从而助力教师命题能力的提升，进一步提升学生的学业质量；思政一体化模块能够拓宽中山市初中思政课教师研究的广度，提升思政课教师的思维，以宏观视野探索思政课堂，明确思政课教师的职责，更好落实立德树人的根本任务。

以上育师内容模块的展开，能有效营造中山市思政课教师群体积极参与教研活动的良性氛围，助力教学实践，促进学生发展。

4. 区域系统教研引领教师成长示范。

教研范围扩大化是教研实现进一步发展的重要路径。“共进社 2.0”打破校级之间、教师之间、区块之间的教研壁垒，突破教研范围的空间范围，激发教师教研的参与热情，明确职业发展的教研方向。“共进社 2.0”系统教研活动能够实现对于教研资源的共享，通过课堂教学、课题研究、中考备考等多方位的教研活动的展开，积累汇总各项教学教研资源，实现区域范围内的资源共享，扩大共同体的区域辐射效应。“共进社 2.0”能够加强区域教师之间的交流，在教学教研方面发散思维，促进课堂共同展示活动，合作参与课题研究，组织广泛的交流活动。“共进社 2.0”能够促进更大展示平台的形成，帮助教师走出学校，在更广阔的交流平台中提升教学能力，吸纳有益经验，实现更高层次的成长。

总之，“共进社 2.0”的有效实践，从示范学校辐射向中山市的全体思政课教师，甚至是周边区域，引领区域教师在课堂教学、课题研究、专业写作等方面的发展。其在广泛的辐射效能中，进一步提升区域思政课教师教研的能效，为教师的专业成长提供示范性的引领作用，从而打造高质量、高水平的思政课教师队伍。

三、实现思政课教师培育凸显项目化、协同化、特色化

1. 基于教师成长困惑，有序开展思政学科项目研究与实践。

（1）“共进社 2.0”的教师培养，理念先行。

课题组编制了面向全市初中思政课教师的调查问卷，了解其专业成长面临的困境及专业成长需求，摸清教师专业成长脉搏。课题组编制了面向学校学科组长的调查问卷，了解其在科组建设及科组教师成长方面所面临的问题及需求，摸清学校科组建设发展脉搏。以上两个问卷的调查分析，为开展基于需求和问题导向的精准教研提供事实依据，为探索区域教研、促进教师专业成长的有效路径提供现实参考。

教师教育教学理念的培育首先在于有效的培训，自 2022 年 3 月开始，每学期根据需要，在充分调研的基础上，探索以需求为导向的教师多元培训机制，把全员培训、科组长培训、新教师培训、骨干教师培训等针对性强的多元培训有机结合，提升教师培训实效，切实促进教师教育教学理念的与时俱进。

（2）完善育师模式，推进育师实践，提升育师实效。

在共进社建设实践的基础上，进一步完善育师模式，在育师模式的指引下，通过共进社的示范，面向全市初中思政课教师队伍，拓展育师领域，推进育师实践。

①科学确定以需求为导向的初中思政课教师培育目标，实现梯度式育师。

制订本学科教坛新秀、学科骨干、学科带头人、学科名师的培养计划，在教师自愿报名的基础上遴选不同层次的教师，确定培育名单，实施梯度分层培养，构建起中山市初中思政课教师“名师”培养梯队。

②科学开展以问题为导向的初中思政课教师区域系统教研活动，实现全方位育师。

根据思政课教师铸魂育人核心素养和能力的不同方向，在调研的基础上，以教师感兴趣的研究主题开展课程教学、科研课题、学业评价、思政一体化等分类定向培训，由学科核心教师为引领组建不同的教研团队，确立教研活动侧重点，切实提升一线教师解决教学实践问题的能力，强化区域教研活动的针对性，提升教研实效。

③科学探索以任务为导向的初中思政课教师培育的路径，实现高水平育师。

拟通过规范组织建设，包括完善科学合理的研训制度、学习制度、学科教师发展评价

制度、考核评价制度等，增强区域教研组织凝聚力，通过“学科愿景确立、学科制度建立、学科资源通用、学科平台共建、学科任务分合、学科成果共享”等，积极为教师成长搭台铺路，提升育师路径的有效性。

（3）建成“一社三示范”学科教研基地。

在市教研室的领导下，以教师“共进社”为中心，形成中山市第一中学、中山市溪角初级中学、中山市牛角初级中学三大示范校。以三大示范校为辐射，形成大团队与小团队互相补充的教师专业成长模式，开展专业培训、观课评课、专题讲座、技能研讨、论坛沙龙等形式多样的主题教研活动。

通过学科专家的示范与引领，深度挖掘各层次思政课教师的内驱力，以其需求为导向，在三维立体式育师模式的引领下，充分利用平台资源与大思政教研的优势，提升思政课教师的核心素养和关键能力，培育一批教坛新秀、学科骨干、学科带头人、学科名师，锻造一支有教育情怀、有深厚教育教学内功、有独到教育教学方式的教师队伍。

2. 基于学科竞赛活动，形成思政学科教与学协同发展模式。

过去这些年，在市教研室的主导下，全市初中思政学科每年都举办师生竞赛，这些竞赛缺乏以赛促教、以研促赛，没有形成研教赛互动整合的系统性思路。为此，今后要创新竞赛方式，把赛前调研、科学命题、赛后总结反思、完善赛评机制等有机结合，使之形成系统性。

（1）以两大学生比赛为抓手促进教师专业成长（每年举行一次）。

每年举行面向不同年级学生的竞赛，包括中山市初中生法律知识竞赛（初二级学生参与，在每年10月份举行）和中山市初中生时事政策和国情知识学习竞赛（初三级学生参与，在每年11月份举行），通过对学生竞赛的辅导，引导教师积极开展相关学科专业知识的研究，提升教师研究水平，促进教师专业成长。

（2）以五大教研竞赛为抓手促进教师教研能力提升（每年举行一次）。

①以课题立项及成果评比为抓手：结合市教研室的工作安排，引导教师开展学科科研课题立项申报和成果奖申报工作，开展本学科课题立项及成果评比，以课题研究为抓手，促进教师学科教学能力的提升，促进教师专业成长。

②以命题设计评比为抓手：通过开展全市初中道德与法治教师命题评比活动、命题评比情况反馈、命题设计讲座、命题经验交流等活动，以命题促进教学，以命题研究促进教师专业成长。

③以教学论文评比为抓手：通过开展全市初中道德与法治教师教学论文评比活动、论文评比情况反馈、论文撰写讲座、论文经验交流等活动，以论文撰写促进教学，以论文撰写研究促进教师专业成长。

④以精品课程建设评比为抓手：通过开展全市初中道德与法治教师精品课程建设和评比活动、精品课程评比情况反馈、精品课程建设经验交流等活动，以精品课程建设促进教

学，促进教师专业成长。

⑤以青年教师教学比赛为抓手：以多样性、创新性的方式开展青年教师教学比赛，通过比赛引领青年教师教研能力和教学能力的提升，并以此打造精品示范课堂，形成良好的辐射带动效应，进一步促进全市思政课教师课堂教学改革的深入开展，提升课程育人的实效。

在“共进社2.0”架构下，组建形成教学写作组、命题设计组、精品课程建设组、课堂观察组、教学设计组等专题研发小组，成立由市教研室直接领导的管理团队，形成由学科专家与骨干教师构成的研究团队，发挥团队引领示范带动作用，进一步促进全市初中思政课教师专业化成长。

（3）通过建设目标引领的逆向教研范式，改变教师教学观念。

在实践探索的基础上，逐步建构起目标引领的逆向教研范式。以课题研究为抓手，推动教师在研中学，提升教师的专业素养；以精品课程建设为引领，由知识立意、能力立意向素养立意转变，以终为始，从学习结果开始进行逆向教学思考，以高品质教研引领逆向设计教学活动，由“教学设计”走向“学习设计”；以过程反思为路径，涵育教师学科素养，引领教师专业成长，进而重塑教学生态，促进学生在解决问题中获得学科素养的生长。

3. 基于资源研发应用，建构成与思政学科育师的互哺机制。

（1）探索分片教研、组团发展的教师培养路径。

全市初中学校根据地理位置划分为东、南、西、北、中五大片区，构建五大教研片区，推进教研片区的组团式发展。每个片区内打造一所教研示范学校，培养若干名引领性强的学科带头人，通过示范校及学科带头人的引领带动，以“共进社”育师模式为指引，开展片区内育师实践，促进片区内学校学科教研的共享共建、共同发展。

教研团队通过“学科愿景确立、学科制度建立、学科资源通用、学科平台共建、学科任务分合、学科成果共享”凝神聚气，开展区域教研活动。作为教研基地研究成果的固化过程和学科建设成果的总结提升，优质教学资源的研发主要包括教材、教学视频、课件、习题、学业评价要素等课程资源，形成具有指导意义的论文、研究报告等成果，为思政学科教师的成长提供丰富的理论养料。

（2）加强资源开发，擦亮中山思政品牌。

资源的价值在于人的整合与运用。我们致力于系统开发、整合惠及全体教师和学生的共享课程资源，努力打造具有中山特色的思政资源，力争成为广东省具有影响力的思政课特色品牌，形成一批可复制、可推广、可借鉴的做法。通过学科特色示范校建设、课题研究开展等途径，开发初中道德与法治学科电影资源、法治资源、中山人文故事资源、中共党史故事资源等优质教学资源。通过多种教研比赛，形成初中道德与法治学科七、八、九年级配套的教学设计、教学视频资源、原创试题、精品课程、教育教学论文集、教育教学案例集等优质教学资源。通过基地学校对以上优质资源应用实践的探索，强化资源应用的研究，探索出资源有效应用的路径，以此引领全市初中思政课教师的专业成长。

当前，我们的区域系统教研活动正处于由普通教研活动转向深度教研活动的变革中，打造高水平思政课教师铸魂育人的育师平台需要以深度教研活动的开展为支撑，深度教研主要体现于教研的联系性、专题性、整体性。今后，“共进社”的教研活动要在深度上下功夫，积极探索深度教研活动开展的方式与途径，以深度教研促进教师的深度教学，从而更进一步提升高水平育师的实效。

参考文献

[1] 张海龙，沈笑英. 21世纪以来我国思政教师研究的回顾与展望[J]. 中学政治教学参考：高中教学版（西安），2022（3）.

[2] 教育部，中央组织部，中央宣传部，等. 关于加强新时代中小学思想政治理论课教师队伍建设的意见[EB/OL].（2019－10－12）[2021－10－12]. http:www.moe.gov.cn/srcsite/A10/S7034/201910/t20191012_403012.html.

语文学科

创设情境：中学文言文作业高质量设计的路径

作者：廖嘉亮（广州市越秀区教育发展研究院）

来源：GDJY－2021－A－b033 初中文言文教学中的情境性作业设计创新研究

摘　要：当前，中学文言文作业设计的质量相对较低，主要存在着低效、枯燥、机械、随意等问题。创设情境，是破解文言文作业质量问题的良策。文言文情境性作业在增信、减负、提质、激趣等方面具有重要价值，可分为文言体验情境、文言运用情境和文言阅读情境三种情境，其设计要关注在显性和隐性两个方面的九个要点。

关键词：高质量　情境性　中学文言文作业设计

在普通高中“三新”（新课标、新教材、新高考）改革和义务教育“双减”政策的双重背景下，中学生作业质量和负担问题再次凸显在广大教育工作者的面前。作业，成了当前破解语文长期以来困扰教师和学生的“少废慢差”难题及构建中学语文教学高质量发展的关键一环。高质量的语文作业，能在培养学生语文素养方面发挥关键作用，能在沟通语文课堂教学与考试评价中，起到承前接后的桥梁作用。

一、低质量现状呼唤情境性文言文作业

当前，中学文言文作业设计的质量相对较低，主要有以下四个方面的问题：一是作业的指向性要求低，目标多指向识记、理解，难度不高；二是作业的多样性不强，作业类型较为单一，多是要求学生以书面方式完成基础性作业、以口头方式完成背诵作业为主；三是作业的选择性不强，没有给学习水平不一的学生以更多样的选择；四是作业的结构性弱，教师在布置作业时，往往出现难度分布意识不强、目标指向性单一等不合理的问题。另外，低质量的作业还带来了学生对文言文学习的兴趣不强、对文言文作业的负面情绪大等诸多消极情绪。可见当前中学文言文作业设计的质量低下，主要存在着低效、枯燥、机械、随意等问题。

出现上述问题，主要原因还是在于教师对作业的认识仍停留在知识本位，认为学生作业的目的仅在于背诵课文、掌握字词句翻译等，而忽视了作业在提高语言运用能力、发展文言阅读能力、发展思维水平、培养语文核心素养等方面的作用，使学生对文言文缺乏足够的学习动机和兴趣，在学习过程中思维水平长期处于低层级徘徊。可见，提高中学文言文作业设计的质量，已经成为构建高质量语文教学体系需要重点解决的关键性问题。

创设情境，遵循从零碎走向统整、从单纯着眼基础走向聚焦素养提升的路径，从教学单元的整体出发，以贯通三大作业类型（基础性、实践性和探究性）和满足不同学习水平学生需求的情境性作业，以激趣、提质、减负、增信为目的指向，发挥作业在学生文言文学习中熟习关键能力、形成核心素养的价值，全面提升文言文教学的效能，是破解文言文作业质量问题的良策。

二、 文言文情境性作业的价值和意义

比利时教授罗日叶认为，“能力是从知识、素能和情境的相遇中产生的。它属于一种更为精致的整合形式，我们可以称之为‘情境’性整合”。可见，情境性作业是将课堂学习知识与语文学科各项技能同具体的情境相整合，让学生充分调动已有背景知识、课堂习得的新知识和关键能力，通过在解决实际问题的过程中，逐渐形成学科核心素养。据此，科学合理地创设作业情境，使文言文作业发挥增信、减负、提质、激趣等作用，不但可以有效解决当前文言文作业质量较低的问题，而且还能够在充分落实立德树人根本任务方面发挥重要价值。

一是增信。习近平总书记指出，“要坚定文化自信，推动中华优秀传统文化创造性转化、创新性发展”，“发挥文化引领风尚、教育人民、服务社会、推动发展的作用”。文言文是中华优秀传统文化的主要载体，积淀了深厚的文化意蕴和精神，其内涵的博大精深无疑是增强学生文化自信的最佳学习内容。而创设阅读中、生活中的文言文读写情境，能够推动学生自觉地接受、传承和发展中华优秀传统文化，深化其对中华优秀传统文化的认知和理解。

二是减负。当前，学生苦文言文，最主要就是体现在负担过重，要背、要记的太多。《关于进一步减轻义务教育阶段学生作业负担和校外培训负担的意见》指出了“作业布置更加科学合理”的工作目标，并提出了“系统设计符合年龄特点和学习规律、体现素质教育导向的基础性作业。鼓励布置分层、弹性和个性化作业，坚决克服机械、无效作业，杜绝重复性、惩罚性作业”的工作要求。对于以基础性作业为主的文言文作业来说，通过合理设计的情境性作业，可在三个方面发挥减轻学生学业负担的作用：首先是将基础性作业置于情境中，使学生在情境中明晰基础性知识在实际生活中的作用，克服了机械、无效作业的问题；其次是可在大情境中通过分设学习任务，以实现作业的分层和个性化布置；再次是通过布置跨学科或高难度的情境性作业，实现多知识与多能力的综合实践运用，通过

弹性或长周期的作业布置，使学生的语文核心素养在情境中自然养成，体现了学习规律和素质教育的导向。

三是提质。元认知的实质就是人对认知活动的自我意识和自我调节。情境性作业依托于真实的或模拟真实的情境中，题目给定了与生活相关联的具体情境，往往将多种知识、多项技能整合于一个情境之中，学生在面对作业情境时，没有教师的点拨和指导，只能充分调动自身储备的文言文必备知识和关键能力，逐渐熟悉在何时、何地以及为何使用相关知识和策略，并在此过程中，借助教师提供的或自己查阅的相关支架性材料，监控作业完成的质量，以激发学生进一步完善和调整自身知识体系和学习能力的动机。可见，情境性文言文在提高学生学习质量方面具有得天独厚的价值。

四是激趣。如何激发学生的学习兴趣，向来是文言文教学的一大难点。在情境性作业中，情境的整合性和实践性，活化了知识；情境的趣味性和挑战性，又焕发了学生的学习热情和动力。

三、 文言文情境性作业的情境类型与举例

国外的大规模测试进行了长时间的情境化试题命制，也形成了相对成熟的一些分类，如国际学生评估项目（PISA），从读者阅读目的的角度，提出了阅读素养测试的四种阅读情境，即个人情境、公共情境、教育情境和职业情境；国际阅读素养进展研究项目（PIRLS），认为阅读素养与人们为何阅读的理由直接相关，包括出于个人兴趣和娱乐而阅读、为了参与社会而阅读、为了学习而阅读。两者都从情境创设的目的的角度来做分类。而我国《普通高中语文课程标准（2017 年版）》与之相类似，根据情境的目的指向，提出了个人体验情境、社会生活情境和学科认知情境三种情境。

据此，文言文情境性作业可分为文言体验情境、文言运用情境和文言阅读情境三种情境。下面结合具体作业案例，分别解说。

一是文言体验情境，指向学生个体独自开展的文言读写实践活动，如在文言文阅读过程中感悟中国古代语言的魅力、中华精神之光、中国古人的精神力量，尝试不同的阅读方法以及创作浅易文言作品等。这类情境是出于满足个人兴趣而进行的阅读，重在让学生获得和呈现独特的文言文阅读体验，由此在情感、态度、价值观等方面建构属于自己的意义。例如：

［例 1］司马光读书强调“诵读”，他说：“书不可不成诵，或在马上，或中夜不寐时，咏其文，见其义，所得多矣。”课文中的哪些话引发了你诵读文章的兴致？请结合课文谈谈你的感受，并写出这句话的朗读提示；不少于 100 字。（八年级上册《富贵不能淫》课后朗读作业）

［例 2］《劝学》和《师说》中蕴含的道理，至今依然能够指引我们的学习。请从两篇文章中挑选一些警句，作为自己的座右铭，并谈谈你的理由。（统编语文教材必修上册

第六单元第10课作业）

例1第一句话是司马光读书方法的介绍，既能引发学生对古人学习的追慕之情和模仿之行，同时，这句话也提示学生可以从“见其义，所得多矣”的角度发现课文语句的精彩之处。第二句话是具体问题，要求学生根据司马光的读书方法，体验课文的独特魅力，并指出课文具体某句话最能“见其义”，使自己“所得多矣”。第三句话是任务要求，即回答这个问题，需要结合课文内容，调动与朗读相关的必备知识，以100字左右的篇幅简要地写出自己的感受。例2模拟了学生在阅读过程中产生积极的体验，引发了选择自己深为认可的警句作为座右铭的情境，指向了学生在阅读中所获得的体验。

二是文言运用情境，指向校内外文言文具体运用的社会生活，强调学生在具体的生活场域中开展的文言文读写实践活动，强调语言交际活动的对象、目的和表述方式。这类情境是为了完成工作或获取公共信息而进行的阅读与表达，重在让学生运用古代文言，感受古代文言的交际功能，发展使用文言文及其各文类交流表达的能力。例如：

［例3］经过课堂的反复诵读，你对如何朗读《富贵不能淫》已经有了一些心得体会。请你给下一届的同学写出这篇课文的朗诵指南。[①]（八年级上册《富贵不能淫》课后朗读作业）

［例4］《劝学》是两千多年前荀子对学习问题的朴素认识，《师说》是一千多年前韩愈对“耻学于师”的批评。随着社会的发展变化，我们今天在学习中又遇到了新的难题。针对当下学习中的某些问题，以《“劝学”新说》为题，给校报写一篇时评文章。（改编自统编语文教材必修上册第六单元“单元学习任务”三）

例3创设了一个真实的校内文言运用情境，设置了一个难度较大的文言文运用问题，要求针对特定对象（下一届同学）、特定目的（《富贵不能淫》朗读指导）和特定表述方式（指南，即说明性文字），开展文言文的读写实践活动，由此发展学生文言文的理解能力。例4是在对《劝学》和《师说》两篇文章主要观点梳理的前提下，结合现实生活，针对当下学习中遇到的问题进行的探究，并以特定的表述方式（时评文章）向特定的对象（校报读者）谈自己的认识，体现了对中华优秀传统文化思想和精神的理解和运用。

三是文言阅读情境，指向学生探究文言文本体相关的问题，并在此过程中发展文言文阅读的认知能力，如文言语言的梳理、文言句读的辨读等。这类情境是为学习新知识而进行的阅读，重在引导学生调用和获得文言文的规律性知识，发展文言文的阅读能力。例如：

［例5］《孟子》文章以雄辩著称。请结合反复朗读课文的感受，从语言的角度，谈谈你对此的理解。（八年级上册《富贵不能淫》课后朗读作业）

［例6］学习文言文，需要多诵读，有意识地积累一些词语和语法知识，逐步形成文

---

① 该作业案例由广州市培正中学罗潇婷老师提供。

言语感。如文言中一些常见的实词，义项较多，可用卡片记录下来，梳理总结不同义项及相关例句，并根据学习情况随时增补新的内容。仿照示例（示例略），为本单元的一些义项较多的实词制作卡片。（改编自统编语文教材必修下册第一单元“单元学习任务”四）

例5指向的是文章雄辩的特征。题目中并没有提示雄辩的具体特征，需要学生在阅读的过程中感受、体悟，从语言的角度写出相关的朗读感受，理解《孟子》文章的语言特色。例6指向的是文言文的语言知识梳理，在情境中提示了学习方法、梳理角度，也提供了具体示例，让学生在整理实词义项和制作卡片的过程中获得相关的规律性知识，发展文言文阅读能力。

四、 情境性文言文作业的设计要点

罗日叶从情境教学的角度指出，一个情境主要包括支持工具和命令两个方面，其中，支持工具包含背景、信息和功能三个因素，命令则是“对要求学生面对的任务的表达”。国内学者则关注到了情境化试题设计的要点：巫阳朔认为，“情境化试题由试题立意、背景材料和情境任务三个要素构成”；叶丽新认为，情境化试题包含背景、任务、问题和目的四个要素；张开则结合高考命题的实践，提出情境化试题应考虑正确思想观念、认知迁移、情感态度价值观的引导，以及在科学和公平上的作用。

相对于文言文的课堂教学和考试试题，作业在内化浅易文言文读写能力、形成文言文学习素养、培养对祖国古代语言文字的热爱之情、传承与发扬中华优秀传统文化，以及减轻学业负担、提高学习效率等方面，都承担着相应的任务，需要在情境性作业的设计上有更为充分的体现。下面，结合八年级下册《核舟记》作业，具体分析文言文情境性作业设计在显性和隐性两个方面的九个要点。

［例7］博物馆正举行“不忘初心——迎接中国共产党建党100周年”广州榄雕展览，其中有一件名为“红船”的当代微雕作品（图略）。

任务一：请你模仿《核舟记》，写一则说明，介绍这件作品的整体形象，字数不限。

任务二：请你模仿《核舟记》，写一则说明，介绍这件作品的意义和整体形象，字数不限。

任务三：请你按一定顺序，写一则280字左右的解说词，向前来参观的小学生介绍这件作品的意义及整体形象。

任务四：请你按一定顺序，用文言文写一则说明，介绍这件作品的意义或整体形象，字数不限。

（请从上面四个任务中，任选一项完成。完成任务一得1星，完成任务二得2星，完成任务三、四得4星。）

其中，任务三作业完成质量评价见表1。

表1　任务三作业完成质量评价表

等级	等级表现	
	达标情况描述	完成时间
不过关	完成情况未能达到“过关”等级水平	少于5分钟或超过30分钟
过关	基本上能够介绍“红船”的来历及整体形象；能大致表现出雕刻者的技艺；解说词格式基本正确，没有对象意识；字数不限	少于10分钟或超过20分钟
良好	能够较准确介绍“红船”的来历；能按一定顺序准确说明“红船”的整体形象；榄雕细节交代较清楚，能表现雕刻者的高超技艺；语言较流畅；解说词格式正确，较有对象意识；260～360字	不超过20分钟
优秀	能够准确介绍“红船”的来历；能按一定顺序准确地说明“红船”细节及全貌；榄雕细节描写生动细致，能生动地表现雕刻者的高超技艺；语言流畅；解说词格式正确，对象意识较强；280～320字	约15分钟
卓越	完成情况在两方面或以上优于“优秀”等级水平	约15分钟

注：该作业设计包含显性和隐性两方面要素。

1．显性要素。

（1）背景材料。学生要完成任务三，需要掌握课文《核舟记》说明顺序、了解南湖红船的相关背景等，并且能针对小学生的观众群体来撰写解说词。可见，背景材料应包括两方面，即背景知识和背景信息。其中，背景信息往往包括对象、目的和表述方式等。

（2）探究问题。即学生需要解决的难题，或者需要突破的障碍等。如本题中，“按一定顺序，写一则280字左右的解说词”，就是学生需要解决的难题。

（3）任务内容。即对学生完成的作业成果的要求。例如任务三，解说词内容要能凸显作品的意义和整体形象两个方面，在表述上要根据小学生这一对象来组织语言。

（4）完成时间。即对学生完成作业用时的预测。完成的时间不宜过长，也不宜过短。需要教师根据学情，合理设定时间。如本项作业任务三，较为复杂，而提供作业的广州市第十三中学属于生源一般学校，教师预测的最佳完成时间为15分钟左右。

（5）作业支架。即学生完成作业的辅助性材料。例如本项作业提供的“任务三作业完成质量评价表”，即能帮助学生在开始作业前明确自己的成果的质量标准，以及作业完成后评价、调整及完善自己的作业成果。

（6）分层布置。即满足不同层次需求的作业内容。该项作业的三个任务，由学生根据自己的追求和能力，自主选择一项完成。

2. 隐性要素。

（1）设计意图。即作业设计想要帮助学生巩固或形成的能力、素养等，包含育人和素养两个要素。如本项作业，在育人上，既弘扬了革命文化，创新性地运用了中华优秀传统文化，同时也普及了岭南文化；而在素养上，则引导学生结合作者和作品本身去思考问题即艺术作品的魅力。

（2）思维难度。即完成作业对学生思维层次的要求。例如本项作业的四个任务，对学生思维层次的要求逐步提高。根据 SOLO 分类理论，学生完成任务一时，只需要顾及说明文和作品整体形象两个因素，故该任务属于多点结构层次，对初二学生来说属于容易题；任务二增加了作品意义这一因素，在全文构思和说明顺序上要考虑的因素更多，基本能够体现关联结构层次的思维水平，对初二学生来说属于中等难题，也是大部分学生能够解决的问题；任务三则加入了小学生的对象、解说词的表述形式，以及字数限制，故该任务属于抽象拓展结构层次题，对初二学生来说属于难题；任务四虽然没有对象要求和字数限制，但由于要求运用文言文来表达则对学生提出了较大的挑战，故也属于抽象拓展结构层次题。

（3）作业类型。即根据我国政策性文献，可分为基础性作业、实践性作业和探究性作业等类型。例 1、例 2、例 6 属于基础性作业，例 3、例 7 属于实践性作业，例 4、例 5 属于探究性作业。

以上结合具体实践案例，从为何要重视、如何认识其价值、设计与开发等方面，对文言文情境性作业进行了探讨。但当前我们对情境性作业，特别是文言文情境性作业的设计、运用等方面，还有相当广阔的研究空间。

参考文献

[1] 董奇. 论元认知［J］. 北京师范大学学报，1989（1）.

[2] 北京教育科学研究院国际学生评估项目（PISA）北京项目组. 学生阅读素养与提升：PISA 2018 中国测评结果及启示［M］. 北京：电子工业出版社，2020.

[3] 罗日叶. 为了整合学业获得：情境的设计和开发［M］. 汪凌，译. 2 版. 上海：华东师范大学出版社，2010.

[4] 巫阳朔. 情境化试题的设计、开发与编制规范［J］. 教学与管理，2017（7）.

[5] 叶丽新. “情境”的理解维度与“情境化试题”的设计框架：以语文学科为例［J］. 课程・教材・教法，2019，39（5）.

[6] 张开. 情境化试题设计在高考语文中的使用［J］. 语文建设，2018（22）.

基于突出中华优秀传统文化的高中语文统编教材项目式教学研究

作者：黄小燕（广州市荔湾区教育发展研究院）

来源：GDJY－2021－A－b061 基于突出中华优秀传统文化的高中语文统编教材项目式教学研究

摘　要：深入开展中华优秀传统文化教育，是落实立德树人根本任务的重要内容之一，这是时代的需要，也是学生成长的需要。高中语文课程对继承和弘扬中华优秀传统文化有不可替代的地位，新课标也明确了高中语文统编教材对突出中华优秀传统文化的重要作用。本文以突出中华优秀传统文化教育为目的，以高中语文统编教材为对象，进行高中语文项目式教学路径研究，为彰显统编教材对中华优秀传统文化教育的重要作用，探索行之有效的教学方式。

关键词：中华优秀传统文化　项目式教学　路径研究

深入开展中华优秀传统文化教育，铸魂育人，是落实立德树人根本任务的重要内容之一，这是时代的需要，也是学生成长的需要，高中语文教学对继承和弘扬中华优秀传统文化有不可替代的地位。高中语文教学进入“三新”时代——新课标、新教材、新高考，在高中语文学科核心素养中，把“文化传承与理解”作为第四项素养提出：“文化传承与理解是指学生在语文学习中，继承和弘扬中华优秀传统文化、革命文化、社会主义先进文化，理解和借鉴不同民族和地区的文化，拓展文化视野，增强文化自觉，提升中国特色社会主义文化自信。”明确了继承和弘扬中华优秀传统文化的重要性。然而面对新课标的调整、新教材的教学、新高考的要求，如何突出中华优秀传统文化，语文教师准备好了吗？围绕语文学科核心素养落实新教材的使用，迎接考教结合的新高考，这一系列的改变给语文教师带来新的思考。如何探索一条切实可行的路径，突出中华优秀传统文化，落实新课标理念下的教学要求，本文提出了基于突出中华优秀传统文化的高中语文项目式教学路径研究。

高中语文项目式教学是指以高中语文课程标准为依据，围绕各项主题项目，创设真实的情境，开展语文实践活动，学生通过持续探究学习，建构自身的学习经验和培养语文学科素养的教学模式。“高中语文学习任务群以任务为导向，以学习项目为载体，整合学习情境、学习内容、学习方法和学习资源，引导学生在运用语言的过程中提升语文素养。”

新教材以学习项目为载体，采用任务群的形式，为项目式教学提供了很好的教学条件。

在高中语文教学中，任务群是教学内容的组织形式，项目式教学是教学的方法。将项目式教学运用于高中语文统编教材的使用中，可以发挥统编教材任务群的设计优势，构建合适的教学模式；可以提高教师应对教学改革、研究教材、开发教学资源的能力；教师可以通过设计教学项目、创设具体真实的情境，加强学生自主合作探究能力的培养。如果说项目式学习是从“学”的角度，那么项目式教学则是从“教”的角度，探索一条适应高中语文教学的新路径。

基于突出中华优秀传统文化的高中语文项目式教学路径主要从四个方面进行建构：“主题式项目设计”“驱动式项目实施”“建构式能力培养”“多元化项目评价”（见图1）。主题式项目设计是项目式教学的目标确定，驱动式项目实施是项目教学的过程落实，建构式能力培养是项目式教学可达成的能力分析，多元化项目评价是项目式教学的效果验证。

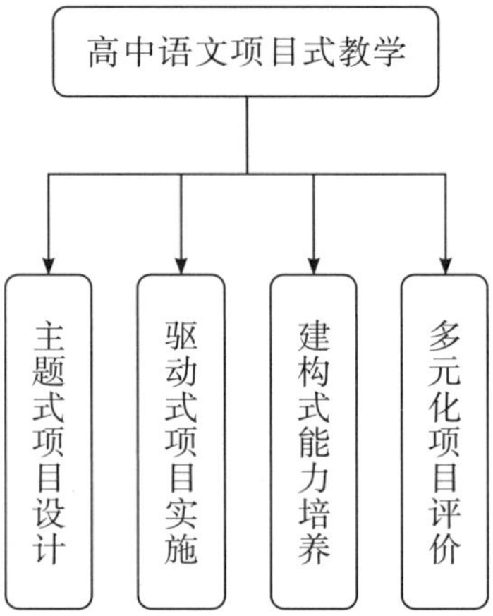

图1　高中语文项目式教学路径建构

高中新课标的课程内容以学习任务群的形式展现，其中整本书阅读与研讨的教学目标是：“整本书阅读与研讨任务群旨在引导学生通过阅读整本书，拓展阅读视野，建构阅读整本书的经验。形成适合自己的读书方法，提升阅读鉴赏能力，养成良好的阅读习惯。”下面以中华优秀传统文化的经典《史记》整本书阅读为例，说明项目式教学在高中语文教学中的应用。

一、主题式项目设计

主题式项目设计是项目式教学的目标确定。项目式教学是围绕某个主题，由教师设计规划任务，开展项目活动。因此，高中语文项目式教学要以语文课程标准为依据，教师设计突出中华优秀传统文化的教学主题，创设真实情境，培养学生的语文学科素养。在主题式的项目设计上，教师要按照以下四个步骤来落实：确定主题目标、剖析核心问题、设计主题任务、分解项目环节（见图2）。

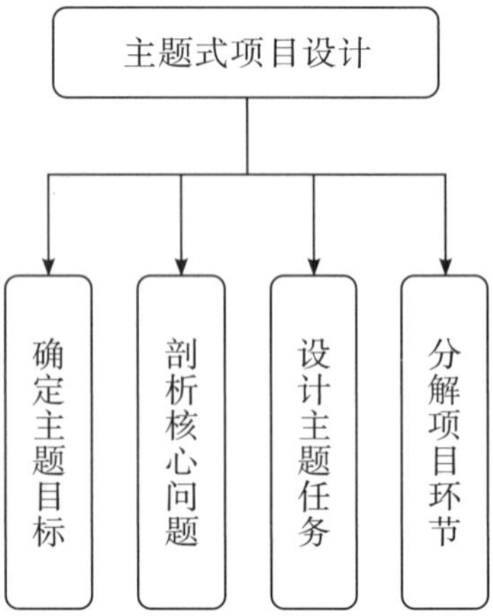

图2　主题式项目设计步骤

教师要根据新课标的教学目标，确定项目式教学的主题目标——突出中华优秀传统文化；明确教学的要求，根据教学内容，剖析项目教学的核心问题；围绕核心问题，创设符合学生认知水平的主题任务；按照由浅入深的思维进阶原则，对项目的各个环节进行分解，以保证教学目标的有效达成。下面以《史记》整本书阅读为例，分析主题式项目设计的过程。

《史记》作为传记类文本，体现了中国古代优秀传记文学的特点，具有很高的阅读和研究价值，是后代史传文学的范例，也是突出中华优秀传统文化很好的载体。中国古代的史书以纪传体为主，这一传记类文本阅读经验的建构，其作用是打开了阅读古代史书的大门，对学生综合能力的培养具有深远的意义。新课标对整本书阅读的教学目标是："要拓展阅读视野，建构阅读整本书的经验，要通过阅读一本书建构阅读整本书的经验。"在主题式的项目设计中，首先确定《史记》整本书阅读的主题目标是：突出中华优秀传统文化，建构学生阅读古代经典传记作品的经验，通过阅读《史记》，学会阅读古代经典传记作品。

根据课标的要求，在整本书的处理上，要引导学生落实《史记》整本书阅读，通过读一本书，构建学生个体的读书经验，学会读一类书。教师要围绕主题目标，剖析核心问题；要分析传记文学的特点，把握其核心问题。中国传记文学作为实用类文本，其文体特征为真实性和文学性的统一。而作品中，大多浸润了中华优秀传统文化的核心思想理念、中华人文精神和中华传统美德，这样可以指导学生更好地认识中华优秀传统文化的悠久历史和影响。

《史记》作为中华优秀传统文化的经典，在教学中，既要明确其作为史书的"实录"特点，又要明确其具有可读性的文学特征。根据文本的特点和学生的实际水平，确定《史记》的核心问题：围绕"史家之绝唱，无韵之离骚"这一核心价值来展开，理解其"实录"的史学价值和人物刻画的文学价值。

教师围绕主题目标和核心问题，设计相应的主题任务，分解项目环节。教师通过系列语文阅读活动和有效环节的落实，循序渐进、有条不紊地落实学生阅读能力的培养。教师指导学生完成系列主题任务，构建研读经验，形成个性化的读书经验。《史记》是由许多单篇组成的传记文本，教师设计了借助人物生平大事年表的形式，构建人物关系的思维导图，让学生了解：传记需要在有限的篇目章节中记录人的生平事迹，作者必须通过详写和略写、精选材料来达到真实刻画人物的目的，体现其真实性和文学性的统一；而在同一时期出现的人物之间的关系错综复杂，可以互相印证，体会司马迁在篇后的"太史公曰"的深刻含义，从而明确中华优秀传统文化的内涵。教师涉及各项主题任务，然后分解到各个项目环节，落实教学全过程，形成了从"课内—课外、节选—整篇、单篇—全书、人物—人生—自我观照"的项目环节设计，指导学生初步掌握传记文学的研读方法和经验。

二、 驱动式项目实施

驱动式项目实施是项目教学的过程落实。在项目式教学中，要通过搭建学习支架、设计语文活动、驱动持续探究、实施跨界整合等环节落实实施过程（见图3）。

在搭建学习支架方面，为了项目式教学的有效落实，教师要围绕项目式教学的主题目标和核心问题，突出中华优秀传统文化，提供给学生系列的学习支架，如理论方法指导、学习策略指导、学习资源提供等。在学习支架的支持下，学生可以更好地开展自主学习和合作学习，同时保证学习方向的明确。“教师可以根据教学的需要，随着学习的推进逐渐将管理和调控学习的主动权交给学生，直到最后撤去支架，同时根据教学的要求和学生的情况，构建新的支架，进而不断地把学生从一个水平提高到另一个更高水平。”

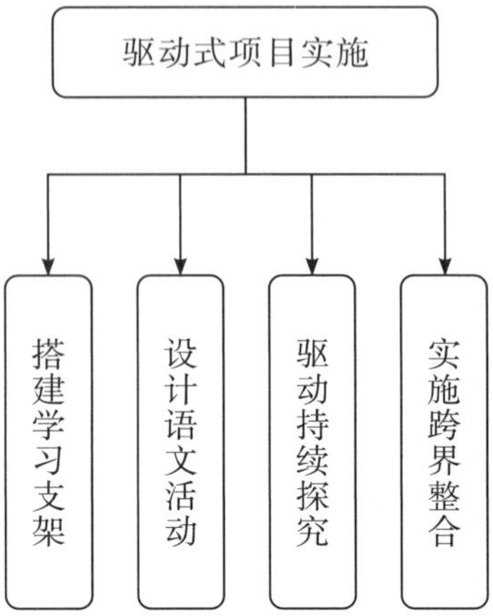

图 3　驱动式项目实施

对于语文活动的设计，要结合突出中华优秀传统文化的主题，要创设具体的情境，设定有效的任务，结合项目的推进，落实活动要求。

只有通过一系列语文活动的推进，构建学习的进阶模式，让学生对中华优秀传统文化的探究更进一步，不断驱动学生持续进行探究，才能达到最后的跨界整合。

在《史记》整本书阅读中，教师通过提供史记阅读的相关研究资料，指导使用工具书《史记研究的资料和论文索引》，专著《史记考索》《历代名家评史记》《容斋随笔・史记简妙处》等资料，搭建学习支架，同时也指导学生通过查阅资料拓宽知识面，开展自主学习和合作学习。

教师围绕项目主题目标，设计语文活动，指导学生深入文本的解读，了解经典，感悟经典，具体包括：①借助课文的文本学习，学习文本研读的方法；②借助人物生平大事年表的整理来加深认识；③借助历史上不同名家的观点，进行比较阅读，全面认识人物，尤其是人物身上的可贵品质，体现出来的中华优秀传统文化的内核；④通过相关人物的观点来加深对人物的解读；⑤通过不同文本的比较阅读，进行文本解读，通过初读—精读—研读等活动，找到清晰的传统文化的主线；⑥构建同一时期人物关系的思维导图；⑦通过对“太史公曰”的深入解读与理解，不断持续进行研究，其中的研读部分可以分为生成性问题研读—进阶性问题研读—批判性研读，有目的地通过系列问题，推进整本书阅读的深入开展，体悟其中的中华优秀传统文化的精髓。在实施过程中，根据新课标的要求，落实学生跨界整合的能力。学生在学习过程中，要达到跨学科、跨媒介、跨教材获取信息进行整理的能力，提升项目式教学的实施效果，从而感受中华优秀传统文化的魅力。

三、 建构式能力培养

建构式能力培养是项目式教学可达成能力的培养方向。项目式教学的主体是学生，以学生的能力培养为重点，从学生能力自主建构的角度，落实能力的培养。主要从以下四个方面达到建构式能力培养：提升学习动力、指导自主探究、提升思维能力、培养综合能力（见图4）。学生对中华优秀传统文化的认知，也在能力培养中不断形成，这样才能真正达到目的。

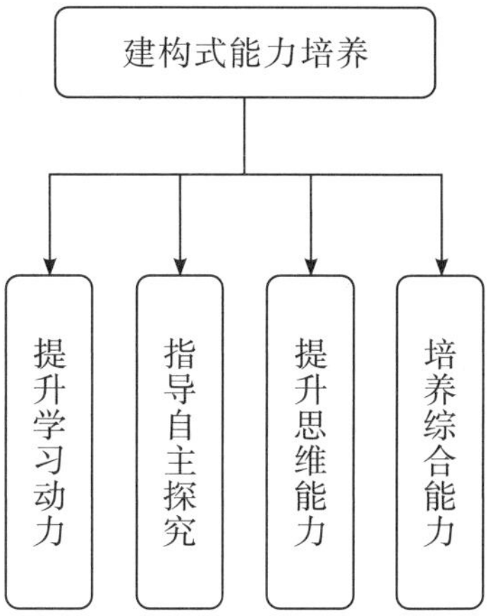

图4　建构式能力培养

在项目式教学的过程中，教师要做好教学活动的管理；在设计实施过程中，以学生建构自主学习的感受、经验、能力为思考，落实学生能力的培养。教师要指导学生组织有效的学习团队、合理设计时间安排、提供有效的方法和明确管理要求，落实项目式教学的主题任务。教师要通过任务驱动来提升学生的学习动力，指导学生开展自主探究，提升其思维能力，通过读写结合，用写作带动学生综合能力的培养，提升学生对中华优秀传统文化的认知。

教师在《史记》整本书阅读中，采用了任务驱动的形式，组织有效的语文活动，让学生在写作任务的驱动下，提升学习的动力；通过明确的任务指导，搭建学习支架，落实学生的自主探究；通过“以写促读”落实学生的思维能力；最后落实学生综合能力的培养。其中在“以写促读”系列活动中设计以下任务。

（1）写作任务一：学会评价人物身上的优秀传统文化精神。

选取《史记》中的一个人物，根据学过的方法，开展自主探究，完成研究内容，形成研究论文。

指导方向：①选取该人物进行深入探究，写出你选择的原因；②分析该人物的整个人生历程中发生了哪些事情，并完成大事年表；③哪些事情让他的人生有所改变；④司马迁在选材上重点写了该人物的哪些事情，原因是什么；⑤司马迁在人物描写上采用的方法是什么；⑥分析司马迁对人物精神的个人看法。

（2）写作任务二：学会多元解读优秀传统文化的体现。

你对文本的解读，在哪些地方有自己与众不同的看法，分享并形成文学短评。教师要指导学生形成个人观感的见解，让学生自我选择、自我思考，形成自我见解。

（3）写作任务三：学会学以致用。

选择一个你身边的人物，模仿《史记》中学到的传记知识，挖掘人物身上的传统文化特质，给其写一篇人物传记。

指导方向：①这个人物可以是你喜欢的人、你敬佩的人、你熟悉的人、你想了解的人，突出人物的个性特征，从他们身上哪些具体的表现可以看到中华优秀传统文化的影响；②写好传记的提纲，学会选取典型材料；③搜集材料，整理落实，去粗存精，学会搜集一手材料；④写作过程详略得当，细节处理合宜，采用多种人物描写的方法；⑤注意将传记作品的真实性和文学性相统一。

这些写作任务，分别指向学生自我建构过程中的能力培养，激发学生的学习动力，落实自主探究的指导，有方向、有方法，指导思维提升，通过“以写促读”培养学生的综合能力。只有通过写，才能组织思维，才能凸显中华优秀传统文化。

四、 多元化项目评价

多元化项目评价可以验证项目式教学的实施效果。在项目式教学的过程中，多元化项目评价是项目式教学的一个重要表征。在实施过程中，学生在教师设计主题式的项目中进行自主建构、自主探究、合作学习，这就使得成果的展示多样化，同时也就要求评价具有多元化的特征。在个性解读突出的整本书阅读中，如何建构多元化的项目评价，尤为重要。只有通过有效的评价，才能落实突出中华优秀传统文化的教学。教师可以从四个方面落实项目评价：个性化多元解读、智慧型平台分享、多元化评价构建、多元化成果展示（见图5）。

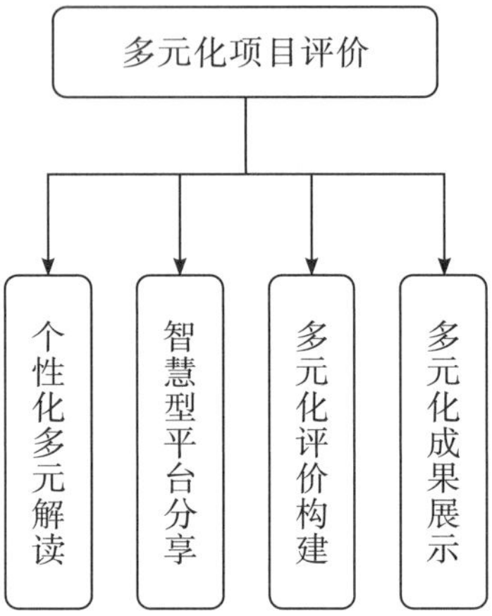

图5　多元化项目评价

在《史记》整本书阅读教学中，为了能够让学生的自主性得到充分的发挥，教师应鼓励学生进行个性化的多元解读，这也是学生喜欢阅读、养成良好阅读经验的关键。尤其是新课标和新教材中提出的思辨性阅读体验，要在教学设计中有所体现，同时鼓励学生形成具有个性化的阅读成果。

如开展“对话《史记》人物”的活动，学生探讨项羽为何会失败，进行多元解读：性格悲剧、时代悲剧、历史悲剧。在教师指导学生深入文本、深入文献进行解读的过程中，有学生根据《史记·高祖本纪》中刘邦对项羽的评价，探究不同的解读。他认为刘邦作为对手应该最了解项羽，这也是他能够战胜项羽的原因。文本中，刘邦提出“夫运筹策帷帐之中，决胜于千里之外，吾不如子房（即张良）。镇国家，抚百姓，给馈饷，不绝粮道，吾不如萧何。连百万之军，战必胜，攻必取，吾不如韩信。此三者，皆人杰也，吾能用之，此吾所以取天下也。项羽有一范增而不能用，此其所以为我擒也”，以此可得出“得人者昌，失人者亡”的结论，这正是中华优秀传统文化思想的体现。结合文本的多元解读，通过不同篇章的互证，学生对阅读产生了不一样的体验，养成了综合整本书不同章节之间关联进行个性化阅读的习惯。而教师要加以鼓励，同时明确个性化阅读不是随心所欲进行阅读，而是要建立在文本依据基础上的。

在评价中，教师可以利用信息技术、互联网技术搭建智慧型的分享平台，通过微博、公众号等形式，让学生在发布、互评中展示自我，让学生的思考得到展现，在同伴互助中成长，也有助于提升语文学习的兴趣和能力；同时建构自评、互评、师评的多元化评价体系，落实项目式教学的评价，通过读书笔记、读书分享、思维导图设计等多元化成果展现，有效落实项目式教学的评价，让中华优秀传统文化的思想在碰撞中产生。

高中语文项目式教学研究，进一步明确突出中华优秀传统文化的方式方法。项目式教学相对于项目式学习，主要针对教师的教学，教师的主导地位更加突出，学生的主体地位更加彰显，更能凸显中华优秀传统文化的深厚内涵。教师深入研究具体的教学内容，明确主题式的项目设计，设计有效的项目计划，落实驱动式的教学活动，推进教学环节的落实，进行多元化的评价，指向学生的有效学习。

“中华传统文化专题研讨”任务群的目标定位与实施路径

作者：王军（广州市花都区教育发展研究院）

来源：GDJY－2021－A－b062 语文学科核心素养视域下中华传统文化专题研讨任务群教学模式的建构

摘　要：《普通高中语文课程标准（2017 年版 2020 年修订）》（以下简称《课程标准》）明确指出普通高中语文课程由必修、选择性必修、选修三类课程组成。中华优秀传统文化的内容始终贯串三类课程。具体安排的学习任务群包括选择性必修课程中的“中华传统文化经典研习”与选修课程中的“中华传统文化专题研讨”。本文试从“专题研讨”任务群入手，浅析其目标定位和实施路径。

关键词：中华传统文化专题研讨　学习任务群　目标定位　实施路径

一、“中华传统文化专题研讨”任务群的目标定位

《课程标准》在“中华传统文化专题研讨”任务群的主旨简介中明确指出：“增进对中华优秀传统文化的理解，增强继承和弘扬中华优秀传统文化的自信心、自豪感。”“学习目标与内容”中还指出：“选读体现传统文化思想精华的代表作品，参阅相关的研究论著，确定专题，进行研讨。加强理性思考，增进对中华文化核心思想理念和中华人文精神的认识和理解，体会中华文化创造性转化和创新性发展的趋势。”研读《课程标准》，聚焦学习任务群整体目标，对于本任务群而言，可尝试从认知和实践两个层面进行目标定位。

（一）认知层面

中华传统文化卷帙浩繁，包容甚广。高中阶段的学生在修习之时要在如何传承和理解优秀的传统文化上下功夫，教师要引导学生深刻认识中华传统文化产生、发展及其价值。一是引导学生关注中华传统文化强大的生命力。作为世界五大文明之一的中华文明，它表现出历久弥坚的生命力。它是凝聚海内外中华儿女的文化脐带，是旗帜和文化的认同，是华夏儿女强烈自信心、自豪感的心理源泉。例如，家训文化就是中华传统文化中的典型，它传递出的就是一个家族祖辈对后代子孙的家风训示，赓续的是中华优秀传统文化的精神价值。钱穆先生曾经说过：“中国文化全部都从家族观念上筑起。”教师在进行传统文化经典作品教学目标设定时，可以《颜氏家训》或《论语》为例，激发学生进行微专题的研讨，让师生共同体认道德理念、文化风范等不同层面的家风和礼俗。二是引导学生关注中

华传统文化强大的延续力。文化经典经世致用、历久弥新。传统文化精神内蕴更是体现出鲜明的历史传承。有学者认为，“中华传统文化专题研讨”任务群指向的是语文核心素养的整体性提升，重视对中华传统文化的深入性体验。教学时可以尝试语境创设，由今入古，做到文本的还原。即回到历时态的文化语境中去回味经典，尤其是文言经典作品，需要读者回到作者的年代引发共情共鸣；也可引古至今，达成文本的再构。同时，还需要关注具体作品中的共时和文本互涉，前者可不失“真”（客观），后者则不失“我”（主观）。借助历时态的情境创设和共时态的文本互涉等文本解读的方法，可以还原认知、还原语境、还原文本，也可以再构认知、再构语境、再构文本，两者相辅相成，互为因果，从而实现对中华优秀传统文化所蕴含精神价值的最大挖掘。

（二）实践层面

本任务群的“学习目标与内容”中指出：“选读体现传统文化思想精华的代表作品，参阅相关的研究论著，确定专题，进行研讨。加强理性思考，增进对中华文化核心思想理念和中华人文精神的认识和理解，体会中华文化创造性转化和创新性发展的趋势。”该论述从实践层面为我们准确定位了课程的目标。一是理解中华传统文化的核心思想内涵。例如，在统编教材选择性必修上册的第二单元为学生编选了先秦诸子百家的经典文章，学生在初中阶段也接触过《论语》等儒家思想，不同学派的思想家著书立说，奠定了中国传统文化的基本内涵，学生需要进一步广泛接触并从原典中汲取营养，润泽心灵。本单元的目标被设定为“把握儒家、道家和墨家的思想特点，结合现实生活，学习古人智慧，培养理性思辨精神”，“自觉传承中华民族的文化传统”，“认识中华民族先秦原典的文化价值，将其转化成为人做事的准则”。在《教师教学用书》的教学指导部分也明确指出，到了选择性必修阶段，学习要求提高了，应该指导学生阅读一些比较陌生的篇目并训练学生的思辨思维。教师有意识地为学生拓宽视野，引导学生拓展阅读量，让学生在综合性、开放性的经典传统文化内容中获得充足的能力与发展空间，增强文化认同感和文化自信。这样就能使得课程价值体现在学以致用和知行合一方面。二是理性对待中华传统文化。还是以该单元为例，课文大都谈论立身处世之道。梳理本单元各篇课文所讲的立身处世的道理，既要看到其存在的合理性和必要性，也要引导学生在思考的时候关联现实进行客观评价。比如孔孟的“有为”，老子的“无为”，“仁爱”与“兼爱”是否可以并存，这些人生的基本道理需要引导学生具有批判性思维去理性和审慎地对待，要利用传统文化的历史穿透性特征，思考和探究这些思想在历史以及当下的影响和作用。这样一来，课程价值才算是真正得以体现。

二、“中华传统文化专题研讨” 任务群的实施路径

美国教育家华特说：“语文的外延与生活的外延相等。”通过对“中华传统文化专题研讨”任务群的学习，可以将中华优秀的传统文化成果内化为学生的个人品格、素养，让

学生与经典中的圣贤对话，把握传统文化的精髓，同时将课堂上领略到的传统文化魅力渗透到生活的方方面面。梁实秋先生曾经这样描述："古圣先贤，成群的名世的作家，一年四季地排起队来立在书架上面等候你来点唤，呼之即来挥之即去。行吟泽畔的屈大夫，一邀就到；饭颗山头的李白、杜甫也会联袂而来。"这也为我们明确中华优秀传统文化的精华要义，深入挖掘和弘扬中华优秀传统文化蕴含的核心思想理念、中华传统美德、中华人文精神提供了取之不尽、用之不竭的财富。基于此，本专题研讨任务群可从以下三个方面实施。

1. 多种途径确定专题：依据学习内容、兴趣和资源推荐或自主设计专题。

《课程标准》主张学习语文要两条腿走路：一条腿是教师在课内指导学生学，一条腿是教师鼓励学生在课外自主学。两条腿协调起来，学生的语文能力能更快地发展。也就是平常说的得法于课内，得益于甚至成才于课外。因此，通过开展教学实验及教学策略研究，开设实用性教学与交流相关课程，在本次语文核心素养的本质要求和理论支撑的指导下，为本次实践提供借鉴。要带学生走进教材，还要带着学生走出教材，扩大他们的阅读范围，加强语文实践活动，提高学生的语文综合能力。这在课堂内外都可以进行。

研读《课程标准》，结合"中华传统文化专题研讨"任务群的特点，从以下三个层面选择专题教学内容。具体如表 1 所示：

表 1　专题教学内容

内容类型	选择对应文本
文字层面	《诗经》专题阅读，确定人文主题
文学层面	《论语》专题阅读，研读内容和语言
文化层面	《红楼梦》专题阅读，选读原著与参读论著、借助媒介相结合

从表 1 列举可见，本任务群涉及面广，种类多，在课堂中是无法全部完成任务的。因此，结合高中语文教学实际，考虑学生最迫切、最实际需要的能力，本课题拟重点在文字、文学、文化等不同层面结合整本书阅读做研究与思考。

教师要帮助学生创设真实、富有意义的学习情境，以激发学生的学习兴趣，持续推动学生进行言语实践活动。在选择性必修上册《教师教学用书》的第二单元关于单元研习任务中提到："学习中华优秀传统文化，应该学以致用，知行合一"，"建议选取一些与学生生活密切相关，又与时事、国情紧密结合的立身处世之道作为重点来讨论。例如 2020 年新冠疫情，可以组织学生讨论老子所说的危机意识问题"。

同时，在情境创设下还要审慎思辨和理性看待经典，要"加强理性思考，增进对中华文化核心思想理念和中华人文精神的认识和理解，体会中华文化创造性转化和创新性发展的趋势"，可以赓续民族优秀基因和血脉，关联现实生活，让传统文化具有现代意识，引导学生在继承和发扬的基础上用于解决现实生活中的问题。三类情境中的学科认知情境是

“指向学生探究语文学科本体相关的问题，并在此过程中发展语文学科认知能力”。

以统编版高中语文选择性必修下册《陈情表》为例，我们要综合思考其积极向上的精神内核中隐约闪现出的消极内容。为了便于让学生体认到李密的历史局限，不妨设置相关学习情境：据《晋书·李密传》记载，晋武帝读罢《陈情表》，情不自禁地赞道“士之有名，不虚哉！”，特此“赐奴婢二人，使郡县供其祖母奉膳”。在梳理完李密的陈情思路之后，请大家代晋文帝附上书信一封，劝说李密在无后顾之忧后赴任以尽忠。

设计意图：自古忠和孝皆无法两全，疫情之下的现实社会更多此类典型，但平凡的岗位依然能诞生英雄。我们要充分认识李密在《陈情表》中的历史局限，并引导更多的有志青年投身社会主义先进文化的建设之中。

2. 多形式展示成果：小组合作研讨与个人创作相结合。

《课程标准》在“教学提示”部分要求：“引导学生在独立完成相关专题研习的基础上，从研究的资料、过程、方法、收获等多个角度展示研究成果，并且围绕学习中的若干问题，组织交流讨论、合作探究等活动，要求学生尝试把自己的探究发现用论文的形式呈现出来。”

以统编版高中语文必修上册《师说》为例，教师可以在课堂中引导学生在研讨的同时做好笔记，鼓励他们将讨论交流与写作相结合。

为达成多形式展示成果的目标，教师和学生都要从三个方面进行全面考量。一是理解编者意图。编者把本单元任务群列为思辨性阅读与表达，人文主题规定为学习之道，引人深思。作为统编教材的第一个思辨性单元，整体目标是让学生对“思辨性阅读与表达”有基本认识，能够理解论述类文章的现实针对性，能够把握作者的观点与思路。这个目标可以通过讨论的形式，由小组交流完成并绘制出相应的思维导图。二是设定分层目标。以新课标语文核心素养为依托，可以将本课的目标分三个层面来设定：从语言和审美层面反复品味文本的论证技巧和语言特点，从而提高学生的阅读理解能力和分析鉴赏能力；从思维层面理解文章的逻辑思路，体会条理性、严密性的议论文体特征；从文化层面要求通过学习中国古代优秀作品、体会中华民族精神，为树立尊师重教的思想，培养谦虚好学的学风奠定基础。以上三个目标可以分别通过口头表达与书面表达的形式来完成。尤其是议论文写作，可以尝试在堂上完成片段与提纲式。综合上述内容，在课堂的讨论环节可尝试设计一问：课文中有关“尊师”与“重道”的观点是否符合现代社会？你认为理想的师生关系应该是怎样的？

设计意图：把学生的思维由课内引向课外，是对情感、态度与价值观的正面引导，也是教学重点和教学难点的进一步体现。本文以《师说》为题，讲了许多从师的道理。其中强调了从师学习的必要，阐述了能者为师、虚心好学的从师态度，辩证地指出了师生关系。这些道理在今天仍然有借鉴意义，希望同学们能够从中体会到中华优秀传统文化的影响力和感召力。这个论题有思辨性，同时也为如何处理好传统文化继承和创新关系树立了一个典型。可以要求学生结合当前社会的师生关系展开讨论，并做好记录，形成书面文字。

如今，我们身边还有很多人在重复着少数唐人的错误观念，社会上仍存在不尊重教师的现象：有的家长袒护孩子，辱骂老师；有的学生在课堂和老师顶嘴甚至围攻老师；有的学生在路上碰见老师却形同陌路……从这个意义上说，这篇文章何尝不是写给今天的我们的呢？正是这种穿越时空的文化价值，使这篇文章历久弥新，成为经典。同学们，通过学习本篇，可以让中华民族的美德在我们身上发出更耀眼的光芒。

3. 多角度展开研讨：选读原著与参阅论著相结合。

《课程标准》同样在“教学提示”中反复指出要选读能体现传统文化作品及其相关研究的论著。在课堂教学过程中要有意识地将学生引向多角度的研讨，使研讨的形式多角度、多样化。这样既能检验学生阅读原著的成果，又能结合任务群的特点让学生养成参阅论著的习惯。

“文化中最重要的心理要素是认同作用，认同是文化与人格的桥梁。”如何能够帮助高中阶段的学生用经典涵泳品格乃至增值生命，更能够实现《课程标准》在课程目标第10点和第11点提到的“体会中华文化的博大精深、源远流长，体会中华文化的核心思想理念和人文精神”，“初步理解和借鉴不同民族、不同区域、不同国家的优秀文化，吸收人类文化的精华”，引导学生能够在多元文化并峙中产生国家文化认同，从而让优秀的传统经典能够内化为民族文化的“基因”。阅读原著和参阅论著相结合就为学生加深理性思考奠定了基础，既要阅读体现中华传统文化思想精髓的原著，又要阅读其相关研究著作，并适当地展开研讨以加深对中华文化的体认。

以统编版教材选择性必修上册古诗词诵读第二篇《春江花月夜》为例，可以引导学生重视诵读原文，积累阅读经验；重视查阅和检索资料，扩大研读范围；重视点线面结合，深化局部认知；鼓励学生及时记录并分享自己的感想。唐朝是中国诗歌发展的顶峰，《春江花月夜》却被赞为“孤篇盖全唐”，闻一多先生更誉之为“诗中的诗，顶峰中的顶峰”。在进行如此经典的古诗词诵读赏析时，不妨尝试引导学生进行思辨性阅读的深度体验。其中，教学设计的一个环节可以是以下的交流分享学习：

通过小组合作阅读并鉴赏诗歌的情理、乐画、韵律之美。

（1）情与理（本诗借景抒发了哪些情？又托物寄寓了什么样的理？）

（2）韵与律（找出本诗的韵脚，概括规律；标出韵脚的平仄，发现作用。）

（3）诗与画（试分析《春江花月夜》的画意之美。）

（4）诗与乐（结合名曲《春江花月夜》说明如何用音乐来表现诗歌《春江花月夜》的意境。它与《琵琶行》又有什么关系？）

（5）品与格（借助唐代司空图《二十四诗品》，判断本诗属于哪种风格？）

（6）真与仿（请自选角度，将《春江花月夜》与《秋窗风雨夕》进行对比阅读。）

设计意图：用六个关联性的话题，组织学生展开思辨性讨论。这一问题的设计，基于学生对诗歌内容与艺术形式的理解，用关联性话题引导学生鉴赏诗歌、评论诗歌。这一分享的前提是需要进行原著和相关论著的阅读，养成做读书笔记的良好习惯，在此过程中需要积累阅读经验、梳理文言词句、加深和拓展对作品的理解，从而才能够深度体验中华优秀传统文化的魅力。

三、后记

中共中央办公厅、国务院办公厅发布的《关于实施中华优秀传统文化传承发展工程的意见》指出："坚持中华优秀传统文化的创造性转化和创新性发展，使中华民族最基本的文化基因与当代文化相适应、与现代社会相协调。""关键是把握处理好继承和创新的关系，处理好传统文化与当今时代的关系。"一是创造性转化。引古至今，激活传统文化的生命张力，并使其符合新的时代内涵，具有新的表达形式。有学者指出，中华传统文化专题研讨要有"点"的深度，也要有宏阔的视野，让学生了解中华传统文化的民族特征和独特魅力，赋予学生观察文化现象的世界眼光。二是创新性发展。目标在创新，体现在发展。要将鲜明的时代特征与传统文化的精髓相互融合。在将传统融入时代的同时，更需要对其内涵进行丰富和拓展，在充分尊重和理解西方文化，传承中华文化的互动交融中增强中华传统文化的影响力和感召力。

"欲求木之长者，必固其根本。"中华优秀传统文化就是中华民族的"根"。随着近年来中华优秀传统文化的持续升温，中华民族要在世界文化的潮流中站稳脚跟，必须依靠对优秀的传统文化坚定的自信心和自豪感，并把它传承好、发展好、转化好。

参考文献

［1］温小军．语文课程传承中华优秀传统文化之效率诉求省思［J］．教育导刊，2022（1）．

［2］何云春．基于学科核心素养的语文课堂教学目标设定［J］．教育科学论坛，2018（34）．

［3］吴欣歆．学习任务群：高中语文课程内容的重构［J］．教育科学研究，2018（11）．

［4］褚树荣．理性与多元：中华传统文化任务群学习体会［J］．语文学习，2018（10）．

［5］徐鹏．语文学习任务群的实施路径［J］．语文建设，2018（25）．

［6］蒋蕾，钱加清．"中华传统文化专题研讨"任务群：价值取向及实践路径［J］．语文建设·D刊（学术刊），2022（1）．

［7］程征．高中语文"中华传统文化经典研习"学习任务群实施策略研究［J］．作文，2021（40）．

［8］张艾功．"中华传统文化专题研讨"学习任务群的目标、内容与实施：以《论语》专题研讨为例［J］．语文教学通讯·A刊，2021（2）．

高考语文情境化试题设计理论与实践刍议

作者：於胜成（深圳实验学校）

来源：GDJY－2021－A－b073“核心素养”下的高考语文备考策略实践研究

摘　要：高考语文试题的情境不限于社会生活，也包括个人体验和学科认知，这一界定使得高考语文情境化试题在实践中取得了良好的测评效益，遏制了套路化答题和作文宿构等问题，更加聚焦考查学生综合实践能力，也有利于引导教学。情境化试题可能存在公平与效度风险，也可能造成情境与测评对象之间不够适切等问题。通过明确考查点和情境类型，适当调整各类情境配比，增加学科认知情境运用，减少个人化的个人体验情境和具体化的社会生活情境，提升情境设计质量，或可让情境化试题更好发挥立德树人、服务选才、引导教学的核心功能。

关键词：高考内容改革　高考语文　高考语文命题　情境化试题

随着我国教育考试改革尤其是高考改革的推进，自 2014 年全国高考语文试题出现较为明显的情境化名句名篇默写试题开始，情境化试题越来越为高考语文评价改革所重视，在高考和各地模拟试题中广泛采用，几已成高考语文的显性事实。然而，情境化试题的质量堪忧。命制情境化试题需要厘清“情境”的内涵，继而在分析情境化试题利弊基础上，找到解决办法，以推进教育评价改革背景下的高考语文测评合理变革。

一、 命制情境化试题的理论背景与实践现状

情境化命题较早见于比利时教育理论家易克萨维耶·罗日叶的整合教学理论。20 世纪 90 年代以来，他率领团队在全世界几十个国家和地区开展以能力为导向的教育评价研究。作为整合教学法的倡导者，罗日叶提出与其教学法主张相适应的情境化命题思想，并广泛开展实践研究，取得良好的测评实效。

新颁行的《普通高中语文课程标准（2017 年版 2020 年修订）》（以下简称《语文课程标准》）对语文考试、测评提出明确建议：考试、测评题目应以具体情境为载体，以典型任务为主要内容；以情境任务作为试题主要载体，让学生在个人体验、社会生活和学科认知等特定情境中完成不同学习任务。在《语文课程标准》中，“情境”二字共出现 34 次，如果以情境的泛化意义如“实践”“经验”来检索，则“情境”贯穿《语文课程标准》各章节。《语文课程标准》对“情境”的强调，使情境化试题已然在高考语文评价中获得

了法定的核心地位。

情境化试题之所以在理论和实践上都渐成主流，源于情境与知识、能力的密切联系。情境认知与学习理论在探究学习者学习的本质时，发现了知识与情境之间的共生特性，认为知识并非孤立的信息或素材，而是依托于特定情境，由学习者主动建构的一整套信息或素材系统，并在学习者的学习、工作中不断得到运用、丰富和发展。换句话说，知识不仅具备情境性，甚至依附于情境活动才能存在。情境对知识学习的介入，不仅让固态化的普遍知识变成动态化的具体知识，而且让测评发生转向，从对知识的测评转向对知识在情境中的运用能力的测评。情境和能力的关系，与情境和知识的关系类似。加德纳的多元智能理论认为智力本质上是在特定文化情境或社群中展现出来的解决实际问题的能力。在他看来，智力作为一种能力，处于具体情境之中，最终表现为在解决生活或学习中具体问题时的不同成就。罗日叶也说，能力就是“对某一个体而言，为了解决某类问题情境（情境族）整合调动一套资源（知识、技能和态度）的可能性”。为强调情境在能力系统中的重要价值，他还为“能力”设置了一套公式，即“能力 = ｛素能 × 内容｝ × 情境”。其中，素能“指做事的本领、禀赋，是人们进行的一项活动，譬如识别、比较、分析、综合、归类、排序、抽象、观察等”。总之，能力测评要想达到较高效度，离不开情境载体。

近年来，随着世界各国课程教学理念迭代，与之相应的教育评价理念也在变化，旨在优化能力或素养测评的情境化试题在考试中广泛运用，积淀了不少实践经验。如德国职业能力与职业认同感测评项目，从理念到实践都明确要求每道试题都要严格依托于特定情境，要有具体情境限定描述，否则可能被视为效度不足。在经济合作与发展组织成员国家或地区广泛参与的 PISA 测试中，情境化试题在阅读素养测评中的导向更为鲜明。PISA 还借鉴《欧洲语言共同参考框架》关于情境的分类，在阅读测评中，将情境划分为个人的、公共的、职业的和教育的 4 类。

在我国，情境化试题在语文大规模测评中的实践运用较早见于汉语能力测试，近年已逐渐成为我国语文阅读与写作测评的常用试题形式，且已深度运用于高考语文试题。权威机构在评析全国高考语文试题时特别指出情境化试题的特点与思路：2018 年“问题情境真实”“富有意义的语文实践活动情境”“特定交际情境和历史文化情境”；2019 年“突出试题命制的情境化设计”“将作答要求与人生体验相结合，创设真实的任务情境”“将试题材料与教材内容相结合，创设综合的探究情境”“将试题设置与生活现实相结合，创设开放的问题情境”；2020 年“巧设情境”“试题情境注意联系学生的语文实践活动，在真实的语言运用情境中考查学生的必备知识和语言表达、应用写作等关键能力，达到以考促学的目的”；2021 年“全部采用情境化材料”，高考语文已基本实现情境化命题全覆盖；2022 年，虽未明确使用“情境”一词来评析全国卷 4 套试题，但其中所言“试题引导学生用科学理论指导实践，在生活学习中感知和领悟中华优秀传统文化的价值内涵”“从生活中发现科学问题”“贴近学生学习和生活”，无不包含“情境”意味。与《语文课程标准》区分的3类情境相适应，近些年的试题不仅呈现了“语文实践活动情境”“特定交际情境”和“历史文化情境”等情境类型，而且不断凝聚共识，强化了高考语文情境化试题的实践运用。

二、高考语文情境化试题的“情境”辨析

2021年和2022年全国新高考语文Ⅰ卷作文题目较往年有较大变化，引发了一些对情境化试题的争议，以此为例，或可深入阐明“情境”内涵。

2021年新高考Ⅰ卷作文试题以毛泽东《体育之研究》中有关强弱辩证关系的一段话为材料，要求考生谈“启示意义”，体现“感悟与思考”。2022年新高考Ⅰ卷作文试题材料则以围棋术语“本手、妙手、俗手”的界定切入，引出初学者的正确路径和好高骛远的错误做法，点明“本手”的基础性和“妙手”的创造性，并阐明“本手”与“妙手”“俗手”之间的转化关系，同样具有辩证意味，写作任务也要求考生谈“启示意义”，体现“感悟与思考”。这两道试题的写作任务确乎不同于2020年新高考Ⅰ卷关联疫情这一现实情境，与2020年全国乙卷班级读书会写发言稿、2019年面向本校同学写演讲稿、2018年写一篇文章给2035年18岁的一代人阅读及2017年写文章帮助外国青年读懂中国等模拟情境任务更有明显差异。有研究者质疑新高考语文没有遵循《语文课程标准》以具体情境为载体的命题原则，也未保持过去几年高考作文情境化的特点。笔者认为，引发此番争论的关键在于对“情境化试题”中“情境”一词的理解差异。

关于“情境”，《语文课程标准》实已指明：“情境”并非仅指狭义上的“日常生活情境”，而包括个人体验、社会生活以及学科认知3个方面。“社会生活情境”指的是“校内外具体的社会生活，强调学生在具体的生活场域中开展的语文实践活动”，对应人们的日常生活经验，强调“交际”，与“个人体验”对应；“个人体验情境”是指“学生个体独自开展的语文实践活动，如在文学作品阅读过程中体验丰富的感情，尝试不同的阅读方法以及创作文学作品等”，与“交际”区别开来的同时，似更偏向于“文学作品”阅读与创作；“学科认知情境”则指向“学生探究学科本体相关的问题，并在此过程中发展语文学科认知能力”，强调“学科本体”认知问题，其主要探究对象应为学科本体理论问题，而非实践属性的“情境”问题。将“个人体验情境”与“社会生活情境”对照列入“情境”类型，符合学理逻辑，个体和交际两个维度涵盖生活与工作的独处与交际诸方面；“学科认知情境”与“社会生活情境”又将语文学科本体理论学习与实践运用的全部问题囊括其中。于是，《语文课程标准》将“情境”的覆盖面扩及个人体验、社会生活和学科本体认知各个方面，涵盖了语文学习的内涵本体和外延运用。从这个意义上说，情境覆盖了历年来高考语文全部试题，2021年、2022年全国新高考Ⅰ卷作文题当然也不例外。

可见，引发争论的原因在于对“情境”内涵的误解。因为部分人乃至一些一线语文教师通常理解的“情境”所指乃在于“社会生活”，而非“个人体验”和“学科认知”。不

过，从国际的角度来看，“采用生活化的情境性试题考查学生在特定的情境中运用知识技能解决问题的能力，是以纸笔测验为主的量化评价改革的一个突破口”。就试题而言，有专家认为，“情境”更应该指向“社会生活”实际运用，因为，“建构生活化的教育情境，是教育回归生活的路径之一”。从现实情况来看，高考试题是否以社会生活化情境为载体，更容易引发一线师生关注、讨论乃至追蹑、转向。

总体说来，《语文课程标准》将“具体情境”的外延扩大到个人、社会、语文学科等几乎涵盖学生学习生活的全部方面，保证了情境化试题在高考语文测评中的独特效益，由此引发的担忧也不可忽视。

三、 高考语文情境化试题之利与忧

（一）高考语文情境化试题之利

无论情境仅仅指向社会生活，还是涵括个人体验、学科认知，情境化试题作为大型国际教育评价项目的通用做法，其优势明显，且已在这些测试中得到实践验证。近年来，情境化试题在全国高考语文中的运用，也带来了明显向好的测评效益。

1. 杜绝套路与宿构。

高考语文情境化试题有利于杜绝阅读测评主观题的套路化答题和写作宿构等行为。由于情境不仅包括学科本体认知，还包括个人体验到的主观情感和社会情境运用，因而，情境化试题也就涵盖学生个体活动、社会活动和学习活动的全部方面，猜题押题的范围被无限扩大，也就几乎无从下手，不过多了一些情境化语文学习，完全押中试题的概率几乎为零。如此一来，情境化试题就能够有效预防猜题和押题、套路和宿构。由于具体情境千变万化，解决某一具体情境中的问题时所需的具体应答不可能完全照搬到另一情境问题中，这样也就避免了套路化答题，为创新思维预设了空间。在面对非情境化的高考阅读与写作试题时，曾有不少考生在应答中有较明显的套路、宿构等行为；面对情境化试题，此类现象基本销声匿迹。这对于测评考生实际读写能力大有裨益，对创新能力的培养亦是佳音。

2. 有利于考查综合实践能力。

高考语文情境化试题有利于考查考生的综合实践能力。在排除宿构和套路的同时，情境化试题也就为测评考生真实能力清除障碍，因而更有利于测评考生真实的语文学科素养。如前所述，情境与知识、能力关联紧密，再加上情境自身具有独特性和综合性，需要调动考生多方面的言语学习经验、知识和能力，从而赋予情境化试题区别于抽象无情境试题的独特优势，即它更便于测评考生必备知识的掌握程度以及运用这些知识解决实际问题的综合实践能力和素养表现。因此，在罗日叶的理论体系中，“情境化命题倾向能力立意，主张通过问题情境来考查学生的综合能力，情境化命题中，情境为知识的运用提供了支撑”。总之，在高考语文试题中运用情境，测评考生的阅读与写作能力，不仅会关联考生的必备知识识记情况，还能够更好地在考生应答中呈现其关键读写能力和综合素养，从而为客观真实评价铺平道路。例如，2021 年全国新高考语文Ⅰ卷第 8 题在文本阅读情境中考查“反复手法的效果”，考生不仅需要调取关于“反复”这一修辞手法的相关知识，而且需要在学科认知情境中体验“反复”手法在这篇文本中的独特功能，考生灵活运用知识的能力和在具体情境中解决问题的综合素养可以得到较充分考查。同样，2021 年全国新高考语文Ⅰ卷第 14 题中“他这样说的目的是什么?”，以及 2022 年全国新高考Ⅰ卷第 14 题中“词中谈到哪些做人的道理?”等情境化设问，也在个人体验情境中考查了考生除文言文和古代诗歌理解能力外的推演能力和同理心等综合素养。

3. 有利于引导教学。

高考是指挥棒、风向标，高考语文情境化试题理所当然地引导教学，现实教学已然发生的转变皆是明证。现代教育测量学认为，较高层级的知识运用所指向的乃是在新情境中运用抽象原理。其原因是，在情境中考查知识运用，可以避免对知识“死记硬背”的僵化考法，从而提升对知识熟练运用程度亦即实际能力与综合素质的考查效度。在此背景下，情境化试题在教学方向上从知识到能力再升华到综合素养的引导性便一目了然。情境化试题与《语文课程标准》理念一致，加上考试本身具有的高度导向价值，使得情境化试题自然导向情境化语文教学，从而实现有效引导教学的功能。例如，2022 年全国新高考语文Ⅰ卷第 5 题“如何推动中国古典诗论的‘创造性转化、创新性发展’?”，要求考生运用材料内容解决学科认知情境问题，引导师生在教学中注重阅读所得信息的实际运用，同时促进考生学习领会习近平总书记关于优秀传统文化创造性转化的重要论述精神。

4. 有利于立德树人。

通过具体情境的设置与导入，甚至立意先行的价值观引导，高考语文情境化试题还有利于立德树人，即从价值观上引领考生，让考生在应答过程中自然而然地接受德行教育。与抽象的教条相比，具体生动的情境和材料案例能够给人以潜移默化的影响与塑造。正是在这个意义上，高考语文情境化试题能够实现对学生思想政治素养、精神品质的教育与考查，有利于实现立德树人的根本任务。例如，2019 年全国高考语文乙卷作文试题材料以劳动的精神和物质双重价值及其历史传承的正面价值观作为引领，来观照现实生活情境中不理解、不愿意、不尊重劳动等现象，让考生在写作过程中完成价值观上的自我教育。2021 年全国新高考语文Ⅱ卷第 5 题从年轻人为炫耀技术故意植入网络病毒的社会现象切入，让考生在运用材料中有关网络文明观信息答题的过程中接受内隐式教育。

（二）高考语文情境化试题之忧

当然，高考语文情境化试题也引起一些学者担忧。在一轮关于《语文课程标准》的答疑问题征集中，出现了如下问题：“什么叫‘真实的语言运用情境’?”“在教学环境下是否存在真实的语言情境?”“‘以具体情境为载体’的考查方式似乎很难把握，如何在命题中实现?”有研究者甚至认为“情境设计违背事理与常情”“试题取材脱离学生生活与经验”“情境设计或材料信息严重失真”“直接‘撞车’或题材老旧”。对这些质疑之声一探究竟，便不难发现，除了对情境内涵存在误解外，一线语文教育工作者对命制情境化试题的实际操作方式及其实效还有疑虑，需加消除。

1. 可能存在测试公平与效度风险。

高考语文情境化试题可能引发测试公平与效度问题。

首先，在情境认知理论看来，知识具有情境性，甚至从属于情境，是文化情境活动的一部分。但从知识论的角度，知识自身是要排除情境干扰的，否则便不具有普适性，也就不能称之为知识。前者的看法在本质上取消了普遍性知识与个体化经验之间的区隔，是对纯粹知识性或思辨性考查（如法国高考作文和多年来上海高考语文作文试题）的极端化挑战，在根本上取消了知识的普适性，也将“学科认知情境”排除在外。知识的产生和运用通常需要依托情境，要考查考生语文知识运用能力，不能不依托具体情境，这些情境应包含于《语文课程标准》区分的 3 类情境之中。问题是，这些情境如何解决知识的普适性问题？故而知识的考查是否必须依赖情境，仍是一个值得研究的理论问题。

其次，出于大规模考试的公平性要求，命制高考语文情境化试题需要尽量避免情境特异性，以实现对不同地域、文化、宗教、经济社会发展背景下不同考生施加测试的相对公平。但情境化试题因情境特殊的规定性，不可避免地需要为考生应答提供多元复杂的情境提示或限定，容易造成材料过于冗长、复杂等问题，对考生而言，既是提示又是障碍，既是机遇也是挑战。一方面容易让单个考生顾此失彼，另一方面对一部分考生有利的同时也遏制了另一部分考生学科能力真实表现，限定因素本身有可能成为解决情境化试题的路径或障碍。因此，情境化试题虽然在一定程度上解决了高考语文主观题对评价者素质要求过高和评价主观性过强的问题，但也可能存在测试公平问题。

再次，情境化试题必然涉及多个维度和多个层面的知识和能力，其问题解决的路径也必定多元，因而很难断定考生究竟是否通过试题所要测评的知识和能力来解决问题，结果很可能造成试题效度降低。一方面，在命制情境化试题过程中，情境的具体化设计必然要求运用更多的连续文本或非连续文本来描述情境，也就不可避免地在考查其他能力的同时考查基础阅读能力；因此，在应答情境化试题任务时，答错的考生所受到的阻碍、答对的考生所依据的能力究竟是阅读能力还是题目所要测试的考查点难以辨明。另一方面，具体情境中必然包含一些无关考查点的要素，这些要素可能帮助一些测试者应答，同时也可能对另一些测试者的应答造成干扰。情境化试题的“情境”如果是真实发生过的现实生活情境，则不可避免地为一部分人所熟知，甚至被广泛押题猜题。近年来高考语文全国卷试题素材和情境几乎全都关涉时政热点话题和“五育并举”，如果学生对相关话题做了比较充分的准备，那么答题优势相当明显。信息不对称等因素引发的测试效度和公平问题由此凸显。

此外，情境化试题可能带来立意先行和虚假情境等问题，其直接后果体现在高考语文写作测评上，考生无论价值观是否正确，都会选择材料及写作任务提示语明示的观点及其层次要求去行文，最终并不能筛选出在理性思维能力方面具备真正优势的考生，而可能让一些价值观存在偏差的考生蒙混过关，乃至助长虚假文风。虽然高考阅读与写作测评在一定意义上也是在考试中教育学生或让学生自我教育，然而教育应在从小学到高中的12年教育中完成，而不应寄托于一次性、高利害的大规模考试，高考的核心功能是“立德树人”而非“培德育人”，是“服务选才”而非“服务育才”，是“引导教学”而非“实施教学”。

情境化试题测评规模越大，测评对象越多元，越容易带来测评效度和公平问题。高考情境化试题带来的测评的效度和公平问题，需在命题过程中以优化设计来避免，至少其中的“情境”不能仅限于“社会生活情境”。

2. 可能对测评对象不够适切。

高考语文情境化试题还面临着如果过多采用社会生活情境而较少采用学科认知情境命制，在测评对象方面是否适切的问题。按照儿童认知发展理论，儿童思维会从感性阶段过渡到理性阶段，初中生重在感性思维的发展，而到高中毕业时则应以理性思维为主。由于高考、高中学业水平等级性考试要为高校选拔人才，这些学生在接受高等教育的过程中，越来越多地需要在抽象的理论情境中学习，因此，高考的主要评价指标应在于理性，通过高考来体现考生的理性思维素养，为大学教育做好充分准备，“把理性思维能力放在中学语文教学与评价的重要地位，曾经被指斥为脱离学生实际，其实这样的指斥恰恰忽视了中学的育人宗旨和高校的选拔标准。理性思维能力不但是为文之本，而且是为人之本”。从这一角度来看，高考语文写作测评应更加理性抽象，而不应设计过多的具体社会生活情境。这或许正是2021年和2022年新高考Ⅰ卷语文作文试题采用理性思辨性材料的原因之一。

总体来说，情境是测评的载体，是辅助条件，而非测评本体，不可本末倒置，过于强调情境而未聚焦对学科本质知识和能力乃至跨学科能力或素养的考查。情境“试图模拟想要考查的知识或技能在实际应用中的环境或条件”，情境只不过是表象，它所承载的学科必备知识和关键能力才是本质。

四、 高考语文情境化试题发展方向

从现实可行性上看，情境化试题不失为破解高考语文评价中答题套路泛滥顽疾的重要路径，但高考语文情境化试题命制实践在公众对情境化试题之“情境”的理解与认同、各类情境在情境化试题中的配比以及优化情境设计、避免测评效度与公平风险等问题上，尚需探索，任重道远。

首先，高考语文情境化试题要解决对情境的认知共识问题，从而更好地引导教学。在这方面，PISA测试在测评之前公开测评框架及其样题的做法值得借鉴。在样题中，PISA不仅指明了所要考查的文本形式和类型以及认知类别，而且说明了文本情境类型。我国高考语文评价若能在考前公开如2019年以前考试大纲（考试说明）之类文件，列出样题，说明考查点和情境类型等，在考后能及时分析当年高考语文试题，将情境和必备知识、关键能力考查点等信息列入，则必将在引导教学方面起到更大作用。

其次，高考语文情境化试题可适当调整各类情境配比。《语文课程标准》对情境的全面界定为高考语文情境化命题实践增加了灵活度和现实可操作性。在命制情境化试题过程中，可以适当调整3类情境在高考语文试题中的配比。如增加学科认知情境比重，适当减少社会生活和个人体验情境，强化理性思辨能力考查。如果将高考语文测评分成阅读测评、语用测评和写作测评3个部分，则除了每部分均应采用内涵于语文学科本体的"学科认知情境"外，不同部分还可侧重采用不同的测评情境。如：在语用测评中，可多采用"社会生活情境"命题，以考查"语言建构与运用"素养；在古代诗歌阅读和现代文阅读Ⅱ中，可多采用"个人体验情境"命题，以考查"审美鉴赏与创造"素养；在现代文阅读Ⅰ和文言文阅读中，可多采用"社会生活情境"命题，以考查"文化传承与理解"素养；在写作测评中，则可综合"学科认知""社会生活"和"个人体验"3种情境来命题，在侧重考查理性思辨能力的同时全面考查考生综合素养。

高考语文试题应更多倾向于广泛运用理论思辨的学科认知情境，使之与个人体验情境、社会生活情境协调共生，以真正实现高考语文评价"立德树人、服务选才、引导教学"之目的。

参考文献

[1] 张均兵．易克萨维耶·罗日叶情境化命题思想的启示［J］．中国考试，2013（6）．

[2] 教育部．普通高中语文课程标准（2017年版2020年修订）［M］．北京：人民教育出版社，2020．

[3] 陈琦，刘儒德．当代教育心理学［M］．北京：北京师范大学出版社，2007．

[4] 罗日叶．学校与评估：为了评估学生能力的情境［M］．汪凌，周振平，译．上海：华东师范大学出版社，2011．

[5] 罗日叶．整合教学法：教学中的能力和学业获得的整合［M］．汪凌，译．上海：华东师范大学出版社，2011．

[6] 张均兵．汉语能力测试的情境化命题设计［J］．中国考试，2014（5）．

[7] OECD．PISA 2018 assessment and analytical frameworks［EB/OL］．（2019-04-26）［2022-05-19］．https://doi.org/10.1787/b25efab8-en．

[8] 教育部考试中心．精准落实立德树人　大力助推素质教育：2018年高考语文试题评析［J］．中国考试，2018（7）．

[9] 教育部考试中心．健全立德树人　促进全面发展：2019年高考语文试题评析［J］．中国考试，2019（7）．

[10] 教育部考试中心．紧贴时代培根铸魂　深化改革行稳致远：2020年高考语文全国卷试题评析［J］．中国考试，2020（8）．

[11] 教育部考试中心. 立德树人自然融入　内容改革持续深化：2021 年高考语文全国卷试题评析 [J]. 中国考试，2021 (7).

[12] 教育部教育考试院. 坚定文化自信　激扬青春风采　服务“双减”改革：2022 年高考语文全国卷试题评析 [J]. 中国考试，2022 (7).

[13] 王湖滨. PISA 测试的“情境”及其带来的启示：大型国际教育评价项目对“情境”的述评 [J]. 外国中小学教育，2014 (1).

[14] 周平. 教育回归生活化的障碍及路径叩问 [J]. 中国教育学刊，2017 (9).

[15] 叶丽新. 读写测评：理论与工具 [M]. 上海：上海教育出版社，2020.

[16] 杨百良. 高考作文命题取材与情境设计不当举隅：以近三年高考新材料作文试题为例 [J]. 语文建设，2013 (1).

[17] 孙绍振. 从历史和世界视野看高考作文命题的理性思维走向 [J]. 语文学习，2018 (8).

[18] American Educational Research Association, American Psychological Association, National Council on Measurement in Education. Standards for educational and psychological testing [M]. Washington, DC.: American Educational Research Association, 2014.

历史学科

基于学科本质理念的党史学习教育

作者：钟小敏（东莞市松山湖实验中学）

来源：GDJY－2021－A－b188 初中历史课程落实革命文化教育实践研究

摘　要：党史内容在初中教学中占有较大的比重，在初中教学实践中，采用合适的教学策略，激发学生的学习动机，才能提高党史学习教育的成效。注意从学科本质教学理念实施教学策略，用整体化策略综合统整党史内容，以情境化策略促进党史学习理解，在深度学习中，实现党史学习教育的意义建构，让党史学习教育发挥出育人作用和社会效能，为初中生培根铸魂。

关键词：党史教育　教学策略　核心素养

2021 年适逢建党一百周年，中共中央印发《关于在全党开展党史学习教育的通知》，党史学习教育有浓厚的氛围，社会各界开展了各式的党史学习教育活动。当下的青少年在思想道德、价值追求和生活情趣等方面都有一些新的特点，如何确保党史学习教育取得扎实成效，为初中学生培根铸魂？从历史教学的角度，采用合适的教学策略尤为重要。

一、 党史学习教育的成效与教学策略紧密相关

党史学习教育要取得扎实的成效，就必须充分调动学生学习的积极性，特别是基于培育学生核心素养的角度，教师必须把党史的知识学习过程转化为培育历史核心素养的过程，针对党史中具体的内容创新教学策略，采用多样化学习形态，提高学生学习动机。

为了测量不同教学策略下学生的党史学习动机水平，本次测查运用北京师范大学郑林教授团队开发的《历史学习动机水平测查量表》分别对东莞两所学校八年级的六个班学生进行测查（测查班级均为同一老师任教），测查时间统一在初二第二学期期中考后。A 学校为常用传统讲授法教学的学校，测查学生为 286 人；B 学校历史教师教学策略多变，课堂中会使用信息技术、多种教学法，测查学生 254 人。测查结果见图 1：

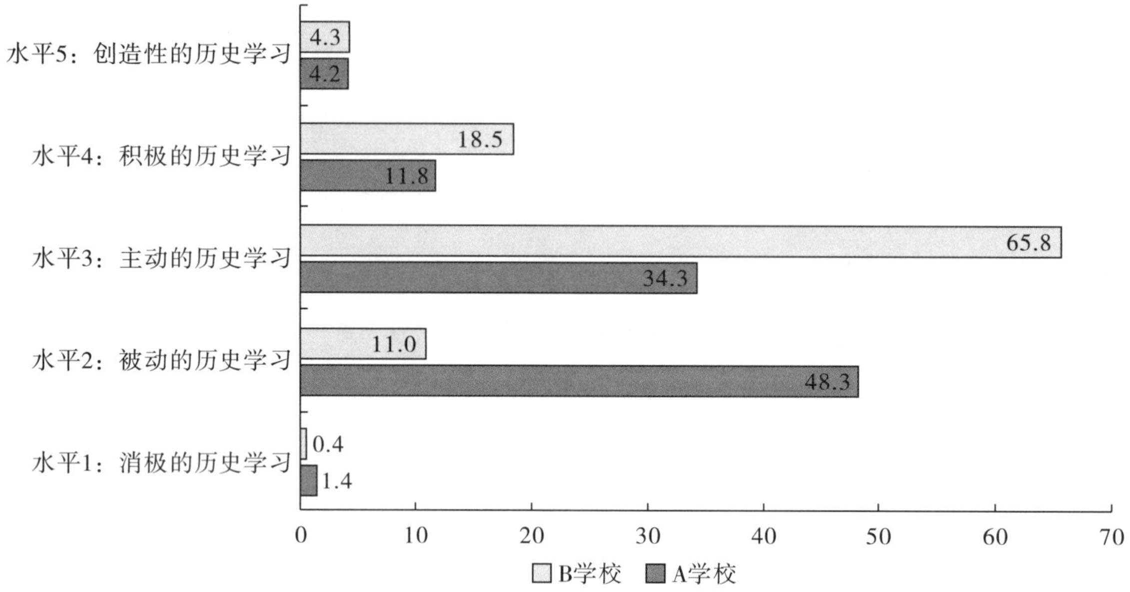

图 1　两所学校学生党史学习动机水平统计数据

测查结果显示，水平 1 和水平 5 差距不大，区别在水平 2～4。被动的历史学习 A 学校比 B 学校高 37.3%，主动的历史学习两校相差 31.5%，差别主要在测查量表的指标 9“寻找相关资料”、指标 10“讨论”、指标 11“带着问题”。积极的历史学习差距小一点，为 6.7%。可见，采用不同的教学手段和教学方法，对学生的学习动机有较大的影响。

党史学习教育内容是丰富多彩的，不同教学任务的达成要采取不同的策略。只有根据教育内容的实际情况创造性地组织教学，运用多样化的教学策略，呈现动态的学习路径，才能激发学生的学习动机，提高党史学习教育的成效。

二、 基于学科本质教学理念实施教学策略

应该说，理想的历史教学都应该是探究式学习，或者起码应该有探究的性质。在党史教学中，选择合适的学习策略可以让党史内容更灵活、更合适地让学生习得。当下，“国内外、课堂内外的学习的样态正在发生变化，各种新的学与教的方式意味着教师需要成为学习设计的专家”。党的历程是政治、经济、军事、文化等多种因素综合作用下的结果，是经过历史实践的，值得多角度、开放式地进行研究。学习党史，不只是为了解过去的历史，也是为了在新的历史进程中，为未来做预见性的训练。因此，基于不同的理念，可采取的党史教学策略是多样的。“从学科化的角度说，整体化对应的是内部学科化（纵向学科化），情境化对应的是外部学科化（横向学科化），深度教学是防止学科知识的浅层化和学生思维的表层化，是学科教学走向核心素养的一个突出表现。”

1. 整体化策略综合统整党史学习内容。

作为落实国家事权的载体，义务教育部编历史教材把中华优秀传统文化、革命传统、国家安全等重大主题编进教材作为重要教学内容。其中涉及党史的内容，从八年级上册第14课开始，到第24课，加上12、13、26课部分内容，以及八年级下册第1～19课，共33课，在整个初中历史教学内容中占较大的比重。这33课内容正文、辅文与党史学习教育直接及间接相关的素材丰富，合理统整这33课内容，可以发展学生历史核心素养，达成立德树人的目标。

在党史的教学中，由于内容跨度较大，要有整体化思维，要注意内容的相互关系和内在联系，注意从宏观把握规律，从现象直抵本质，对同类现象和规律进行概括总结，提炼智慧，让党史从整体有逻辑上的统一。比如学习新民主主义时期的党史，从“秋收起义与井冈山会师”“西安事变”“重庆谈判”“解放区的土地改革”“淮海战役”等内容中，可以看到中国共产党是人民的政党，任何决策的立足点和出发点都是人民群众，而最终取得胜利也离不开人民群众。根据这些现象找到规律，也就提炼出唯物史观的基本理论——“人民群众是历史的创造者”。让学生在党史学习过程中有系统的概念，对规律有个逐步深化的认识，认清历史现象产生、发展、变化的条件，认识到历史规律的必然性，从而把这些认识作为以后实际生活遇到问题时做出判断、评价的依据。

2. 情境化策略促进党史学习理解。

“任何知识都是存在于一定的时间、空间、理论范式、价值体系、语言符号等文化因素之中的。离开了这种特定的境域，既不存在任何知识，也不存在任何认识主体和认识行为。”党史内容只有还原到特定时空下的情境，才能让学生感受到原始的情形，增强感受力和理解力。党史认识只有赋予一定的情境内涵，才能从抽象走向具体，从枯燥变成形象，从而有助于学生理解，进而产生创造力。

在学习八年级下册第11课《为实现中国梦而努力奋斗》时，教材内容政治性、理论性、现实性较强，其中不少句子、名词对初中学生是巨大的阅读挑战。如何让学生感悟到“中国梦归根结底是人民的梦”？单靠教材理性的文字来理解有些困难。为方便学生学习，教师给学生提供了学习资源包（学习任务单、概念介绍微课、媒体报道等）。学生自学后，在课中探究环节，设计开展两个活动：（1）新年梦想与祖国命运。（2）媒体报道与社会发展。

在“新年梦想与祖国命运”中，通过1932年《东方杂志》组织的“新年梦想”征文活动漫画与2018年6月8日《深圳晚报》“我的梦想，你知道吗”漫画做对比，让学生由个人新年梦想对比认识到中国梦是时代背景下人民的梦。在“媒体报道与社会发展”中设计了两个活动：一是将学习资源包中的新闻报道根据“四个全面”战略布局进行分类；二是打开深圳新闻网的电子报刊，查阅体现新发展理念的报道，保存并做分享。

这个设计通过生活中的媒体报道，把知识情境化，让学生在具体事件中感悟党史内容，认识到教材内容是生活的高度提炼，中国梦是我们身边真真切切的人民的梦，是人民在创造。学生在构建历史认识的同时，也提高了解决历史和现实问题的能力。

教材党史部分的不少内容都需要联系实际，综合多种现象，才能更好地理解。如八年级下册第8课“社会主义市场经济体制”中“社会主义市场经济体制是同社会主义基本制度结合在一起的，建立社会主义市场经济体制，就是要使市场在国家宏观调控下对资源配置起基础性作用”这样的内容，学生缺乏社会阅历和知识深度，缺乏沟通文字符号和现实世界的桥梁。像这种总结性的“规律”，我们必须充分挖掘社会资源，创设知识生长和情感共鸣的情境，构建知识到素养的认知路径，让学生在特定的情境下进行学习“验证”，才能放心将党史相关内容作为“定理”存入脑中，在实践中去运用。

3. 深度化策略提升党史学习教育价值。

建构主义下的教学策略重视情境的创设，通过多种类型的新情境，让学生在创新迁移活动中，运用材料构建叙述、论证观点、思考取证、解决问题。借助于情境，基于问题、基于探究、基于挑战、基于项目等具有创造性和实践性的学习方式，都能够有效促进深度学习。

“所谓深度学习，就是指在教师引领下，学生围绕着具有挑战性的学习主题，全身心积极参与、体验成功、获得发展的有意义的学习过程。”初中学生学习党史，是要总结党史的经验教训面对未来的风险挑战，要从党史的学习中获得发展的智慧力量。因此，构建基于学生认知，根植于历史背景、社会文化、现实生活的深度学习才能体现党史学习教育的价值，真正实现意义建构的过程。

比如在学习八年级下册第19课《社会生活的变迁》时，针对课文描述性和评价性的文字，为了更好地感悟新中国成立以来社会生活的变化，教师设计了“我是小小统计师”的项目，让学生在社会保障、教育、环境、医疗、体育等方面自选一个专题开展探究活动，去获取证据，根据事实和证据进行解释，通过与他人的解释比较，评价和完善自身解释，最后完成汇报总结。学生在探究过程中，挖掘各类数据进行分析，用数据说话，加深了对“变化”的认识，感知我国社会主义建设的伟大成就。

在八年级与党史相关的33课内容里，直接相关的党史人物109人，其他间接相关人物47人。这些有血有肉的人物故事在党和国家事业中熠熠生辉，教师可以着重围绕某些人物实施深度教学，让学生在这些近现代史伟大人物的魅力与精神中感受家国情怀，坚定理想信念；也让学生在人物学习中由个例到综合，学会理性分析和客观评判，训练历史学科的思维方式。

三、 让党史教育发挥育人作用和社会效能

中国共产党100年的历史就是一部中国人民艰苦奋斗、不懈探索的革命和建设史。党史百年，是中国人民在艰苦卓绝中创造伟大历史、铸就精神力量、形成经验智慧的历程，

是我们认识历史规律、传承初心使命、开辟未来发展的根基，也是青年学生树立价值观念、培养知识能力、鞭策自身成长的重要载体。

学习党史，就是学习马克思主义与中国实际结合，在实践中不断传承深化的历程。这百年轨迹，是青少年学生掌握和感悟马克思主义唯物史观基本观点和方法的最佳路径。从新民主主义革命到社会主义建设，中国共产党克服重重困难，历经曲折，为人民利益不懈奋斗。这种精神力量是当下青少年学生的重要养分，是从国家到个人的出发点和落脚点。学好党史，是青少年学生树立正确价值观念，运用唯物史观认识和解决现实问题的关键。

历史教师要充分重视党史内容的教学，教学中不要局限于专业学术的角度，应认识到党史内容是学生思想教育与素养培育的重要载体，具有重要的育人作用和社会效能，采用合适的教学策略，“着力讲好党的故事、革命的故事、英雄的故事，厚植爱党、爱国、爱社会主义的情感，让红色基因、革命薪火代代传承”。让“学生通过历史课程的学习，能够拓展历史视野，发展历史思维，认清历史发展规律和发展大势，树立正确的世界观、人生观和价值观，取得具有历史学科特点的关键成就，这是历史学科育人价值的集中体现”。

党史学习教育是一项长期的工作，具有鲜明的意识形态属性。初中学生正处于价值观形成的关键时期，历史教师要勇于改革创新，改进党史教学的内容、方法和手段，注意教学策略，提高教学质量，引导学生主动积极地学习党史，在学习中发展历史学科核心素养，更好地成长与发展。

参考文献

[1] 郑林. 基于学生核心素养的历史学科能力研究［M］. 北京：北京师范大学出版社，2017.

[2] 赵亚夫. 历史课堂的有效教学［M］. 北京：北京师范大学出版社，2007.

[3] 学习基础素养项目组. 素养何以在课堂中生长［M］. 上海：华东师范大学出版社，2017.

[4] 余文森. 核心素养导向下的课堂教学［M］. 上海：上海教育出版社，2017.

[5] 石中英. 知识转型与教育改革［M］. 北京：教育科学出版社，2001.

[6] 刘月霞，郭华. 深度学习：走向核心素养（理论普及读本）［M］. 北京：教育科学出版社，2018.

[7] 习近平. 在党史学习教育动员大会上的讲话［J］. 求是，2021（7）.

[8] 徐蓝. 关于历史学科核心素养的几个问题［J］. 课程·教材·教法，2017（10）.

“铸魂育人”视域下的历史故事考证教学
——以《东汉的兴衰》为例

作者：邓义文（东莞市塘厦初级中学）

来源：GDJY－2021－A－b187 初中历史学业质量评价落实“铸魂工程”实践研究

摘　要：铸魂育人是历史教学的第一任务，考证是传统史学的基本方法。本文以考证陈蕃“一屋不扫，何以扫天下”的故事为教学主线，创新教学设计，落实“东汉的兴衰”一课教学内容。课堂呈现过程求新、治学求实、品格求善的育人理念。

关键词：铸魂育人　考证　陈蕃　史料实证

“铸魂育人”是指通过铸魂实现育人，在育人中完成铸魂，是坚持立德树人的本质要求。在初中历史课堂，创新教学设计，挖掘统编教材丰富内涵是达成铸魂育人目标的有效途径。

考证是中国传统史学基本方法，主要有考订古书和考证史事，目的是通过对已发生的史实、与之相关的史料进行考察和证明，以求得正确解释历史问题的史料依据或事实依据。以史事考证为脉络落实教学内容，有利于激发学生探索热情，培养史料实证素养，在挖掘、考证史料中达成铸魂育人，实现价值引领。笔者以《东汉的兴衰》教学为例，通过考证“一屋不扫，何以扫天下”故事为主线设计教学，使课堂呈现求新、求实、求善的内涵追求。

一、　求新：　以考证推动课堂创新

从史学研究和学习兴趣角度看，东汉关注度不高，但如学者臧云浦所言：“东汉在历史上的地位不亚于西汉。”故事教学、人物教学是常用方法，“以事系人，以人察史”，激发好奇心，让学生参与探究是历史课堂重要挑战。

外戚宦官交替专权是《东汉的兴衰》教学难点，梳理东汉史发现，体现东汉特点，有利于教学突破的历史人物属“党锢之祸”时期。东汉桓帝、灵帝时，士大夫、贵族等对宦官乱政现象不满，他们联合起来与腐朽势力斗争，宦官集团以“党人”罪名禁锢士人。士大夫集团虽遭沉重打击，但他们的抗争、坚守力挽东汉政权不倒，对当时及后世社会风气亦有激励意义。陈蕃，字仲举，河南平舆人，是“党锢之祸”时期与外戚、宦官等社会黑暗势力斗争的领袖人物，但世人对陈蕃的认知更多来源于“一屋不扫，何以扫天下”的故事。

材料1　他（薛勤）对陈蕃说："年轻人，怎么弄得这么乱呀？为什么不把屋子打扫干净呢？"没想到陈蕃却满不在乎地说："大丈夫活在世上，要干的是轰轰烈烈的大事业，要扫除的是天下一切不平之事，哪里会花心思去清扫小小的一间屋子呢？"……于是他盯着陈蕃，反问道："年轻人，你连一间小小的屋子都不扫，又怎么去扫天下呢？"

——《语文》（北师大版四年级上册，2009年版）

材料2　文中讲述的是人们熟知的"一屋不扫，何以扫天下"的故事。然而，历史的真相并非如此。……薛勤并没有质疑和反问15岁的陈蕃，而是对其持赞赏态度。

——王佳伟《"语文"教科书中值得商榷的历史知识》

"一屋不扫，何以扫天下"的故事主角陈蕃属"反面教材"，历史上真实的陈蕃是不是好高骛远之人呢？"学起于思，思源于疑"，笔者展示观点迥异的材料，提炼出具有挑战性的学习主题和考证问题，启发学生深入思考。以考证陈蕃"一屋不扫，何以扫天下"故事为脉络，设计如下教学环节：认识陈蕃生活时期的"天下"；"扫天下"的价值意蕴；陈蕃是否践行"扫天下"志向；"一屋不扫，何以扫天下"之说由来。

以故事考证为脉络的教学设计，尊重历史知识逻辑和学生认知心理，它打破教材框架、课堂定式，在故事考证中完成东汉史教学。教学过程中，通过引导学生探究历史，在追寻真相、建构史学认知中达成创新思维，实现以教学组织创新推动思维创新。

二、求实：考证中涵养史料，实证素养

史学是求真求实的科学，历史教学需要培养学生史料辨析能力及运用可信史料重现历史真实的态度与方法。

1. 陈蕃生活时期的"天下"。

刘秀建立东汉，定都洛阳，经过励精图治，东汉现"光武中兴"盛世局面。汉和帝时，国力达到鼎盛，史称"永元之隆"，但随后，东汉出现外戚宦官交替专权局面。

材料

皇帝	和帝	殇帝	安帝	顺帝	冲帝	质帝	桓帝	灵帝	少帝	献帝
即位年龄	10	1	13	11	2	8	15	12	17	9
寿命（岁）	27	2	32	30	3	9	36	34	18	54

——《中国历史》（人教版七年级上册）

陈蕃为什么有"大丈夫当扫除天下"的志愿？东汉中后期，外戚、宦官势力祸乱"天下"，他们排除异己、收受贿赂、贪赃枉法，造成民不聊生的局面。恶劣的政治、社会现状激起刚正士人的危机意识，他们立志"清扫天下"。课堂中由陈蕃立志的背景引导学生分析外戚与宦官干政的史实，实现教学重难点突破。

2．“扫天下”的价值意蕴。

陈蕃立“大丈夫当扫除天下”志向，体现东汉士人忧国忧民，以天下为己任的儒家传统与济世情怀。

材料1　东汉一朝，重孝尚义，对国家、对社会有责任感，临难不辱，都是当时受到社会尊重和提倡的品德。而这些道德准则深入到社会各个阶层，尤其成为士人处人处事标准，并成为中华民族的优良传统美德，光被于后代。

——臧嵘《评东汉光武帝的历史作用》

材料2　三代以下，风俗之美，无尚于东京者。

——顾炎武

先秦儒家形成时，其志存天下、积极报效社会的理想追求即深刻影响士人，如“士不可以不弘毅，任重而道远”“穷则独善其身，达则兼济天下”等。光武帝为适应大一统帝国和社会稳定的需要，大力提倡儒学，“光武好学，不能施之于政，乃躬自讲经。肃宗以后，时或祖效，尊重儒术”。东汉时期教育亦有极大发展，赵翼在《陔余丛考》中说：“及东汉中叶以后，学成而归者，各教授门徒，每一宿儒门下著录者至千百人，由是学遍天下。”勤勉授业的学者秉承积极入世的精神，把儒学的知识和价值普及于世，使东汉社会出现“尚气节，崇廉耻”气象。陈蕃少年即有“扫天下”大志，是东汉重视教化、儒学昌盛的直接体现。

3．陈蕃是否践行“扫天下”志向。

东汉后期朝政腐败，许多官员屈从权势，但陈蕃却不为所染，躬身力行扭转政治现状。

材料1　大将军梁冀是威震天下的人，当时派人送信给陈蕃，请陈蕃办私事。送信的人不得见，于是说假话请求见陈蕃，陈蕃发怒，把送信的打死了。

——编译自范晔《后汉书》

陈蕃疾恶如仇，不惧权贵，将梁冀爪牙笞毙。东汉中后期，民间流传很多品评官员、褒善扬名的童谣，其中“不畏强御陈仲举”即是对陈蕃的赞誉。

材料2　……陈蕃当时七十多岁，听说变乱发生，率领属官和学生八十余人，拔刀冲进承明门。（大宦官）王甫命令逮捕陈蕃，当日杀害了他。

——编译自范晔《后汉书》

陈蕃的政治生涯，始终处在宫廷斗争的动荡之中，作为朝廷重臣，他或与专权的外戚争锋，或与嚣张的宦官搏斗，始终没有放弃拯救江山社稷，体现治世良臣的责任担当与无畏气魄。危机来临时，手无丁兵的陈蕃仅带八十多书童随从，杀进皇宫，明知必死亦无所畏惧。陈蕃用一生践行少年时“大丈夫当扫除天下”的宏伟志向。

4．“一屋不扫，何以扫天下”之说由来。

追根溯源，厘清“一屋不扫，何以扫天下”故事来历，是完成考证的重要环节。

材料1 蕃年十五，尝闲处一室，而庭宇芜秽。父友同郡薛勤来候之，谓蕃曰："孺子何不洒扫以待宾客？"蕃曰："大丈夫处世，当扫除天下，安事一室乎？"勤知其有清世志，甚奇之。

——范晔《后汉书》

材料2 蓉少时，读书养晦堂之西偏一室，俯而读，仰而思，思有弗得，辄起绕室以旋。室有洼，径尺，浸淫日广。每履之，足苦踬（zhì，绊倒之意）焉。既久而遂安之。一日，父来室中，顾而笑曰："一室之不治，何以天下家国为？"命童子取土平之。

——刘蓉《习惯说》

查《后汉书》不难发现，面对陈蕃"大丈夫处世，当扫除天下"的豪情，长辈薛勤并没有讽刺或告诫意味，而是惊奇陈蕃年少有"清世志"。"一屋不扫，何以扫天下"之说由何而来？陈垣在《通鉴胡注表微》里，按照考据证据形式的差异将其分为三种：理证、书证、物证。有些史料与史事，无确凿证据，只得根据逻辑推理来判断其正误，这便是理证。清晚期，湖南学者刘蓉著《习惯说》，文中有"一室之不治，何以天下家国为"之句，据推断，世人应是据《习惯说》和《后汉书》记载，附会出"一屋不扫，何以扫天下"一句，用以告诫年轻人，只是人们在熬制"心灵鸡汤"时，"冤枉"了东汉名臣陈蕃。史料实证不是万能的，历史过程不可逆，在证据有限的情况下，合理的想象、基于逻辑的推论、多视角的分析和多学科手段的实验等，都是历史研究常用的方法。

塑造认知和价值观的许多历史故事、典故、逸事等未必经得起推敲，比如大家熟知的烽火戏诸侯、孟姜女哭长城、关羽刮骨疗伤等。课堂上，教师以考证为教学主线，将史料作为证据、依据，对具体问题进行抽丝剥茧分析，不仅可以使学生形成正确的价值观，也是培养学生求实求真意识、涵养史料实证素养的有效途径。

三、求善：在挖掘史料中培养良善

善是人类永恒的主题，求善不仅是人类追求的最高境界，也是史学存在的灵魂和社会性功能的体现。考证的基础是史料，在考证史事时，挖掘史料中蕴涵的有利于学生形成正确价值观的良善要素，寓之以情、晓之以理地对学生进行价值引领，实现立德树人目标。

材料1 （公元24年）四月，光武帝进军邯郸，连战连捷。五月甲辰，攻克邯郸，杀王郎。在缴获的文书中，光武帝发现部下官员和王郎勾结来往，毁谤自己的书信有几千份。光武帝不看，召集将军们当面一把火烧掉，说："让那些睡不好觉的人安下心来吧！"

——编译自范晔《后汉书》

光武帝自称以"柔道"治天下。"柔道"本是"伸缩自如""柔能克刚"的兵法思想，光武帝不仅将其运用于军事上，夺得天下后，他亦以"柔道"行政。面对北方匈奴，光武帝从国情与爱惜民力出发，否定大臣征伐建议，下诏："今国无善政，灾变不息，人不自保，而复欲远事边外乎！……不如息人。"

柔道，既是治国之道，亦是为人之道，焚烧部将通敌“罪证”，宽恕部将是对“柔道”的形象诠释，体现光武帝包容、宽厚的性格和人道精神。“柔道”得人心、治天下，光武帝体恤百姓，通过减轻农民负担、释放奴婢、减轻刑罚等，奠定东汉初“光武中兴”盛世局面。

材料2　当时，零陵、桂阳山贼为害，公卿商议要派军队去讨伐，皇帝又下诏州郡，所有讨伐有功者都可以保举孝廉、茂才。陈蕃上疏说：“以前高祖创立大业，抚养百姓如同养育自己的儿子一样。现在二郡的老百姓都是皇上的儿子，导致儿子们为害的原因，难道不是当地官吏贪污暴虐逼迫他们像这样造反的吗?”

——编译自范晔《后汉书》

陈蕃恪守仁善之心，客观看待这场斗争，上疏驳斥征伐主张。他认为百姓反抗朝廷，主要原因不是百姓本身，而是朝廷官员的残暴统治和贪婪的掠夺，要求朝廷关注百姓疾苦，减轻百姓负担。陈蕃处理“山贼”的政治见解，浸润着儒家“仁政”思想和“民贵君轻”民本思想。

本是含饴弄孙之年，但面对腐朽宦官势力，陈蕃仍拼搏在忠君为民一线，最终“出师未捷身先死”。“言为士则，行为世范”，讲好陈蕃的故事，不仅弘扬儒家心系天下的忧患意识，也培养学生的社会责任感和历史使命感。历史人物身上蕴含的优秀品质、人格力量，对当今亦有激浊扬清、弘扬良善的积极意义。

四、 教学后记

《东汉的兴衰》展示课后，同学们急切地问：难道“一室不扫”就不能“扫天下”吗？我们将来应该“扫天下”还是“扫一室”？今天，实现个人价值的途径多元，对人才的需求多样，大可不必强调“扫一室”与“扫天下”的对立。故回答：“扫一室”与“扫天下”都值得表扬。心中有“天下”，手中有“扫帚”，人生走得更远。

参考文献

[1] 王佳伟. “语文”教科书中值得商榷的历史知识［N］. 北京青年报，2013-04-19（C2）.
[2] 臧嵘. 评东汉光武帝的历史作用［J］. 历史教学，1998（12）.
[3] 顾炎武. 日知录［M］. 武汉：崇文书局，2017.
[4] 赵翼. 陔余丛考［M］. 北京：中华书局，1963.
[5] 范晔. 后汉书［M］. 西安：太白文艺出版社，2006.
[6] 刘蓉. 养晦堂文集［M］. 北京：朝华出版社，2018.
[7] 戴加平. 我们能否证实秦始皇是“暴君”? 兼论“史料实证”素养的培育［J］. 历史教学，2018（3）.

实践案例

中小学思政课

传承灯草优秀文化　促进学生个性发展

作者：植结崧（广州市番禺区大石小学）

来源：GDJY－2021－A－b091 中华优秀传统文化融入小学道德与法治教学创新路径研究

中华优秀传统文化蕴含着丰富的道德理念和规范，传承发展中华优秀传统文化，要大力弘扬自强不息、敬业乐群、扶危济困、见义勇为、孝老爱亲等中华传统美德。为促进学生个性发展，挖掘灯草传统文化育人内涵，学校用课程体系和系列活动促进学生的核心素养发展。

大石小学是番禺区教育局属下的一所全日制公立小学，是广东省义务教育标准化学校。大石小学拥有大石厚实品质、灯草明智特质等本校特有的精神文化。学校利用区域内独特的非遗“灯草文化”开展育人活动，围绕“一草一世界，一榕一天地”的办学愿景建构课程体系，推动学校的特色活动，促进学生个性发展，成为番禺区义务教育阶段特色学校。

一、具体问题描述

教育部陆续出台相关文件，强调了德育工作的重要性和必要性，广州市番禺区也提倡学生主动、有效吸收优秀文化，激发文化自觉。

大石小学学生是由附近10个自然村庄的孩子及部分外来打工者子女组成，大部分家庭对孩子的个性发展不够重视，学习成绩以外的问题都不太关注，有的家长认为只要语、数、英学习成绩好，其他一切都无所谓。从学校特色发展和学生个性发展的层面来看，教师需要用优秀的文化引领家长，用课程体系和系列活动促进学生的个性特长，挖掘大石灯草文化育人内涵，为学生提供个性发展的土壤。

二、 解决问题的思路和方法

1．挖掘独特灯草文化内涵。

灯草（又称“灯芯草”）虽平凡，也有一身的本领，铸就自己的世界，因善于发挥自己的优势而“非凡”，又因销往国际与世界交流相融而快乐。灯草历史悠久，因“海绵体”内芯，能吸附丰富的液体，人们曾用灯草点燃油灯照明，是重要的日常生活必需品；且可供药用，灯草的种植、制作养活了大石人。灯草的文化内涵值得挖掘（如图 1 所示）。

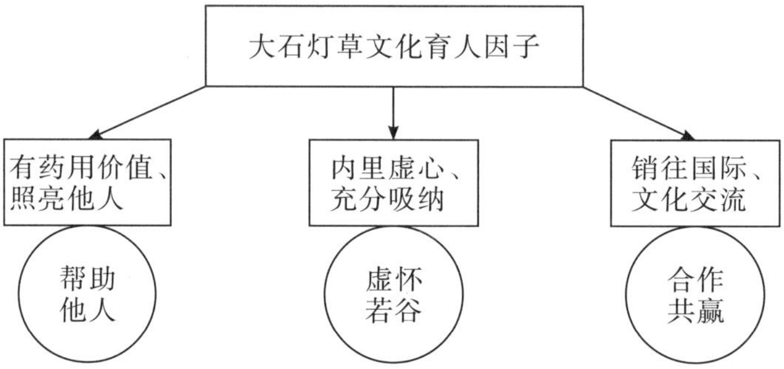

图 1　大石灯草文化育人因子

2．构建灯草文化课程体系。

大石小学根据育人目标，围绕核心素养，构建灯草文化的课程体系。希望通过灯草文化的传承以及学校特色的融合，把优秀的文化内涵融入实践中，提高学生文化素养，培养学生责任担当、乐观健康的优秀品质，同时促进学生个性发展。

3．开展灯草文化系列活动。

大石小学一直致力研究大石灯草文化，传承优秀灯草文化。创设系列的灯草传承活动，让学生自愿选择参与，发展个性特长。内容如图 2 所示：

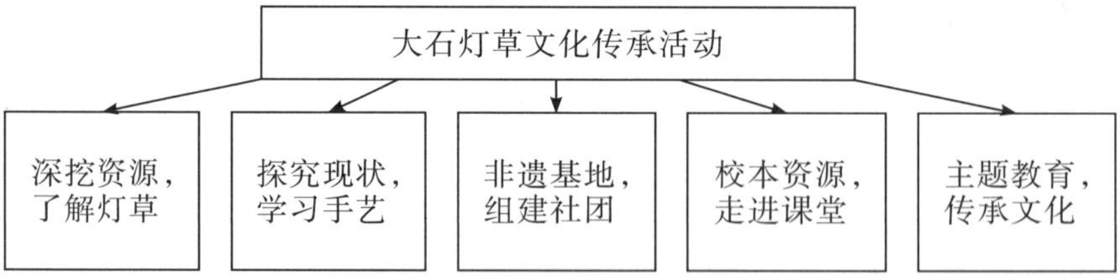

图 2　大石灯草文化传承活动

4．项目引领推动灯草文化。

依托省市区“灯草文化”的相关项目，积极落实国家新课程改革，推进番禺区“文化德育”工作，创建特色学校，促进学校全面发展和学生个性发展的需要，在课题研究中借助媒体宣传推广灯草文化活动。

三、解决问题的实践过程

1．构建灯草文化理念体系。

大石小学的教育理念是："弘扬灯草文化，践行相容教育"。师生在"灯草文化"的引领下，需要不断地发现和培养自己的个人优势，悦纳他人，学会合作，达成共同成长的美好愿景（如图3所示）。灯草有着一颗谦虚和包容的心，悦纳他人。灯草全身是宝，促成了灯草市的繁荣，成为人与人之间交流的纽带。

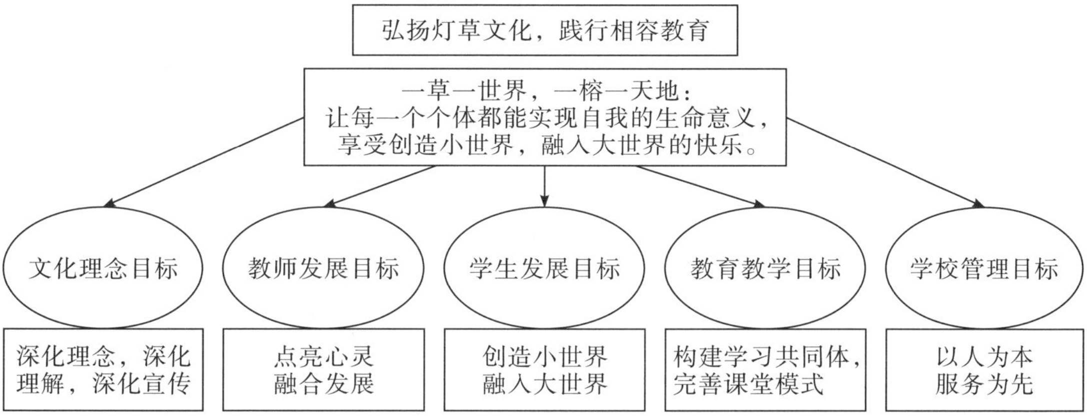

图3　弘扬灯草文化　践行相容教育

2．构建灯草文化课程体系。

大石小学的课程包括国家课程、地方课程以及校本课程。根据育人目标，围绕核心素养，构建灯草文化的课程体系（如图4所示）。在教学实施过程中，基础课以课堂教学为主，注重课堂渗透、课程渗透，提倡跨学科主题融合式的教学模式。拓展课以体验式综合实践活动为主，包括家校共育、社团活动、文化专题教育活动、文化互动与交流活动、社会实践活动、研学旅行等。这部分本校基于个人的兴趣爱好，自由选择喜欢的课程参与、体验，发展学生的个性特长。

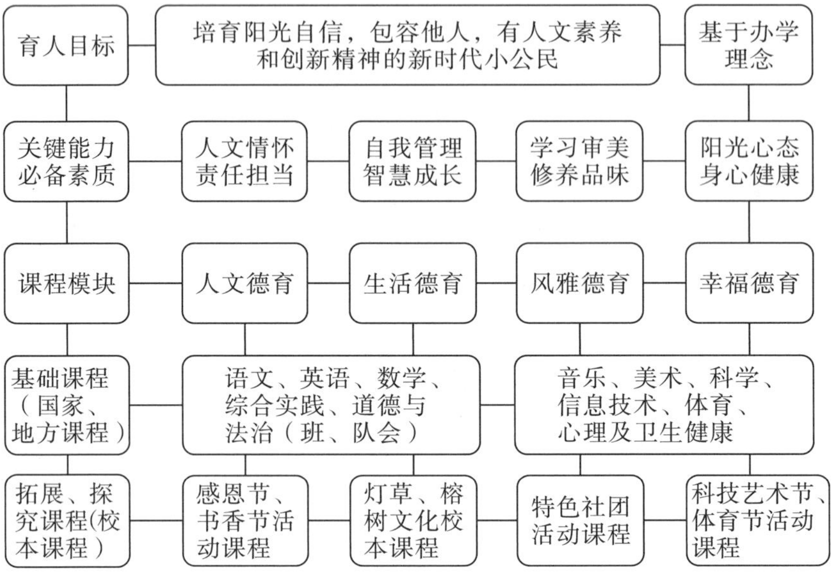

图 4　番禺区大石小学灯草文化课程体系

以灯草为载体，学生既学习灯草的学科知识，又领悟“一草一世界”的文化内涵。具体课程安排如表 1 所示：

表 1　大石小学各年级灯草文化课程一览表

项目名称	目标任务	具体实施	完成途径	评价维度
认识灯草系列活动	1. 融入新的学习集体。 2. 学习与同伴交往的方法。	一年级学生参观大石民俗馆；在家里与家人一起认识大石特产，吃一次“大石三宝”，在班会课向同学说说它们的形、色、味。	班会 书香活动 家校共育	自评：是否乐于分享自己的感受。 他评：是否会表达感受和耐心倾听。
了解灯草系列活动（文化传承——“我爱大石”讲故事、征文活动）	1. 感受家族文化传承及家庭成员亲情传递。 2. 感受大石风土人情。	二年级学生开展“大石的传说”讲故事活动。 三年级学生开展“我们家族的故事”等感恩教育征文活动。	班队会 家庭教育 社区教育	自评：是否乐于分享关于自己的故事。 他评：是否会表达情感和欣赏他人。

续表

项目名称	目标任务	具体实施	完成途径	评价维度
喜爱灯草系列活动	1. 让学生发现自己的兴趣，并培养特长。 2. 学会欣赏美，向同伴推荐喜爱的作品。	全年级学生开展乒乓球、足球等体育活动。 全年级学生开展书法、绘画、摄影、合唱、舞蹈等活动。	体育课堂 社团活动	自评：是否有文体爱好。 他评：是否有技能和良好的意志品质。
	发现自己的优势，发现他人的优势。	四、五、六年级学生开展优势学习——个人学习风格探索、自信故事讲堂。	学科融合 班队会	自评：是否有良好的自我意识。 他评：是否能自我管理，能否待人友善，与人合作。
研究灯草系列活动（“走进大石”社会实践活动）	1. 让学生了解社会，培养社会责任感和公民意识。 2. 培养实事求是的精神。	五年级学生开展“走进大石”综合实践活动，选取关于灯草地域种植、气候变化、药用食用研究，及大石经济、文化、教育、风土人情等选题，开展研学旅行或社会调查，在教师的指导下形成调查报告。	综合实践 社会调查 研学旅行 学校、家庭、社区联合开展活动	自评：是否掌握相关的知识与技能。 他评：是否在参与过程中形成科学的方法及正确的情感态度价值观。
传承灯草系列活动（模仿灯草市的公益义卖）	1. 锻炼组织能力，合作完成灯草义卖活动，分享灯草义卖活动的心得，体会共同成长的快乐。 2. 了解和体验中华文化。	活动以六年级学生为主。宣传片用三种语言（普通话、英语、粤语）介绍大石灯草的历史与学校的渊源。模拟大石灯草交易集市，拓展灯草技艺展示、大石美食制作、书法、歌舞、岭南文化展示。（可与灯草文化协会以年会的形式共同举办活动）	学科融合 综合实践 社团活动 学校、家庭、社区、灯草文化协会组织联合活动	自评：是否能准确描述参与活动、承担任务所带来的自尊、自我效能体验。 他评：是否有责任感，能主动担当，是否有协调能力。

3. 开展灯草文化系列活动。

大石小学灯草文化的传承系列活动，主要从以下几方面进行研究（如图5所示）：

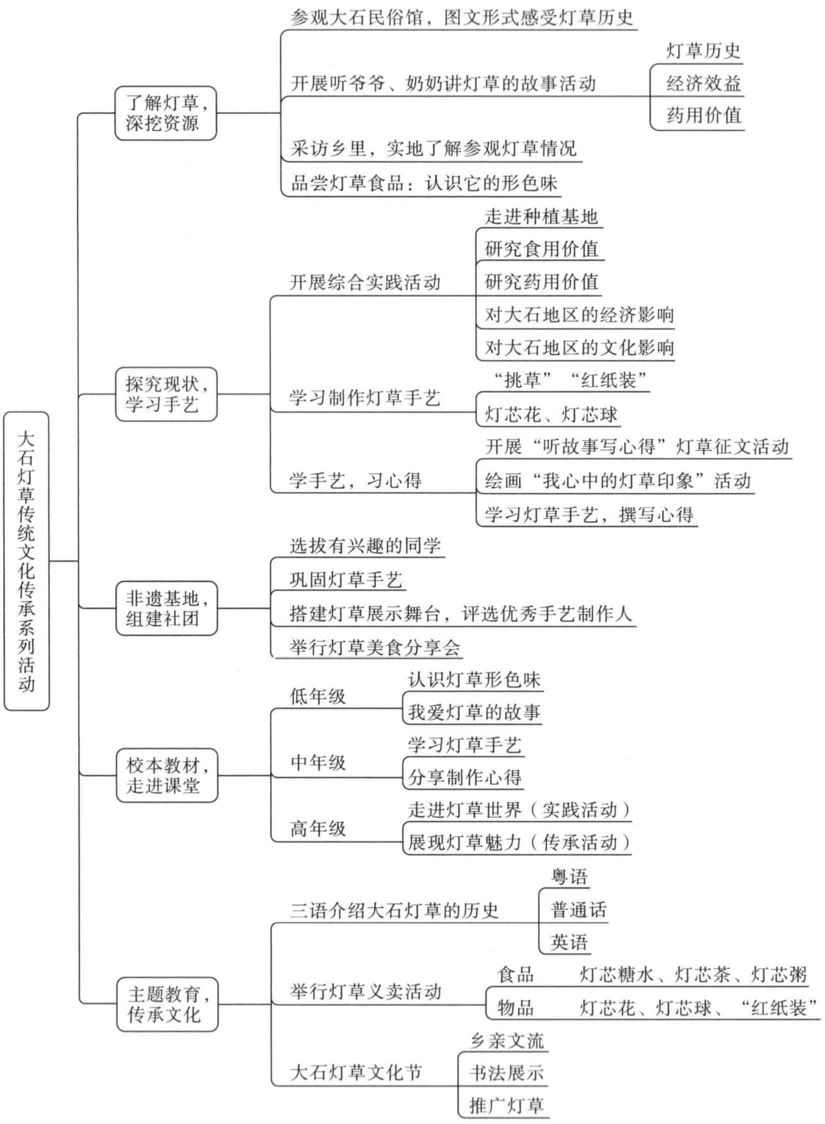

图5 灯草系列活动思维导图

(1) 了解灯草文化内涵。

大石灯草文化有着悠久的历史。灯草是大石地区著名的土特产，除了做成手工艺品，还具有药用疗效，每年产出的灯芯（条状）和灯芯花（球状）很多销往东南亚地区，驰名中外。勤奋、好学、肯吃苦是从事传统手工艺制作者必要的条件，众所周知，好手艺要耗费很多功夫，这样的功夫是长辈们的绝活。灯草传统文化中含有“因助人而高贵”“因虚心而充实”“因交流而共赢”的育人因子，大石乡民传承灯草优秀传统文化。

校园内有众多石碑石刻，教育学生要继承发扬“厚实于德”的精神，让学生为家乡建设添砖加瓦。在校园内有一块“灯草市”石碑（如图 6 所示），字体行楷，颇显书法功力。也证实曾是灯草的交易市场，盛极一时。

图 6 “灯草市”石碑

（2）探究灯草发展状况，学习灯草制作手艺。

灯草发展现状日渐式微，当代社会对传统工艺的忽略与轻视是主要原因。调查得知，2009 年大石灯草的种植面积约 130 多亩，每天运往广佛等地外销的灯芯球约 20 万个，可如今只剩几亩，原材料缺乏、市场需求量少、年轻人不愿学是导致灯草传承断层的主因。本校各年段学生参与学做灯芯花工艺（如图 7 所示），体现“工艺”工匠精神；学习灯草工艺磨炼人的意志，塑造敬业精神。

图 7 学生学做灯草工艺品

（3）发挥非遗基地作用，组建灯草文化社团。

灯草养活了数代大石人，为了薪火传承，发挥本校灯草文化传承基地的作用，在非物质文化遗产传人何杏珍老师的带领下，组建灯草文化社团，激发全校师生热爱传统文化的情怀，让学生自己动手做灯草工艺，根据灯草文化特点，尝试、实践、掌握灯草工艺。让学生“走出网络、走进传承”，培养学生高雅的艺术情操和艺术表现能力，打造学校富有特色品位的文化社团，构建灯草特色文化风景线。

（4）落实校本课程研究，灯草文化走进课堂。

我校重视校本教材的研发与使用，在 2017 年我校的校本灯草资源《一草一世界——大石灯芯草》已经研发成功：低年级以认识灯草的形色味、听长辈讲灯草的历史故事、参观学校民俗馆为主；中年级以学习灯草手艺、绘画“我心中的灯草印象”、撰写学习心得为主；高年级以综合实践活动为主，走进种植基地，研究灯草食用价值、药用价值及其对大石地区的经济、文化影响等，并且能用粤语、普通话、英语来介绍灯草历史、参与灯草的义卖活动、在灯草文化节上做推广。

（5）开展多样主题活动，传承大石灯草文化。

灯草文化的传承能在多样的教育主题活动中得以体现（如图 8 所示）：

组织灯草义卖活动。组织文化社团同学，把平时活动制作的灯芯、灯芯球、“红纸装”等制作成品，在灯草文化节进行义卖：灯芯可煲糖水，可做凉茶，可做油灯芯，更可做中药材。义卖活动既可以传承灯草文化，也可以获得经济效益，成为大石小学有意义的活动。

家长大讲堂活动。本校大多家长对灯草文化非常熟悉，家长为孩子们讲授部分灯草课程，促进家校交流合作。如：亲子互动活动，家长观摩、家长主导的活动以及家长教育讲座。

走进社区探究活动。比如：学校邀请灯草研究会的专家廖景添副会长进校园开讲座。依托本校传统文化教育资源，拓展为研究大石本地区的龙舟文化、宗祠文化、牌坊对联文化、关帝岗公园文化等。

图 8　多样的灯草主题活动

4. 灯草文化引领班级建设。

在灯草文化引领下，加强对德育教师队伍建设，开展现代德育规律、知识和技能的培训，提升德育实践智慧，实现全员育人、全程育人，让班主任、科任教师都成为德育工作者。对班级的文化建设做好规划，有步骤地落实文化育人。

持续开展“魅力课室”（班容班貌）评比活动。营造多彩的班级环境活跃学生校园生活，优化教室布置，让每一个角落都体现文化气息，让每一寸空间都充溢读书氛围，使班级文化建设朝着规范化的方向发展（如图 9 所示）。

灯草文化引领下的各班努力实现自己的育人理念：暖阳班、灯芯班、小草班、活力班、墨香班、草芽班、明智班……做到班班有特色，立足优秀的传统文化，挖掘文化中蕴含的丰富德育资源，和而不同，美美与共。

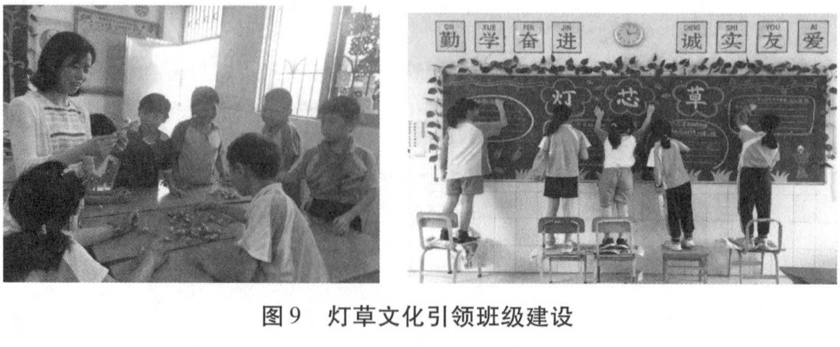

图 9　灯草文化引领班级建设

四、 实践效果

大石小学灯草实践研究项目在市、区、片获奖数项，关于灯草研究的公开课及讲座多节，1 篇论文公开发表。本项目成效显著：

1. 灯草文化引领学校特色发展。

学校围绕优秀灯草传统文化，提炼了“一草一世界，一榕一天地”的办学愿景及“弘扬灯草文化，践行相容教育”教育理念，为学校的特色发展奠定明确的方向。

2. 灯草文化促进学生的个性发展。

通过灯草社团活动发展学生的兴趣爱好和特长，使学生发现自己的学习潜能，感受学习的乐趣，培养自信心，如讲故事、美食制作、灯草非遗项目技艺、展示技能、解说功效等。学习灯草手艺，感受灯草文化，心灵手巧制作一件件精美的作品，领悟“匠人”精神，发展个性。

灯草文化节：现场制作灯芯花，讲解功能药效、接受采访。日常探究：去药店、文化站、农户、实地参观采访……优秀传统文化引导、熏陶、感染、润泽大石的青少年，培养学生学习能力、沟通协调能力，也是师生展示综合能力和核心素养的舞台，吸收灯草文化优秀内涵，使学生养成乐于助人、虚心好学、善于交流的好品格，促进学生的个性发展，甚至是全面发展。

3. 形成独特的灯草课程体系。

学校编写了《一草一世界——大石灯芯草》校本资源，《大石“灯草文化”家长读本》《相容教育特色学校文化发展规划方案》《番禺区大石小学“相容教育模式”研究》《番禺区大石小学五年发展规划》《大石小学文化德育实施方案》等校本材料，供学校的师生及家长使用，定时间、地点、人员、学习内容，进行针对性的学习，在探究过程中认识灯草、喜爱灯草、感悟灯草，学习精神，形成独特的校本课程体系。

4. 与学校的德育活动有效融合。

通过每年灯草文化节开展模拟灯草交易市场义卖、岭南文化故事会、书法展示、歌舞才艺展示、灯草技艺展示、灯草美食节等活动，展示人文素养，突出文化传承。组织学生社团、兴趣小组等实践研究，发挥社区的综合依托优势，开展“传统游戏节”“宣传义卖活动”“采民俗风、学民间艺、弘民族魂”等丰富多彩的德育活动，五育并重，弘扬灯草文化。

5. 各级课题聚焦灯草校本研究。

本项目相关的灯草课题研究有 7 项：省级 1 项，市级 3 项，区级 3 项。解决了校本课程与灯草文化资源如何开发与实践的问题，优秀的灯草传统文化怎样传承的问题，灯草文化微课学与教的策略问题，灯草文化特色课程怎样实施的问题，这些对大石灯草文化都起着重要的推动引领作用。

6. 媒体报道共同推广灯草文化。

媒体多次报道，共同推广大石灯草文化：广州广播电视台新闻日日睇“G4 出动”、番禺电视台曾报道本校灯草活动（见图 10、图 11），广州日报、番禺日报、大石文体中心等每年都报道本校灯草文化盛会，“传承非遗文化，灯草手艺代代传”活动在“学习强国”推送。

图 10　广州电视台采访

图 11　番禺电视台采访

五、 实践思考

1. 非物质文化遗产引领学校特色发展。

大石小学是番禺区非物质文化遗产灯芯草传承基地，传统文化气息浓厚，何杏珍、范翠燕老师分别是第三代、第四代灯草手艺传承人，带领教师、学生共同学习灯草手艺，培养灯草小传人。本校紧抓本地传统文化特色，促进家乡传统活动的开展，促进学校特色发展，提炼了“一草一世界，一榕一天地”的办学愿景及“弘扬灯草文化，践行相容教育”办学理念。

2. 灯草文化促进校本课程的建构。

通过校本课程开展关于灯草地域环境、气候变化、药用食用的研究，并逐步延伸到关于大石的经济、文化、教育、风土人情的研究。通过国家课程、地方课程以及校本课程相互配合，根据育人目标，围绕核心素养，构建灯草文化的课程，形成我校独特的课程体系。

本项目研究取得不俗的成绩，但是还需要进一步完善体系构建，调动社区参与度，扩大影响，培养优秀的灯草小传人，吸引更多的外来务工人员及其子女加入灯草文化的传承中来。

“师生齐学法”实践案例

作者：李婉萍（广州市从化区教师发展中心）

来源：GDJY－2021－A－b094 小学道德与法治课程中提高学生法治素养的实践研究

习近平总书记提出：“法律是治国理政最大最重要的规矩。”“法治兴则国家兴，法治衰则国家乱。”法律是维护国家稳定、各项事业蓬勃发展的最强有力的武器，也是捍卫人民群众权利和利益的工具。为更好地普及法律基础知识，提高我区师生的法治意识和法治素养，努力养成自觉学法、守法、用法的行为习惯，我区小学道德与法治学科以《义务教育道德与法治课程标准（2022 年版）》为依据，以系列活动为抓手，举行了一系列的“师生齐学法”活动，经过认真实施总结，形成本实践案例。

一、 背景分析

（一）分析存在问题

深入学校听课调研、与教师交谈等是了解我区教师在课堂教学中融合开展法治教育的有效途径。经了解、归纳、分析，发现我区道德与法治教育教学中普遍存在以下问题：

1．社会大环境缺乏有效开展法治教育学习的氛围。在社会中，开展法治教育的单位和部门一般都是派出所和居委会。他们开展法治教育的形式也很单一，派出所就是每年到学校举行一次左右的专题讲座，学生集中聆听。居委会一般就是设置一个宣传橱窗，里面张贴一些法治教育的内容。这些简单的教育方式难以引起学生的兴趣，教育的效果甚微。

2．学校对法治教育工作认识不到位，不够重视。学校受各种因素的影响，对学生的关注点普遍停留在学科教学上，对法治教育普遍不够重视。首先学校没有制订开展法治教育的长期工作计划，通常都是在期末邀请法治副校长到学校给全校师生上一节法治教育课。学校平时也少开展与法治相关的主题活动，法治教育缺乏有效的途径。

3．教师缺乏融合法治教育的专业知识和意识，法治教育效果不明显。作为道德与法治教师，他们同时任教语文或数学，并担任班主任工作，对本学科的教学并不放在首位，再加上他们都不是法律专业，对专业的法律知识储备严重缺乏。基于以上因素，教师对于本学科教学所花的时间相对比较少，对于有意识地加强相关法律知识的学习就更少了。所以，在课堂上的教学，教师往往只能停留在教材内容上，缺乏有效的拓展与延伸，有时会出现教学与生活脱节的现象，学生接收的信息非常有限。教师在执教此类题材的内容时，因为底气不足，所以一般以讲授为主，学生缺少相应的探究活动，法治教育效果不明显。

4. 学生缺乏对法治知识长期性、系统性的学习。教材中有丰富的法治教育的内容，但除了六年级上册的法治专册外，其他年级涉及的面较广，都比较零散，未能形成明显的系统化的法治教育体系。教师在教学时，如果不能深入钻研教材，经常会找不到道德与法治教材与法治教育的融合点，就没有进行法治教育的有效渗透。这些对于学生个人来说，这样的法治素养提升缺乏针对性和系统性。

（二）制定活动方案

根据以上发现的问题，我区学科对教育教学过程中提高师生法治素养存在的问题进行认真的分析、总结、研究，制定了全区师生齐参与的“师生齐学法”系列活动方案。

1. 第一阶段：2021 年 3 月至 2021 年 6 月。

（1）教师：法律知识竞赛。

①内容：《中华人民共和国未成年人保护法》《中华人民共和国教师法》。

②具体安排：

预赛：学校组织所有道德与法治教师学习《中华人民共和国未成年人保护法》和《中华人民共和国教师法》，于 2021 年 4 月 16 日前在校内组织知识竞赛，选拔出优秀教师参加初赛（各校参加初赛名额由各片区通知）。

初赛：所在片区教育指导中心组织各校选送的教师进行初赛，6 所直属小学组成直属片区进行初赛，由流溪小学负责组织。各片区于 4 月 23 日完成初赛，选拔出 15 名教师参加决赛。

决赛：区教师发展中心小学道德与法治学科在 2021 年 4 月 30 日前组织决赛。

（2）学生：学法手抄报评比。

①内容：《中华人民共和国未成年人保护法》。

②具体安排：

由各片区教育指导中心负责组织下辖学校学生作品进行评选，6 所直属小学组成直属片进行评选，由流溪小学负责组织。各校选送作品数量由各片区决定。各片区在 5 月 14 日前选送低、中、高年段各 10 份优秀作品进行区级评审。

③作品要求：

主题突出，围绕主题组织材料、编写内容。版面统一，一律使用 A3 纸，单面书写，有报头和栏目，版面设计美观，字迹工整。自采自编，自己设计，自己抄写，不得由他人代劳，不得抄袭。每份作品背面要求注明学校、学生姓名、就读班级。

2. 第二阶段：2021 年 9 月至 2021 年 12 月。

（1）教师：“与法同行”演讲比赛。

①内容：紧扣《中华人民共和国未成年人保护法》《中华人民共和国教师法》。

②时间：5 分钟以内。

③具体安排：

预赛：学校组织所有道德与法治教师学习《中华人民共和国未成年人保护法》和《中华人民共和国教师法》，于2021年10月8日前在校内组织“学法”演讲比赛，选拔出优秀教师参加初赛（各校参加初赛名额由各片区通知）。

初赛：所在片区教育指导中心组织各校选送的教师进行初赛，6所直属小学组成直属片进行初赛，由广东外语外贸大学从化实验小学负责组织。各片区于2021年10月15日完成初赛，选拔出10至15名教师参加决赛。

决赛：区教师发展中心小学道德与法治学科在10月30日前组织决赛。时间、地点及具体安排以周工作通知为准。

（2）学生：“以画说法”评比活动。

①内容：《中华人民共和国未成年人保护法》。

②具体安排：

由各片区教育指导中心负责组织下辖学校学生作品进行评选，6所直属小学组成直属片区进行评选，由广东外语外贸大学从化实验小学负责组织。各校选送作品数量由各片区决定。各片区在2021年11月26日前选送低、中、高年段各20份优秀作品进行区级评审。

③作品要求：

主题突出，围绕主题组织材料、编写内容。低年段以一幅漫画说法，中高年段以有故事情节的连环漫画说法。版面统一，低年段一律使用A4纸，中高年段一律使用A3纸，单面书写，有主题、画和简要文字说明，版面设计美观，字迹工整。自采自编，自己设计，自己抄写，不得由他人代劳，不得抄袭。每份作品背面注明学校、学生姓名、就读班级。

3. 第三阶段：2022年9月至2022年12月。

（1）教师：学法心得体会评选。

①内容：学习《中华人民共和国未成年人保护法》《中华人民共和国教师法》。

②作品要求：

作品主题鲜明，观点正确，要体现“依法执教”；要坚持理论联系实际，有较高的理论价值和实践意义；要立意新颖，逻辑严谨，语言流畅，文风朴实，有较强的感染力和说服力；符合学术规范，字数不少于3000字。

③具体安排：

校级评选：学校组织所有道德与法治教师学习《中华人民共和国未成年人保护法》和《中华人民共和国教师法》，于2022年10月15日前在校内组织教师学法心得体会评选，推荐优秀的作品参加片区的评选（各校参加片区评选的名额由各片区通知）。

片区评选：所在片区教育指导中心组织各校选送的优秀作品进行初赛，9所直属小学组成直属片区进行评选，由西宁小学负责组织。各片区于2022年10月22日完成评选，推荐25份优秀作品参加区级评选。

区级评选：区教师发展中心小学道德与法治学科在2022年10月31日前完成区级评

选。具体安排以周工作通知为准。

（2）学生：“快乐学法律”情景剧。

①内容：紧扣《中华人民共和国未成年人保护法》。

②具体安排：

以学校为单位选送一个情景剧参加区级评选，各片区教育指导中心负责收齐各学校的作品并于2022年11月28日送区教师发展中心进行评选，9所直属小学组成直属片区进行作品报送，由西宁小学负责。

③作品要求：

作品时间5分钟以内，内容必须积极向上，有一定的思想内涵和艺术性，紧密联系学生的生活实际，真实反映现实生活，剧情要突出“快乐学法律”的主题，反映同学们“学法、懂法、用法、护法”的真实情感，要具有鲜明的时代感。

二、 案例实施

（一）选取本案例的依据

法律是治国之重器，法治是国家治理体系和治理能力的重要依托。全面推进依法治国，是解决党和国家事业发展面临的一系列重大问题，解放和增强社会活力、促进社会公平正义、维护社会和谐稳定、确保党和国家长治久安的根本要求。

2007年，中共中央宣传部、教育部、司法部和全国普及法律常识办公室印发《中小学法制教育指导纲要》（简称《纲要》），要求地方各级教育行政部门和中小学校要采取切实措施，抓好《纲要》的落实，确保中小学法制教育的质量。要充分发挥学校课堂教学的主渠道作用，把法制教育与相关学科教育有机融合在一起，并积极与其他各种专项教育相结合，努力形成多角度、宽领域、全方位的法制教育新格局。要根据青少年学生成长的特点和接受能力，贴近实际，贴近生活，贴近学生，增加吸引力和感染力，提高教学的针对性和实效性。同时，从党的十八大以来依法治国战略的全面推进，到党的十九大报告关于深化依法治国实践的深刻阐述，社会主义法治中国建设逐步深入、渐成体系。在此进程中，教育系统要积极落实“把法治教育纳入国民教育体系”的要求，将青少年法治教育作为落实立德树人任务的重要抓手，充分发挥学校作为法治教育主阵地的组织与功能优势。

小学道德与法治是我国基础教育的重要学科，更是对小学生进行法治启蒙教育的重要学科，教师要注重加强对学生法治素养的培养，提高学生的法治意识和法治能力，使其能够具备相关的法治观念，并且将这种观念服务于自身的生活当中，促进学生的健康成长。

但纵观我区小学的法治教育，学校对法治教育的重视程度不够，法治教育基本不会纳入学校对学生和教师的考核范畴。教师缺乏法律常识、教学方式单一、法治教育多流于形式、教学效果不够理想、学生学习积极性不高成为普遍的问题。我区共分5镇3街，农村小学居多，大多数学生及其家长的法律意识淡薄，缺乏系统的法律知识学习，有的都是些零碎的知识，在生活中也很容易忘记所学的法律知识，甚至有不遵守法律的现象出现，法治的素养亟待提高。

因此，我学科希望借助道德与法治课程的学习，开展不同类型的学法活动，既让教师了解法律、运用法律，同时充分发挥学校、家庭和社会的作用，也为学生营造良好的法治教育环境，使学生养成尊法、学法、守法、用法的好习惯的同时，全面提高法治素养。

（二）实施过程中出现的问题与解决问题的措施

“师生齐学法”就是落实立德树人根本任务，培养师生法治素养，提高学生学法、护法、用法能力的活动。

1. 实施过程中出现的问题。

在两年的活动过程中，我们发现了一些存在问题：一是有个别学校领导对本项活动认识不足，马虎应付组织活动，导致活动开展流于形式，不够深入，效果不够理想；二是个别学校对本项活动不够重视，未能按照本活动方案的要求在校内认真地组织校级的预赛，只是在校内选拔优秀的学生代表参加活动；三是有些学校没有让家长参与活动，未能充分发挥家庭、社会的共育功能；四是活动的宣传力度不够，使得活动虽有一定的效果，但社会影响力还不够大。

2. 解决问题的策略。

针对这些问题，我学科在这两年里做到“五个坚持”，力求让师生在活动中“学”出新意，“学”出情怀。

（1）坚持立足教材。

小学道德与法治教材根据学生身心不断发育成长的实际，以道德教育与法治教育内容为主，形成主次分明、层次清晰，相互支撑、螺旋上升的内容体系，全面落实道德与法治课程的育人功能。教材编写依据小学生的认知水平和年龄特征，采用分散涉及与集中教育相结合的方式落实法治教育。一方面，基于学生公共生活空间的不断拓展，按照儿童认知发展的规律，采取分散教育的方式，进行以纪律、规则为主要内容的法治意识教育；另一方面，基于学生思维领悟能力和价值判断水平，采取集中的法治教育专册的方式，在六年级上册开展以宪法精神为主线的系统的法治教育，突出国家意识和公民意识教育。《中华人民共和国宪法》《中华人民共和国未成年人保护法》是学生重点了解的两部法律。在立足教材的基础上，“师生齐学法”系列活动以与教师、学生最密切的《中华人民共和国未成年人保护法》《中华人民共和国教师法》这两部法律为学习内容，引导师生从课堂走到社区、从书本走进生活，在学习中拓展新知、在探究中升华思想，有效延伸法治教育课堂。

（2）坚持学科融合。

在开展活动的过程中，我们坚持道德与法治学科与其他学科有效融合。教师撰写学法心得体会，进行“与法同行”演讲比赛就是与语文学科融合；学生绘制学法手抄报、进行

“以画说法”漫画作品评选就是与美术学科融合；学生的“快乐学法律”情景剧作品评选就是与音乐学科融合。学科的有效融合不仅丰富了师生学习法律知识的方式，激发了学法的兴趣，更是充实了师生作品的内容，提高了学法的效果，更重要的是让师生在活动中不着痕迹地提高了学法、尊法、守法、用法的综合能力。

（3）坚持全员参与。

为了让更多的学生能参与活动，我们坚持要求并监督各项活动都能以“班级赛—校级赛—片区赛—区级初评—区级现场决赛”的模式来开展。教师、学生在活动中一步步得到能力的锻炼、素质的提升，在活动中让学法律、守法律的情感入脑入心。

（4）坚持现场展示。

为了扩大活动的影响力，我们坚持现场展示，为师生提供一个展现自我、张扬个性的平台。其中“与法同行”教师演讲比赛、“快乐学法律”学生情景剧评选就坚持现场展示。在现场展示时，我们邀请教师代表、学生代表、家长代表参与，并制作活动美篇进行报道，使活动得到更广泛的传播，影响力更大，学生和家长更积极参与我们的活动。

（5）坚持家校联合。

“师生齐学法”系列活动的开展离不开家长的大力支持和学校的全程配合。家长利用双休日和节假日与孩子一起参观法治教育场馆、学习法律知识、绘制作品、揣摩角色表演、背熟角色台词、挑选表演衣服，全程认认真真地与孩子一同学习法律、了解法律。家校的有效联合形成了师生同行、家校同心的生动局面。

（三）实施过程的创新点

在本案例的实施过程中，我区学科创新了活动模式，力求让师生在不同类型的法治教育活动中习得法治知识，树立法治观念，养成法治素养。“师生齐学法”系列活动主要围绕《中华人民共和国未成年人保护法》《中华人民共和国教师法》展开，活动形式丰富多样，有考查对法律知识识记能力的学法知识竞赛，有考查对法律知识理解能力的“以画说法”漫画作品评选，有考查对法律知识应用的“与法同行”教师演讲比赛和“快乐学法律”学生情景剧表演，让师生在亲身参与中探索实践，在研究合作分享中不仅仅得到法律的养料，还获得法律背后的人生经验、智慧和文化价值。系列活动的开展，有效对接了师生的现实生活，让他们真切地感受到法律就在身边，法律对自己生活的保护，激发了他们的法治精神和法治意识，有效创新了利用师生自身资源的本土化活动模式。

（四）资源开发

活动开展期间，我们鼓励师生走进法治教育场馆，如从化区西塘青少年法治教育实践基地，让他们真切地感受法治体验，着力提升法治意识和法治素养。同时，我学科把这些系列活动的优秀成果整理成册，形成本土资源，建立资源库，便于我区师生进行再学习、再体验、再创作，充分发挥优秀资源的正面影响作用。

（五）实施未解决的问题与不足

在系列活动的组织过程中，我们发现个别片区在活动的组织方面缺乏计划性和有效性，个别学校参与活动的积极性和主动性不够高，个别师生的作品与现实生活联系得不够紧密，存在空喊口号等现象。在今后的活动中，我区学科要进一步细化管理的制度，进一步加强活动的指导，进一步扩大活动的宣传，使我区所有学校、所有师生都能真正自觉地投入学法、尊法、守法、用法的行列中来，切实有效地提高师生的法治素养。

（六）案例评价

1．找准评价的原则。

（1）客观性原则。

客观性原则是指在进行活动评价时，从测量的标准和方法到评价者所持有的态度，特别是最终的评价结果，都应该符合客观实际，不能主观臆断或掺入个人情感。

（2）发展性原则。

发展性原则是树立以人为本的现代教育理念，以师生的法治素养提高和综合素质发展为主要评价目标，组织活动实施的评价。

（3）指导性原则。

活动的评价应在指出师生的长处与不足的基础上提出建设性意见，使被评价者发扬优点、克服缺点，不断前进。

2．明确评价的标准。

在活动的过程中，我学科根据不同形式的活动制定了相应的评比标准，为师生展示学法成果指明方向。评价标准选摘如表1至表4所示：

表1　第一届从化区小学道德与法治学科“师生齐学法”手抄报评比标准

序号	项目	具体要求	分值
1	主题	鲜明突出（与学习《中华人民共和国未成年人保护法》主题相符）	10分
2	设计	版面布局合理、美观大方，有创意、新意，思维独特，富有吸引力，标题明确醒目（色彩和字的大小），书写端正	30分
3	内容	充实健康，丰富多彩，积极向上，和主题联系紧密，富有感染力，具有号召力，适合小学生阅读	30分
4	插图	鲜艳活泼，搭配得当，不超过整个版面的三分之一	10分
5	板书	整洁规范明快，字体工整清晰，大小适中，书写认真	10分
6	版面	必须整洁干净	10分

表 2　第二届“师生齐学法”之“与法同行”演讲比赛评比标准

序号	具体要求	分值
1	脱稿	10 分
2	演讲内容主题要明确，观点要鲜明，联系教学实践	40 分
3	演讲语言要通俗明白，生动流畅，声音要清晰响亮	20 分
4	演讲叙述要短小精悍，逻辑严明	20 分
5	演讲感情要真挚朴实，态度自然得体	10 分

表 3　第二届“师生齐学法”之“以画说法”评比标准

序号	项目	具体要求	分值
1	主题	鲜明突出（与学习《中华人民共和国未成年人保护法》主题相符）	10 分
2	设计	版面布局合理美观大方，有创意、新意，思维独特，富有吸引力，标题明确醒目（色彩和字的大小），书写端正	30 分
3	内容	充实健康，丰富多彩，积极向上，和主题联系紧密，富有感染力，具有号召力，适合小学生阅读	40 分
4	字体	整洁规范明快，字体工整清晰，大小适中，书写认真	10 分
5	版面	必须整洁干净	10 分

表 4　第三届“师生齐学法”之“快乐学法律”情景剧评比标准

序号	项目	具体要求	分值
1	主题	鲜明突出（与学习《中华人民共和国未成年人保护法》主题相符），健康向上，剧情具有时代感	30 分
2	语言	角色性格鲜明，富有感情，有感染力	30 分
3	表演	表演自然不拘谨，体态大方得体，台风端正。演员配合默契，舞台结构分明，背景音乐使用恰当	30 分
4	创意	道具运用得当，表演有创意	10 分

3. 总结评价的结果。

2021年4月30日，我学科在西宁小学举行了教师法律知识现场决赛。90位教师分为两组考试，进行了1个小时的笔试比赛。评卷小组认真评卷，根据教师们决赛的成绩，评出一等奖11名，二等奖17名，三等奖47名。

2021年6月18日，6个片区提交了《中华人民共和国未成年人保护法》的手抄报作品，评审小组评选出低、中、高年段一等奖各15名，二等奖各20名，三等奖各30名。

2021年11月12日上午，由广州市从化区教师发展中心主办的第二届小学道德与法治学科"师生齐学法"系列活动之"与法同行"教师演讲现场决赛在从化区西宁小学拉开帷幕。本次"与法同行"教师演讲比赛共评出一等奖10名，二等奖15名，三等奖62名。

2021年12月，我学科共收到"以画说法"学生作品360份，评出低、中、高年段一等奖各25名，二等奖各40名，三等奖各55名。

2022年11月，我学科收到教师学法心得体会149份，评出优秀的作品一等奖22份，二等奖30份，三等奖45份。

2022年11月，我学科收到"快乐学法律"学生情景剧作品60份，评出一等奖10名，二等奖15名，三等奖20名。

这些系列活动的开展，不仅丰富了师生们的法律知识，营造了浓厚的学法氛围，更好地在我区全体师生中普及了法律基础知识，全面提高了我区师生的法律意识和法律素养，使师生努力养成了自觉学法守法用法的行为习惯，做守法护法的好公民，而且从师生的作品中可以看出他们尊法、守法、护法的坚定决心。

（七）案例推广

"师生齐学法"系列活动已举办三届，活动的过程性资料有电子版资料，也有视频及纸质材料，活动的优秀作品都经过整理放在从化区小学道德与法治学科交流群中，供全区68所小学的教师使用，实现了区域内资源共享。这些都是区级活动，有效地让广大师生把成果转化到生活应用中，在参与探索实践活动中学习法律，提高法治素养。学科每次开展的活动不仅邀请家长代表参加，还会制作美篇进行报道，活动效果明显，得到了学校、社会和家长的一致认可。

我们坚信，只要每一位师生将法治精神植根心底，化作尊法、守法的实际行动，载着民族复兴梦想的"中国号"列车，必将沿着中国特色社会主义法治轨道驶向更加美好的明天。

析《共筑生命家园》课例

作者：王晓［深圳市宝安区宝安中学（集团）初中部］

来源：GDJY－2021－A－b124 初中道德与法治“体悟式”校本教研的实践研究

在广东省2022年三科统编教材“铸魂工程”专项课题研究中，我校道德与法治科组教师们参与了由深圳宝安区道德与法治教研员李欣庭老师主持的初中道德与法治“体悟式”校本教研实践研究。该课题在2022年度开展了多次培训、交流、研讨、校本课和展示课，其研究过程为我们学科教育教学工作提供了良好的思路和实现路径。

一、问题描述

将体悟式教学方法应用到初中道德与法治课程当中，能够让整体教学更加灵活高效。这种教学方法有利于突破学生认知和理解方面存在的短板，促进学生进行知识体系的自我建构，满足学生个性化的学习需要。在研究的过程中，我们存在着以下困扰：

（1）如何将体悟式教学与新课标结合起来，从而避免“重知识轻情感”？

（2）在教学实践中，如何区分“情境体验”和“价值体悟”，从而避免“重体验轻体悟”？

二、解决问题的实践过程描述

我校道德与法治科组林睿老师的“创设文明校园　共建美丽家园”一课，被评为2021年省级基础教育精品课，并在2021年全国中小学思政课教师教学基本功展示交流活动中获得广东省一等奖。科组教师们参与了这节课的筹备，针对以上困扰我们的问题，我们展开了探索和研究，逐步对这些问题进行了突破性的解决。

（一）课前准备：明确核心素养，避免“重知识、轻情感”

（1）知识结构方面：在集体备这节课时，我们首先从宏观上解读全书。贯穿本册课本的大单元，以富强、民主、文明、和谐为价值追求，共有四个部分，旨在培养学生做自信的中国人。本单元是统编《道德与法治》九年级上册第三单元“文明与家园”。本单元共有两课，围绕“文明”核心主题，从“精神文明建设”和“生态文明建设”两个角度展开教学。

（2）核心素养方面：我们立足新课标，明确本课需要培养的核心素养，即课程标准中“我与国家和社会”中的“积极适应社会的发展”“法律与秩序”“认识国情，爱我中华”。《青少年法治教育大纲》提到初中阶段要“初步了解环境保护，初步形成依法参与社会公共事务的意识”。本单元通过全景展示中国文明发展历史进程、取得的巨大成就、面临的时代挑战、做出的积极应对，从精神文明方面，以中华文化陶冶情操，培养健全人格和提升道德修养，增强学生对中华文明的认同感和自豪感，落实政治认同核心素养；从生态文明方面，引导学生增强主人翁意识，将我们对文明发展的追求转化为建设美好家园的实际行动，增强法治意识、培养责任担当的核心素养（见图1）。

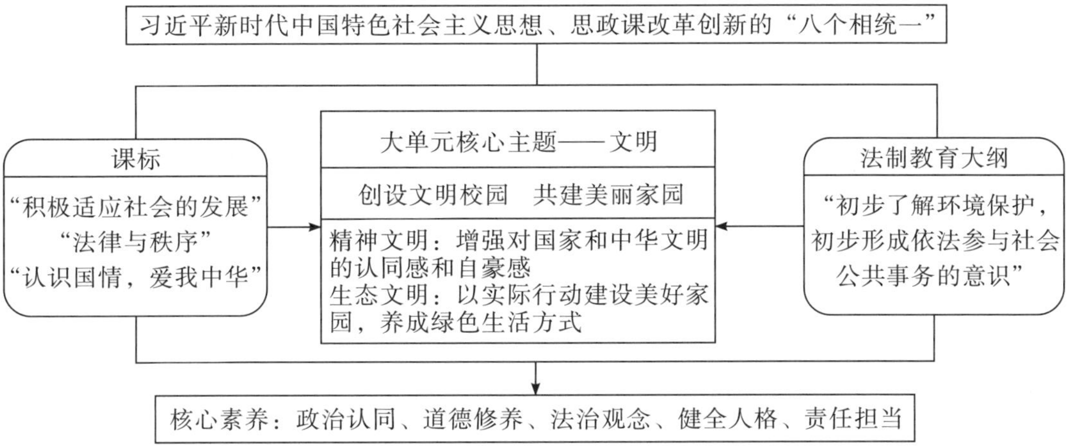

图1

（3）打通“知识结构”和“核心素养”通道，避免“重知识、轻情感”。如何既让学生构建知识体系，又培养学生的核心素养？这就需要处理好“知识”和“体悟”的关系。因此，打通它们两者之间的通道，在“体悟”中完成知识体系的自我构建，对于课堂来说尤其重要。那么，如何让“情感”和“体悟”生成？这就需要我们充分掌握学情。针对这节课面对的九年级学生，我们从年龄特点来分析，初中生正处于思想发展的拔节孕穗期，他们富有生命活力，求知欲强，但认知能力和社会经验有限，较少关注社会生态建设情况。从知识储备与学习经验来看，学生经过小学道德与法治生态保护、初中地理学科学习及本单元前5课的学习后，对生态环境的现状有了初步了解，但由于对国情缺少了解，在实际生态环境保护中常常出现知行分离。所以我们需要通过具体化、可视化的情境让学生获得体悟，从体悟中获得知识，这比我们直接将知识告诉学生要有更优的效果，避免出现“重知识、轻情感”的错误倾向。

（二）情境设置：通过体验来生成体悟，避免“重体验、轻体悟”

根据大框架，明确了“重知识更重情感”的基本思路之后，我们就在思考该如何让学生在这一节课中获得情感体悟，而这是学生增强法治意识、培养责任担当的关键所在。我们初步设置了一些情境，例如“校园浪费现象”展示，如一台未关机的空调，力图使学生通过这样的情境从而获得认识。但在第一轮的课程打磨中，我们发现通过“校园浪费现象”的情境，学生并没有做到“有话可说”，也没有做到“有所生成”，而是浮在情境的表面获得简单的知识信息。显然，我们需要避免陷入“重情境、轻体悟”的误区。

我们进一步明确“体悟”和“体验”的区别，体悟式教学把情境体验作为方法、途径，最终目的是引导学生在体验实践中获得感悟，理解知识和体会情感。我们意识到通过情境来体验，这只是获取认知的第一步。这种“情境体验”如果不通过进一步的环节来提升，那么是无法达到“情感体悟”的。只是单一地强调“情境体验”，学生的主体性和主动性无法完全实现。体悟必须从“体验”出发，但要高于“体验”，比如进一步激发学生在“体验”中的思考，在“体验”中获得启发，在“体验”价值冲突中被赋予探索的机会，学生才能在体验实践的过程中获得感悟、领悟，如图 2 所示：

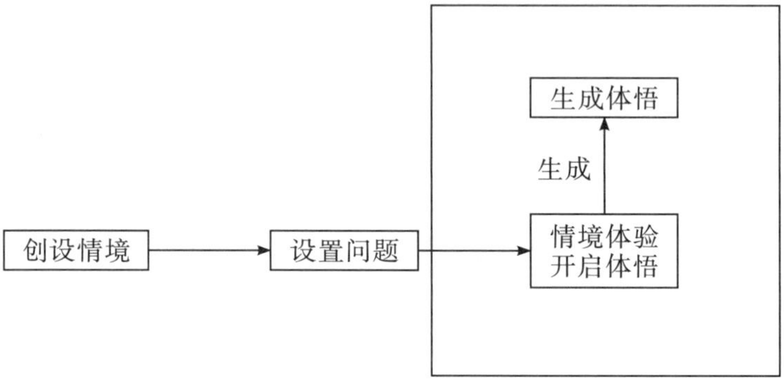

图 2

基于以上共识，我们通过设置“寻—析—悟”三个环节，以层层递进的方式来激起学生的体悟，调动学生在课堂上的思维能力。从校园浪费现象，即一台忘记关机的空调入手，“寻”校园生活中有哪些类似的浪费现象，“析”浪费一度电对我们的生活有哪些影响，“悟”节约用电人人有责。学生在这几个直观体验感受的基础上，从校园生活情境出发，并聚焦节电时政，调用学生已有知识和常识，反思生活中资源浪费行为，引导学生初步形成节约用电、绿色生活的观念。然后，引导学生用“生活逻辑”来理解知识，通过发“电”耗“煤”的计算小比赛，动手算一算学校空调耗电量，阅读发电与耗煤的数据，思考资源能源浪费对个人、社会、国家、人类产生的影响，感悟生态保护的重要性。

这样的具体化、可视化情境体验才能够开启学生的“体悟”思维，促进学生初步形成节约用电、绿色生活的观念，落实情感态度价值观目标。

（三）课堂活动：重体悟、重升华

1. 探究活动之“探河道变化，献策文明城市”。

基于单元整体教学考虑，立足“生成体悟”的目标，科组教师们和林睿老师一起对本课的教学内容进行了重构和优化组合，创设“校园—城市—中国—世界”四个情境，由浅入深，由近及远，力图通过可视化情境和直接实践体验来引导学生树立环保意识，践行绿色生活方式，走绿色发展之路。

直接体验实践，是学生可以切身体验到的现实，常用的方式有直观感受、动手操作和调查等。间接体验实践是以学生目前的情况不能直接体验的，那么可以通过角色扮演、模拟情境等方式实现。通过各种形式的“情境体验”进行探究从而获得生成，避免了“重知识、轻情感”和“重体验、轻体悟”（见图 3）。

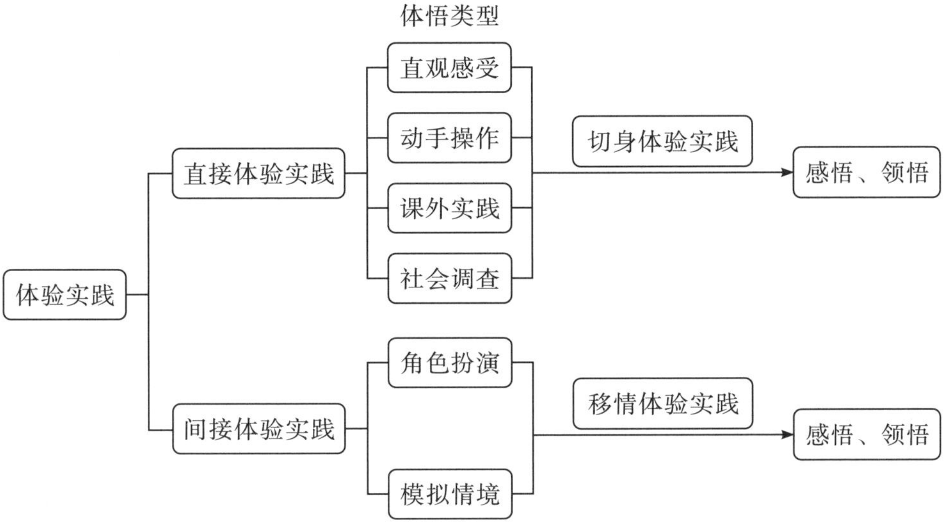

图3

因此，在教学过程中的核心环节，我们设置探究活动，把学生直接体验和间接体验实践结合起来，坚持价值性与知识性相统一，落实《关于深化教育体制机制改革的意见》中强调的四种关键能力的培养，使学生成为知识的探索者、发现者。

我们的探究活动以深圳市A河为例，组织小组探究分析A河（大沙河生态长廊）生态破坏的原因，进而提出解决方案。以小见大，从个性现状分析形成共性生态观念和方法，再以共性理念指导个体生活，这既是落实教材中生态文明建设的知识和方法（知识），培养学生获取信息的能力、分析问题能力以及思辨能力（能力），更彰显生态文明价值的引领（价值观）。通过大沙河治理前后的鲜明对比，感悟城市治水建设的决心和行动，培养学生政治认同、责任担当、法治意识的核心素养。

本节探究活动通过以下作用实现了价值体悟和能力生成：

（1）突破难点，促知行合一：通过合作探究A河（大沙河生态长廊）生态破坏的原因，提出解决方案。引导学生从个性现状分析形成共性生态观念和方法，再以共性理念指导个体生活。基于学生课堂生成，引导学生归纳理解教材知识，体现价值性与知识性相统一。

（2）落实素养，促能力提升：通过A河治理前后的鲜明对比，感悟城市治水建设的决心和行动，培养学生政治认同、责任担当、法治意识的核心素养。通过合作探究，追问思辨，帮助学生掌握生态文明建设的知识和方法，培养学生获取信息的能力、分析问题能力、思辨能力及合作能力。

2. 展示活动之“颂美丽山河，点赞中国方案”。

本环节重在情感升华，价值引领。首先，打通“生活—课本—课堂”的关系，让课堂变成了“云旅游”平台，学生展示分享自己去过的祖国风景照片，感受祖国大好山河，增强民族自豪感，进一步体悟绿水青山之美，觉悟生态环境的可贵，落实生态文明价值观目标，自觉成为美丽中国的建设者。紧接着，聚焦“碳中和”时政热点，理解国家生态治理的顶层设计，感受到中国是一个负责任的大国，增强制度自信和政治认同。

这样的活动，通过生活化取材、开放性设问、价值观引领，提升学生创新意识和能力，树立生态文明理念，培养责任担当，落实核心素养。这样的教学方式已经不是停留在情境下了，而是以“情境体验”为基础，激发了体悟的生成和情感的升华。

本课时总体设计思路如图 4 所示：

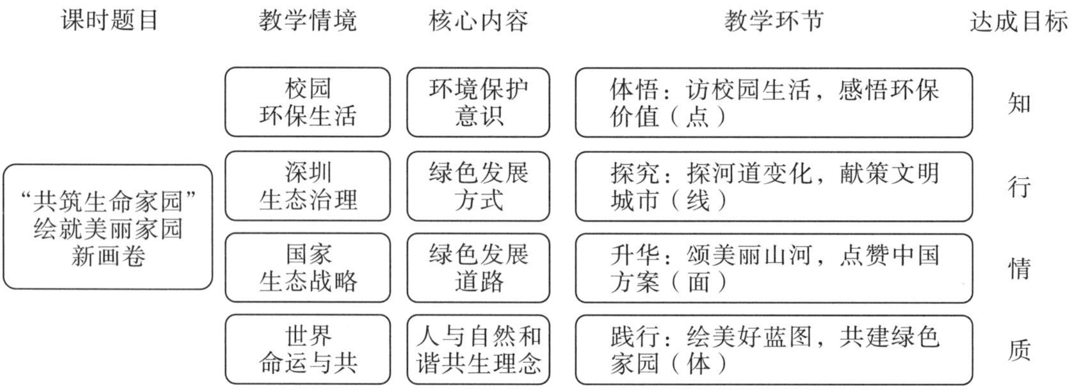

图 4

基于以上内容，我们采取的教学方法如图 5 所示：

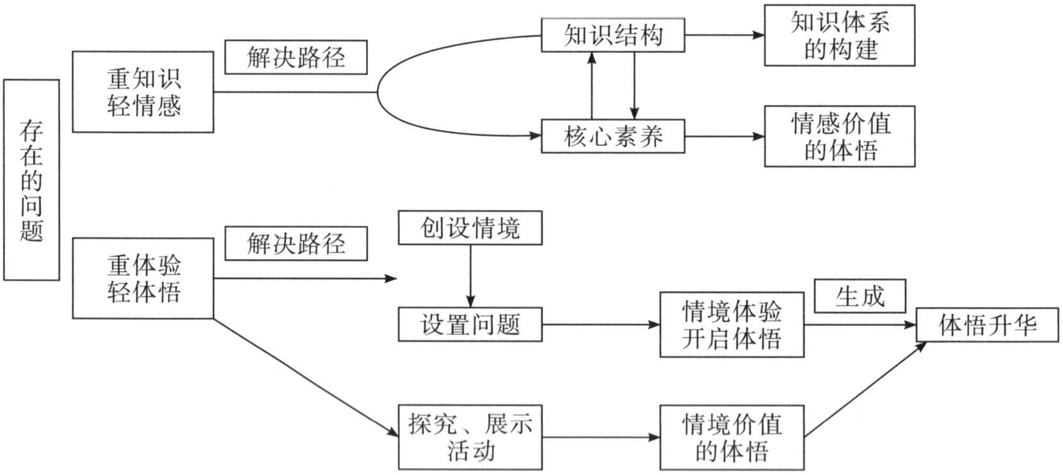

图 5

（四）作业设计：“双减”背景下，落实知行合一

1．作业类型。

课后体悟也是体悟式教学的重要组成部分，是教师不可忽略的一个教学环节。在体悟式教学的实践当中，针对理论知识的学习并非是教学的全部，也不是教学的重点，更为主要的是激励学生自主构建知识体系，培养学生归纳反思的好习惯。为了让学生主动归纳、反思和生成，完善个人知识体系，让体悟式教学的各个环节有效衔接，科组教师们仔细思

考林睿老师这节课后作业该如何布置、如何让作业既符合“双减”要求又发挥作用、如何让课后作业进一步提升学生的“体悟”。

于是，我们采取阶梯式的作业（见图6），来落实学生的“知行合一”，不仅能帮助学生复习上课所学的内容，自主构建知识体系，还可以促进学生思考和体验，从而提升学生体悟学习效果。

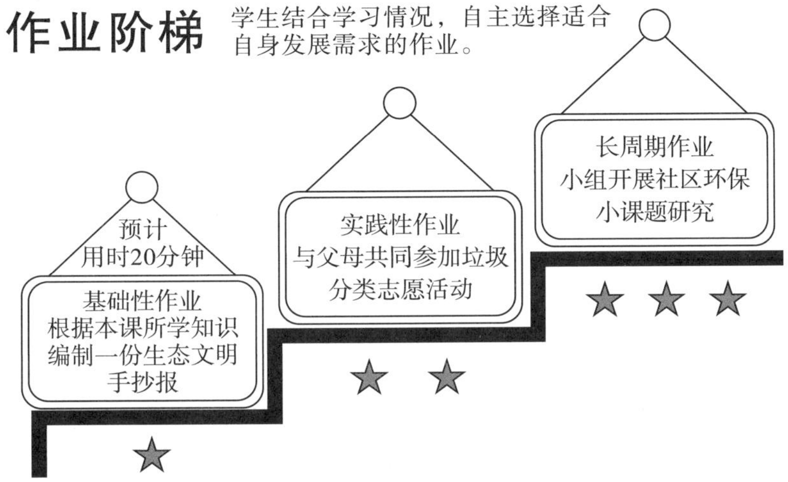

图6

阶梯式地创设基础性作业、实践性作业和长周期作业，尊重了学生的个体差异，因材施教，有利于促进学生全面发展。在作业的完成过程中，学生需要结合自己所学知识，解决社会真实情境中的问题，落实知行合一，引发学生再次生成体悟，促进公民素养培育，走出了“重体验轻体悟”的困境。

类似这样的课后作业形式还有很多，我们始终坚持聚焦学科核心知识，不出怪题、偏题、超纲题。作业贯彻思想性、人文性、实践性和综合性的课程要求，力求体现素养立意、能力立意，作业必须避免单一知识记忆型试题，强化综合性考查，突出考查知识的内在联系和能力的综合运用，多角度、多层次观察、思考和解决问题的能力，以及价值判断、价值选择的能力。作业的价值不只是停留在设置的情境上，更多的是通过情境的设置引发了学生的思考，引导学生运用知识去解读材料里的情境，从而促成了学生的感悟。学生通过解答试题，强化对知识的认知，更生成了对情境的思考。这为我们教师今后的命题指引了方向。

2. 作业风格。

（1）情境材料中要提供回答问题的有效信息，而且要具备充分、逻辑、体系的特点，为什么要使用“阅读材料，回答下列问题”，如何考查“信息的提取、加工和输出能力”。

（2）情境设置要结构化。对源于真实生活的情境进行有针对性的建构，保留关键性的事实与特征，剔除无关紧要的细枝末节，创设信息支持充分的评价情境。精心设计问题，设问角度多样化。

设问既要来自于对现实生活的思考，也要体现学科价值。通过有价值的设问，提升学生的推理和语言组织能力。在问题的解决过程中，实现有意（立意）、有知（知识）、有悟（担当），形成内在驱动。如图 7 所示：

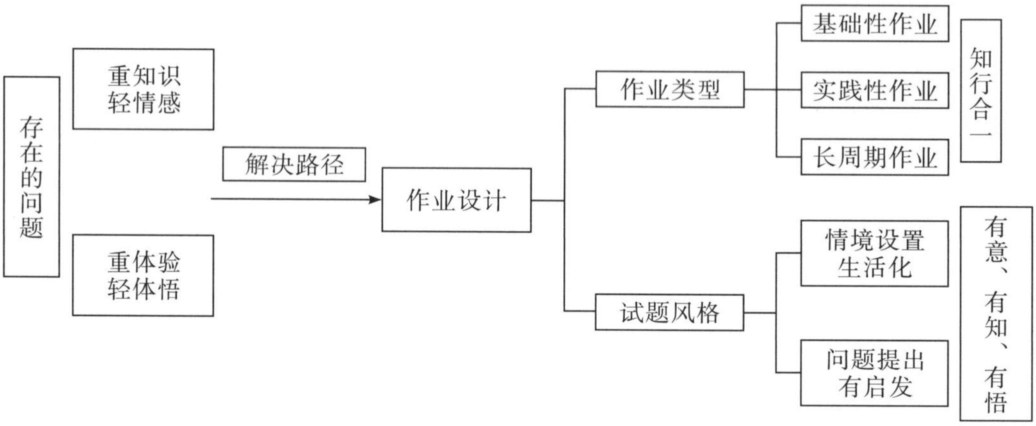

图 7

三、 课例实践效果评价

“共筑生命家园”全课从课前的筹备建构，到课上的讲授环节，再到课后的作业设计，深度践行了体悟式教学，立足核心素养的养成。通过情境的设置，激发学生的体悟，促成学生的情感生成，把文本与学生的生活经验联系起来，促使客观的、外在的文本与学生主观的、内在的生活体验，情感态度和理智能力发生“碰撞”，正确地处理了“知识”和“情感”的关系，以及“体验”和“体悟”的关系，使学生在学习的过程中真正有所体验，并在“体验”的基础上促成“体悟”，让学生在学习过程中有所感受，有所领悟，有所生成。如图 8 所示：

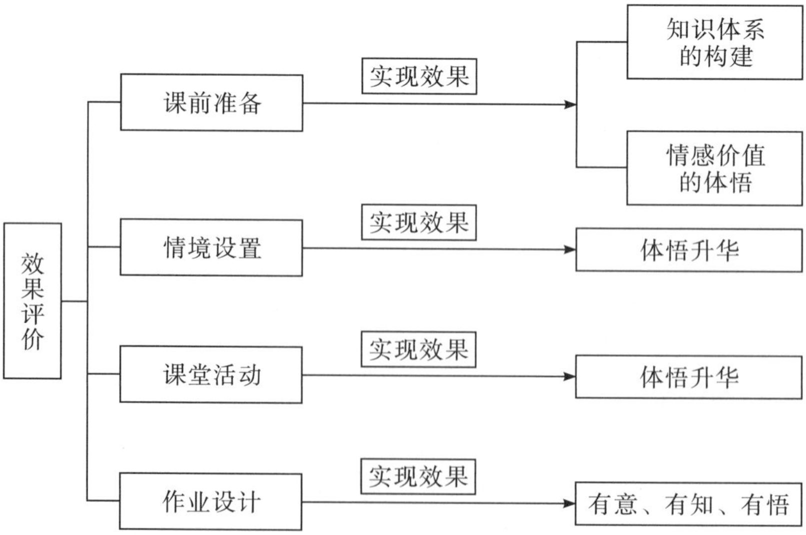

图 8

安全骑行　我们行

——以育才二中为例关于中学生自行车通勤交通安全的调查研究

作者：李潇潇（深圳市蛇口育才教育集团育才二中），袁丹洁（深圳市蛇口育才教育集团太子湾学校）

来源：GDJY－2021－A－b125 运用深圳市本土文化开展初中道德与法治学科教学研究

一、调查研究的学科理念与现实背景

学科理念：伴随国家素质教育的发展，初中道德与法治学科教育在推动学生学科知识体系建构基础上，要立足于发展学生核心素养，以引导学生提升思想政治素质、道德修养、法治素养和人格素养为主旨，坚持学科逻辑与生活逻辑相统一，主题学习与学生生活相结合。以学生真实生活为基础，突出问题导向，引导学生发现问题、分析问题和解决问题，提升理解力和判断力，强化规则、团结合作等教育。借助项目式调查研究活动，旨在丰富学生实践体验，积极参与社会民主生活，引导学生认识社会、促进知行合一。

现实背景：很多中学生以骑自行车的方式上下学。以深圳市蛇口育才教育集团育才二中为例，早晚高峰时段学校周边的荔园路和爱榕路，挤满了骑车上下学的同学，而且很多人都未遵守交通规则，打闹、并行、闯红灯、不按线行驶等现象层出不穷。小小的自行车虽然仅仅是学生每天上下学的工具，但牵出的交通安全是家庭、学校以及社会关心的一个大问题。

在教师指导下一些同学开始思考：骑车上下学有哪些风险？对这些风险产生影响的因素主要是什么？如何评估这些因素？哪些是可控和不可控的，又有哪些风险点是可以避免的？怎么能更有效地保障安全出行？带着这些问题，育才二中初二 13 班同学对事关中学生骑行的安全问题做了系列深度调查研究活动。

二、调查研究思路和方法

（1）学生搜集育才二中周边出行环境安全的网络信息资料，并通过咨询交警、交通部门，了解育才二中附近的交通事故发生情况，对学校周边目前的交通环境做评估。

（2）通过设置几个调查问卷（育才二中初中生上下学骑行状况问卷调查、你对以下骑自行车行为的评价态度）和现场调查［荔园路、爱榕路交通违规（不当）行为大清点调查、评估活动］，找出我们身边同学的骑车行为到底存在哪些方面的安全问题，统计出违规（不当）行为的类别和比例；对我们骑车的安全意识和习惯做分析，得到影响骑车安全主观和客观方面的因素。

（3）知不足而后能改最重要。哪些是对纠正大家骑车违规行为有影响的措施？一般性的劝导、宣传和强制行为相比效果如何？如何调整大家的出行习惯？通过调查问卷，同学

们到路面一起和交警、交通义工做几次交通劝导，实地评估预测哪些措施对同学们的骑行行为有影响，影响力有多大。

（4）面对人车多、车速快、路口复杂、道路设施缺失、非机动车道不完整等现实问题，经过调查研究，结合建立数据模型的方法，学生在教师指导下尝试建立一套适合学校周边骑行的道路交通评估指标系统，把涉及道路环境的系列复杂问题归整为一个可以评估的体系，变主观为客观，化不可控为可控，而且模型有一些变量因素，属于一个动态系统，可定期评估我们周边道路的风险。

（5）收集学校同学们的居住信息。以居住集中点和学校作为骑行的起始点和终点，找到每条可出行的线路，对照上述模型评价系统，评价线路的安全指数，由此推导出每个居住片区到学校的最优路线，制作出安全骑行交通图，对同学们出行安全做出指引。

三、 调查研究活动实践过程

1．中学生骑车到底安全么？

骑自行车上下学的同学有多少？骑车的频次如何？我们制作了一份问卷调查（育才二中初中生上下学骑行状况问卷调查），涉及的选项数据（见表1、表2）表明，骑自行车是目前我们最主要的通勤方式。

表1　中学生通勤交通工具选择

选项	小计	比例
自行车	71	66.36%
公交车	8	7.48%
地铁	1	0.93%
步行	37	34.58%
小汽车	10	9.35%
其他	6	5.61%
（空）	3	2.8%
本题有效填写人次	107	

表2　中学生自行车通勤骑行频次

选项	小计	比例
2次（上下学骑行两次）	36	33.64%
4次（上下学骑行两次，中午两次）	41	38.32%
（空）	30	28.04%
本题有效填写人次	107	

根据我们调查的小表格“你上下学途中发现学生骑自行车发生伤害情形（包含擦碰、摔倒、碰撞等）的频次”，有约30%同学发现每个月有1次以上的碰撞事故（见表3）。这跟自行车通勤上下学有关，正好在同一时间段的同一路段集中密集出行。由此可见，自行车日常骑行看似安全，其实风险率还是不低的。因此，我们的骑车安全必须引起足够重视。

表3　你上下学途中发现学生骑自行车发生伤害情形（包含擦碰、摔倒、碰撞等）的频次（共收回调查表71份）

一个月0次	一个月1～3次	一个月3次以上	其他
33	11	9	18

2. 不要做骑行界的“马路杀手”。

育才二中学校安全中心反馈，骑车违规或不当行为也许只是偶尔图方便，一旦长期形成习惯，思想容易麻痹大意，这就是交通故发生的根源。同学们骑车的违规（不当）行为是不是频发呢？发生率如何？学生开展了2个自评调查、1次实地测量、2次实地跟踪评估、1次安全讲座、1次安全劝导活动，通过“查”“测”“评”三个环节来一场安全态度大“盘点”（见表4、表5）。

表4　中学生骑行违规行为自评表

选项	小计	比例
带人	1	0.93%
双手离把	3	2.8%
逆行	2	1.87%
闯红灯	2	1.87%
乱穿马路	1	0.93%
互相追逐或打闹	3	2.8%
攀扶其他车辆	0	0%
并行	3	2.8%
戴耳塞听音乐或其他内容	5	4.67%
不戴头盔	25	23.36%
在机动车道骑行	8	7.48%
路口不减速	3	2.8%

续表

选项	小计	比例
转弯猛拐	3	2.8%
横穿机动车道没有下车推行	4	3.74%
无上述现象	54	50.47%
(空)	27	25.23%
本题有效填写人次	107	

表 5　中学生骑行违规（不当）行为现场实测数据（调查地点：荔园路育才二中路口）

9 月 27 日（下午 6：10—6：40）			9 月 30 日（下午 6：10—6：40）		
骑行过道总人数	60 人次		骑行过道总人数	44 人次	
骑行不当行为类别	人次	占过街人数比例	骑行不当行为类别	人次	占过街人数比例
带人	0	0%	带人	0	0%
双手离把	1	1.66%	双手离把	0	0%
逆行	0	0%	逆行	0	0%
闯红灯	9	15%	闯红灯	2	4.5%
乱穿马路	2	3.33%	乱穿马路	1	2.2%
互相追逐或打闹	4	6.66%	互相追逐或打闹	0	0%
攀扶其他车辆	0	0%	攀扶其他车辆	1	2.2%
并行	3	5%	并行	5	11.3%
戴耳机听音乐或其他内容	0	0%	戴耳机听音乐或其他内容	0	0%
不戴头盔	53	88.3%	不戴头盔	38	86.3%
在机动车道骑行	1	1.66%	在机动车道骑行	0	0%
路口不减速	4	6.66%	路口不减速	3	6.8%
转弯猛拐	2	3.33%	转弯猛拐	1	2.2%
横穿机动车道没有下车推行	11	18.3%	横穿机动车道没有下车推行	3	6.8%
总计	90		总计	54	

（1）“查”：自评实测找问题。

通过问卷自评调查和实地测评活动，我们可以看出：

①实地骑行的违规（不当）行为率（违规人次占过街人次的比例）为122% ~150%；同学们自认为骑车违规率49%。实发不当行为率比较高。说明同学们对自身违规（不当）行为认知不足，存在认识上的偏差；实测骑行违规行为发生率比较高，发生率达100%以上。基本上在高峰时段，每穿行街道一人，就至少发生一起违规骑行行为。可以说大家骑行习惯存在着巨大的隐患，安全形势不容乐观。

②违规行为排名前几位的是：不戴头盔、横穿机动车道没有下车推行、并行、在机动车道骑行、戴耳塞听音乐或其他内容。这些简直就是马路“大杀器”！其他如马路上逆行、闯红灯、转弯猛拐等占比也比较高。这些行为既跟同学们年龄特征比较相关，又跟长期的骑行“惰性”和随意性有关。这些“马路杀手”行为必须立即予以纠正！

（2）“测”：评价措施问态度。

对这些不良行为习惯，同学们有哪些评价？如何纠正这些行为？哪些措施最具影响力呢？我们又给同学们做了两张评价表格，在邀请南山区交通大队的叔叔给我们做安全讲座活动的时候，请同学们填写（见表6、表7）。

表6　中学生对骑行几类行为安全的评价态度（收回调查表71份）

行为	无所谓，没安全问题	大家都如此，没多大问题	有安全隐患，我不会做	有很大的隐患，想跟有关部门反映
带人	1（1.4%）	3（4.2%）	59（83%）	16（22.5%）
乱穿马路	1（1.4%）	7（9.8%）	58（81.7%）	22（31%）
互相追逐或打闹		3（4.2%）	47（66.2%）	25（35.2%）
攀扶其他车辆	8（11.3%）	4（5.6%）	45（63.4%）	25（35.2%）
戴耳机听音乐或其他内容	1（1.4%）	9（12.7%）	39（54.9%）	25（35.2%）
不戴头盔		10（14.1%）	39（54.9%）	27（38%）
在机动车道骑行		4（5.6%）	46（64.8%）	32（45.1%）
路口不减速	1（1.4%）	5（7%）	48（67.6%）	28（39.4%）

表 7　中学生对骑行违规（不当）行为干扰措施的态度评价表（收回调查表 83 份）

如果你有以下骑行不当行为，你认为哪种方式可以帮助纠正																																
评价指标：1．反感（请画 ×）2．短期有效、长期麻木（请画◇）3．有强烈效果，保证不会再犯（请画★）4．持续开展才有效果（请画△）（可多选）																					份数				83							
行为	家长口头劝说				宣传教育				学校通报				交警劝导				义工劝导				正向激励				反面教育				强制手段			
评价	×	◇	★	△	×	◇	★	△	×	◇	★	△	×	◇	★	△	×	◇	★	△	×	◇	★	△	×	◇	★	△	×	◇	★	△
带人	21	34	27	7	7	38	17	35	14	22	38	16	3	17	52	9	10	34	27	13	2	15	32	28	16	14	26	22	32	13	26	7
乱穿马路（逆行、闯红灯）	26	31	36	7	8	29	27	34	11	23	33	17	4	18	55	10	9	31	29	21	3	17	33	29	17	16	26	19	35	15	24	5
互相追逐或打闹	25	29	35	5	10	30	23	30	14	19	40	15	2	15	55	12	11	19	26	19	2	16	30	28	17	15	28	16	31	14	23	7
攀扶其他车辆	23	25	37	5	9	24	28	30	13	20	37	21	3	15	53	10	10	36	22	15	3	18	30	27	17	14	24	20	32	15	25	5
戴耳机听音乐或其他内容	28	31	23	8	13	30	17	32	16	23	35	18	3	22	48	13	11	36	15	22	3	15	31	28	20	16	21	21	35	13	24	6
不戴头盔	23	21	35	11	7	24	20	36	9	24	36	17	4	17	50	13	11	34	22	15	3	16	34	25	16	15	24	19	32	14	23	6
在机动车道骑行	20	28	38	11	3	25	21	35	10	22	41	19	3	15	51	11	11	31	31	17	2	17	30	26	16	15	27	19	31	13	23	8
路口不减速	21	23	37	8	10	23	23	33	14	23	39	20	4	14	51	14	8	29	27	17	3	21	30	25	17	13	26	18	35	13	22	6

根据以上评价表可以看出：

①中学生对各类骑车违规行为都还是抱着比较警惕的意识；50%以上的同学，都认为各类行为有安全隐患；有30%以上的同学，还意识到问题的严重性，愿意向有关部门反映。

②对各类违规行为的纠偏措施中最有效的，当属交警部门的劝导和处罚；对学校的通报批评，大家也会在意，排名仅次于警察劝导；正向的激励，同学们相对更容易接受；对宣传教育和正向激励这两种方式，学生普遍认为需要长期坚持才有效果；学生比较反感的是“家长口头劝说”和“强制手段”（要我去做）这两项。需要引起重视的是，常规性义工劝导方式，同学们普遍的感觉是短期有效、长期麻木。这也说明对交通违规行为的劝导中思想道德教育需要长期坚持，法治教育要定期开展，德治与法治并重。

（3）“评”跟踪评估看效果。

为了论证各项干涉措施对同学们骑行违规（不当）行为的影响，我们选取在9月28日交警讲座和义工劝导活动前后同一时间点（下午放学18：10），荔园路育才二中路口同一地点，对骑行过马路同学的行为做持续跟踪评估对比，情况如表8所示：

表8　持续跟踪评估对比表

第一次实地调查 9月27日 （下午6：10—6：40）		安全讲座现场劝导 9月28日 （下午5：00）	第二次实地调查 9月28日 （下午6：10—6：40）		第三次实地调查 9月30日 （下午6：10—6：40）	
骑行过道总人数	60人次		骑行过道总人数	40人次	骑行过道总人数	44人次
骑行不当行为类别	人次		骑行不当行为类别	人次	骑行不当行为类别	人次
带人	0		带人	0	带人	0
双手离把	1		双手离把	0	双手离把	0
逆行	0		逆行	0	逆行	0
闯红灯	9		闯红灯	4	闯红灯	2
乱穿马路	2		乱穿马路	7	乱穿马路	1

续表

第一次实地调查 9 月 27 日 （下午 6：10—6：40）		安全讲座现场劝导 9 月 28 日 （下午 5：00）	第二次实地调查 9 月 28 日 （下午 6：10—6：40）		第三次实地调查 9 月 30 日 （下午 6：10—6：40）	
互相追逐或打闹	4		互相追逐或打闹	0	互相追逐或打闹	0
攀扶其他车辆	0		攀扶其他车辆	0	攀扶其他车辆	1
并行	3		并行	3	并行	5
戴耳机听音乐或其他内容	0		戴耳机听音乐或其他内容	0	戴耳机听音乐或其他内容	0
不戴头盔	53		不戴头盔	32	不戴头盔	38
在机动车道骑行	1		在机动车道骑行	0	在机动车道骑行	0
路口不减速	4		路口不减速	3	路口不减速	3
转弯猛拐	2		转弯猛拐	1	转弯猛拐	1
横穿机动车道没有下车推行	11		横穿机动车道没有下车推行	1	横穿机动车道没有下车推行	3
总计	90		总计	51	总计	54
交通宣传、劝导前			交通宣传、劝导后			

从表 8 数据可以看到，经过交通宣传和现场交通劝导，同学们的交通违规数量大大的减少了，从 90 人次立即下降到 50 人次左右，而且是连续两天大幅下降。由此可见，学校门口交通安全的宣传和劝导的确应该经常开展，坚持就有效果。

3. 评估道路的风险等级。

如何为同学们客观科学地推荐一条安全系数高的道路，是最难以解决的现实性问题。育才二中的师生在讨论、思考了很久，查阅了很多资料，最后在向交通管理方面的专家做了专门请教后，在专家指导下尝试建立数据库及模型（见表 9、图 1）。

表 9　道路风险系数评估

序号	路段名称	道路长度系数	车流量系数	路口系数	人行道破损率	自行车标牌标识是否缺失	是否有重型车辆通行	人行道是否有占道施工	是否有非机动车道	人行道是否无障碍通行	风险评估值
1	爱榕路（工业八路－育才二中）	0. 2	0. 25	0. 33	0. 2	1	0	0	0	0	20. 60
2	爱榕路（工业七路－育才二中）	0. 38	0. 22	0. 67	0	1	0	0	0	0	28. 50
3	荔园路（工业七路－爱榕路）	1	0. 18	1	0	0	0	0	0	0	38. 60
4	荔园路（工业五路－工业七路）	0. 74	0. 17	0. 33	0	1	0	0	0	0	26. 10
5	公园路（工业八路－荔园路）	0. 22	0. 35	0. 67	0	1	0	0	1	0	38. 70
6	兴工路（龙电花园 A 区－工业八路）	0. 42	0. 21	0. 33	0. 2	1	0	1	1	0	41. 10
7	四海路（工业九路－荔园路）	0. 42	0. 17	0. 67	0	1	0	0	1	0	38. 10
8	工业四路（沿山路－南海大道路）	0. 34	0. 07	0	0. 2	1	0	0	1	0	22. 50
9	工业五路（沿山路－荔园路）	0. 55	0. 11	0. 33	0. 2	1	0	0	1	0	33. 05
10	工业六路（南海大道－荔园路）	0. 15	0. 06	0. 67	0. 2	1	0	0	1	0	32. 85
11	工业六路（南海大道－沿山路）	0. 37	0. 08	0	0	1	0	0	1	0	22. 15
12	工业七路（ 荔园路－南海大道）	0. 21	0. 12	0. 67	0	1	0	0	1	0	33. 95
13	工业八路（招商桃花源 5 期－公园路）	1	0. 63	1	0. 8	1	0	1	1	0	74. 60
14	南海大道（工业七路－工业六路）	0. 47	1	0. 67	1	1	0	1	1	0	68. 45
15	沿山路（工业六路－南海大道）	0. 59	0. 15	0. 33	0. 2	1	0	0	1	0	34. 45
16	沿山路（工业五路－工业六路）	0. 47	0. 07	0	0. 2	1	0	0	1	0	24. 45
17	沿山路（工业四路－工业五路）	0. 39	0. 03	0	0. 2	1	0	0	0	0	12. 45
18	沿山路（工业三路－工业四路）	0. 38	0. 03	0	0. 2	1	0	0	0	0	12. 30

注：“自行车标牌标识是否缺失”“是否有重型车辆通行”“人行道是否有占道施工”“是否有非机动车道”“人行道是否无障碍通行”中“1”表示“是”，“0”表示“否”。

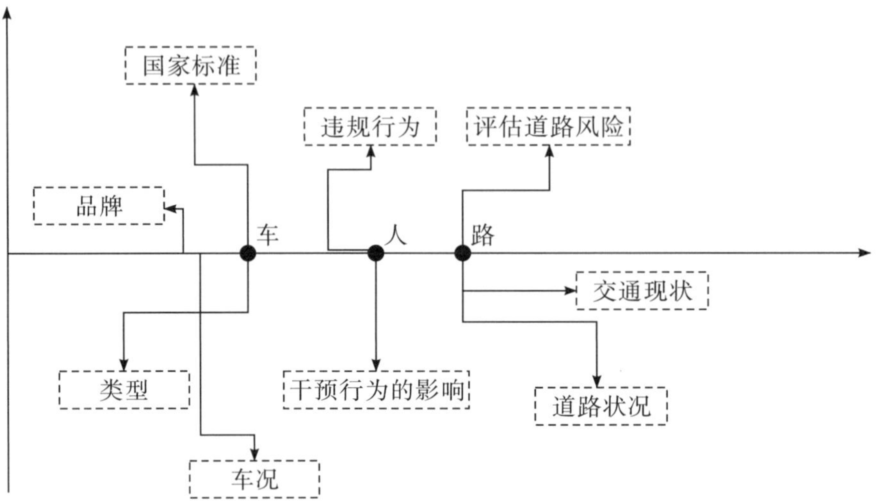

图 1　道路安全评估模型

骑行的所有路线总的风险值（每条路线的风险值，有部分指标是动态的，这样某时期道路情况不同，还会是可变的），以得到自己的最优路径。专家引领和同学们实地调查研究后，尝试制作出育才二中学区安全骑行指引图（如图 2 所示）。

图 2

四、实践过程中的思考和效果评价

1．拓展学科内容，加强对本土文化的归属、认同、自豪感。

通过真实的课题研究，解决身边社会性小问题，为和谐、法治社会做贡献，厚植爱国爱乡意识。学生们用心参与调查研究活动，真正感受到德治与法治的重要性、遵守规则要落实到行动。同学将学校路口红绿灯调研报告及自行车通勤交通安全的调查研究撰写成议案，积极参与南山区、全国青少年模拟政协提案征集活动，积极参与民主建设活动，为社会生活建言献策。

2．丰富社会实践活动，推动学生综合能力的提升。

面对丰富多彩的社会生活，以项目式调查研究活动为媒介，搭建了学生和社会之间的桥梁，体现了道德与法治学科实践性和综合性的学科特点。通过制作调查问卷表、参与交通劝导和交通调查、走访交通部门与交管所工作人员、进行采访和询问等社会实践类活动，增进学生对社情、民情的了解，培养学生思维逻辑能力和独立思考能力，促进良好道德品质的形成，增强社会责任感，实现综合能力的提升。

3．推进道德与法治教学改革，实现道德与法治学科理论性与实践性相统一、显性教育与隐性教育相统一。

一方面，理论性与实践性相统一是在学校日常教育教学中引导学生树立正确的理想信念、坚持唯物史观；另一方面，实践教学促进学生的全面发展，让初中生在亲身参与的调查研究活动中锤炼品格、增长才干、服务奉献社会，成长为德智体美劳全面发展的社会主义建设者和接班人。一方面，显性教育与隐性教育相统一是坚持用科学的思想理论为中学生人生发展、科学生活提供正确指引，为中学生健康成长奠定坚实的科学思想基础，充分发挥道德与法治学科的育人价值；另一方面，善于挖掘、利用其他学科教学资源、教学方式及社会日常生活中蕴含的教育资源，通过学生喜闻乐见的社会实践活动、志愿服务和课外活动等来渗透教育内容，实现教育目标。解决学生生活中真实问题的调查研究活动就是很好的媒介，在丰富多彩的社会实践活动中促使了道德与法治教学目标的达成和育人任务的完成，将思政小课堂同社会大课堂有机结合起来，对学生来说是一次有益的社会实践锻炼。

语文学科

探寻革命文化　传承红色基因
——“铸魂工程”三科协同育人研学案例

作者：谭晨洁（广东省教育研究院黄埔实验学校）
来源：GDJY－2021－A－a15 义务教育统编教材三科协同共育教学实践研究

新时代的初中生生在红旗下，长在春风里，见证并切身体会着伟大祖国的繁荣富强、安定祥和，领略并由衷赞叹着祖国的锦绣山河、地广物博。但泱泱华夏、千古八荒，确是峥嵘岁月长，时代的车轮滚滚向前，那些铮铮铁骨、挥洒热血的英雄，那些硝烟弥漫、生灵涂炭的岁月，那些瓜分宰割、肆意蹂躏的耻辱……似乎离新时代的中学生越来越远。让学生感受老一辈革命家艰苦奋斗的精神，了解中国共产党的发展历史和卓越成就，坚定“四个自信”的理解与认同，践行社会主义核心价值观，树立为中国特色社会主义事业奋斗终生的志向，培养学生的家国情怀，落实三科协同铸魂育人的实效，确实存在以下问题。

第一，价值体认不清晰、不坚定。中学生对中国近代民主革命的起源历史，以及广州作为近代民主革命策源地的重要历史地位的了解，仅仅停留在历史课本的文字层面，并没有切身的体验和感受，对国家的认同、中国特色社会主义道路的认同也并没有形成坚定的价值体认。第二，时代责任感与担当意识不强。初中生经过了六年的小学教育，已初步形成了对自我、学校负责任的态度和社会公德的意识，但是尚未形成探究问题的意识，以及为实现强国复兴大业必备的奉献精神和担当意识。第三，问题解决能力较弱。初中生尚未形成发现问题并对问题进行探究和解决的能力。第四，创意实现能力不足。初中生的好奇心、学习力强，善于思考，创新思维强，但展示研究成果的思维方式尚未形成，创意实现能力远远不足。

针对铸魂育人实践过程中发现的以上问题，又结合目前“铸魂工程”专项课题研究大多是通过课堂教学路径实现，存在教育方式单一、学生实践经验不足、体验有较大的距离感等问题，本课题组特组织“探寻革命文化，传承红色基因”的研学活动，利用本地红色资源，丰富学生实践体验，培养学生家国情怀，滋养学生核心素养。

经过精心的准备与筹划，本次研学活动设计了细致全面、活动多样的研学手册，并制定了内容丰富、行程紧凑的研学课程，由全课题组的教师们带领全年级 200 多名学生进行了一次收获满满的研学旅程。旅程中，学生们通过瞻仰红色遗迹、聆听改革先驱事迹、写下研学感悟的实践，重温红色故事，重拾红色记忆，在学思践悟的过程中，接受了一场爱国情怀的洗礼。

具体的实践过程如下。

一、 课程内容为纲， 研学手册导航

研学手册是整个研学活动的行动指南，为更好地落实本次研学活动，任畅老师组织课题组教师设计了本次活动的研学手册，分别从研学准备、研学实践、研学总结、成果展示、多元评价等方面，细致全面、由浅入深、层层深入地指导本次实践活动。同时，为调动学生们参与讨论交流的热情，还设计了小组竞答、闯关任务等多种形式的比拼活动，切实提高了学生们主动思考、相互交流的积极性。

“喜迎二十大，做新时代好少年”

《义务教育统编教材三科协同共育教学实践研究》

课题实践活动

研学手册

____年级____班

姓名：________

广东省教育研究院黄埔实验学校

2022年7月

亲爱的同学们，最美的课堂在路上。

研学之旅即将启程，让我们来了解一下这次研学活动的主题、目标、内容与要求吧——

研学主题：喜迎二十大，做新时代好少年

——探寻革命文化，传承红色基因

研学目标：

1. 价值体认。参观广州红色地标，了解中国近代民主革命的起源历史，了解广州作为近代民主革命策源地的重要历史地位，了解一代伟人毛泽东的奋斗史和革命史。能主动分享体验和感受，与教师、同伴交流思想认识，形成国家认同，热爱中国共产党。

2. 责任担当。初步形成探究问题的意识，初步形成对自我、学校负责任的态度和社会公德意识，初步具备法治观念，培养为实现强国复兴大业而必备的奉献精神和担当精神。

3. 问题解决。在研学活动中发现并提出自己感兴趣的问题，针对问题进行探究和解释，强化主动学习和解决问题的能力。

4. 创意物化。激发研学旅行和创意物化的激情，训练设计展示探究成果的思维方式，能科学预设成果展示形式，并将想法或创意付诸实践，发展实践创新意识和审美意识，提高创意实现能力。

2

研学流程：

时间	地点	内容简介
08：30–09：00	乘车前往广东革命历史博物馆	课程导入，了解广州近代史
09：00–10：30	广东革命历史博物馆	参观广东革命历史博物馆，学习广州在中国近代革命中的地位与成就
10：30–12：00	省港大罢工纪念馆	参观省港大罢工纪念馆，了解那段工人阶级斗争的历史
12：00–14：00	午餐、午休	午餐后前往城市规划馆
14：00–16：00	广州城市规划展览中心	参观党建馆之后，了解在党的领导下，广州城市的发展
16：00–16：30	总结	交流总结，颁发证书，合照
16：30	返回集中点解散	

研学准备：

1. 了解中国近代史，了解中国共产党。查阅资料或请教老师，完成下列表格内容。

（1）中国近代史是一部分反抗外来侵略、救亡图存的抗争史，中华民族日渐觉醒，取得了反侵略斗争的完全胜利。请将下列方框补充完整。

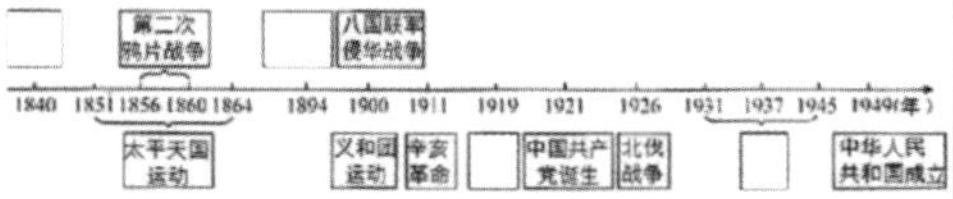

（2）百年征程波澜壮阔，百年初心历久弥坚。根据中国共产党的红色革命史，将下列描述的历史事件填在相应的表格中。

3

	（1）哪件事是中国开天辟的大事，标志着中国革命焕然一新？
	（2）中国共产党成立后领导工人运动，其顶峰是哪次罢工？
	（3）打响了武装反抗国民党反动统治第一枪的是哪次起义？
	（4）中国共产党创建的第一个农村革命根据地是什么？
	（5）中国共产党历史上一个生死攸关的转折点是哪次会议？
	（6）抗战以来，中国正面战场取得的最大一场胜仗是哪次战役？

2. 列举民族精神，理解其内涵。中华民族在近代反抗侵略的过程中，逐渐凝聚出强大的民族精神。请你收集中华民族精神在不同时期的具体体现（例如长征精神、五四精神），并解释其中一个精神的内涵。

4

3. 搜集先辈革命故事。推荐阅读名著《红星照耀中国》，观看电影《红星照耀中国》，搜集革命先辈们的感人故事，了解红色中国产生、发展、壮大的原因。

4. 思考最想探究的问题。在本次研学活动中，你最想了解与探究什么问题？或你对本次研学内容有哪些疑问或困惑？请写下来。

5

研学实践：

以小组为单位，边参观边完成以下三个闯关任务。

地点	闯关任务
广东革命历史博物馆	1. 找出中国近代史上与广东相关的重大历史事件，并进行简单口述。（不少于三件） **闯关验证** ☆☆☆☆☆☆
省港大罢工纪念馆	2. 找出中国工人运动的重要见证物。（不少于三件） **闯关验证** ☆☆☆☆☆☆
广州城市规划展览中心	3. 找出广州不同历史时期的地标性建筑物。（不少于三个） **闯关验证** ☆☆☆☆☆☆

6

研学总结：

历一段行程，留一抹记忆。谈谈你的研学收获吧——

1. 你能解答自己研学前的疑问和困惑吗？请把答案写下来与同学分享。
2. 通过一天的研学活动，相信你一定有许多收获，将你的学习心得与感悟写下来吧。

7

小组研学成果：

请以小组为单位，结合本次研学主题与内容，自选 1~2 种成果形式，展现你们小组的研学成果吧。（可另附页或用其他形式提交）

成果形式：制作活动美篇、绘制漫画、绘制科幻画（畅想广州未来城市的模样等）、制作主题手抄报、讲述革命人物故事（录制音频或视频）、创作并演绎历史穿越剧（撰写剧本、录制视频等）……

小组名称：
小组组长：
小组成员：
成果名称：
成员任务及分工：

研学活动评价：

1. 个人自评与小组互评。此次活动，你表现得怎么样？请对照下表对研学过程和取得的成果进行自我评价吧，并邀请同伴评价，写下留言，留下宝贵的记录喔。

8

	评价项目	评价要点	自我评价	同伴评价
学习过程	课程学习	主动参与，及时认真记录，积极探索，善于发现	☆☆☆☆☆	☆☆☆☆☆
	团队合作	和谐相处，乐于助人，勇于承担责任	☆☆☆☆☆	☆☆☆☆☆
	遵守纪律	时间观念强，听从指挥，按要求参加活动	☆☆☆☆☆	☆☆☆☆☆
	文明礼仪	举止文明，注重礼仪，遵守秩序	☆☆☆☆☆	☆☆☆☆☆
学习成果	研究主题	主题鲜明、独特，与研究内容一致	☆☆☆☆☆	☆☆☆☆☆
	成果内容	内容充实完整，思路清晰，有自己的观点与结论	☆☆☆☆☆	☆☆☆☆☆
	呈现形式	体现研究特点，适合研究内容，新颖独特	☆☆☆☆☆	☆☆☆☆☆
	展示效果	语言流畅，表达生动，能积极与同学交流互动	☆☆☆☆☆	☆☆☆☆☆
个人感悟：				
同伴留言：				

2. 多元综合评价：

学校将聘请教师、家长、学生代表担任评委，对各研学小组提交的成果进行评比，评选出**“最佳创意奖”“最佳探究奖”“最具人气奖”“最优设计奖”**等各种奖项，给予**小组荣誉证书、个人实践活动学分奖励**；学校将对班级、小组参与研学情况进行全方位、全过程评价，评选出**“优秀研学班级”“优秀研学小组”**，颁发**证书**并给予获奖班级及小组个人实践活动**学分奖励**。

9

研学注意事项：

1. 认真阅读本手册内容，做好研学前的准备。
2. 全程严格遵守研学团纪律，听从研学导师及辅导员的管理。
3. 旅程及参观学习过程中，按要求做好防疫，讲究文明礼仪，不大声喧哗，不擅自脱离队伍，不乱扔垃圾，文明就餐，保管好私人物品。
4. 积极参与研学导师设计的行中课程，善于观察思考，善于合作分享，积极参与体验并做好活动记录，保留好过程性资料。
5. 研学结束，及时进行活动总结与自评互评，在规定时间内完成小组研学成果，并按要求提交给研学导师。

祝同学们：研学愉快，学有所获！

10

研学手册里呈现的课程内容涵盖了历史、语文、道德与法治三科内容——学生通过研学了解中国近代史，梳理清晰中国共产党的百年征程，以及中国共产党的红色革命史；通过研学聆听革命先烈的英勇事迹，结合阅读名著《红星照耀中国》、观看电影《红星照耀中国》，来搜集更多革命先辈们的感人故事，学习他们的家国情怀和高尚品格；通过研学能够列举中华民族在近代反抗侵略的过程中，逐渐凝聚出的伟大民族精神，比如五四精神、长征精神等，并结合自身学习传承这些民族精神，以期通过三科协同、多管齐下落实铸魂育人实效。

研学活动手册安排详细、课程丰富，不仅能够指导学生在研学前对研学内容有了解、有准备，在研学过程中有记录、有思考，而且还能方便学生在研学结束后进行回顾总结、深化感悟。研学手册是研学旅行准备阶段的“预习卡”、实践探究中的“学习单”、总结评价中的“成绩册”。

二、重温红色故事，传承爱国精神

研学过程中，学生们紧跟着讲解员老师的脚步，认真听着每一件藏品或事迹背后的感人故事。学生们时而叹息摇头，时而愤慨握拳，那一件件陈列的展品似乎是一台台时光机，跨越近百年，令学生们与革命战士、烈士们悲苦与共，喜怒相通。

改革先驱的伟大事迹：

洋务运动的倡导者——容闳

在清末洋务运动中，容闳因促成了两件大事而彪炳史册：参与创建中国近代第一座完整的机器厂——上海江南机器制造总局；组织了第一批官费赴美留学幼童。在中国近代西学东渐、戊戌变法和辛亥革命的历程中，容闳都有不可磨灭的贡献。

维新运动领袖——康有为、梁启超

甲午中日战争后，中国的民族危机日益加重。为了救亡图存，以康有为和梁启超为首的维新派，掀起维新运动。1898 年，他们促成“戊戌变法”。变法虽然最后失败了，但具有不可磨灭的历史意义。

辛亥革命的先驱——孙中山

孙中山以西方民主思想为理论武器，掀起了推翻清王朝的民主革命，结束了中国两千多年的封建帝制，建立了中华民国，加速了中国近代化进程。1924 年 1 月中国国民党“一大”在广州召开。

聆听伟大人物像是读一本好书，他们实业救国的担当、敢为人先的气概、救国救民的肝胆无不震撼着认真倾听的学生们。一幅幅黑白的老照片、一件件热血的革命事件此刻仿佛也穿越了时光将历史变得鲜活起来，冲击着学生们的视觉，坚定着学生们的爱国热情。

每当学生们听到感触较深的事件或敬佩的人物时，都会拿出手册及时做好手记。

小组成员之间也会共同探讨、相互碰撞，一起搜集资料，列举与广州相关的历史事件，通过研学的所见，由点带面、线性梳理革命事件和英雄人物，共同完成闯关任务。

学生们带着疑惑与思考走进一天的研学，将自己一天的所见、所闻、所感、所获都用心地记在研学手册上，密密麻麻的字迹见证着学生们的满满收获。

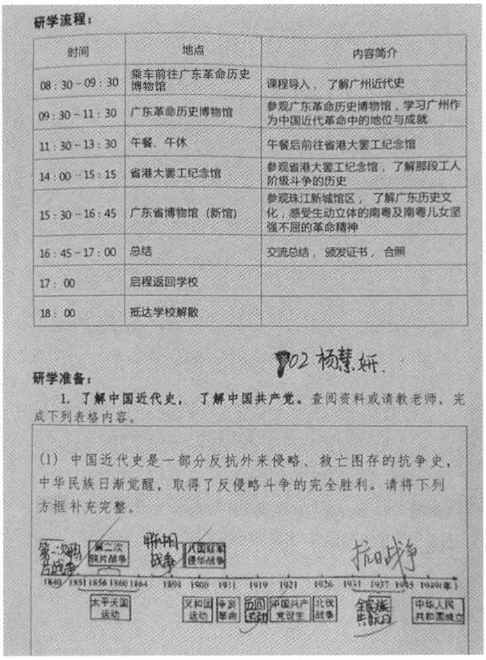

研学流程：

时间	地点	内容简介
08：30－09：30	乘车前往广东革命历史博物馆	课程导入，了解广州近代史
09：30－11：30	广东革命历史博物馆	参观广东革命历史博物馆，学习广州作为中国近代革命中的地位与成就
11：30－13：30	午餐、午休	午餐后前往省港大罢工纪念馆
14：00－15：15	省港大罢工纪念馆	参观省港大罢工纪念馆，了解那段工人阶级斗争的历史
15：30－16：45	广东省博物馆（新馆）	参观珠江新城馆区，了解广东历史文化，感受生动立体的南粤及南粤儿女坚强不屈的革命精神
16：45－17：00	总结	交流总结，颁发证书，合照
17：00	启程返回学校	
18：00	抵达学校解散	

702 杨慧妍

研学准备：

1. 了解中国近代史，了解中国共产党。查阅资料或请教老师，完成下列表格内容。

(1) 中国近代史是一部分反抗外来侵略、救亡图存的抗争史，中华民族日渐觉醒，取得了反侵略斗争的完全胜利。请将下列方框补充完整。

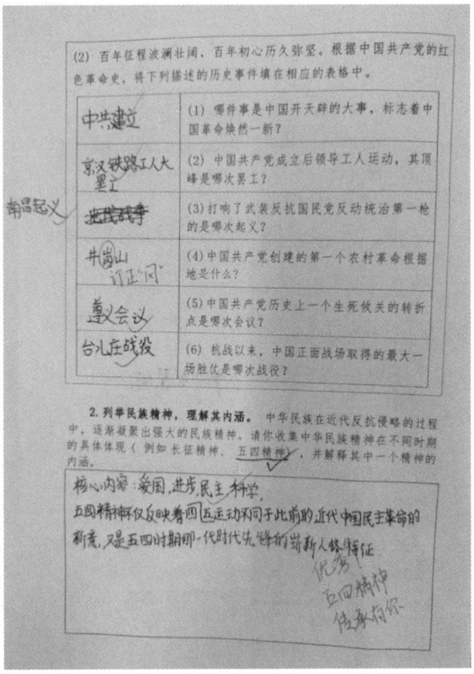

(2) 百年征程波澜壮阔，百年初心历久弥坚。根据中国共产党的红色革命史，将下列描述的历史事件填在相应的表格中。

中共建立	(1) 哪件事是中国开天辟地的大事，标志着中国革命焕然一新？
京汉铁路工人大罢工	(2) 中国共产党成立后领导工人运动，其顶峰是哪次罢工？
南昌起义	(3) 打响了武装反抗国民党反动统治第一枪的是哪次起义？
井冈山	(4) 中国共产党创建的第一个农村革命根据地是什么？
遵义会议	(5) 中国共产党历史上一个生死攸关的转折点是哪次会议？
台儿庄战役	(6) 抗战以来，中国正面战场取得的最大一场胜仗是哪次战役？

2. 列举民族精神，理解其内涵。中华民族在近代反抗侵略的过程中，逐渐凝聚出强大的民族精神。请你收集中华民族精神在不同时期的具体体现（例如长征精神、五四精神），并解释其中一个精神的内涵。

核心内容：爱国，进步，民主，科学

五四精神不仅反映着五四运动不同于此前的近代中国民主革命的新意，又是五四时期那一代时代先锋的崭新人格特征

优秀！五四精神传承给你

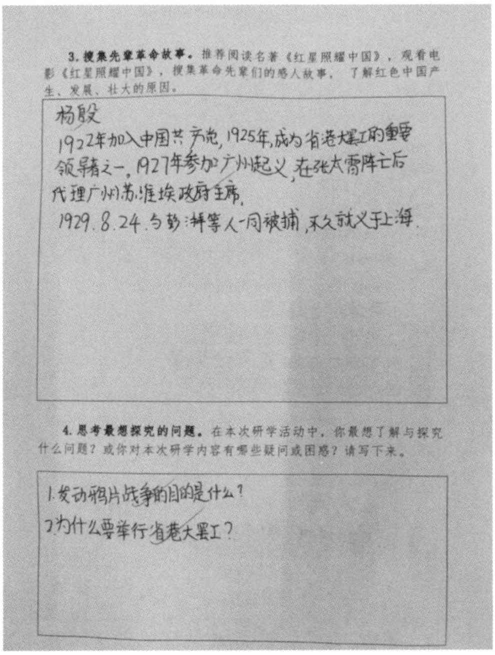

3. 搜集先辈革命故事。推荐阅读名著《红星照耀中国》，观看电影《红星照耀中国》，搜集革命先辈们的感人故事，了解红色中国产生、发展、壮大的原因。

杨殷

1922年加入中国共产党，1925年成为省港大罢工的重要领导者之一，1927年参加广州起义，在张太雷阵亡后代理广州苏维埃政府主席。

1929.8.24 与彭湃等人一同被捕，不久就义于上海。

4. 思考最想探究的问题。在本次研学活动中，你最想了解与探究什么问题？或你对本次研学内容有哪些疑问或困惑？请写下来。

1. 发动鸦片战争的目的是什么？

2. 为什么要举行省港大罢工？

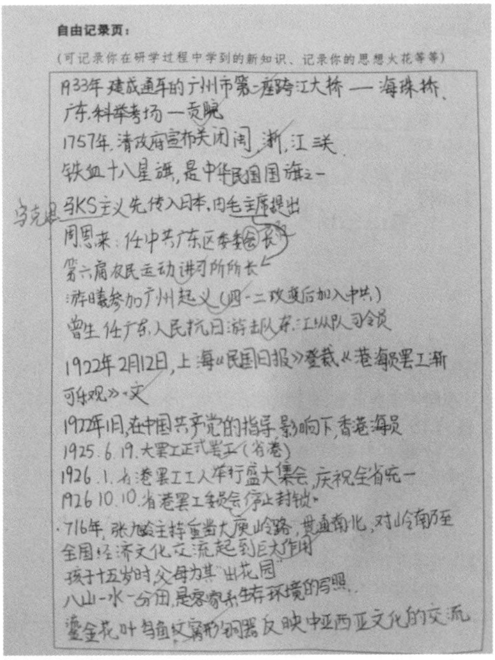

自由记录页：

（可记录你在研学过程中学到的新知识、记录你的思想火花等等）

1933年建成通车的广州市第一座跨江大桥——海珠桥

广东科举考场——贡院

1757年，清政府宣布关闭闽、浙、江三关

铁血十八星旗，是中华民国国旗之一

马克思主义先传入日本，由毛主席提出

周恩来：任中共广东区委书记长

第六届农民运动讲习所所长

游曦参加广州起义（四一二政变后加入中共）

曾生任广东人民抗日游击队东江纵队司令员

1922年2月12日，上海《民国日报》登载《香港海员罢工渐可乐观》一文

1922年1月，在中国共产党的指导影响下，香港海员

1925.6.19.大罢工正式罢工（省港）

1926.1.省港罢工工人举行盛大集会，庆祝全省统一

1926.10.10.省港罢工委员会停止封锁

716年，张九龄主持重凿大庾岭路，贯通南北，对岭南至全国经济文化交流起到巨大作用

孩子十五岁时父母为其“出花园”

八山一水一分田，是客家先民生存环境的写照

鎏金花叶鹦鹉纹银杯反映中亚西亚文化的交流

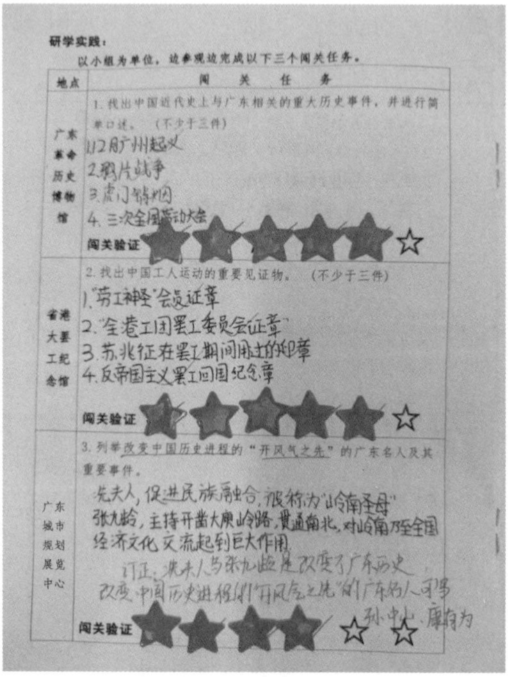

研学实践：

以小组为单位，边参观边完成以下三个闯关任务。

地点	闯关任务
广东革命历史博物馆	1. 找出中国近代史上与广东相关的重大历史事件，并进行简单口述。（不少于三件） 1.12月广州起义 2.鸦片战争 3.虎门销烟 4.三次全国劳动大会 **闯关验证** ★★★★★☆
省港大罢工纪念馆	2. 找出中国工人运动的重要见证物。（不少于三件） 1."劳工神圣"会员证章 2."全港工团罢工委员会证章" 3.苏兆征在罢工期间用过的印章 4.反帝国主义罢工回国纪念章 **闯关验证** ★★★★★☆
广东城市规划展览中心	3. 列举改变中国历史进程的"开风气之先"的广东名人及其重要事件。 冼夫人，促进民族融合，被称为"岭南圣母" 张九龄，主持开凿大庾岭路，贯通南北，对岭南乃至全国经济文化交流起到巨大作用。 订正：冼夫人与张九龄是改变了广东历史 改变中国历史进程的"开风气之先"的广东名人有孙中山、康有为 **闯关验证** ★★★★☆☆

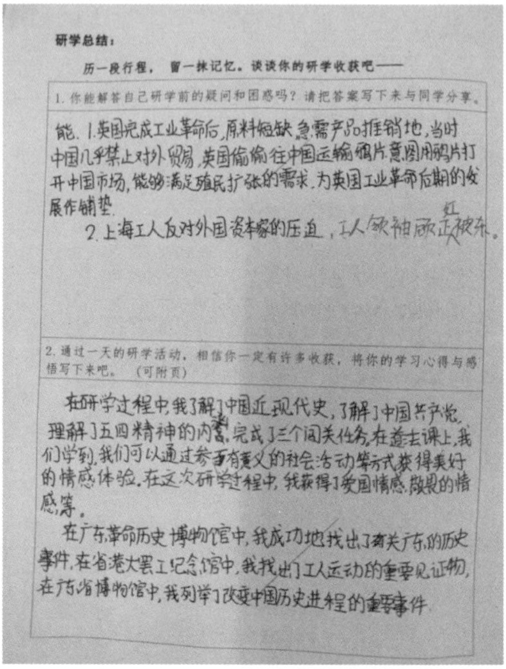

研学总结：

历一段行程，留一抹记忆。谈谈你的研学收获吧——

1. 你能解答自己研学前的疑问和困惑吗？请把答案写下来与同学分享。

能。1.英国完成工业革命后，原料短缺，急需产品推销地，当时中国几乎禁止对外贸易，英国偷偷往中国运输鸦片，意图用鸦片打开中国市场，能够满足殖民扩张的需求，为英国工业革命后期的发展作铺垫。

2.上海工人反对外国资本家的压迫，工人领袖顾正红被杀。

2. 通过一天的研学活动，相信你一定有许多收获，将你的学习心得与感悟写下来吧。（可附页）

在研学过程中，我了解了中国近现代史，了解了中国共产党，理解了五四精神的内容，完成了三个闯关任务。在道法课上，我们学到，我们可以通过参与有意义的社会活动等方式获得美好的情感体验。在这次研学过程中，我获得了爱国情感、敬畏的情感等。

在广东革命历史博物馆中，我成功地找出了有关广东的历史事件，在省港大罢工纪念馆中，我找出了工人运动的重要见证物，在广东省博物馆中，我列举了改变中国历史进程的重要事件。

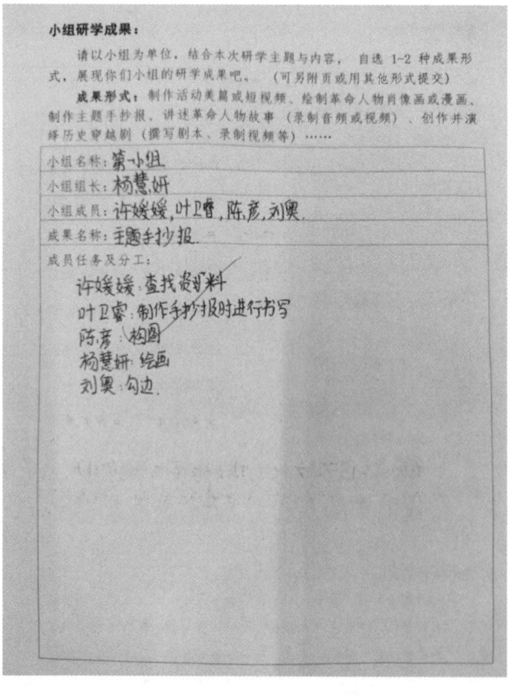

小组研学成果：

请以小组为单位，结合本次研学主题与内容，自选 1~2 种成果形式，展现你们小组的研学成果吧。（可另附页或用其他形式提交）

成果形式： 制作活动美篇或短视频、绘制革命人物肖像画或漫画、制作主题手抄报、讲述革命人物故事（录制音频或视频）、创作并演绎历史穿越剧（撰写剧本、录制视频等）……

小组名称：第一小组

小组组长：杨慧妍

小组成员：许媛媛，叶卫睿，陈彦，刘奥。

成果名称：主题手抄报。

成员任务及分工：

许媛媛：查找资料

叶卫睿：制作手抄报时进行书写

陈彦：构图

杨慧妍：绘画

刘奥：勾边。

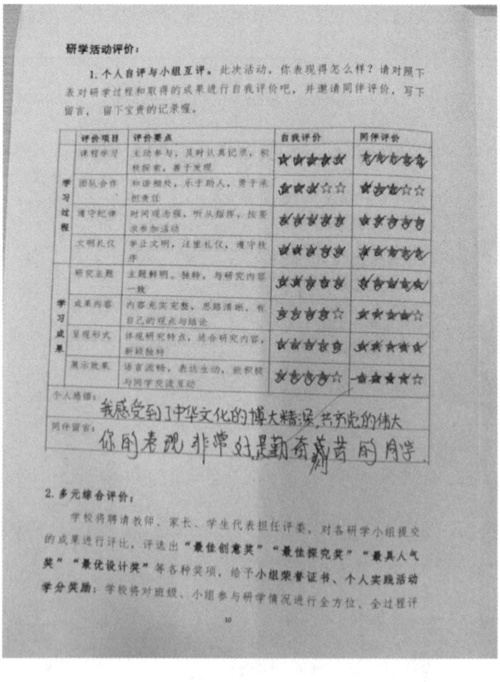

研学活动评价：

1. 个人自评与小组互评。 此次活动，你表现得怎么样？请对照下表对研学过程和取得的成果进行自我评价吧，并邀请同伴评价，写下留言，留下宝贵的记录喔。

	评价项目	评价要点	自我评价	同伴评价
学习过程	课程学习	主动参与，及时认真记录，积极探索，善于发现	★★★★★	★★★★★
	团队合作	和谐相处，乐于助人，勇于承担责任	★★★☆☆	★★★☆☆
	遵守纪律	时间观念强，听从指挥，按要求参加活动	★★★★★	★★★★★
	文明礼仪	举止文明，注重礼仪，遵守秩序	★★★★★	★★★★★
学习成果	研究主题	主题鲜明，独特，与研究内容一致	★★★★★	★★★★★
	成果内容	内容充实完整，思路清晰，有自己的观点与结论	★★★★☆	★★★★☆
	呈现形式	体现研究特点，适合研究内容，新颖独特	★★★★★	★★★★★
	展示效果	语言流畅，表达生动，能积极与同学交流互动	★★★★☆	★★★★☆
个人感悟：我感受到了中华文化的博大精深，共产党的伟大				
同伴留言：你的表现非常好，是勤奋刻苦的同学。				

2. 多元综合评价：

学校将聘请教师、家长、学生代表担任评委，对各研学小组提交的成果进行评比，评选出 **"最佳创意奖" "最佳探究奖" "最具人气奖" "最优设计奖"** 等各种奖项，给予**小组荣誉证书、个人实践活动学分奖励**：学校将对班级、小组参与研学情况进行全方位、全过程评

10

三、 学思践悟展研学， 知行合一促成长

通过本次红色研学活动，学生们了解了广东在革命历史中的重要地位，感悟了南粤人民大无畏的革命精神，增强了民族自豪感，革命先烈的英雄事迹更是一次次使学生们感到震撼，奋笔写下自己的心得感悟。

七年（1）班 王瑞蕾：

当我踏入博物馆，就感觉自己穿越了一样——时光回溯到了那个硝烟弥漫的战争年代……

映入眼帘的，是那一篇又一篇感人肺腑的先烈事迹；刻在脑海中的，是那一个又一个令人深感敬佩的革命英雄；铭记于心的，是那一句又一句铿锵有力的誓言。

经过这次研学，我更加深刻地认识到：祖国建设的伟大成就和今天的幸福生活，归根结底，来源于中国共产党的正确领导，来源于革命先烈的英勇牺牲，来源于人民群众的艰苦奋斗！

“我们从未生活在一个和平的时代，只是生活在一个和平的国家。”作为党的接班人、新时代青年，我们应该明白社会主义江山的来之不易，学习革命先辈不怕困难、艰苦奋斗、顽强拼搏的革命精神，学习他们敢为人先、勇于开拓的创新精神。我们既要铭记历史、缅怀先辈，更要继承革命先烈遗志，传承革命精神，勤奋学习，努力成才，把自己培养成对社会、对国家有所贡献的人！

七年（2）班 杨慧妍：

红色，是深植于中国共产党人精神世界里的遗传基因，是深深烙印于中华民族的精神图谱。星期二的早晨，我们踏上了研学之路，参观广州的红色地标。

在此次研学中，我了解到了许多近现代中国的重大历史事件。比如：1925 年 6 月 19 日，为了支援五卅反帝爱国运动，在广州、香港爆发了规模大、时间长的省港大罢工，这次罢工由邓中夏、苏兆征领导。

我们在道德与法治课上学习过，可以通过参加有意义的社会活动等方式获得美好的情感。本次学习，使我获得了爱国的情感和敬畏感，同时还让我更加有担当，甘于奉献。

这一抹中国红自从本次研学活动后，留在了我们心里。希望我能够努力学习，通过不懈的努力，成为祖国的栋梁，将中国红传递。

七年（3）班 陈东敏：

甫一迈入广东革命历史博物馆的大门，我便被“一声炮响，义律埋成，三元里，顶住四方炮台打烂”的歌声吸引。经过老师的讲解，我了解到了歌曲背后所蕴含的伟大民族精神：第一次鸦片战争时期，广州三元里的民众面对英国军队，毫不畏惧地与之做斗争！而

这首“三元里之歌”正是他们不畏强敌、不畏牺牲、大无畏的爱国精神的充分体现！

本次的研学不仅让我感受到前任先辈的革命精神，也让我穿越历史，站在岁月的肩膀上远眺。广东省博物馆里那些精美的香炉、朴素的墨砚、优雅的古琴，无不体现着古代劳动人民的智慧结晶！身为新时代的中学生，这次研学让我意识到我们不仅要传承中华民族的伟大精神，更要将它们发扬光大！

七年（4）班　邢月：

经过漫长的等待，研学的日子终于到了。即使是骄阳似火、烈日炎炎的夏日，也丝毫不影响我们研学的热情。

今天，我们先后参观了广东革命历史博物馆、省港大罢工纪念馆以及广东省博物馆之广东历史文化展厅。

在参观广东革命历史博物馆的过程中，我们了解了因战争家破人亡、流离失所的百姓们的悲惨遭遇，学习了广州在中国近代革命中的地位与成就；在参观省港大罢工纪念馆时，我们了解了那段工人阶级斗争的历史。

通过这一次研学，我了解了很多广东的历史革命故事，被革命者们勇往直前、无所畏惧、甘于奉献的精神所震撼，还被广东人民的智慧和勤劳的精神所感动，加深了对广东的热爱之情，坚定了我为祖国建设好好学习知识，将来奉献自己绵薄之力的决心。

这是一次十分有意义的研学，真是让我受益匪浅啊。

七年（5）班　李沛乐：

2022 年 7 月 6 日，学校开展了红色革命纪念馆的研学活动，我们有幸去到了广东革命历史博物馆、省港大罢工纪念馆、广东省博物馆之广东历史文化展厅参观、学习。在这次研学活动中，我受益匪浅。

在广东革命历史博物馆里面，我们了解到了中国近代革命百年来的艰苦奋斗，知道了新中国的诞生是多么来之不易，更加坚定了不忘初心、拼搏奋斗的理想；在省港大罢工纪念馆里，我们在讲解员姐姐的讲解中，了解到了广州是个对外贸易历史悠久的城市，由于利欲熏心的外国人在这片土地上胡作非为，肆意凌辱，使我们中华民族遭受到了极大的屈辱，于是才有了这次轰轰烈烈的省港大罢工。这次罢工有 25 万余人参与，持续长达 16 个月之久，组织十分严密，活动规模浩大，给予洋人沉重的打击。这让我领悟到了必须要强我中华，决不能对外来侵略者屈服的道理。

学校精心设计的这次研学活动，让我对中国人民那段艰难曲折的革命历史感触颇深，没有革命志士抛头颅、洒热血，不怕牺牲，英勇无畏的奉献精神，就没有我们现在富强民主的幸福生活。我们还有什么理由不努力呢？我决心要努力学习文化知识，将来为建设美丽的祖国贡献出自己的力量，并将这份赤诚的爱国之情传承下去。

七年（5）班　王鹤轩：

今天，我们参观了省港大罢工纪念馆，了解了那段工人阶级和英帝国主义抗争的历史。通过讲解员的讲解，我们了解到这次大罢工的时间之久和规模之大。

1925 年 6 月 23 日，回到广州的罢工工人和广州工人、农民、学生和革命士兵共 10 万余人举行示威游行。但当游行队伍经过沙基街时，在沙面的英、法等帝国主义士兵突然向游行群众开枪射击，并且附近的帝国主义军舰也炮轰游行群众，当场打死了 51 人，受重伤的有 170 余人。这就是骇人听闻的“沙基惨案”。

沙基惨案的发生，进一步激起中国人民的愤慨，各界群众纷纷声讨帝国主义的罪行，更多的工人加入罢工行列。到 6 月底，省港罢工人数达 25 万。为了更有效地领导罢工，中华全国总工会和中共广东区委发动罢工工人选出代表，组成省港罢工工人代表大会，作为罢工的最高议事机关；由代表大会选举产生罢工委员会，作为最高执行机关。罢工委员会委员 13 名，苏兆征为委员长，聘请廖仲恺、邓中夏等人为顾问。下设干事局、财政委员会等机构和罢工工人纠察队。中共广东区委成立罢工党团，作为罢工运动的领导核心。广大人民不懈的努力，最终有效打击了英帝国主义在香港的统治。这次罢工持续了 16 个月，是中国工人运动史上最长的一次罢工。

通过这次大罢工我知道了工人阶级的爱国情怀，认识到了工人们力量的强大。通过这次参观省港大罢工纪念馆，我明白了前辈们不怕困难，不怕牺牲，国家利益大于一切的爱国主义精神。我作为新时代的青少年，要继承前辈们的革命精神。我们要有担当，有作为，努力学习，为报效祖国时刻准备着。

学生们字字铿锵、句句含情的心得，印证着那句话——最美的课堂在路上。通过红色教育研学实践活动，学生们走进博物馆，更直观地学习了中国近代革命史，深入地了解那个硝烟弥漫年代的历史背景；透过革命纪念藏品和一次次视死如归、救亡图存的革命事件，深刻地理解了革命先烈们不怕牺牲、舍身救国的革命精神和高尚品格。通过此次研学，学生们更真切地感知革命历史和革命精神，进一步加强了自己与民族、与国家的血脉联系，融红色基因于少先队员的血脉中，立志将这种家国大义内化于心，外化于行，用自己的实际行动为建设伟大的祖国添砖加瓦。至此，本次研学活动也达成了历史、语文、道德与法治三科融合、协同育人的目标。

本次研学，学生们在研学手册的引领下，通过在实践活动中观察、记录和思考，带着疑惑与感动主动获取知识，培养了分析和解决问题的能力；在交流表达、评判质疑中培养了探究精神，且促使学生将自己的创意、方案付诸现实，转化为作品，提升了学生的跨学科学习能力与综合实践素养。本次实践活动真正地做到了将铸魂育人的实效至心、至行、至远。

“学历案”理念下的小学语文大单元教学

作者：肖彩芳、蔡佳玲、沈诗洁、肖瑞妍（广州市天河区先烈东小学）

来源：GDJY－2021－A－b001 核心素养视角下的小学语文单元作业设计研究

自《义务教育语文课程标准（2022 年版）》颁布以来，广州市天河区先烈东小学深入贯彻落实，作为天河区课程教学改革项目的种子学校，迈出了以“学历案”为抓手的大单元教学的坚实步伐，并在区域、集团内承担辐射引领任务。学校语文学科更是一马当先，在做中学，悟中学，用中学，开展教育教学活动，经过认真实施总结，形成本优秀案例。

一、 背景分析

（一）案例产生背景

1.《义务教育语文课程标准（2022 年版）》颁布。

新课标以语文核心素养培养为导向，以语文学习任务群为内容，注重课程实施的情境性和实践性，促进学习方式变革，真正体现“学生主体”，提倡大单元教学，注重课程评价的过程性和整体性，倡导评价导向。这些理念和“学历案”提倡的“课程视角、学生立场、助学方案”等，完全一致。

2. 我校成为天河区课改项目种子学校。

天河区教育局与华东师范大学课程与教学研究所合作，切实推进教育教学改革，促进区域教育高质量发展。课改项目自 2021 年 3 月开始，我校被遴选为种子学校。项目以“学校课程方案的制定—学科课程纲要的研制—大单元教学‘学历案’的设计”为内容，分阶段进行培训，种子学校先行，再全区推进。项目导师崔允漷、吴刚平、胡惠闽等都是国家义务教育新课程方案与标准修订的“课程国家队”成员。我校以此为契机，迎来了新的发展。

3. 我校深入学习与实施课时“学历案”与单元“学历案”。

（1）“学历案”：指教师以服务学生素养发展为宗旨，以课程标准、教材与学情为依据，以学生何以学会的历程为立场而开发的一种助学方案。有三个特征：一是课程视角，包括设计目标（期望学会什么）、内容（学什么）、实施（怎么学），以及评价（学会了没）；二是学习立场，呈现学生学会的过程或进阶；三是助学方案。

（2）单元“学历案”：是指教师为学生学好教材、以单元为单位而开发的一种课程文本。它至少包括单元名称与课时、学习目标、评价任务、资源与建议、学习过程、作业与检测、学后反思等七个要素。

（二）案例基本情况

1．案例对应的单元内容。

统编版小学语文五年级下册第四单元安排了《古诗三首》《青山处处埋忠骨》《军神》《清贫》四篇课文，单元导语是林则徐的诗句“苟利国家生死以，岂因祸福避趋之”，语文要素是“通过课文中动作、语言、神态的描写，体会人物的内心”。依据语文要素，我们将单元名称定为“走进你的内心”。

2．案例的组成部分及依据。

（1）单元概览“学历案”（单元导读课上学生用，让学生明确单元大任务、子任务、学习目标、学习内容、学习评价、有哪些课程资源、如何检测等）。

（2）分课时“学历案”（分课时完成子任务学习时学生用）。

（3）单元作业及学后反思。

（三）特色与创新点

1．充分体现了学生主体。

从单元概览“学历案”，到课时“学历案”，都是学生的“助学方案”，帮助学生学习，为学生的学习提供一条清晰的路径，让学生知道要学什么，怎么学，何以知道学会，充分发挥了学生的主体作用。

2．充分彰显了课程视角。

（1）从单元概览“学历案”的几个要素看（见图1），课程的目标、内容、实施、评价、资源等都有体现。

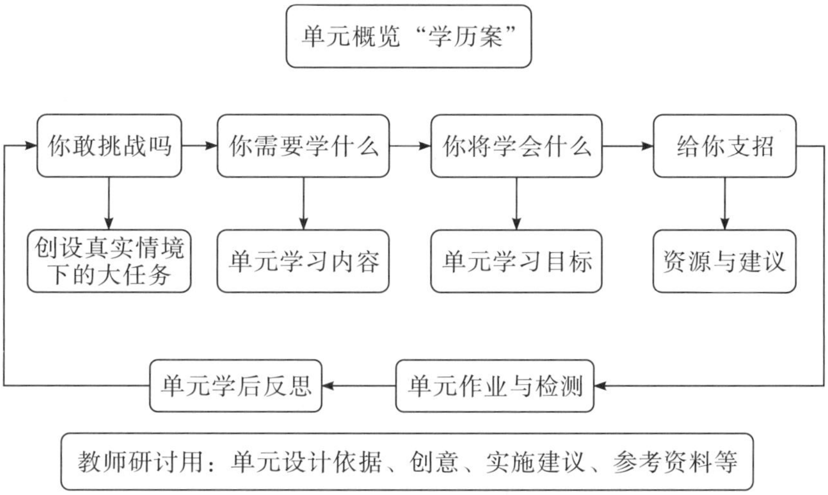

图1　单元概览“学历案”

（2）基于目标进行了内容重整与资源开发。

①内容重整：子任务一对应学习三篇现代文，《军神》学方法，另两篇应用方法。子任务二对应学习《古诗三首》，根据任务进阶程度将原本安排在第一篇的古诗学习后移。将语文园地中的两首古诗与《古诗三首》整合，同步学习；将语文园地中“词句段运用”与习作指导相结合。

②资源开发：将阅读链接《丰碑》作为自学内容，成为学生进行创造性复述的选项之一；课外阅读嵌入，为目标达成服务，如补充《陆游临终留诗》《谁让他是毛泽东的儿子》等与单元人物相关的阅读材料，为转换人物视角进行复述提供支架，丰富学生对人物的理解。

3. 体现了大单元教学的情境性、实践性、任务进阶。

创设真实情境下的大任务——“走进你的内心”创造性复述故事会，三个子任务分别是“走进革命者内心”“走进爱国诗人内心”“走进生活中的人内心”，子任务之间从易到难，从学习方法到运用方法，层层进阶（见图2）。

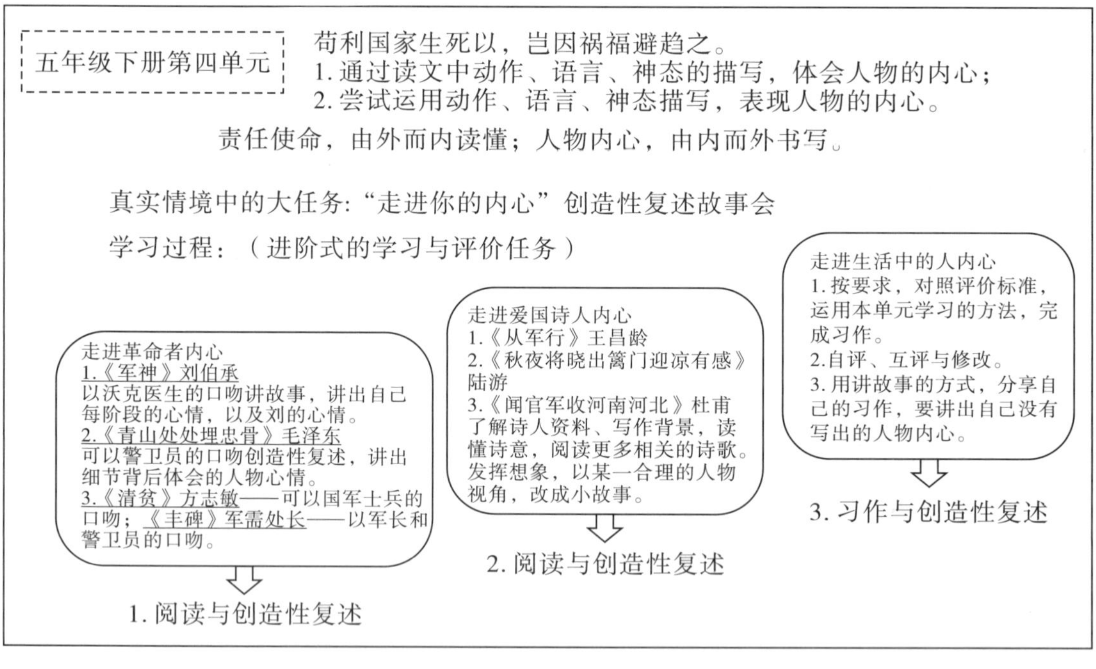

图2　“走进你的内心”创造性复述故事会

三个子任务对应的评价任务分别是三次创造性复述故事会——一次是线上的班级故事会，一次是线上的左邻右里两个班级的故事会，一次是习作分享故事会，充分体现了学科实践性。

4. 体现了“教—学—评”一致性。

“教—学—评”一致性是指从单元教学目标，到评价任务的设置，再到学习任务，完全是一致的，以评导学，评价前置（见图3）。为了完成评价任务，学生就要相应地完成学习任务，评价任务又能检验学习任务是否达成。

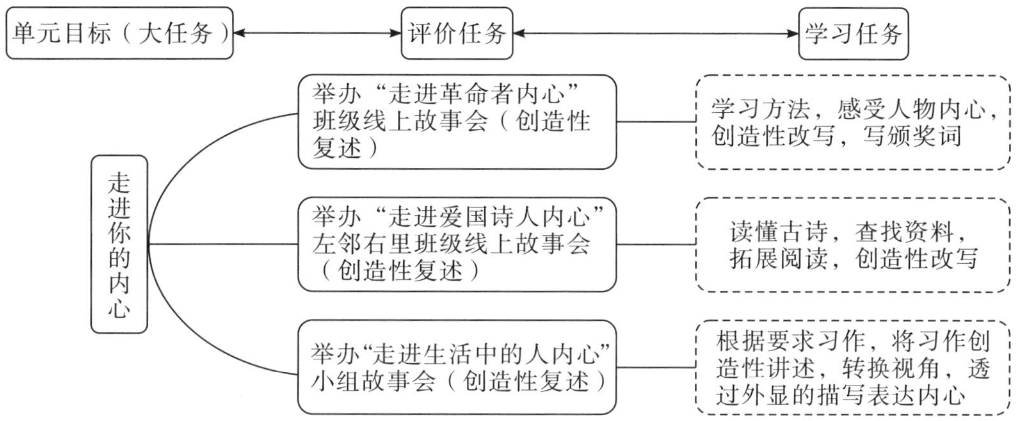

图3 “走进你的内心”的单元教学

（四）未来努力方向

1. 把握好单元大概念，设置好单元大任务。

大概念是专家视角的教学核心，只有把握好一个单元的大概念，才能让情境的设置、大任务的确定更加科学合理，让学习更有效。

2. 进一步落实“教—学—评”一致性。

“教—学—评”一致性，看似容易，但做起来不容易。让教学目标、学习任务、评价任务都匹配，对于很多教师来说，还存在一定困难。教师还需要不断强化教学技能，在实践中不断思考。尤其是评价任务的设计，如何让评价任务真正检验目标是否达成，是未来努力的重中之重。

3. 进一步深化逆向设计理念，促进深度学习。

目标导向、评价前置、活动落实，这样逆向设计的理念是让学习成为提质增效的助推器。我们要不断突破经验主义的禁锢，真正从学生学的角度去思考与设计，为学生的学习提供“助学方案”。

二、 案例内容

第一部分：单元概览“学历案”（学生用文本）

单元名称：走进你的内心			
学校	天河区先烈东小学	学科/年级/设计者	语文/五年级/ 团队：肖彩芳、蔡佳玲、沈诗洁、肖瑞妍
教材	统编版小学语文五年级下册	对应单元/课时	第四单元/共 12 课时

一、你敢挑战吗？

上学期我们学习民间故事的时候，大家对“创造性复述”特别感兴趣。这两周，我们在学习第四单元的过程中，将举行“走进你的内心”创造性复述故事会。故事会将分为三个阶段，有线上线下两种形式，既有以班级两两合作“左邻右里”腾讯会议分享的方式，也有线下班级举办的方式。希望你们都能成为走心的“故事大王”哦！

二、你需要学什么？

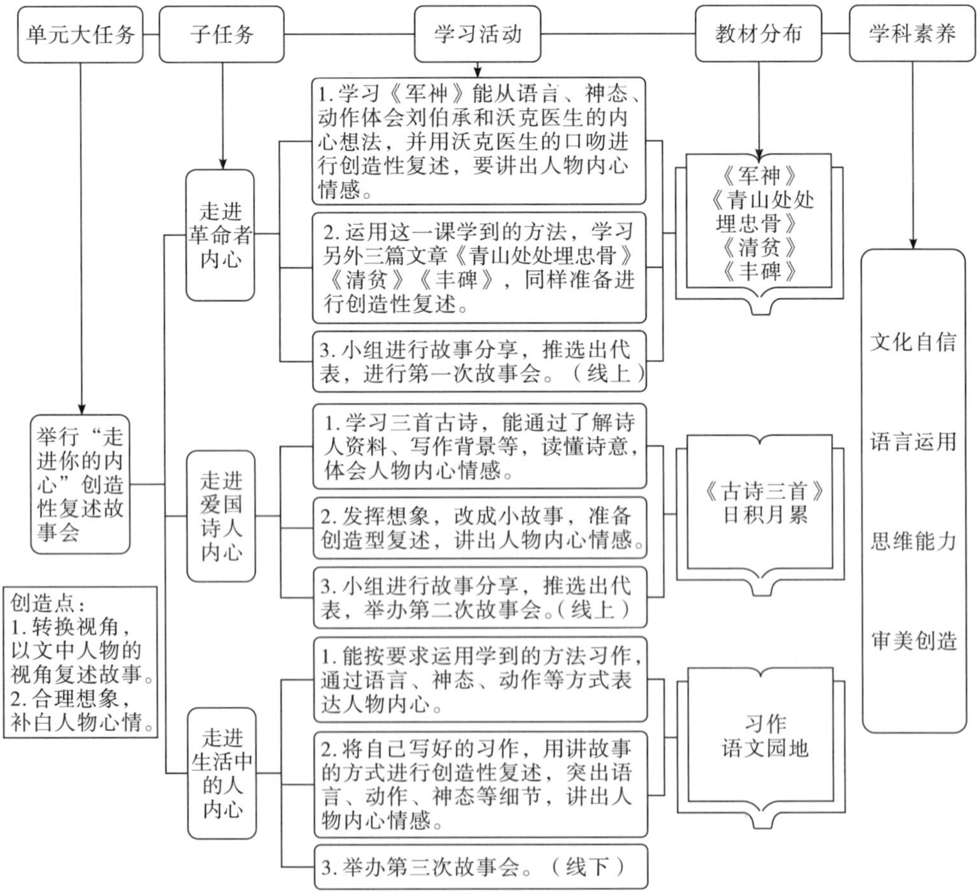

续表

三、你将学会什么？

（1）在字词、诗歌积累方面：你将通过自主学习认识28个生字，读准2个多音字；通过交流易错字、抄写等方式会写35个字，会写并积累运用29个词语。背诵5首古诗，默写《从军行》《秋夜将晓出篱门迎凉有感》，丰富语言积累。

（2）在阅读理解方面：你将通过批注文本中描写人物的动作、语言、神态的语句，体会人物内心，感受爱国人物的精神品格；并且，你将通过查阅相关文本资料、欣赏影视片段，丰富对文本中爱国人物的认识，尝试选择一个人物为其撰写颁奖词，增强文化自信。

（3）在口头表达（创造性复述）方面：你将选择一个革命者或是爱国诗人的故事，以某个合理的人物的口吻，进一步学会创造性复述，重点是在讲述的时候，要凸显人物的动作、语言、神态等细节，展开合理的想象，增加合理的情节，在讲述的时候，讲出人物的内心情感，在语言运用中提升思维能力和口头表达能力。

（4）在习作表达方面：能选择身边的某个人物给自己留下的深刻印象的事情，从动作、语言、神态等多个角度把人物当时的表现写具体，反映出人物当时的内心情感，完成单元习作，并与同伴分享、互评和修改，然后通过创造性复述的方式进行讲述，在语言运用中提升思维能力和书面表达能力，具备一定的审美创造能力。

四、给你支招

1. 帮你理解这个单元的人文主题。

单元导语来自林则徐的“苟利国家生死以，岂因祸福避趋之”，这句话的意思是：如果对国家有利，我可以不顾生死。岂能因祸而逃避，见福就趋附呢？我们通过对《军神》《青山处处埋忠骨》《清贫》《丰碑》以及5首古诗的学习，走进革命者和爱国诗人的内心，了解他们的责任使命和家国情怀，同学们还可以试试为这些人物撰写颁奖词。

2. 理一理这个单元的语文要素结构。

本单元的语文要素是“通过课文中动作、语言、神态的描写，体会人物的内心；尝试运用动作、语言、神态描写，表现人物的内心”。

在四年级时，我们已经掌握了通过人物的动作、语言、神态体会人物心情、感受人物品质等阅读方法；本单元的学习，既包括体会人物的感情，也包括体会人物的心理活动及其变化，需要体会得更丰富、细腻和深入。而习作话题“他________了”也与阅读训练要素联系紧密，要求写一件事，运用动作、语言、神态描写来表现人物的内心，多角度描绘人物表现。

续表

3．我们为什么要进行创造性复述？

五年级上学期，在学习民间故事单元的时候，我们已经采用过创造性复述来讲述故事，可以把自己设想成故事中的人物，以他们的口吻讲；可以大胆想象，为故事增加合理情节。当时大家都非常感兴趣，有同学还以老牛的口吻复述故事，真有趣。

《军神》的一道课后题，是要用沃克医生的口吻来讲这个故事，同学们一定会喜欢。这一次，要凸显人物外显的细节描写，讲出人物的内心情感。其他课文的学习也是一样，都可以用这样的方式，走进人物的内心世界。包括我们的习作，按要求写好并修改后，也可以用创造性复述的方式进行分享，是不是很有意思？

4．我们还可以做些什么来促进理解？

学习中，我们还可以阅读和欣赏以下书籍和影视作品——书籍《白洋淀纪事》《红岩》，电影《长津湖》《狙击手》，更加全面地感受爱国志士的精神品格。

五、具体课时安排

课时	课题	课型	主要内容
第 1 课时	“走进你的内心”	导读课	初读《古诗三首》《青山处处埋忠骨》《军神》《清贫》，初步了解故事主要人物，学习生字词，推荐阅读，明确大任务和单元学习要求。
第 2 ~4 课时	《军神》《丰碑》	精读课	1．学习《军神》，体会运用具体的语言、动作、神态表现刘伯承的内心，感受其全身心投入革命事业的信念和钢铁般的意志。 2．自主阅读《丰碑》，小组交流。 3．回顾创造性复述的方法，尝试用沃克医生的口吻讲述故事。
第 5 ~6 课时	《青山处处埋忠骨》	精读课	学习《青山处处埋青骨》，体会运用具体的语言、动作、神态表现毛主席在“普通父亲”和“伟大领袖”双重身份下的复杂内心，感受其与毛岸英的父子情深和伟人胸襟。

续表

课时	课题	课型	主要内容
第 7 课时	《清贫》	略读课	自主阅读《清贫》，尝试运用第三人称讲述故事，巩固运用具体的语言、动作、神态表现人物内心的方法。
	创造性复述分享会（一）	分享课（线上）	自选一个人物，运用创造性复述讲述故事，进行全班分享。
第 8 ~ 9 课时	《古诗三首》日积月累	精读课	学习《从军行》《秋夜将晓出篱门迎凉有感》《闻官军收河南河北》，开展小组学习，了解诗歌创作背景，理解诗歌大意，想象诗中人物或诗人语言、动作、神态，感受诗人爱国之情。
	创造性复述分享会（二）	分享课（线上）	小组展示诗歌诵读，自选一首古诗，运用创造性复述讲述故事，进行全班分享。
第 10 课时	习作词句段运用	习作准备课	1. 通过品读句子或文段，准确说出其是如何体现人物内心的，知道如何多角度把人物当时的表现写具体从而反映人物内心。 2. 明确评价标准，通过小组交流，尝试运用多角度展现人物内心，在此基础上修改自己的习作片段。
第 11 课时	习作 1 稿	习作修改课	1. 完成习作 1 稿。 2. 小组交流、修改，为成果分享会做准备。
第 12 课时	创造性复述分享会（三）	分享课（课堂）	1. 爱国志士颁奖会。 2. 将自己的习作作为素材，进行第三次创造性复述。

第二部分：课时“学历案”（学生用文本）

——以单元第 10 课时“习作准备课”为例

【主题与课时】

统编小学语文教材五年级下册“走进你的内心”单元第 10 课时“他________了”习作准备课

续表

【课标要求】 （1）阅读记人叙事的优秀文本，学习通过口头表达、书面叙写，与他人交流身边令人感动、难忘的人和事。（课程内容：P24） （2）学习运用细节描写等文学表现手法，描述自己成长中的故事。（课程内容：P27）
【学习目标】 （1）通过品读句子或文段，准确说出其是如何体现人物内心的，知道如何多角度把人物当时的表现写具体从而反映人物内心。 （2）根据评价标准，通过小组交流，尝试运用多角度具体表现人物内心，在此基础上修改自己的人物描写片段。
【评价任务】 （1）心情解码：品读语文教材第66页“词句段运用”的三个句子、第65页的片段描写、第67页“词句段运用”的两个句子，准确说出如何体现人物心情，总结表现人物内心的方法。（检测目标1） （2）心情表达：分小组选情境进行口头交流，个人修改完善课前作业中的人物描写片段，学会运用多角度把人物当时的表现写具体从而反映人物内心的方法。（检测目标2）
【资源与建议】 1. 帮你厘清本单元阅读文的学习与习作的关系。 本单元我们的学习重点是“通过文中动作、语言、神态的描写，体会人物的内心”。我们通过对3首古诗《从军行》《秋夜将晓出篱门迎凉有感》《闻官军收河南河北》的学习，走进了爱国诗人的内心；通过对《军神》《青山处处埋忠骨》《清贫》以及《丰碑》的学习，走进了革命者的内心，了解了他们的责任使命、家国情怀，同学们还为这些革命者写了颁奖词。如果说这些内容的学习，让我们懂得了要由外而内，读懂人物的内心；那么本单元的习作，就是要由内而外，书写人物内心，即知道人物是什么心情，如何通过外显的语言、动作、神态等去表现。 2. 知道本节习作准备课要重点训练的方面。 写人的文章，我们以前强调的是要选取典型事例写出人物特点，这次习作强调的是从人物的动作、神态、语言、不寻常表现等多角度具体写出人物外显状态来表现内心情感，这也是这节习作准备课需要落实的。

续表

【学习过程】

课前作业

生活中，谁陶醉、生气、伤心……的样子让你印象深刻？回想一下，他（她）当时的心情怎么样？写一写这个人当时的表现。

________________________ ________________________ ________________________ ________________________ ________________________ ________________________ ________________________ ________________________	修改、完善：

课中学习

热身：同学们，前期的创造性复述故事会我们一起走进了革命者和爱国诗人的内心。今天这节习作课我们继续走进身边人的内心。课前大家回忆了身边让你印象深刻的人，记录了他当时的心情和表现。现在就让我们来玩一个心情验证的游戏。请 4 名同学来当心情验证官，读一读自己课前写的人物表现，看看其他同学是否能明白文字背后的人物心情。

任务一：心情解码（指向学习目标 1）

解码（一）

读以下三个句子，说一说：它们是从哪些方面把人物内心表现出来的？

◆ 从见到这封电报起，毛主席整整一天没说一句话，只是一支接着一支地吸着烟。（悲痛——？）

◆ 黄继光愤怒地注视着敌人的火力点，他转过身来坚定地对营参谋长说：“参谋长，请把这个任务交给我吧！”（生命置之度外的坚定——？）

◆ 将军看了看他们桌子上的罐头，喉咙哽了一下，说：“同志们……”停了一下，又说：“孩子们，我给大家分菜，每人一筷子。”（与战士们同甘共苦——？）

续表

<table>
<tr><td>
解码（二）
看看下面两个句子，人物的内心又是怎么体现的？说说你的发现。
◆ 手术台上，一向从容镇定的沃克医生，这次双手却有些颤抖，他额上汗珠滚滚，护士帮他擦了一次又一次。
◆ 平时遇到不顺心的事我都能一笑而过，可是这件事让我实在无法释然，胸口总像是被什么堵住了似的，白天心神不宁，晚上也无法入睡。
解码（三）
自由读片段，思考：它是怎样把人物当时的内心写出来的？
他的眼睛闪着奇异的光芒，面孔因为激动而涨得通红，嘴里不停地说：“太美了！真是太美了！”他根本没听见周围喧闹的声音，整个世界对他来说好像都消失了。一个小时过去了，两个小时过去了，他痴痴地站在那里，一动不动地凝望着这座雕像……
任务二：心情表达（指向学习目标2）
表达一：交流分享
焦急地等人　　期待落空　　久别重逢
（1）自主思考：小组商量选择上面的一个情景，思考该情景中人物的心情和外在表现分别是什么样的？构思一段话。时间1分钟。
（2）小组交流：以一人为主、他人补充的方式，交流所选情景中人物的心情和外在表现。时间4分钟。
要求：①全部参与，认真倾听。
②抓住“多角度写具体”进行补充。
（3）小组汇报：小组上台汇报，其他同学补充、点评。
表达二：书面提升
根据以下评价标准，修改完善课前作业中写的人物表现片段。改完后自评。
<table>
<tr><th>评价标准</th><th>评星</th></tr>
<tr><td>1. 多角度描写（运用一种以上的人物描写方法），反映人物内心。</td><td>★★★</td></tr>
<tr><td>2. 多角度的描写比较具体，画面感强，写出人物与平常不一样的表现，凸显人物内心。</td><td>★★★★★</td></tr>
<tr><td>3. 在任务二的基础上，还能合理运用其他表达方法，如展开合理想象、用恰当的修辞方法等，增强对人物内心的表现力。</td><td>★★★★★</td></tr>
</table>
</td></tr>
</table>

续表

【作业】 （1）继续修改完善人物描写片段。 （2）继续审题与构思，列习作提纲。 【课时学后反思】 （1）这次习作，你重点突出对人物的什么描写，写出人物的什么心情？ （2）对你来说，写好这篇习作的关键是什么？

第三部分：单元作业及学后反思

●单元大任务分解成三个子任务的进阶性作业内容及说明

子任务作业	作业说明
“走进革命者内心”创造性复述分享会	（1）创造性改写本单元文本或课外表现革命者责任使命的文章。 （2）召开“走进革命者内心”线上创造性复述故事分享会。 第四单元任务单（一）　　姓名： “苟利国家生死以，岂因祸福避趋之”意思是：如果对国家有利，我可以不顾生死。岂能因祸而逃避，见福就趋附呢？我们通过对《军神》《青山处处埋忠骨》《清贫》以及《丰碑》的学习，走进了革命者的内心，了解了他们的责任使命、家国情怀，同学们还为这些革命者撰写了颁奖词。 现在，我们的任务是对这几篇文章进行创造性复述形式的改写。改写内容请选择： 1. 以沃克医生的口吻讲《军神》的故事。（　） 2. 认真看《小学语文同步拓展阅读》第67页的文章《谁让他是毛泽东的儿子》，用当时的办公室主任叶子龙的口吻讲《青山处处埋忠骨》的故事。（　） 3. 用国民党方的士兵的口吻讲《清贫》的故事，也可以用方志敏自己的口吻讲，但是要加入内心情感。（　） 4. 用军长或警卫员的口吻讲《丰碑》的故事。（　） 5. 改写自己在课外积累的同样是表现革命者责任使命的文章。（　） 请注意：1. 不能漏掉表现人物心情的动作、语言、神态的描写。 2. 要加入对诗人内心情感的表达，将心情明确具体地说出来。 3. 可以查找相关背景资料，增强自己的了解。 4. 本页写不完可写到背页。 课文（　　　　）改写　（写出内心情感）

续表

<table>
<tr><th>子任务作业</th><th>作业说明</th></tr>
<tr><td></td><td>（3）从读过的书中，选择一个人物，完成“单元综合学习单”。
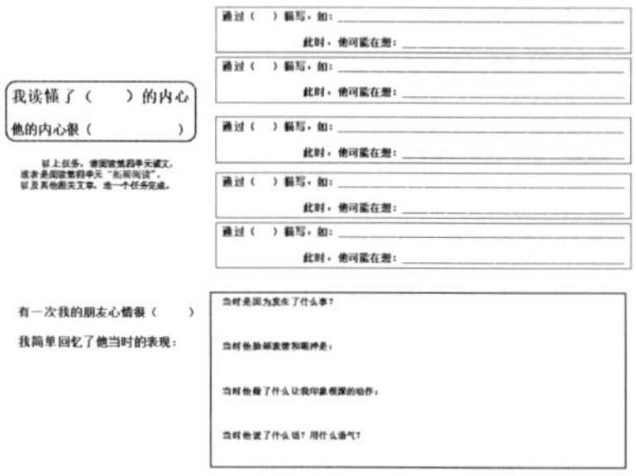
我读懂了（　　）的内心
他的内心很（　　　）
以上任务，请阅读第四单元课文，或者是阅读第四单元“拓展阅读”，以及其他相关文章，选一个任务完成。
通过（　）描写，如：
此时，他可能在想：
通过（　）描写，如：
此时，他可能在想：
通过（　）描写，如：
此时，他可能在想：
通过（　）描写，如：
此时，他可能在想：
通过（　）描写，如：
此时，他可能在想：
有一次我的朋友心情很（　　）
我简单回忆了他当时的表现：
当时是因为发生了什么事？
当时他脸部表情和眼神是：
当时他做了什么让我印象很深的动作：
当时他说了什么话？用什么语气？
（4）从本单元或课外书中选择一个有“责任担当”的人物，为其写颁奖词。</td></tr>
<tr><td>“走进爱国诗人内心”创造性复述分享会</td><td>（1）选择3首诗中的其中一首，改写成一个小故事。
（2）召开“走进爱国诗人内心”线上故事分享会。
第四单元任务单（二）　　姓名：
第四单元主题是“责任”，单元学习目标有两个：①通过课文中动作、语言、神态的描写，体会人物的内心；②尝试运用动作、语言、神态描写，表现人物的内心。
前一个目标是要“由外而内”，读懂人物内心，后一个目标是要“由内而外”，书写人物内心。
我们通过对《军神》《青山处处埋忠骨》《清贫》以及《丰碑》的学习，走进了革命者的内心，了解了他们的责任使命、家国情怀，同学们为这些革命者撰写了颁奖词，还以沃克医生的口吻对文章进行了创造性复述。
我们学习《从军行》《秋夜将晓出篱门迎凉有感》《闻官军收河南河北》，也要走进爱国诗人的内心，体会他们内心的情感。现在，请完成这个任务：选择3首古诗中的其中一首，改写成一个小故事。改写前要做的准备：（有认真完成就打钩）
1. 再次查找诗人的生平事迹、写作这首诗的背景，以及诗人的其他诗作，对诗人有更多的了解。（　　）
2. 将这首诗默读、朗读几遍，结合笔记，想一想诗句的意思。（　　）
3. 诗句中并没有直接写到诗人的心情，请根据其他方面，体会表达了诗人怎样的感情。（　　）
现在开始改写，注意：用创造性复述的形式。可以用诗人自己的口吻，也可以用某个合理的人物的口吻，加入合理的想象。关键是：一定要加入对诗人内心情感的表达，将心情明确具体地说出来。
古诗（　　　　　　）改写　　（写出内心情感）</td></tr>
</table>

续表

子任务作业	作业说明
“走进生活中的人内心”故事分享会	（1）根据自己的习作进行创造性复述。 （2）推选“最佳故事”在学校“星有角”电视台《走近生活走进你》节目中播放。
●单元学后反思	
（1）这个单元，我们通过阅读人物的外显表现，走进了革命者和爱国诗人的内心，通过书写人物的外显表现，走进了身边人物的内心。请你用自己的方式总结一下，真切地读出或写出人物内心的情感时，需要注意什么？ （2）生活中应该有某个人，你经常能通过他的外显表现（动作、语言、神态等），体会到他的内心。但有没有可能某些时候，也许你并没有注意到一些细节，所以可能你错误理解了他的心情，误会了他？ （3）如果能观察到人物真实细微的细节，也许你的阅读和写作就能更上一个台阶，就能更好地去体会文中人物的情感，对待身边的人更“善解人意”，就能用一颗更温暖的心拥抱这个世界，体会身边的快乐与幸福。你觉得呢？	

三、 案例实施

（一）选取本案例的依据

1. 依据学校校本教学研究方向。

（1）语文学科市、区、校三级联动教研情况。

从市级层面看，广州市教育研究院（以下简称“广州市教研院”）小学语文科教研员一直在大力推行“教—学—评”一致性的课堂；从区层面来看，天河区小学语文在华东师范大学课程研究所专家的指引下，在区教研员的大力推动下，近两年来推行的大单元“学历案”（课时“学历案”）的主题教研扎实而有成效。

近两年来，我校语文学科先后承担了多次市、区级教研活动任务。

比如2021年5月，我校承办广州市教研院语文科活动，我校常纪韵老师以“学历案”方式执教《刷子李》，受到省、市、区三级教研员杨建国老师、林玉莹老师、刘江明老师的充分肯定，活动线上观看人数先后达14万余人次。

近两年来，我校共24人的语文学科，承担区教研任务的教师达18人次，每学期都承担了教研任务，包括团队成员进行单元概览介绍、课时“学历案”介绍、作业设计介绍、课堂教学展示等；参与的年级有二年级、四年级、五年级、六年级等；内容有习作单元、阅读单元、整本书阅读等。

可以说，我校语文学科在市、区、校三级联动教研中，都起到了很好的示范引领作用。

（2）校级常规与特色教研活动。

①常规教研方面：夯实“集体备课—个性化实施—教后反思”模式，落实每周集备、每月校公开课研讨、每月区教研学习，依据“天河区先烈东小学红棉课堂评价表”进行听课评课，开展行政听课评课，定时作业检查，等等。

②特色教研活动方面。

三味教研：与同区域及跨区域的两所学校一起，开展“同课异构＋议课＋专家指导活动”，打破校际局限，拓宽教研视野。联动的学校有外区名校甚至外省名校。

“红棉杯”教学大赛：每年一届，以个体方式参赛，人人参与，人人展示“学历案”课堂；或是以团队形式参赛，团队教师分工完成单元概览、“学历案”课堂展示、单元作业介绍任务。

“星有角”教学论坛：针对教学实施过程中的问题进行研讨，集思广益，达成共识，再实践，再反思。

2. 依据语文学习内容与学生发展需要。

从人文主题看：小学语文教材最多的内容就是阅读文，在各类主题的阅读文中，革命题材的文章是语文学科立德树人的重要载体，是让学生根植理想信念、爱国情怀，培养艰苦奋斗、无私奉献、顽强斗争和英勇无畏等革命精神的重要路径。因此让学生在情境中完成文本的阅读和体验，整合新知识，建构新概念，在语文言语实践中进行迁移和运用，才能实现学科素养的提升。我们看一下人文主题的编排序列（见表1）：

表1　中、高年级“爱国情感”主题单元统计表

册次	单元	人文主题	导读语	课文
四上	第七单元	家国天下	天下兴亡，匹夫有责。	《古诗三首》（《出塞》《凉州词》《夏日绝句》） 《为中华之崛起而读书》《梅兰芳蓄须》《延安，我把你追寻》
五上	第四单元	家国心谱	为什么我的眼里常含着泪水？因为我对这土地爱得深沉……——艾青	《古诗三首》（《示儿》《题临安邸》《已亥杂诗》） 《少年中国说（节选）》《圆明园的毁灭》《小岛》

续表

册次	单元	人文主题	导读语	课文
五下	第四单元	家国情怀	苟利国家生死以，岂因祸福避趋之。——［清］林则徐	《古诗三首》（《从军行》《秋夜将晓出篱门迎凉有感》《闻官军收河南河北》） 《青山处处埋忠骨》《军神》《清贫》
六上	第二单元	革命精神	重温革命岁月，把历史的声音留在心里。	《七律·长征》《狼牙山五壮士》《开国大典》《灯光》
六下	第四单元	一片丹心	人生自古谁无死？留取丹心照汗青。——［宋］文天祥	《古诗三首》（《马诗》《石灰吟》《竹石》） 《十六年前的回忆》《为人民服务》

从语文要素看：本单元阅读与习作都指向要运用动作、语言、神态描写来表现人物内心。我们再看语文要素的编排序列（见表2）：

表2　中、高年级教材人物精神描写系列表

册次	单元	语文要素	课文
四上	第六单元	通过人物的动作、语言、神态体会人物的心情。	《牛和鹅》《一只窝囊的大老虎》《陀螺》
四下	第七单元	从人物的语言、动作等描写中感受人物的品质。	《古诗三首》（《芙蓉楼送辛渐》《塞下曲》《墨梅》） 《黄继光》《"诺曼底号"遇难记》《挑山工》
五下	第四单元	通过课文中动作、语言、神态的描写，体会人物的内心。	《古诗三首》（《从军行》《秋夜将晓出篱门迎凉有感》《闻官军收河南河北》） 《军神》《青山处处埋忠骨》《清贫》

从学生学情看：依据学生的学习基础，本单元在运用这些方法表现人物内心方面还要突破描写方法相对单一、描写也不够细致的问题；同时，在五年级上学期已经采用过创造性复述来讲述故事的基础上，运用这一方式帮助学生提升运用多角度具体展现人物内心的能力。

所以选择这样一个单元，将人文主题与语文要素在大单元教学下整合与融合，让核心素养的达成可视可观。

3．依据《义务教育语文课程标准（2022 年版）》的要求。

从课程内容来看：要求学生阅读、欣赏革命领袖、革命先烈创作的文学作品，以及表现他们事迹的诗歌、小说、影视作品等，感受革命领袖、革命先烈伟大的精神世界和人格力量，认识生命的价值；运用讲述、评析等方式，交流自己的情感体验。

从教学实施来看：课标提示要注意整合听说读写，引导学生综合运用朗读、默读、诵读、复述、评述等方法学习作品；要重视古代诗文的诵读积累，感受文学作品语言、形象、情感等方面的独特魅力和思想内涵，提升审美能力和审美品位；要鼓励学生在口头交流和书面创作中，运用多样的形式呈现作品，发挥自己的创造性；要引导学生成长为主动的阅读者、积极的分享者和有创意的表达者。

从评价策略来看：课标提示要围绕学生阅读文学作品的过程性表现进行评价，侧重考查学生对语言、形象、情感、主题的领悟程度和体验，评价学生文学作品的欣赏水平，关注研讨、交流以及创意表达能力。

基于以上的学校教研现状、教材编排特点、学生发展需求、课标要求和学情，我们以“走进你的内心”为大任务以及进阶式的三个子任务，架起从“读”到“写”、从感受到表达的桥梁。

（二）实施过程中出现的问题与解决措施

（1）单元导读课，师生共同学习“单元概览”，教师过于侧重介绍。

在单元导读课上，五年级的学生完全有能力自主学习单元概览，然后交流思考，有的教师在实施中却还是一部分一部分介绍，总怕学生看不明白、想不全面。在今后的实施中，要放手让学生去学习、去交流、去思考，真正体现单元概览“学历案”的价值。

（2）在课时“学历案”的实施中，有时“上不完”，觉得有的课不必使用纸质“学历案”。首先，在思路上要明确，让学生使用“学历案”助学，并非整堂课都要使用“学历案”，也并非所有课都要使用“学历案”，完全可以根据学习内容、学生学情灵活选择。“学历案”课堂的模式丰富多样，并非一定要使用纸质“学历案”，让学生清晰目标评价过程任务，有需要的时候提供一张学习单，体现“学历案”理念，实施“学历案”方式就可以了。其次，要加强对“学历案”课型的学习与思考，从模式化的依葫芦画瓢，走向内化理念后的灵活实施。

（3）“学后反思”往往流于形式，或等同于课堂小结。

学后反思是素养真正落地的地方，是体现学生是否将知识技能转化为素养的环节。但在课堂实施中，很多教师往往到了这个环节就时间不够了，或者是简单小结一下所学就结束了。教师要进一步认真研读崔允漷教授提供的“学后反思的三阶六级水平”（见表 3），尽量体现反思的层级性，搭建思考的支架，引领学生从“复述”走向“关联”与“转化”。

表3　学后反思的三阶六级水平

阶	级	特征描述
一阶：复述	一级	回忆刚学过的知识中一些有价值的信息
	二级	复述所学的内容并能根据规则将其组织起来
二阶：关联	三级	将所学的知识与已知的知识建立联系
	四级	将所学的知识应用于真实场景
三阶：转化	五级	运用所学知识解决真实情境中的问题
	六级	能在知识运用中形成自己的观点或信念

（三）实施过程的创新点

1. 目标导向，评价前置，体现“教—学—评”的一致性。

通过从单元概览到课时“学历案”的学习，再到作业检测与学后反思，学生对本单元的学习目标非常清晰，对要完成的任务也心中有数，并且在整个单元的学习中，都是围绕着目标和评价任务进行的，充分体现了“教—学—评”的一致性（见图4）。

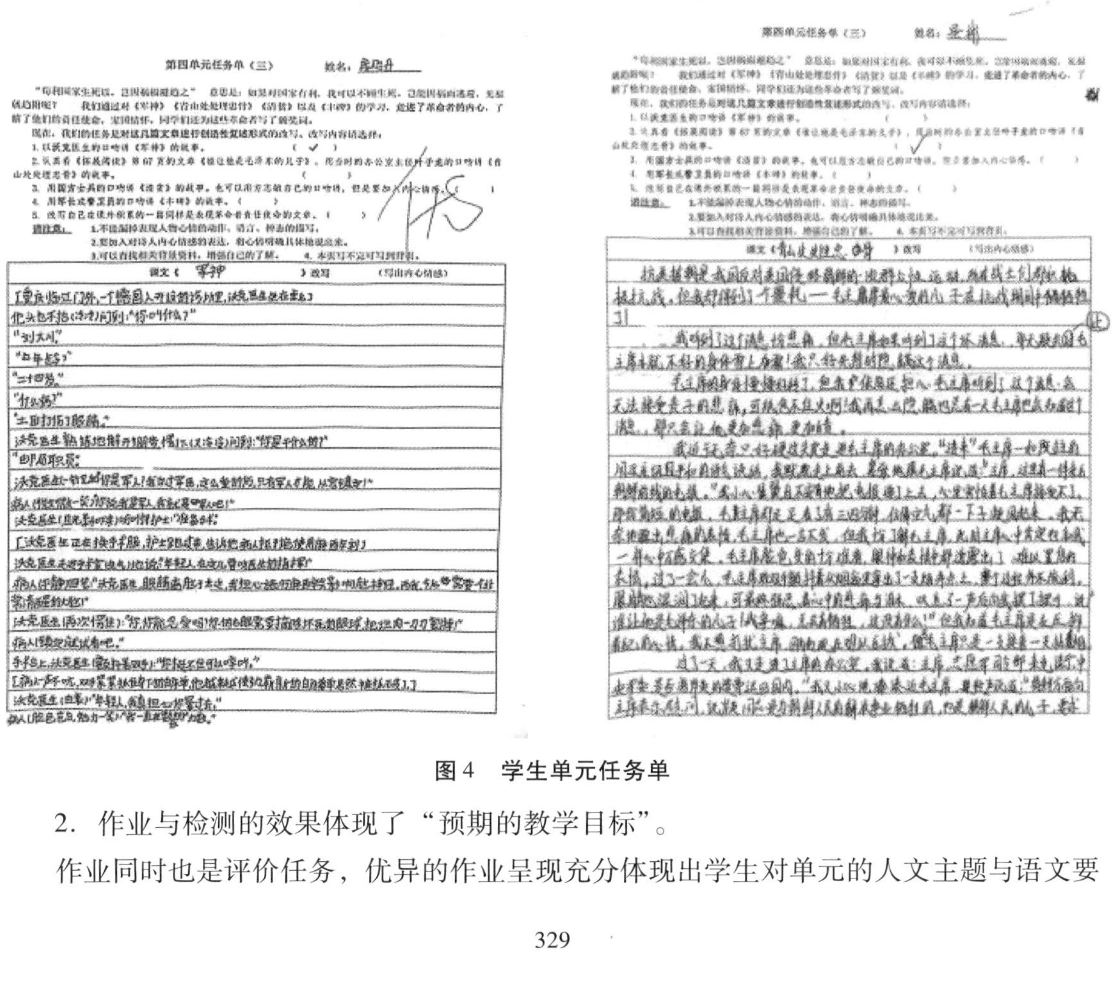

图4　学生单元任务单

2. 作业与检测的效果体现了“预期的教学目标”。

作业同时也是评价任务，优异的作业呈现充分体现出学生对单元的人文主题与语文要素都有了很好的掌握，对于如何“走进人物内心”，以及如何“表达人物内心”的路径也更清晰，拓宽了思路。以下是线上的创造性复述故事会以及人物颁奖词的情况。

（1）“走进革命者内心”学生的创造性改写作业和创造性复述线上故事会现场（见图5）。

图5　创造性复述线上故事分享会现场

对于这两个活动，学生都兴致盎然，为了改写和讲述，查找资料，找同学商议，在家里练习，找家长提意见，等等，不论是“由外而内”的读懂，还是“由内而外”的讲述，都体现出比以往更高的专注度、更大的热情以及更好的内容表现。

（2）“走进爱国诗人内心”学生的创造性改写作业和“左邻右里”线上故事分享会现场（见图6、图7）。

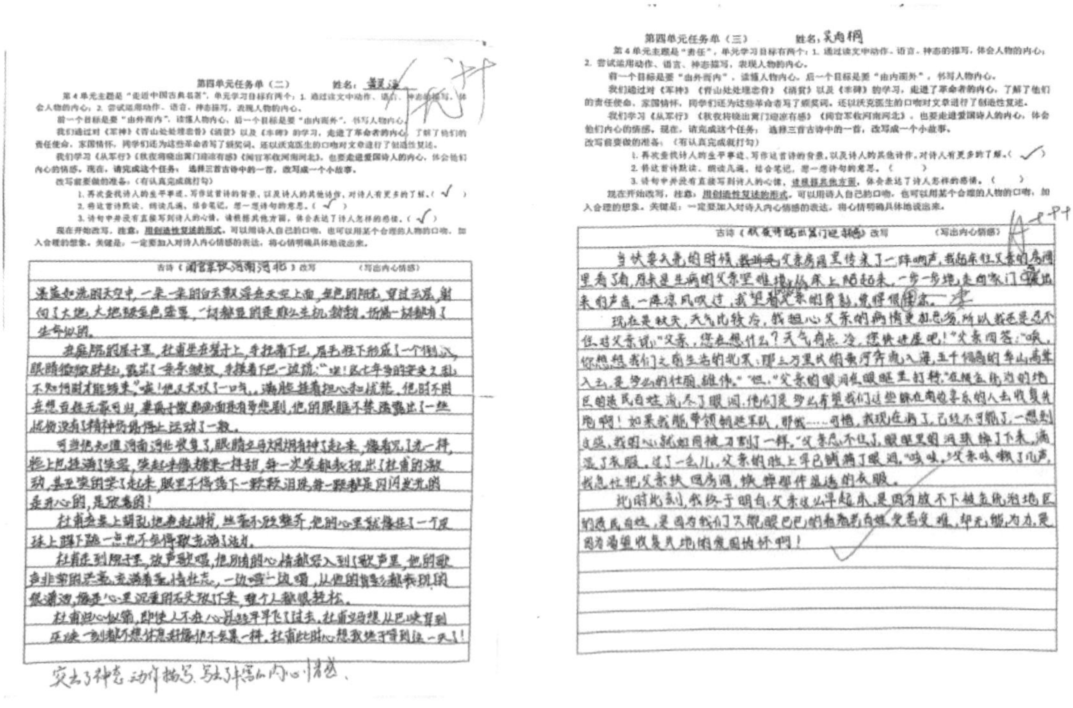

图6　“走进爱国诗人内心”学生创造性改写作业

图 7 “左邻右里”线上故事分享会现场

学生对改写、线上故事分享会都非常感兴趣，两个班级一起举办，让学生更乐意参与，并为让自己有更好的表现而努力。听众们在线发表了很多真实、高质量的评价，点评内容之余，还有很多对同学的鼓励、肯定，充满温暖友爱。

（3）学生撰写的人物“颁奖词”（见图 8）。

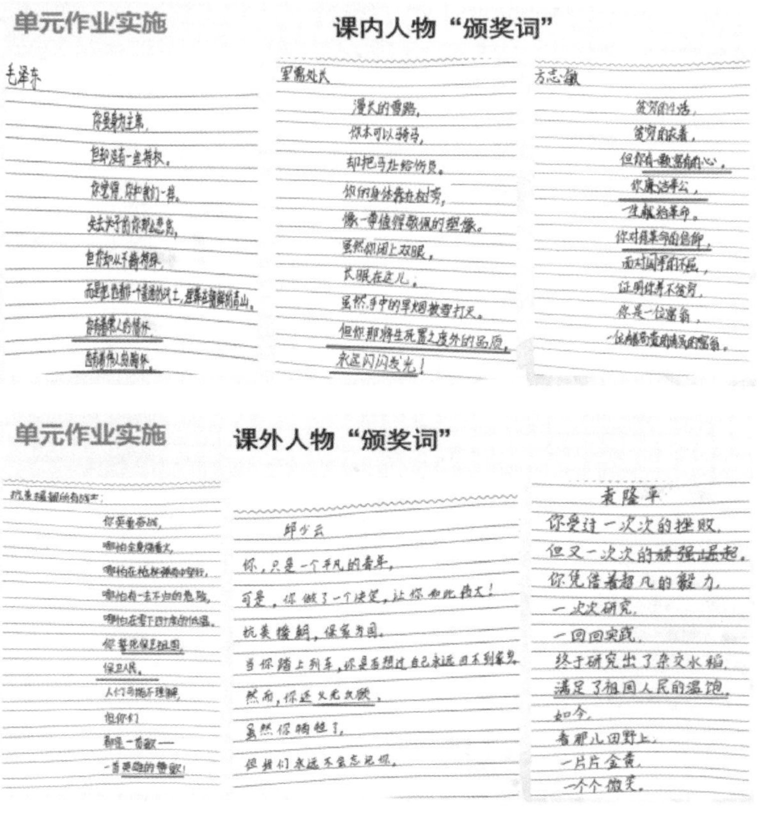

图 8 学生撰写的人物“颁奖词”

（四）资源开发

1．合理使用线上交流平台。

一是使用钉钉家校本分享各自的作业，比如颁奖词、创造性改写等，互相评价。

二是使用腾讯会议开展两次线上故事会，“走进革命者内心”与“走进爱国诗人内心”，学生们可以边听边发表评论。当然，教师会对所发评论内容做一些要求。

三是学生可以利用钉钉直播开展小组分享会以及线上讨论。钉钉是我校开展线上教学统一使用平台，学生都熟悉。

2．合理拓展课外阅读资源。

一是拓展相应的阅读文章，为学生转换人物视角进行故事讲述提供帮助。比如在学习《青山处处埋忠骨》时阅读《小学语文同步拓展阅读》上的文章《谁让他是毛泽东的儿子》，在学习《秋夜将晓出篱门迎凉有感》时阅读《陆游临终留诗》，等等。

二是拓展相关的阅读书籍，比如《白洋淀纪事》《红岩》等。

三是拓展相应的影视资源，比如《长津湖》《我和我的祖国》等。

此外还有纪录片等，让学生自主选择观看或阅读。

3．合理选择《感动中国》的部分人物颁奖词。

本单元布置了让学生写颁奖词，所以可以选择《感动中国》部分人物的颁奖词，联系人物事迹让学生学习。

4．联系身边的革命文化资源。

我校地处先烈路，周边遍布革命文化资源，比如十九路军陵园、黄花岗七十二烈士墓园等，这些资源学生并不陌生，在这个单元的学习中，让他们周末去调查了解这些英雄人物，涵养爱国情怀。

（五）实施过程中未解决的问题与不足

1．单元整体教学的评价问题。

评价是我们需要研究的重中之重，要制定更加科学有效的评价量表，检测目标是否达成。

2．“学历案”使用情况的及时反馈问题。

学生在课堂上用了“学历案”，然而教师们在实施过程中，对“学历案”上学生呈现的学习过程、检测情况、反思情况，以及后续的教学诊断、跟进，经常忽视。

参考文献

崔允漷．单元“学历案”：让国家课程校本化，素养落地可视化［N］．浙江教育报，2022-03-25（5）．

小学古诗词教学改进案例

作者：莫占芳（东莞市常平镇第三小学）

来源：GDJY－2021－A－b014 小学语文教学中“2＋3＋3”经典诵读策略的实践研究

一、问题及原因分析

随着传统文化越来越受到人们的推崇，统编教材有一个变化特别明显，就是传统文化的篇目增加，整个小学六个年级12册共选优秀古诗文124篇，占所有选篇的30%，比原来人教版教材增加55篇，增幅达80%，平均每个年级20篇左右。笔者对学校学生古诗词学习现状进行了调查，然后按调查对象及问卷的分类，从以下方面进行了统计（见图1、表1）：

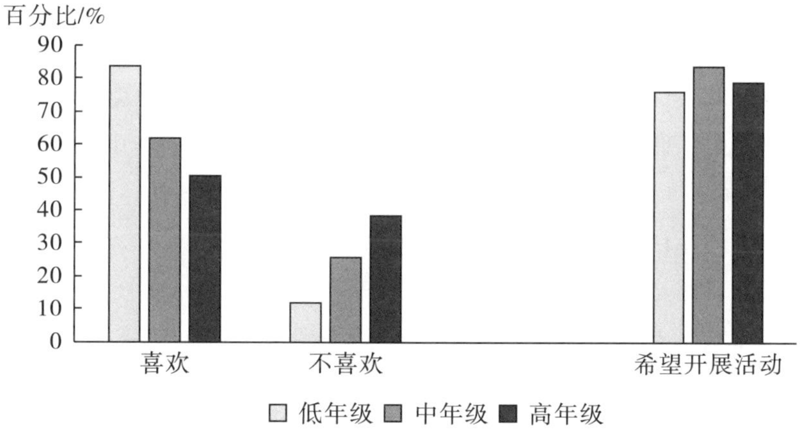

图1　古诗词学习兴趣情况统计图

表1　学习效果人数占比调查表

年级段	背诵量	能联想诗中情景、体会诗中感情	能在生活、说话和写作中运用古诗词
低年级	40～60首：61%	1.5%	3%
	60首以上：31%		

续表

年级段	背诵量	能联想诗中情景、体会诗中感情	能在生活、说话和写作中运用古诗词
中年级	60～80 首：40%	34%	19%
	80～100 首：20%		
高年级	100～120 首：32%	38%	22%
	120 首以上：17%		

在学习兴趣方面，喜欢古诗词的中、高年级的学生人数超过 50%，低年级学生人数更是高达 83%，不喜欢古诗词的学生只占少部分。对于学校开展有关古诗词学习的活动，各个年级学生参与意愿都很强烈，人数高达 80%。

在学习方式方面，学生的学习内容大部分来自课堂，高年级学生已经具有一定自学能力，但其中主动诵读的人仅有 18%，主动搜集资料的学生更少，仅有 3%。

在学习效果方面，从调查结果来看，低年级学生能背诵 40～60 首古诗的人数占 61%，60 首以上就仅有 31%；中年级学生能背诵 60～80 首古诗的人数占 40%，80～100 首就仅有 20%；高年级学生能背诵 100～120 首的人数占 32%，120 首以上的仅有 17%，远远没有达到部编教材的要求。从第二学段起，学生还要能够根据诗情想象出画意。中、高年级学生在诵读古诗词时能联想到诗句的情景的人数大约占 35%，生活中见到事物或者景物时会想起已经学过的古诗词的人数均不到 18%，在说话、写作中经常使用古诗词的仅占 20% 左右，大部分学生认为古诗词最难的是运用。

上述调查结果暴露出以下问题：

（1）被动学。中、高年级学生已经具备一定的自学能力，但主动诵读古诗词的人不多，基本上是在教师和家长的要求下“被动”地学习。搜集资料是高年级学生很重要的学习习惯和学习能力，但如果教师没有要求，学生几乎不会主动去搜集资料进行自主学习、自主探究。

（2）差距大。中、高年级学生背诵古诗词数量与部编教材的要求相差较远。内容的教学层次性上，新课标对各个学段提出了不同的要求，中、高年级学生体会作品的内容和情感方面与目标要求相差甚远。

（3）应用差。学习古诗词最终目的是能够在生活中学以致用。但在课堂上教师提到的一句诗，部分学生却不能接下一句。在生活中、写作中能想起自己背过的诗句者为数不多，大部分学生认为学习古诗词最难就是运用。如何引导学生将古诗词内化为自己的语言，提升学生的核心素养，值得每位语文老师深思。

造成问题的原因究竟是什么呢？笔者经过实践与探究，发现造成古诗词学习现状不容乐观的局面，主要有以下几点原因。

1. 快餐文化的冲击。

当今社会发展迅速，手机上的网络游戏、各种短视频等占用了人们的大量时间，小学生也不例外。他们宁可捧着手机，也不进行阅读。就算阅读，也选择图文并茂、情节引人入胜、通俗易懂、篇幅短小的快餐文化。快餐文化严重影响了学生的阅读品位，阻碍了他们的思维发展。

2. 呆板单一的教学。

在古诗词教学上，教师为了能让学生在考试时取得高分，对古诗词的教学进行逐字逐句串讲，教师讲得多，学生体会得少，接着就是“读读背背”和“默默抄抄”，没有很好地引导学生诵读吟唱、品味语言、感悟情感。除课堂教学外，古诗词方面的活动开展极其不够，一定程度上扼杀了学生学习古诗词的激情。

3. 考试方法失当。

古诗词的考试几乎以连线题、默写诗句为主，所考的内容只针对当册语文教科书上的古诗，教材外的篇目基本不考，学生之前所背诵的古诗在考试时体现不出来，造成了大部分学生只愿意在语文课堂上读读古诗词，课外从来不肯静下心来多读多背。

二、 改进措施

内化“积累”，提升学生的语言素养。积累，除了把语言文字记诵下来，更重要的是在实践中尝试运用，把积累的语言文字“吐”出来，恰到好处地运用到自己的说话、习作中。长此以往，积累就成了一个人身上深深的印记，记录着你的文化底蕴和素养。如何让“积累”在教学中散发出怡人的清香呢？笔者认为可以从内容与形式两大方面着手。

（一）内容方面

在教学中，选择合适的时机，巧妙引导学生从“练习，学用‘积累’；引入，仿用‘积累’；迁移，活用‘积累’；创作，妙用‘积累’”四个方面层层递进，进行有效的语言文字运用训练。

1. 练习，学用“积累”。

语言的理解运用离不开词句的练习，教师要善于活用教材、用活教材，从身边的教材中发掘可利用资源帮助学生进行语言运用。训练变换形式，教师设计必须立足学生、立足课程，以“语言文字运用”为基点，创设多种渠道，让学生有机会感悟学过的词句并及时学以致用，让词句从“记忆”走向“运用”。

（1）即学即练，能力升。

运用是最好的理解。俗话说：“光说不练假把戏，又说又练真功夫。”练习能使学生掌握知识，发展思维能力，从学懂到会用，实现能力的转化。

“语文课程是一门学习语言文字运用的综合性、实践性课程。”因此，应基于教学，创设高品质的语用情境，让学生在言语实践中习得语言规律，提升言语智能。

在熟读诗句后，教师巧设练习题。根据具体的语言情境，让学生写出相应的句子。如：“晓敏是个追求完美的人呢，这天，她正为自己手抄报中的一幅画画得不好而烦恼不已，你安慰她‘＿＿＿＿＿＿＿＿＿＿’。”此时，“甘瓜苦蒂，天下物无全美”这一句子就不再是一种书面的符号，而是和学生的生活实际紧密结合，名言警句从书本走向了学生的情感世界。

积累词句重要的不是数量，而是运用。把语言积累和生活情景对接起来，不仅考查了学生的词句积累，还考查了词句灵活运用的能力。而学生搜索、调集和运用词句的过程，正是分析、比较、提取等较高层次思维活动的过程，有利于学生思维的培养。

（2）整合联系，巧融合。

①单元整合，加深理解。

按照通常的教法，我们一般在教学“回顾·拓展”时，会在学习“交流平台”结束后进行“日积月累”的教学，但是这样的效果往往不尽如人意。面对教材这么好的语文学习材料，不好好利用挺可惜。笔者认为，可以打破原有的思维模式进行单元整合教学，在备课时，善于发现“日积月累”与课文之间的融合点，将它们巧妙融合，教学生如何用“积累”。

例如，在学习了《我的伯父鲁迅先生》之后，请学生浏览“日积月累”。

师：你觉得“日积月累”中哪句话用来形容鲁迅先生最合适？

生：我觉得鲁迅先生正如这句话说的那样，我好像一只牛，吃的是草，挤出来的是奶、血。他为别人想得多，为自己想得少，就是这种“牛”的精神。

生：我觉得这句话说明他的精神——横眉冷对千夫指，俯首甘为孺子牛。

生：我在课外了解到，鲁迅先生对敌人是毫不留情的，可是对人民却是非常好的。

师：是的，他的文章被称为“匕首”，他把满腔热情和心血都献给了革命事业，让我们一起来记住这两句话，把鲁迅那忧国忧民的形象深深印在心上。

在课文的情景中，学生不但加深了对句子的了解，而且很快就知道怎样“运用”这两句话。

②整册整合，有效复习。

期末考试前，高效复习是减轻学生学习负担的唯一途径。特别是六年级复习时，学生已经背诵了大量的古诗词、歇后语、名言、俗语，如果单纯地进行听写、默写，学生的复习就会变得枯燥无味，而且这也不能检测学生是否能运用已有的积累，因此，应将整合练习与活用记忆相结合，夯实学生的基础，有效地进行复习，并且潜移默化地教会学生如何运用“积累”。

按照各自不同的侧重点进行综合整理，概括运用。

如，读诗使人聪明。“诗中有志”，我们在“＿＿＿＿＿＿＿＿＿，要留清白在人间”

的诗句中，看到了于谦坚守高洁情操的决心；“诗中有理”，我们在陆游的“纸上得来终觉浅，____________________”的诗句中，懂得了书本上学到的东西一定要通过实践才能成为真正的学问；“诗中有情”，我们在“____________________，____________________”的诗句中，体会到朋友间依依惜别之情。

按照一定的主题，对课文进行梳理归类，重组教材，巧设语境，考查学生对课文的记忆、理解、拓展。主题鲜明、视角新颖、考点丰富、综合性强的训练让积累有了用武之地，避免了积累与运用“两张皮”的现象，而语言也在表达运用中得到了进一步的内化和吸收。

（3）看图联想，串诗句。

古典诗词向来具有“诗中有画，画中有诗”的特点。教师可充分利用美图美景，为图片配上相符的古诗。孩子们在寻找美丽的过程中，脑海中不时浮现书本中那些古诗妙语，对这些古人留下来的诗句进行了再现形象，“复活”形象，并有了自己独特的感受、体验和理解。让诗走进学生的生活，见景吟诗，见物吟诗，表情吟诗，叙事吟诗。久而久之，学生就会在生活中用上自己的“积累”。

教材中描写景物的诗句数不胜数，教师可以整合图片（见图2），引导学生巧妙地串起自己所积累的诗句。

图2　自然景色

春天是个多么美好的季节：看，草地上的小草（春风吹又生），生命力多么顽强；微风吹来，散发着阵阵清香，可谓（春风花草香）；河边（万条垂下绿丝绦），水中的鸭子（春江水暖鸭先知）、蜻蜓在嬉戏（点水蜻蜓款款飞）；小鸟时而飞舞，时而站在枝头歌唱，真是（处处闻啼鸟）。

这样的设置，可引导学生张开想象的翅膀，把平面的诗句想象生成一幅幅鲜活的画面，一幕幕立体的场景，使学生自然而然地投身于其中，感诗人之所感，想诗人之所想，愤诗人之所愤，悟诗人之所悟，于是，诗句背后的情味和意蕴在想象的引领下，喷涌而起，一泻千里。

2. 引入，仿用“积累”。

《义务教育语文课程标准（2022年版）》在第二学段“习作”目标中指出：“尝试在习作中运用自己平时积累的语言材料，特别是有新鲜感的语句。”是的，如果能将课文学习中积累的语言材料嫁接到学生的习作表达中去，那么学生不仅能丰富表达，还能增强习作的自信心。

有了前面各种各样的练习铺垫，教师慢慢鼓励学生把学习过的或者自己知晓的古诗句、名言等恰当地运用到自己的文章中去，以达到为文章助兴的目的，以此来提升文章句子的意蕴、内涵的深度及其所具有的审美趣味。

（1）直接引用，简单快捷。

在教学中，教师需要引导学生在习作中灵活运用“积累”，培养学生的写作能力，提高学生的人文素养。我们都知道，语言积累的数量是决定一个人语文能力的关键。不管是一整篇文章，还是一段优美的语句，甚至是一个词语、一个字，都能丰富学生的语言资源库。学生应厚积薄发，把积累的语言通过文字倾泻出来，“写”出文学的高度，提升文学修养。

学生习作欣赏（见图3）：

①五年级下册第二单元习作中，要求写借物喻人的文章。

伴着春意料峭的微风，我久久凝视着石头缝间钻出的小草，娇嫩的叶尖芽上还沾着晶莹的水滴。不禁发出感慨“离离原上草，一岁一枯荣。野火烧不尽，春风吹又生”。

——陈煜翔《顽强的卫士——小草》节选

点评：文章中，他在描写小草顽强的生命力的时候，引用白居易《赋得古原草送别》中的名句，小草的形象跃然纸上。

②六年级下册第二单元的习作，要求写民风民俗的文章。

古有苏轼正值丙辰中秋，独自欢饮达旦，为此大醉，作《水调歌头》，兼怀胞弟子由的悲慨。如今，我望着皎皎明月，念的则是皮日休大诗人笔下的“玉颗珊珊下月轮，殿前拾得露华新”的优美画卷，心间一片坦然……

——徐可卿《中秋佳节》节选

点评：短短几句，可见小作者对古诗文有大量的积累，名句佳词顺手拈来。小作者更是采用了对比的修辞手法，以表现自己当前的心情坦然舒心。

图3 学生习作

可见，学生已经在习作中学会引经据典了，逐步做到了学以致用，在习作中恰当地引用词句，使语言表达更加生动隽永。

（2）概括提炼，为我所用。

教师可以让学生浓缩概括名言佳句的大意或提炼其中的有关词语来指代整个诗句，或者截取诗词的某一部分直接变成自己的作文语言，或者是用自己的语言去演绎诗词的意境。如下面的语段：

美就是那直上青天的一行白鹭，美就是那沉舟侧畔的万点白帆，美就是那鹦鹉洲头随风拂动的萋萋芳草，美就是那化作春泥更护花的点点落红。

这段文字没有直接引用杜甫、刘禹锡等人的诗句，而是将他们诗句中的意象搬过来作为自己作文语言中的一个成分，或是作者用自己的语言对诗句的意境进行大胆的描写。这样的语段让我们联想起诗句原文，带领我们进入似曾相识的诗歌意境，又能感受到习作创作者的心声。作者巧借他人言达己意，勾起了读者的联想，大大丰富了语言的意蕴，使文章文采斐然。

3. 迁移，活用“积累”。

（1）借用。即借行语移用，就是把行内术语巧妙地“移植”或“嫁接”到新的领域，从而制造出幽默的效果。运用词语移用法，把本来习惯描写甲事物的词语用来描写乙事物，从而产生一种巧妙的、耐人寻味的幽默效果。

●每天来到农家书屋，我都会看到他蹲在角落里，津津有味地读起手中的书。看书时，他的脸一会儿“四季如春”，一会儿“乌云密布”。我心想：难道他看书看呆了？原来，他已经完全沉浸在书的海洋里，变成了一条可爱的“书鱼”了。

●此时，妈妈“已过万重山”，我还在“原地踏步”，一题也思考不出来。

“四季如春”“乌云密布”原是描写景物的词语，作者把它们借用到人物的神态上；“已过万重山”“原地踏步”用在解题的速度上，这样的挪借让人感到自然熨帖而又妙趣横生、理趣盎然。

（2）化用。即是对别人的作品内容融入自己的情感、判断和观点进行二度创造。它是一种学习过程，一种继承传统优秀文化的表现，也是一种写作技巧。如何在积淀文化素养之余学以致用？化用，无疑是一种充满智慧的技巧。

①感悟生活，改为上策。

好的古典诗文都是富有启发性的，言简而意丰，能够通过鲜明的形象和富有张力的表达唤起读者无尽的联想和想象。通过对古诗文的改写，来传达自己对生活的感悟，也能让自己的习作平添些许诗意，呈现出迷人的色彩。

当然，改写不是对古诗文的纯机械翻译，而是对古诗文的一种再创作、再提高和个性化鉴赏。

●“失败不是无情物，化作动力迎成功。”

●“咬定难题不放松，寻根问底思考中。”

●“问渠哪得成绩好，为有勤奋读书来。”

让学生仿照古诗名句的形式，融入他们的生活思考，创造出有时代气息的诗句来。这样做既加深了学生对古诗原句的理解，又让他们尝到了再创作的快感。

②听歌品词，偷意最上。

古人在化用诗句时说过“偷意最上，偷句最下”。

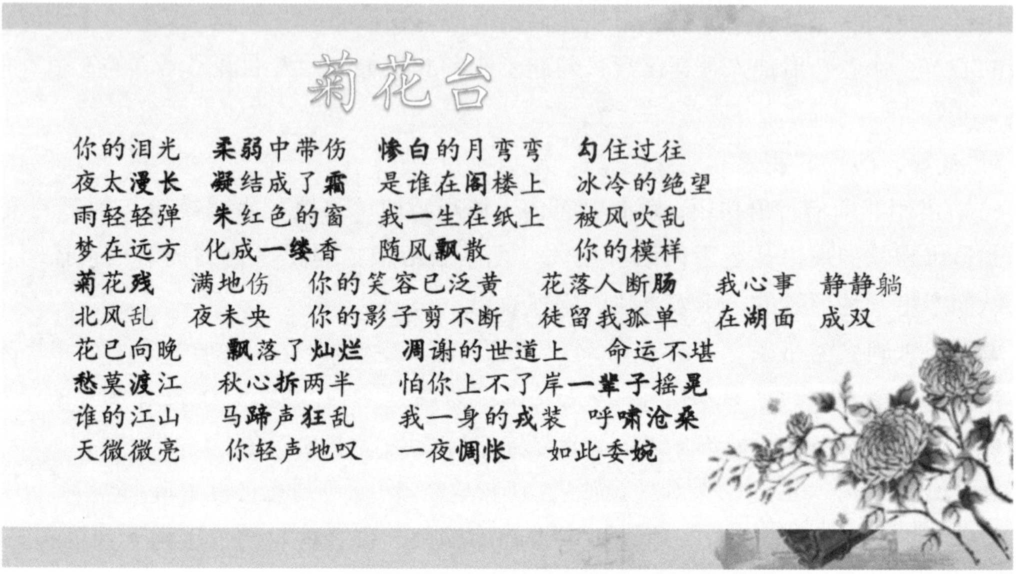

图4　《菊花台》歌词

歌曲《菊花台》（见图4）歌词的每一句，似乎都晃动着古典诗词的影子，但没有将原来的句子原封不动地拿过来，而是巧妙地不着痕迹地化用。比如前四句，其意境与李煜《相见欢》一词有神似之处："无言独上西楼，月如钩，寂寞梧桐深院锁清秋。剪不断，理还乱，是离愁，别是一般滋味在心头。"比如，"愁莫渡江　秋心拆两半"的灵感应来自吴文英的词《唐多令》："何处合成愁，离人心上秋。""秋""心"拆两半，合起来就是一个"愁"字。歌词的意境和这两首词的诗意吻合，韵味悠长，自然贴切。

借鉴这种"偷意"的手法，学生在自己的习作中写道：

湖中，几只游船悠然地聚在一起，似乎在絮语。它们，的确是有许多的见闻可说的，人们在它们面前演绎了多少悲欢离合，以为物只是故事中的背景，谁知道，在物的眼里，人又何尝不是痴痴傻傻，自寻烦恼，自作多情地活着的姿态昭示着残缺的魅力，原来，凋零也是可以美得震撼人心的。我突发奇想地盼望飘几点秋雨，坐在游船，"留得残荷听雨声"，那是多么诱人的浪漫和诗意呢。

——梅佳奕《秋夜，醉在西湖的怀里》

4．创作，妙用"积累"。

"妙用"在这里理解为已经有厚实的文化功底，有展现中国古典文化非凡的才情。王国维所言："一切景语皆情语。"万事万物皆由熏陶所起。学生对于吟诵经典诗文的感情发端，还得从"熏陶"两字入手。笔者在课内与学生一起大量吟诵经典诗文，课外大量阅读。经过几年的学习，量变促成质变，这些经典诗文最终积累内化成自己的语言。

例如，在介绍《西楚霸王》这部著作后，罗浩梆同学将自己的所思所想写成了《话项羽》。

一代枭雄楚霸王，面对那一江东水，你笑拔剑，直面苍穹，问世间多少仇与恨？直叫人之血沸腾！你侠骨柔情，是重情重义冲冠一怒为红颜的铁血男儿。

——罗浩梆《话项羽》

又如，春天，四处花开，学生与家人外出实践游玩，回来后，笔尖一动，留下一时的感受。

丽日菜花烂漫开，亲朋共约赏芳来。芬菲一路摇湖影，似把云霞水里栽。

——小勇

在小学这个黄金时期，教师要带领孩子大量读经典，提供平台鼓励孩子创作，在学生的脑海里留下中国古典文化中最经典、最优美的文字。这些优美的诗文一定能融进他们的血液，让他们受益终身。

（二）形式方面

“古诗词教学”的落实靠活动推进，学校将古诗词诵读与社团、节日庆典、学科活动有机结合。学校创造一切机会为学生搭建平台，让学生充分展示古诗词教学成果，丰富的活动伴随着学生成长。

1．社团活动系列。

学校定主题，社团负责人根据主题构思活动。例如，“拥抱春天”这个主题，形成社团活动系列：合唱社团的“春之歌”，舞蹈社团的“春之舞”，吟诵社团的“春之诗歌”，书画社团的“春之书画”，创作社团的“春之文”。将古诗词诵读与歌舞、创作有机结合，展示个人才艺。

2．传统节日庆典活动系列。

中国传统节日丰富多彩，学校可以在春节、元宵、清明、端午、中秋、重阳等重要传统节日前，组织开展传统节日庆典活动（见图5）。如中秋节，开展“做月饼，尝月饼，话月饼”活动、“做灯笼，猜灯谜”活动、“中秋诗词诵读展示”活动。庆典活动形式新颖，富有创意，特别是诵读展示活动，将传统古诗词融入音乐、舞蹈的元素，将静态的古诗词变成了有声有色的画面。

图5　传统节日庆典活动

3. 学科融合活动系列。

我们将古诗词与美术、音乐、信息技术、书法等学科有机整合，引导学生自己设计制作文图兼美的节日诗词贺卡、诗文书签，“诗配画”“画配诗”手抄报，用表演的形式来展现诗词经典的情节内容。学生通过自己动手，活学活用经典（见图6）。

图6　学科融合活动

以不断推进的方式唤醒学生在学习过程中积累的语言，让学生在一定的表达范式中进行运用，激活积累，自然地嫁接成为习作要素，对所积累的语言进行再运用。巧借他山之石丰富习作的文化底蕴，一定能为自己的文章增添绚丽的色彩，照亮读者疲惫的双眼。作为语文老师要挖掘教材中所蕴藏的教育价值，把中华传统文化的精髓春风化雨般渗透在教学中，把传统植根于心田，提升学生的语言素养。

三、 效果

1. 养成了良好的诵读兴趣和诵读习惯。

在研究与实验的过程中，学生们在学习与活动中尝到了古诗词诵读的乐趣，明白了学习古诗词的意义，诵读古诗词的兴趣与热情空前高涨。

通过两年多时间的实施，学生的诵读、阅读兴趣明显增强，吟诗写诗的氛围越来越浓。很多学生以前不读经典或只读教师要求背诵的必备古诗，但现在所有学生的诵读量、背诵的篇目都比以前有了较大的突破（见表2）。

表2　实验前后古诗词诵读人数占比变化

时间	低年级	中年级	高年级
实验前	40～60首：61% 60首以上：31%	60～80首：40% 80～100首：20%	100～120首：32% 120首以上：17%
实验后	40～60首：90% 60首以上：60%	60～80首：95% 80～100首：80%	100～120首：89% 120首以上：78%

2. 运用能力大幅度提升。

通过两年多时间的实施，学生知识储备量明显增加，阅读、写作能力明显提高。许多学生因诵读诗词走上了喜爱诗词、创作诗词之路。学生们在诵读过程中，兴趣广泛了，知识丰富了，想象力也丰富了，下笔有言、语气流畅，妙用诗文名句，随处可见，运用能力比之前有了很大的提升（见图7）。我校在“东莞市中华诗词大会”比赛中荣获小学组团体季军。文祥旭、罗浩梆、谢奖川、陈楚涵分别荣获小学组一等奖，文祥旭还荣获小学组状元奖。

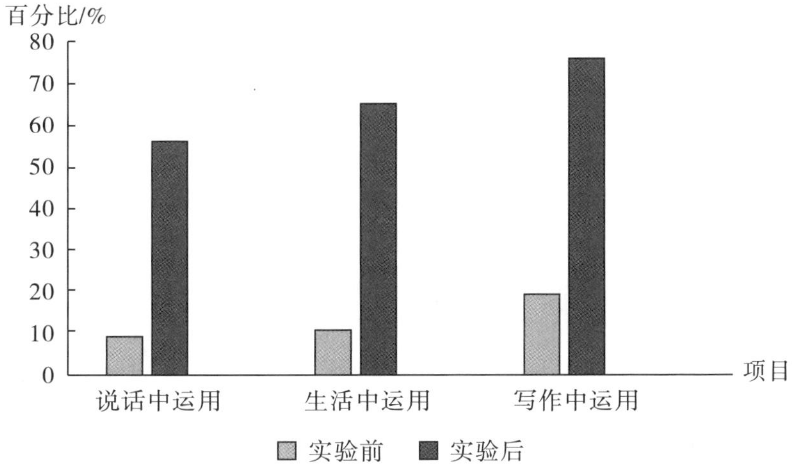

图7　古诗词运用对比

3. 教师的教学方式有可喜的变化。

我校教师在古诗词教学中，确立“生本观念”，努力做到“教”为“学”服务。我校依托校本教研，探求最佳教学方法，并充分利用多媒体课件、微课等灵活多样的辅助手段，选择恰当的教学突破口，使学生与作者产生情感共鸣，受到熏陶感染。教师还注重课外的拓展，以教材的“点”拓展延伸，以诗引诗，形成学习的“面”，在平时的生活中、习作中注重引导学生在诵读、记忆、理解的基础上灵活运用古诗词，在班里经常举行形式多样的活动，如“中华诗词比赛”“背诵擂台赛”“诗配画比赛”等。

四、反思

虽然我们的古诗词教学改进取得了一定的成效，但也有很多地方值得我们思考。

我们都知道，孩子语文学习的核心技能包括四个部分：听、说、读、写。这四个字包含了孩子从听到讲、从读到写的四个科学进阶的流程。

听和读是一种输入训练，而说和写就是一种输出训练。

在听说阶段，我们要善于引入吟诵的方法，慢慢引导学生初步学习古诗的平仄、押韵、格律、对仗等知识，感受古诗词的节奏音律美。

对于一、二年级古诗词教学，我们要注重在生活中进行启蒙：春天，带着孩子去郊外踏青，感受花红柳绿、草长莺飞，去看看早春的杨柳，一起吟诵“不知细叶谁裁出，二月春风似剪刀”；夏天，带他们到荷花池欣赏满池的荷叶，在实景中体验感受什么叫“莲叶何田田”“小荷才露尖尖角，早有蜻蜓立上头”……只有亲眼所见、亲耳所闻，浸润其间，才会让这些优秀的古诗词在孩子的心里种下一颗小小的美好的种子，继而生根发芽。

在说和写的输出阶段，我们除了教学生如何运用古诗词，更应该让学生学会写古诗，把生活中的所见、所闻、所想，模仿诗人的语调写下来，这对激发学生写作的兴趣、提高学生写作能力有着十分重要的作用。

为珠海革命英雄立传

——“革命传统文化”主题研学微课程设计

作者：钟丽清（珠海市第十六中学）

来源：GDJY－2021－A－b040一体两翼，三位一体，以文化人，立德铸魂——初中语文学科课程中落实革命文化教育研究

一、 实践案例简介

活动名称：为珠海革命英雄立传

活动时长：3周

教学对象：珠海市第十六中学初一学生

二、 实践案例概述

本项目在七年级实施，以珠海丰富的红色文化资源为基础，用真实的驱动性问题激发学生对革命文化的兴趣，传承红色文化基因，整合统编教材七年级下册第一单元、第五单元及八年级上册第二单元，涉及学习传记、阅读传记、收集资料和实地采访、写作传记等活动，共8个课时，最终要求参与项目的学生撰写珠海革命英雄的传记，设计封面，写推荐语并展示。

三、 驱动性问题

苏兆征、杨匏安、林伟民……这些都是珠海的无产阶级革命英雄，在那个风起云涌的年代，他们抛头颅、洒热血，换来我们今天美好的生活，而许多中学生却不熟悉他们的名字和事迹。对此，我们该如何为这些革命者立传，才能让学生们回到那个时代，了解他们的事迹，传承红色文化和革命精神呢?

四、 成果呈现方式

在学校举行“觉醒年代的他们”传记发表会，参与人员有学校教师、家长和感兴趣的学生。届时每组人员都需要呈现珠海革命英雄传记的打印版本，并进行口头汇报（配演示文稿），小组之间互相阅读传记，分享阅读感受，最终通过评价量规产生各具特色的传记，宣传英雄事迹，传承革命精神。

五、 高阶认知策略

问题解决（√）决策（ ）创见（√）系统分析（ ）实验（ ）调研（√）

六、 活动实施阶段

第一阶段：调查采访，搜集英雄史料。

第二阶段：阅读传记，总结传记特点。

第三阶段：写作传记，展现英雄品格。

第四阶段：编撰成册，传承革命精神。

七、 实践活动目标

（一）语言目标

（1）通过阅读，学会梳理传主的人生轨迹、历史成就、精神品格，体悟作者的情感。

（2）学会从选材、描写方法、表现手法等方面分析传记的特点，体会传记的文学性和真实性。

（3）通过网络搜索和实地参观采访，收集珠海革命英雄的历史资料，学会对资料进行取舍和甄别。

（4）在掌握史料的基础上，学会在历史背景中还原人物真实面貌，学会合理想象，选取典型事件展现人物精神内核。

（二）思维目标

（1）具体分析、对比不同传记的异同，整理归纳传记的特点，训练分析综合思维。

（2）针对现状，设计调查问题，撰写调查报告，训练问题解决思维。

（3）选择典型事件，合理想象，细节点染，写作传记，训练想象能力和创造性思维。

（三）素养目标

（1）通过小组合作、交流和讨论，提升表达与交流能力及团队协作能力。

（2）通过参与调查、采访，增强社会责任感。

（3）通过参与评价量规的设计，学会评价自己和他人的学习效果，以评价促进学习。

（4）通过跨学科的学习，提升跨学科学习的能力及信息技术素养。

（四）价值目标

以“为珠海革命英雄立传”为主题进行调查、采访、阅读、写作、编撰、展示等活动，从珠海革命英雄的事迹中汲取精神营养，丰富生活体验，传承革命精神，提升文化认同。

八、 设计说明

《义务教育语文课程标准（2022 年版）》提出，课程内容的主题及载体形式为“三化”：中华优秀传统文化、革命文化和社会主义先进文化。统编教材课文体现了此要求，以大单元主题串联。七年级下册第一单元以“杰出人物”为主题，包括《邓稼先》《说和做——记闻一多先生言行片段》《回忆鲁迅先生》等，该单元写作要求“写出人物的精神”；七年级下册第二单元以“家国情怀”为主题，包括《谁是最可爱的人》《老山界》《木兰诗》等，该单元写作要求“学习抒情”；七年级下册第六单元以“科学探险”为主题，包括《伟大的悲剧》《太空一日》等；八年级上册第二单元以“回忆人物”为主题，包括《藤野先生》《回忆我的母亲》《列夫·托尔斯泰》《美丽的颜色》，该单元写作要求“学写传记”。

由此可见，统编教材七年级下册和八年级上册都选入了传记，如《邓稼先》《伟大的悲剧》《太空一日》《列夫·托尔斯泰》《美丽的颜色》，八年级上册第二单元写作要求是“学写传记”。七年级下册第一单元和第二单元的文章是以“杰出人物”“家国情怀”为主，在能力上要求训练学生“写出人物的精神”和“学习抒情”，非常适合用在传记写作中，因此我们以“为珠海革命英雄立传”项目化活动统整七、八年级的传记知识和写作单元，在活动中落实课标要求，开发珠海文化资源。

九、 教学设计理念

《义务教育语文课程标准（2022 年版）》认为语文课程应围绕立德树人根本任务，充分发挥育人功能和奠基作用。语文课程致力于全体学生核心素养的形成与发展，语文学科负责培养的核心素养包括“文化自信”“语言运用”“审美创造”“思维能力”四类。为实现核心素养的提升，应当从学生语文生活实际出发，创设丰富多样的学习情境，设计富有挑战性的学习任务，激发学生的好奇心、想象力、求知欲，促进学生自主、合作、探究学习。要充分发挥现代信息技术的支持作用，拓展语文学习空间，提高语文学习能力。本课例开展的项目化学习“为珠海革命英雄立传”正是在信息技术的支持下，创设真实情境，让学生在项目化活动中学语文、用语文，最终实现核心素养的发展。

建构主义等现代教学理论强调要以学生为主体，知识与方法是以学生为主体进行自身建构的，学习与评价需基于真实情境。我们要关注真实情境中学生的个体发展，项目化学习强调在真实情境中培养学生的高阶思维能力，用评价来促进个体的学习，最终产生可见的公开成果。本课例涉及的学科有语文、历史和美术，包括调查采访、阅读传记、写作传记、编撰传记等活动，主要使用的高阶认知策略包括问题解决、创见、调研等，每个阶段都用评价来促进学习，实现“教—学—评”一体化。

十、 教学策略

情境教学：本课例导入和结尾时应用“腾讯智影”数字人播报模拟《珠海特区报》记者给学生发布“为珠海革命英雄立传”的任务的情境；组织学生到苏兆征、杨匏安、林伟民三位革命英雄的陈列馆参观，并采访工作人员、当地村民及游客等人，在日常生活情境中运用语文；共读革命英雄、文人及艺体明星等人物传记，是文学体验情境；搜集资料过程中查阅历史背景，了解珠海革命英雄与我们熟知的历史人物之间的关系，了解香港海员大罢工、省港大罢工与中国共产党的渊源，这些涉及历史学科；为传记设计封面、排版等，涉及美术学科。这些是跨学科学习情境。

活动式教学：本课例主要以活动来组织学习，通过思维导图来了解传记的文学性和真实性，学生通过现场参观、采访、调查来收集传主的资料，通过传记阅读分享来感知传记特点、提炼写作支架；根据写作支架开发写作量表；通过创作封面与展示成果来传承革命文化。学生通过积极参与小组活动，在活动中完成任务，发展核心素养。

合作学习：学生从兴趣出发选择一位珠海革命英雄结成活动小组，在调查采访、传记阅读、传记写作、编撰成册、成果发表等活动中积极准备、小组讨论、团结协作、互助互评，通过与革命英雄知识的互动提升自己的问题解决能力、表达与交流及决策等能力。

十一、 实施效果及推广应用情况

提升语文能力，培养学习兴趣。在活动实施四个阶段中我们设置了不同的语文活动。在调查采访中，小组成员提前讨论了采访提纲，做好分工，设想采访问题，同时查阅了采访礼仪，确保在采访中能根据采访对象的回答，调整采访问题。学生在知晓当地居民对这些革命英雄的事迹和精神了解并不多的状况后，更激发了他们参与任务的动力。

注重自主发展，提高核心素养。学生在活动实施中学会制订计划、自我监督、表达看法和评价他人。评价量规明确了学习目标，提高了学习效率，激发了学习内驱力；以“写传记”带动了听、说、读、写能力的培养，增加了师生之间、生生之间的互动，锻炼了学生的倾听、沟通能力以及在小组中解决冲突和矛盾的能力。

增加社会参与，培养文化自信。“为珠海革命英雄立传”立足于本土革命文化的传承，让学生走出校园，关注社会文化。在发现人们对这三位珠海革命英雄的认知程度不高后，学生有意识地创作修改，并致力于把项目最终成果向本校所有学生宣传展示。活动提升了学生对本地文化的认同感和责任感。

推广应用情况：在调查采访阶段，家长们就随学生一起参观；项目成果发布阶段，通过直播公开，邀请他校教师、同学、家长等评价主体加入。本实践活动案例作为广东省统编三科教材“立德铸魂”专项课题——“一体两翼，三位一体，以文化人，立德铸魂——初中语文学科课程中落实革命文化教育研究”示范案例向全市展播，具有推广应用价值。

十二、活动实施过程

第一阶段：调查采访，搜集英雄史料

【学习目标】

1. 能通过调查问卷的设计及调查报告的撰写，了解中学生对珠海革命英雄的认知程度及对传承革命精神的看法，培养学生调研的能力。

2. 能通过小组合作，制定采访提纲，采访当地居民、游客及工作人员，了解珠海革命英雄的事迹和精神。

3. 能通过网络搜索、查询地方志、求助历史老师等方式了解相关史料，了解当时国际和国内环境，梳理革命英雄人物关系图。

4. 能通过时间轴、折线图、思维导图等思维可视化技术，梳理出三位革命英雄的生平经历，标出人生重大转折点，展示采访过程和感受，对采访和展示活动进行评价。

【活动过程】

活动一：事前调查，了解英雄认知程度

访问身边的同学、教师、父母等，请他们谈谈自己知道的珠海革命英雄；设计调查问卷（见表1、表2），调查中学生对珠海革命英雄的认知程度及传承革命精神的看法，了解中学生喜欢的传记风格。

表1

采访对象	问题
同学	
教师	
父母或其他长辈	
采访问题设计原则	
采访总结	

表2

调查目的	调查问题	问题形式
了解中学生对珠海革命英雄的认知程度		
了解中学生对传承革命精神的态度		
对传记的了解程度		
了解中学生喜欢的传记风格		

活动二：参观采访，搜集英雄史料

学生小组利用周末分别参观珠海“红色三杰”的故居或陈列馆，制定采访提纲，采访当地居民、游客及工作人员，收集整理采访资料，并通过网络搜索、查询地方志、求助历史老师等方式，了解当时国际和国内环境，梳理革命英雄人物关系图。

【示例】采访问题（见表3）：

表3

对象	采访问题
当地居民	您是否了解他？ 作为当地人，您与他是否有联系，或者听说过与他相关的哪些故事？ 作为革命英雄的同乡人，您对他有什么感情？ 您觉得他的事迹和精神对青少年有何意义？
游客	来此之前对他有过了解吗？ 为什么选择来这里参观？ 您认为他是一个什么样的人？ 参观后，您有什么启发或感受？ 您认为新时代的青少年需要了解革命英雄吗？
工作人员	您在这里工作了几年？为什么选择来此工作？ 您认为他最让您触动的事情是什么？ 从这件事中，您看到了一个怎样的他？ 您认为自己在此工作的意义是什么？

活动三：小组分享，梳理英雄事迹

运用时间轴及思维导图，梳理出三位革命英雄的生平经历，标出具有转折意义及能展现人物性格精神的事件，展示采访过程和采访感受，形成革命英雄资料卡，从历史角度思考革命英雄的人生抉择及家国情怀，对展示活动进行自评和他评。

【第一阶段活动评价量表】

表 4　采访活动评价量表

评价指标 （完全符合 4～5 星，部分符合 3～4 星，不符合 1～2 星）		自评等级	组评等级
采访分工	能根据个人兴趣及特长明确分工，并能列举出每个角色的职能，带好采访设备，认真执行任务，并按照实际情况调整，对小组采访活动贡献巨大。	☆☆☆☆☆☆	☆☆☆☆☆☆
采访提纲	采访提纲完善，有很强可操作性，能根据采访目的和采访对象预设采访问题，问题有质量、有逻辑、有梯度。	☆☆☆☆☆☆	☆☆☆☆☆☆
采访过程	采访过程顺利，紧扣主题，达到预期；言行得体，与采访对象交流顺畅，注意采访礼仪，倾听采访对象回答，注重采访过程的衔接与连贯；能让采访对象放松，并把采访活动引向深入。	☆☆☆☆☆☆	☆☆☆☆☆☆
采访资料	注意运用音视频设备记录采访过程，拍摄珠海革命英雄的历史资料；能对采访材料和史料进行分类和甄别；采访资料能充分体现珠海革命英雄精神，挖掘了英雄背后的故事和细节，为传记写作提供翔实材料。	☆☆☆☆☆☆	☆☆☆☆☆☆

第二阶段：阅读传记，总结传记特点

【学习目标】

（1）能挑选自己喜欢的人物传记，填写阅读记录表，初步感知传记特点。

（2）能找出传主人生中遇到的挑战，探究传主的前后心理画像，理解传记的关键概念。

（3）初步感知传记特点及风格，思考适合中学生阅读的传记风格，用 UMU 词云图呈现共同特征。

【活动过程】

活动一：对比文体，初步了解传记

（1）传记：是以完成对传主整个人生的介绍为目的，是遵循真实性原则，用形象化的方法记述人物的生活经历、精神风貌及其历史背景的一种叙事性文体。

（2）传记文体特点是真实性和文学性。通过与写人记事散文、人物简介的对比更具体了解传记的特点：在选材上，写人记事散文和传记较为典型，同时材料具有真实性；在作者主观性上，传记因要呈现历史真实，主观性比写人记事散文弱；在人物多面性上，传记比写人记事散文更强；在时间跨度上，传记和人物简介都比写人记事散文大；在文学性上，写人记事散文和传记比人物简介强。

鲁迅先生旁边走着海婴，过了苏州河的大桥去等电车去了……海婴不安地来回乱跑，鲁迅先生还招呼他和自己并排坐下。鲁迅先生坐在那儿，和一个乡下的安静老人一样。

［萧红《回忆鲁迅先生》（节选）］

我于一八八一年生于浙江省绍兴府城里的一家姓周的家里。父亲是读书的；母亲姓鲁，乡下人，她以自修得到能够看书的学力……

［鲁迅《鲁迅自传》（节选）］

鲁迅（1881—1936），原名周树人，字豫才，浙江绍兴人，文学家、思想家、革命家。代表作有小说集《呐喊》《彷徨》《故事新编》……

（统编教材七年级上册 2021 年版，第 38 页注释①节选）

活动二：阅读传记，了解传记特点

（1）根据自己的阅读经历及阅读记录表，在组内分享你阅读的传记的传主事迹和精神，说一说你认为传记的真实性和文学性体现在哪些方面。

（2）成员整理小组分享的成果，在平板 AI 参与讨论（输入关键词即可）。

（3）组长把有意义的回答输入微词云网站，形成 UMU 词云图，由此初步总结出传记的特点。

第三阶段：写作传记，展现英雄品格

【学习目标】

（1）通过思维导图及讨论，在阅读课内外传记的基础上梳理传记的文学性和真实性。

（2）通过分析课内传记写法，学会根据人物的精神内核选取典型事件，总结出传记写作量表，传承革命精神，提升文化认同。

（3）通过完成调查问卷及评价量规，学会自我评价学习效果。

【教学过程】

学生自由阅读各类人物传记书籍，填写阅读记录表（见表 5）：

表5　人物传记阅读记录表

我阅读的传记及选择TA的理由	
TA的人生轨迹（用时间轴或思维导图）	
TA一生的重大挑战有哪些？	
TA的品质和精神前后发生了哪些转变？哪些标志性事件对此产生影响？	
作者运用哪些方法来刻画人物？	
作者对TA的评价	
你对TA的评价	
阅读传记让你收获了什么？	

【传记推荐】林语堂《苏东坡传》，茨威格《人类群星闪耀时》《三大师传》，樊锦诗《我心归处是敦煌》，史蒂芬·奈菲、格雷高里·怀特·史密斯《梵高传》，厚夫《路遥传》，迪克·威尔逊《周恩来传》等。

活动一：小组分享，探究人物心理画像转变

（1）分享阅读感受，能找出传主人生遇到的挑战，思考哪些标志性事件使传主的心理画像发生了转变。

【示例】林语堂《苏东坡传》。

【预设】珠海革命英雄标志性事件（见表6）：

表6

杨匏安	1. 因揭发校长贪污而入狱 2. 寻求救国救民的道路 3. 无辜被牵连，赴国外 4. 家境拮据 5. 被捕入狱，受到劝降
苏兆征	1. 家境困窘，被迫赴香港当海员 2. 当海员受压迫，领导工人斗争 3. 罢工遭遇资本家和港英政府威胁 4. 解决罢工工人生活问题 5. 积劳成疾

续表

林伟民	1. 家境贫困，赴香港当海员 2. 为革命党人运送军火 3. 罢工遭遇资本家和港英政府威胁 4. 骨结核病发作仍坚持工作

（2）初步感知传记特点及风格，思考适合中学生阅读的传记应该具有哪些特征，成员们整理小组分享的成果，在平板 AI 参与讨论，输入关键词，用 UMU 词云图呈现共同特征。

【预设】篇幅不要太长；语言风格偏生动活泼，要能感染人；情节曲折吸引人；在真实的史料基础上合理想象凸显精神；叙述方式吸引人，如用倒叙设置悬念；封面及插图风格活泼，可画成 Q 版；体现珠海本土特色等。

活动二：回归课文，总结传记写法

学生通过微课辨析传记与回忆性散文、人物简介的异同；通过思维导图及 UMU 讨论，梳理传主的人生挑战及前后心理画像，归纳提升传记的文学性、真实性和逻辑性的手法。

（1）学生认真观看微课，辨析传记与回忆性散文、人物简介的异同。

（2）了解传记。

①观看微课，做好笔记。

②从课内外传记中找到真实性和文学性的例子，提炼关键词，填写思维导图。

③把关键词输入 UMU 讨论，据词云图理解传记特点。

活动三：写作传记，展现英雄品格

通过分析课内传记写法，学会根据人物的精神内核选取典型事件，总结出传记写作量规，展现英雄品格；通过完成调查问卷及评价量规，学会自我评价学习效果。

1. 立德——筛选传记材料。

①由珠海革命英雄图片引出“三不朽”：大上有立德，其次是立功，再次是立言，虽久不废，此之谓不朽。学生进入情境，阅读珠海革命英雄资料卡，完成 AI 学问卷，筛选传记材料，构思传记写作方法。

②按展示传记构思：我选取的事例有哪些？我编排事件顺序是怎样的？我想详写哪件能体现传主精神的事件？我想运用哪些方法增加真实性和文学性？

2. 立功——写作英雄传记。

①学生在教师引导下回答问题、展开想象、对比文段，学习三种传记写法。

②学生依据“传记写作评价量规”详写 AI 问卷中选择的素材，为这件事加上环境、描写细节、还原内心独白。150 字，8 分钟完成，上传至 UMU 拍照。

③小组成员依据“传记写作评价量规”互评并提出建议。

3. 立言——挑选传记封面。

①课前组织小组为传记合集设计封面，收集学生作品；发送 3 个小组的封面介绍视频（扫码观看）在 AI 课前导学，通过 AI 问卷设置最适合封面的投票。

②出示话题，引导学生为珠海革命英雄传记合集取名，说出革命英雄的事迹对自己的感召。我想把珠海革命英雄传记合集取名为……，寓意是……

例如：教师给传记合集取名为“闪亮的坐标”，寓意珠海革命英雄的精神像坐标一样引领我们的人生，永远闪闪发亮。

4. 项目总结及评价。

①首尾呼应，回归情境：《珠海特区报》记者丹心祝贺学生完成任务。

②在问卷星中发布课堂效果评价量表，收集数据形成个人能力雷达图。

【第三阶段活动评价量规】

表 7　传记写作评价量规（20 分）

评价指标	评价内容	评价等级
典型性	1. 能找出传主一生中的标志性事件，讲述他面对这些重大挑战时的心理过程； 2. 能对比传主前后心理画像的转变，展示哪些标志性事件对其转变产生了影响； 3. 重大事件详写，其他事件略写。	☆☆☆☆☆
真实性	1. 介绍人物经历，涉及的时间、地点、人物等都是真实的； 2. 在具体时空中刻画人物形象，能结合历史环境来展示人物的抉择； 3. 引用传主原话或他人评价增强真实性。	☆☆☆☆☆

续表

评价指标	评价内容	评价等级
文学性	1. 抓住传主最具特点的表情、语言、声音、动作等展开描写； 2. 合理想象，揣摩人物的心理，对人物的精神品质进行深入而具体的刻画； 3. 用景物或自然环境来渲染气氛，烘托心理； 4. 把传主与其他人进行对比； 5. 运用倒叙，设置悬念； 6. 夹叙夹议，中间或结尾加入议论、抒情，体现传主精神的感染力。	☆☆☆☆☆
逻辑性	1. 以小标题或章节名提示情节； 2. 用时间、地点等为线索编排事件； 3. 事件的排列要与传主的精神成长一致。	☆☆☆☆☆

第四阶段：编撰成册，传承革命精神

【学习目标】

（1）结合传记内容，发挥联想与想象，手绘封面或插图，艺术表现英雄形象，表达文化寓意。

（2）小组合作，组建编辑部，对传记进行审稿、图文排版、写序言，印刷成册，以实际行动传承革命文化。

【活动过程】

活动一：手绘封面画插图，艺术表现英雄形象

结合传记内容，发挥联想与想象，选择恰当的艺术元素，手绘封面或插图，艺术表现英雄形象，表达文化寓意。

（1）回顾读过的传记封面，说说传记封面的特征。

【预设】传记大多以写实照片或艺术创作的人像为封面，通过人物的外貌特征来体现人物的精神，或抓住人物的动态，突出其职业特征，具有视觉冲击力，画面构图对比强烈，能吸引读者。

（2）小组讨论：封面设计的流程有哪些？封面设计要参考哪些因素？

【流程预设】定风格、选元素、思构图、画线稿、涂颜色、修细节。

作品立意：切合传记主题。

历史意义：能反映出近代的时代背景或时代变迁。

文化寓意：能体现革命文化传统。

珠海特色：能有珠海本土文化元素。

人物特征：能结合三位革命英雄的人物特征，突出人物性格意志或精神。

画面构图：元素组合排列恰当，构图具有视觉冲击力。

艺术风格：写实风格，或面向中学生的漫画风格。

封面字体：与画面元素相契合，或选择具有历史感的字体。

（3）在美术课学习人像创作、场景创作、色彩组合等美术技法。

（4）创作封面及插图，拍摄封面介绍视频，转换成二维码，上传至班级群，投票选出最喜欢的封面。

活动二：图文编辑写序言，积极传承红色基因

全班建立三个编辑部，挑选责任编辑，咨询信息技术老师，对传记进行审稿、图文排版，并为小组撰写的英雄传记写序言，印刷成册，以实际行动传承红色基因。

（1）全班建立三个编辑部，对应三位珠海革命英雄，并招募编辑，对编辑工作分工。

【预设】编辑工作分工（见表8）：

表8

策划编辑	收集文稿，对文稿排序，联系印刷
审稿编辑	审查传记的文学性、真实性和逻辑性，审查史实的谬误、内容的完整度等，对后续加工提出建议
校对编辑	校对文字及语法错误，排版后再次对照原稿校样
美术编辑	挑选具有最佳艺术效果的封面和插图
排版编辑	将文字和图片进行排版，做到美观、易读

（2）为珠海革命英雄传记写序言，讲述作品内容、写作缘由、写作过程等，还可尝试让文笔较好的同学在阅读后为本小组传记写序言，表达阅读感受。

活动三：成果公开说感受，总结得失提升素养

（1）教师利用“腾讯智影”数字人播报总结项目：《珠海特区报》记者丹心恭喜大家完成“为珠海革命英雄立传”的项目活动，希望大家在今后能继续以行动传承革命精神！

（2）组织各小组策划“觉醒年代的他们”传记发表会，要求每个小组呈现本组革命英雄传记，利用PPT汇报活动过程及感受，聚焦其中1～2个任务。

【流程预设】①策划组制作展板，布置会场。

②外联组填写邀请函，参与人员有学校教师和同学，对家长开放线上直播。

③小组分工，梳理流程，制作 PPT。

④主持组撰写串词，准备流程 PPT。

⑤活动组发放传记及评价表，活动最终用问卷星收集项目评价数据。

（3）根据项目评价量规完成自评和互评，教师总结项目评价数据，向每个同学发送个人能力雷达图。

“左手栏”助推教学“类经验”形成的实践探索
——以语文科组《答谢中书书》诵读型课例讨论为例

作者：刘艳婷（韶关市第八中学）

来源：GDJY－2021－A－b041 基于同行讨论的自主生长式中学语文教师专业发展研究

教师自身的经验与反思、同事之间的交流是教师知识发展的重要来源。在教研活动中，教师的教学经验容易隐性化，原因有可能是出于教师的思维惰性，对于教学问题懒于思考，也可能是害怕说出错误的观点在集体中出丑，或在多人讨论中没有机会发挥，或经验尚浅不敢发表意见，或经验丰富却吝于赐教。缺乏交流不利于教学行为的改进，如何让教师的经验显性化是我们在研修活动中要解决的问题。

湖北第二师范学院潘海燕教授在自主生长式的教师专业发展理论中提到教师的“自我经验”是客观存在的经验形态，教师发展的实质是“自我经验”借助“专业共同体”，在反思伴随下从“事例经验、类经验、个人经验体系、教育实践智慧”四个台阶的嬗变的过程。这给了同行讨论的理论指导，校本研修中如果能致力于以同行讨论的方式推动教学，从仅对某一事例产生较单一的“事例经验”进阶为一种灵活、多路径解决某类问题的“类经验”，沿着经验嬗变的台阶登高，便可实现教师专业的自主生长。

“左手栏”式的同行讨论为自我经验的进阶提供了有力的学习支架。“左手栏”是美国管理研究大师彼得·圣吉在《第五项修炼》一书中提到的一种修炼心智模式的方法，“这项技术能非常有效地让我们‘看到’我们的心智模式是如何在特定情况下运行的”。让想而不说的（左手栏）和我们所说的（右手栏）搜索出内心隐而未显的想法。对于教学经验而言，右手显性经验与左手隐性经验同样重要，可将这种智能形态工具移植在教学研修上，改为“左手栏”教学讨论法。本文以韶关市第八中学语文科组朱老师执教的《答谢中书书》诵读型课例讨论为例，探讨如何依循经验的嬗变规律活用“左手栏”讨论法来组织教研组的校本研修，先后设计三种形式的“左手栏”，让更多的教师在研修情境中重视经验的梳理。现将实践过程描述如下。

一、论前预热，“备案左手栏”察觉原有经验

教师在研修活动中的身份是学习者，如果学生的课前预习能大大提高课堂效率的话，那教师要开展充分的教学讨论也需要教研预习。《礼记·中庸》说的“凡事预则立，不预则废”，课前设计“备案左手栏”的支架为同行讨论预热，“右手栏”是备课教师的微型

案例，“左手栏”让教师在课前收集、梳理自己或他人的微型案例。同行讨论前教师会进行自我思考，做好充分准备，在想而未说中形成主动教研的意识，提升案例探究意识，使教学思维得到高度激发。课前一周，朱老师将备好的教学设计提前发给科组教师。科组教师自行填写“备案左手栏”，如表1所示。

表1　同行讨论前“备案左手栏”

左手栏	右手栏
自己的微案： 《答谢中书书》　陈老师 一、感知翻译，疏通文意。 二、精读赏析，山川美景。 三、探究学习，明确主旨。 四、重点字词，复习归纳。 我已知的微案（他人）： 《答谢中书书》　余映潮（名师） 一、感知性朗读，自读自讲。 二、分析式朗读，趣味练习。 三、体味式朗读，选句欣赏。	备课教师的微案（一）： 《答谢中书书》　朱老师 一、初读课文，感受朗诵。 二、复读课文，领悟文意。 三、再读课文，学习写法。 四、读探相促，探究内涵。 备课教师的微案（二）： 《答谢中书书》　朱老师 一、初读课文，感受朗诵。 二、复读课文，领悟文意。 三、再读课文，学习写法。 四、读探相促，探究内涵。

课还没开始，反思就已启动。将自己的日常案例与朱老师的预设案例比对，自我经验与他人经验发生交流，你会意识到自己的常规教学是可变的，发现诵读在教学结构中可起到穿针引线的作用；在名师案例与朱老师案例的比对中，还发现从“感知—分析—感悟”的这样一条共性的教学思路，名师和我们普通教师一样，都喜欢用诵读来教学，印证了朱老师这节诵读课例的可行性。教师在备案的比对中自主意识到教学应由“常式”走向“变式”。

填写“左手栏”的过程中，教师会对自我经验进行梳理，将自己的原始案例摆放、悬挂。在名家案例的收集中，更是做好了论前的教学研究，是一种自我提升的驱动。朱老师和余映潮名师的案例都注重读的设计，都以诵读为线索联结课堂。而陈老师的原始案例，是大多数教师简易操作的常规步骤，是推翻旧知还是沿用加工，这是值得思考的问题。自我经验与他人经验的碰撞，相当于提前预习。双双比较，备案对碰的过程中，教师的内心会涌动隐性的教学反思，产生讨论的欲望，有不说不快的内动力，这必然可以助力研修活动的高效开展。反思是讨论的源泉，讨论又可激荡反思。教师察觉自己的原有经验，为收集更有价值的事例经验做好准备。

二、 论中可视，“观点左手栏” 萃取事例经验

传统的听评课，大多是骨干代表发言，或者直接在评价表上评等级，缺少同行间的讨论对话和互动合作，教师的参与度是不足的，往往只有终结性的评价和意见，缺少过程化的深入研讨，许多隐藏着的教学经验会就此埋葬。教师若没对教学经验收集、整合的习惯，这些隐形的经验就会在不经意间被藏匿，但这些碎经验恰恰是教学的智慧火花，是教学中最宝贵的生成，应该用来分享共用，互学共进。由此可见，教师不是缺经验，而是缺少经验的激活、流动、采集、类化。经验被封锁，理念被固化，都不利于教师的专业成长。

对于有“备”而来的听课，教师不自主地将已知经验与未知经验进行碰撞观察，所以课后的同行讨论都有话可说、有感而发、有计可施，但依然无法保证这样的讨论是充分的。为了避免相关教学经验的遗漏，科组长设计了简易操作且匿名填写的“观点左手栏”，提供给参与研修的教师更充分表达心声的机会。每一位参与讨论的教师都会存在“现场已说”与“想说未说”的两种情况，也会出现所“说”与所“想”的不一致的情况，而所想未说的内容更具有事件的客观性与真实性，“左手栏”最本质的效用是看清绕着教研主题的边缘话，成功地将隐藏的想法摊出来，努力找出事件的症结，接受外部的讨论。讨论过程中教师用“观点左手栏”萃取该课的事例经验如表2所示。

表2 同行讨论中“观点左手栏”

左手栏［写下在讨论各阶段中，自己想说却没说出来的话（务必写自己的真实想法）］	右手栏（写下同行讨论中感受最深或收获最大的内容）
1. 可聚焦“节奏指导”这一版块，从朱老师归纳的“看结构、找句式、据修辞”三个角度有针对性地展开教学。 2. “仁者乐山，智者乐水”的乐（yào）的读音，古音字是否要更正？ 3. 小组合作法的使用，是否可以主问题或任务来驱动？避免无效合作。 4. 中心词“美”为起点带动文本体验，美读中体会情景交融的写法。 5. “字词分析”在两个教学版块出现有重复，可删除其一，精简课堂。 6. 可设计诵读评价表，检验诵读的成效。	1. 用诵读来教，体现了课标精神。古诗文教学适合用诵读教学。 2. 围绕单元目标及重难点来进行教学，采用诵读、创设情境、分组讨论的方法进行教学，让学生从学会到会学，体现一课一得。 3. 注重朗读方法的指导，从节奏、结构、修辞等角度来调动诵读的积极性。 4. 小组合作法，学生参与度高。 5. 注重各种形式的诵读，凸显骈文的句式特点。骈散结合，可侧重散句的诵读指导。 6. 以“读”来设计教学，但在课堂实施中还应设计主题牵引的主线，用“读”促进学生对文本的思考。

续表

左手栏［写下在讨论各阶段中，自己想说却没说出来的话（务必写自己的真实想法）］	右手栏（写下同行讨论中感受最深或收获最大的内容）
7．诵读方法的指导要建立在对文意、主题的理解基础上，可设置教学情境诵读，将读的技巧、内容、情感融合一体来教学。 8．写景美文可做写作型文本，以读促写。	7．文言文教学六字——“读准、读顺、读通”在课中有体现，还应读出情感，结尾的重点句可做读出情感的指导。

“和同事的日常交流”也是需要经验流通的支架的。缺少支架，事例经验就会模糊化。“左手栏”可以发散教学思维，获取更全面的知识收集。“观点左手栏”的讨论中有对教学目标、教学方法、教学结构、教学内容、教的行为、学的行为、评价设置等方面的思考，从细处着力却窥见全面，显性和隐性的经验都可以一栏打尽。教师从一节课例的讨论中分析成功或失败的教学细节，通过反思而获得的感悟，就是典型的事例经验。同行讨论的教研活动，是一种知识众筹的方式。知识众筹认为问题解决所需要的知识并不存在上课教师身上，而是存在问题相关者的经验中。“左手栏”讨论策略的使用，让更多的教师在教学体验中有沉浸式的学习，我们也因此收集了大量宝贵的事例经验，精彩纷呈。这过程中既有个体知识的构建，也有合作性知识的联合构建。教师会在“观点左手栏”里既看见自己，也看见他人，理出自己的想法与同行之间的主要差异，吸收更为优秀的教学经验，明确教学改进的策略，也明了需要进一步探讨的问题，让专业成长之路更为明晰。

三、论后改进，“重构左手栏”整合“类经验”

“左手栏”教学讨论让隐藏的教学经验成功地浮出水面，教师经历课例讨论后，不仅萃取了事例经验，而且对教育教学有全新认识，必将对教师的教学行为产生正面的影响。设计“重构左手栏”是想促使教师将单一的事例经验整合为多种诵读教学的策略，也就是诵读教学的“类经验”，再利用“类经验”对日常教学微案进行重构，进行一种既是创造性又是评价性的研修活动。

“左手栏”就是把镜子转向自己，发掘自己与他人内心世界的隐性经验，让这些经验浮在表面并严加审视，改变自己固有的教学思维，改进自己的教学行为。有了“重构左手栏”的任务驱动，教师会在自主梳理“左手栏”的同行讨论记录表，必将在一个更高的平台上审视这系列事例经验，对其进行深度思考和创新整合，进而凝练为可操作的策略，即诵读教学的“类经验”。例如：（1）诵读课堂的线性设计，既可用主题贯穿，也可用诵读技巧贯穿；（2）诵读技巧的指导可细化，从节奏入手，从标点入手，从层次入手，从句式入手，从重音入手等；（3）诵读文体的变形策略可促使学生在读中思考；（4）有感情地诵读重点句，带动学生体验融情入景；（5）写景短文可作写作范文，以诵读促进学生从写作的角度去思考。围绕诵读教学的主题讨论，教师们会不断审视自己的思想及自己的行为，改善并超越，使之成为新的教学智慧。“左手栏”始终伴随着教师从萃取经验走向经验的整合，在袒露心声的成功讨论中类化教学经验，形成教学策略。

同行讨论中我们始终围绕诵读主题教学有效地质疑、沟通、讨论、做出决策，发现了诵读教学设计的共有规律——“诵读教学的线性设计”，这有价值的“类经验”将有效地指导教学的重构。表3自我重构的微案中，每一个教学步骤中都有“诵读”，“诵读”就是教学中一线串珠的教学策略，全程实现用诵读来建构的教学设计。在“重构左手栏”（见表3）的采集中我们看见了更多别出心裁的诵读教学设计，或以文本美读来串线，或以读促写来串线，或以诵读技巧来串线等，可见“重构左手栏”让教学改进落实，不仅整合了诵读教学的“类经验”，还生发出更多灵动的诵读教学设计，教师专业成长的实效显而可见。

表3　同行讨论中“重构左手栏”

左手栏	右手栏
自我重构微案（一）： 《答谢中书书》　陈老师 一、美读骈文节奏。（品音韵） 二、美读景色如画。（学描写） 三、美读融情入景。（抒情感）	执教教师微案（一）： 《答谢中书书》　朱老师 一、初读课文，感受朗诵。 二、复读课文，领悟文意。 三、再读课文，学习写法。 四、读探相促，探究内涵。
自我重构微案（二）： 《答谢中书书》　刘老师 一、集读词语，改写成词。 二、译读句子，改写成诗。 三、说读文段，改写成文。 四、重读文题，改写成信。	执教教师微案（二）： 《答谢中书书》　朱老师 一、初读课文，感受朗诵。 二、复读课文，领悟文意。 三、再读课文，学习写法。 四、读探相促，探究内涵。
自我重构微案（三）： 《答谢中书书》　朱老师 一、看结构，一读层次之节奏。 二、找句式，二读骈文之音韵。 三、据修辞，三读描绘之美景。 四、品主旨，四读融入之情感。	执教教师微案（三）： 《答谢中书书》　朱老师 一、初读课文，感受朗诵。 二、复读课文，领悟文意。 三、再读课文，学习写法。 四、读探相促，探究内涵。

教学案例的重构是一种自我超越，产生出教学的创造性张力，改善教学行为模式。参与讨论的教师在已有教学经验的基础上，通过新旧经验间的交流与碰撞的双向互动过程重构新的知识，从而丰富和改造已有知识经验，生发出更多灵动的教学智慧。引导教师用“左手栏”的同行讨论法获得事例经验，并以此作为其教学新经验的生长点，这是引领教师专业发展的有效策略。“左手栏”可以激发教师积极的心理状态，克服消极被动的研修状态，让教师学会有效表达自己的想法，并以开放的心态学习和接纳别人的想法，使教学更贴近与符合教学规律，与时俱进地改善教学心智模式与教学行为模式，培育教学的创新能力，在实践中自我完善、自主生长。

同行讨论的论前、论中、论后，设计以“备案左手栏”“观点左手栏”“重构左手栏”作为一个整体性的讨论支架，令教师的教学经验历经“觉察—萃取—整合”的过程，更体现了自我经验从事例经验到类经验进阶的显性化和过程化，以集体的力量促进个体动力，使教师的自我经验得以进阶优化。

总之，移植后的“左手栏”教学讨论法是教师暴露和发现心智模式的一面镜子，是一项效果强大的反思技巧，成功解决了教师经验隐性化的问题，使个体的缄默知识显性化。在同行讨论中教学经验进入教师的觉察范围，最终实现教师对事例经验的萃取，统整成更多的类经验，用以改进教学。因此，实现教师的专业成长是一个在不断试误中取舍和提取教学经验的漫长过程，教研团队应尝试更多的讨论形式，以结构化的讨论激活和优化教师自我经验的生长。每位教师都可以借助学习共同体，在同行讨论中更积极地收集事例经验，整合萃取教学类经验自成个人经验体系，生发教育智慧，最终成为优秀的教师。

参考文献

［1］潘海燕．自主生长式教师专业发展研究［M］．武汉：华中师范大学出版社，2018．

［2］圣吉．第五项修炼［M］．张成林，译．北京：中信出版社，2009．

［3］陈庆礼，曾小翠，潘海燕．提升中小学教师对自我经验的敏感性［J］．成才，2016（10）．

历史学科

融合创新，节日活动谱新篇 培根铸魂，革命精神照未来

——结合节日落实革命文化教育的初中历史实践活动案例

作者：唐剑虹（东莞市东莞中学初中部）

来源：GDJY－2021－A－b188 初中历史课程落实革命文化教育实践研究

一、 案例背景

历史的进程，总有一些节点彪炳史册，总有一些精神烛照未来。但试问：除了历史课本中提到的节日名称、英雄人物，学生还了解多少节日背后的革命文化，又领会了多少革命精神？2021 年，教育部发布《革命传统进中小学课程教材指南》。《义务教育历史课程标准（2022 年版）》明确要求：将革命文化等重大主题教育有机融入课程，增强课程思想性；提倡探索多样化的教学方式和方法；设立跨学科主题学习活动，强化实践性要求。

二、 研究思路

响应党和国家的政策号召、践行新课程理念，东莞市东莞中学初中部（以下简称“莞初”）历史科组结合校本、生本的背景和初中历史教学的实际融合创新，选择清明节、五四青年节、七一建党节、国庆节、国家公祭日等纪念性节日，开展了系列历史实践活动落实革命文化教育；在此基础上开展课题研究，探究初中历史课内外落实革命文化教育的实践活动策略。

三、 实践过程

在具体实践中，莞初充分考虑所选节日的放假时间，结合课堂内外实际，把落实革命文化教育的初中历史实践活动分为“课堂教学”“校园文化”“馆校合作”三类。

（一）课堂教学

关于五四青年节，在学习统编版八年级上册中国近代史第四单元第13课“五四运动”时，让学生课前搜集资料，课上“说说五四青年”。

关于七一建党节，在学习统编版八年级上册中国近代史第四单元第14课“中国共产党诞生”时，课前布置学生搜集资料，课上“说说中共一大代表”。

关于八一建军节，在学习统编版八年级上册中国近代史第五单元第16课“毛泽东开辟井冈山道路”时，课上播放电影《建军大业》片段，让学生谈建军感想。

关于十一国庆节，在学习统编版八年级下册中国现代史第一单元第1课“中华人民共和国成立”时，课上播放《开国大典》，结合人民英雄纪念碑的修建，让学生体会新中国成立的不易及其重大意义。

关于国家公祭日，在学习统编版八年级上册中国近代史第六单元第19课“七七事变与全民族抗战”时，课前让学生搜集证据资料，课上分组汇报南京大屠杀的真相。

（二）校园文化

2021年起，清明节前后，莞初开设历史少年宫课程“大型纪录片《国家荣光》赏析”，开展网络祭扫活动。

2021年起，五四青年节，莞初开设历史少年宫课程“电视剧《觉醒年代》赏析”，组织开展“说说史上的青年榜样”征文比赛等。

2021年起，七一建党节，莞初开设历史少年宫课程“纪录片《百炼成钢：中国共产党的100年》赏析”，组织学生参加市、校级党史知识竞赛等。

2021年国庆节前后，莞初把常规“历史讲解员比赛”与舞台表演融为一体，举行了“讲演英雄故事，传承红色记忆”历史讲演比赛。从初一、初二2 000多名学生中选拔107人参加了决赛。学生在历史老师的指导下撰写讲稿、制作演示文稿、准备服装道具、反复演练，最终在舞台上演绎了陈延年、赵一曼、关露、黄大发、陈树湘、缪伯英、东江纵队、血战湘江等一个个生动而富有感染力的英雄故事。对于表演者和观众，这都是一场深刻而震撼的体验！英雄活了，火了，更激励着学生向英雄学习，把爱国爱党的热情转化为努力学习的实际行动，奋斗新征程，建功新时代！（东莞日报、南方网2021年10月15—16日相继报道）

（三）馆校合作

2021年12月13日国家公祭日，莞初历史科组组织初二41名学生赴广东东江纵队纪念馆参加了馆校合作教育实践活动，瞻仰革命遗址，传承红色基因。

当日上午，莞初师生参加了全国23家抗战类纪念馆联动举行的南京大屠杀死难者国家公祭日悼念活动，默哀，齐诵《和平宣言》，在题字碑前鞠躬献花。师生们用铿锵有力的宣言，表达了爱护和平的坚定信念。

随后，莞初师生参观“东江铁流　南粤旌旗”主题展览，观看沙画演绎的《中华民族的抗日战争》，既了解了东莞的地方抗战史，也在画面竞猜、知识问答中印证课本中的抗战史实。

当日下午，学生们参加了以“百花洞战斗”为背景的实景综合实践。该活动依托大岭山抗日根据地旧址，把初中综合学科知识镶嵌在一个智勇抗日的战斗情景中，让学生组队学习任务分解、责任分工、协同互助，也通过历史角色的扮演、对话，设计找寻线索以及悬疑博弈、解密真人秀等环节，让学生充分发挥想象力和创造力，引导学生从中汲取历史知识。

结课仪式后回程，学生在东纵笔记本上纷纷写下活动感悟。此次实践活动，内容丰富，形式新颖，打破了传统教学与传统参观模式。馆校合作有效地整合学校教育与纪念馆的社会教育资源优势，把课程学习与实践活动、时事体验深度融合，通过沉浸式教育，培养学生历史学科的核心素养，有效落实了革命文化教育。（新华社、南方 +、东莞广播电视台、东纵纪念馆 2021 年 12 月 13 日都有相关报道，2021 年 12 月 14 日被学习强国转发）

四、 创新模式

在上述节日开展系列历史实践活动的基础上，莞初历史科组还开展课题研究，对结合节日落实革命文化教育的历史实践活动整体创新设计了表格模板，每个节日需填写“具体目标”“侧重点”“活动设计”三大项，“活动设计”又分为“校园文化”“课堂教学”“校外实践”三类（见表 1）。

表 1

节日	具体目标	侧重点	活动设计		
			校园文化	课堂教学	校外实践
清明	·落实初中历史课标中国近现代史上的中华民族奋斗史。 ·让学生在活动中学习先辈事迹，传承革命精神，弘扬爱国情怀。	·革命历史教育 ·爱国主义教育			
五四	·弘扬五四精神，要与时代相结合。 ·要学会负责任，要勇敢地进行创新。 ·心系国家、心系民族、心系人民。	·五四精神教育 ·爱国主义教育			
七一	·回顾党的光辉历程，落实初中历史课标中涉及的中国近现代史知识。 ·感受党奋斗历史的不易，加深对党的感情与认识，更加领会党的宗旨与方针政策，全身心投入社会主义建设。	·党史教育 ·爱国主义教育			

续表

节日	具体目标	侧重点	活动设计		
			校园文化	课堂教学	校外实践
八一	·落实初中历史课标涉及中国现代史中有关南昌起义、红军长征、钢铁长城部分的知识。 ·让学生在学习我国军队的建设与发展的历史中感悟前辈们艰苦奋斗、勇于拼搏、爱国爱党的伟大革命精神，体会中国共产党带领广大人民克服困难、走向胜利的光辉历程。	·革命历史教育 ·爱国主义教育			
国庆	·落实初中历史课标从中国近代史到中国现代史开端这一阶段的革命历史。 ·让学生自觉接受革命理想和革命传统、革命精神教育。	·革命历史教育 ·爱国主义教育			
国家公祭日	·落实初中历史课标中国近代史中有关南京大屠杀和抗日战争知识。 ·让学生在公祭日的活动中铭记国家耻辱历史，激发爱国热情，努力学习为实现中国梦而奋斗。	·革命历史教育 ·爱国主义教育			

具体的活动设计，我们也创新设计了表格模板，每个活动需填写“活动主题”以及“教材资源”“教师活动”“学生活动”“支持平台”“多元评价”五个维度在“准备阶段”“活动期间”“活动后续”三个阶段的相关内容。下面以国庆节前后举办的“讲演英雄故事，传承红色记忆”历史讲演比赛为例完成表格的填写（见表2）。

表2

活动主题	“讲演英雄故事，传承红色记忆”历史讲演比赛
教材资源	1.《义务教育历史课程标准（2022年版）》。 2. 统编版《中国历史》八年级上册中国近代史、八年级下册中国现代史课本。

续表

活动设计	准备阶段	活动期间	活动后续
教师活动	1. 建立每个学生的历史学习档案，记录活动前的课堂表现、历史成绩等。 2. 制定评分标准，进行比赛培训：指导学生讲什么（选题要紧扣主题和时间范围），怎么讲（明确比赛方式和评分标准），怎么做（明确撰写讲稿的步骤、制作演示文稿的要求和讲演准备事项），展示往届讲稿、演示文稿、讲演视频的范例。 3. 对任教班级学生的讲稿、演示文稿的科学性进行把关。 4. 协助准备道具、服装等，指导排练。 5. 进行主持人培训，编辑初赛花絮，彩排。	1. 请历史、道德与法治、音乐、美术、语文等学科老师担任评委、颁奖嘉宾等。 2. 请信息技术学科老师负责摄影摄像、线上直播等。 3. 历史老师负责催场、后台、计分写奖状、播放初赛花絮等。	1. 设计调查问卷了解学生对比赛的想法要求和受到的影响等，选手提交参赛体会，其他人提交观赛体会。 2. 在每个学生的历史学习档案中，保存选手参赛体会、他人观赛体会、影像资料等；也跟踪记录活动后的课堂表现、历史成绩，进行对比研究。 3. 撰写活动推文，进行相关宣传报道。
学生活动	1. 查资料，与历史老师协商选题。 2. 查资料，撰写讲稿，请历史老师对讲稿的科学性进行把关。 3. 制作演示文稿，可向历史、信息技术等学科老师请教。 4. 租赁或自制道具、服装等，可向历史、美术老师请教。 5. 讲演排练，可向历史、音乐等学科老师请教。	1. 主持人认真投入地主持。 2. 选手和助演认真投入地讲解、表演、操纵电脑。 3. 观众认真投入地观赛、拍摄等。	1. 填写调查问卷。 2. 提交参赛体会（或观赛体会）。

续表

活动设计	准备阶段	活动期间	活动后续
支持平台	1. 学校历史少年宫课程提供培训指导。 2. 历史或班会课进行初赛选拔、表演。	1. 学校读书节或艺术节提供舞台、舞美设计、后勤支持。 2. 校园网可提供线上直播。 3. 学校可邀请嘉宾、社会媒体观看。	1. 学校可提供获奖班级综合评比加分。 2. 学校公众号、视频号和社会媒体可提供后续报道。
多元评价	1. 参加班级选拔的学生历史平时成绩加分。 2. 进入年级决赛的选手组合评为学校三等奖，选手和助演们分获比赛的“优秀讲解员”“积极分子”称号。	进入校级决赛的选手组合评为学校一等奖、二等奖，选手获评“优秀讲解员”，主持人和助演们获“积极分子”称号。	1. 对选手的参赛体会、其他人的观赛体会予以评价，作为平时成绩的一部分。 2. 择优在学校或班级宣传栏、公众号、视频号展示。

五、 活动成效

综上所述，我们持续在选定的节日开展“校园文化”“课堂教学”“校外实践”三大类历史实践活动，依照上述设计从“教材资源”“教师活动”“学生活动”“支持平台”“多元评价”五个维度的三个阶段探究初中历史课内外落实革命文化教育的实践活动策略，实现了实践活动多层次、宽领域的综合价值，活动成效总结如下。

（一）对于学生

增强了学生学习历史的兴趣，涵养了学生的家国情怀等历史学科核心素养。

（二）对于教师

提升了初中历史老师的领导力，促进教师专业成长。

（三）对于历史教学

创造性地整合节日、教材资源与学校、社会资源，形成落实革命文化教育的节日系列专题活动案例，生成节日系列的初中历史实践活动课程，拓展了初中历史教学的深度与广度。

（四）对于学校教育

建成系列化、专题化的资源库，总结多种形式、可操作的实践活动策略落实革命文化教育，既丰富革命文化教育在初中学段的理论研究，又为学校的德育、学生会团委工作和跨学科实践活动提供参考。

（五）社会效应

实践活动和成果在各级教研活动中展示交流，在媒体上报道推广。

融合创新，节日活动谱新篇；培根铸魂，革命精神照未来。期待本案例能引起广大师生对结合节日落实革命文化教育的初中历史实践活动的进一步思考和探索。

跨学科主题学习活动设计方案

——在身边发现历史：制作纪录短片《北伐纪实·韶关篇》

作者：葛晓媛（广东北江实验学校）

来源：GDJY－2021－A－b184 初中历史主题式情怀教学的实践路径与研究

为了发展学生核心素养，提高学生学会学习、实践创新、责任担当等综合性的素养，切实有效地促进学生历史学习方式的转变，使学生能运用多学科的知识与技能，进行贴近社会、贴近生活的综合探究，新版历史课程标准在课程结构上，构建了通史内容与跨学科主题相结合的课程体系，拟定了若干跨学科学习主题活动，让学生围绕这些主题，贯通所学历史知识和方法，同时借助不同课程所学的知识和方法，养成多角度分析问题和解决问题的能力。

如何利用身边的教学资源，更好地结合教学实际来设计切实有效的跨学科主题学习活动？如何让学生在跨学科主题学习活动的探究中提升历史核心素养？这些都是值得探究的重要课题。为此笔者以统编教材八年级上册第15课“国共合作与北伐战争”为基础，结合韶关的乡土历史资源，设计了以下跨学科主题活动。

韶关是一座革命的城市，具有深厚的红色文化底蕴，在中国革命历程中，无数革命先烈在这块红色土地上书写出辉煌灿烂的革命篇章，留下了光辉的红色足迹和宝贵的精神财富。在我们身边有大量的历史遗存和信息，如博物馆、纪念馆、历史遗址、老照片、老物件，以及亲历者的回忆等，这些红色文化遗存，不仅是中国历史的重要组成部分，而且是激励中国人民自强不息、不断进取的文化源泉，蕴含着丰富的革命精神和厚重的历史内涵。

本主题活动设计的出发点，旨在引导学生通过所学的国民革命的相关内容，利用身边的红色文化资源，通过实地走访、调查采访等形式，走进历史，感悟历史，加深对中国近代革命艰难历程的理解，进一步认识到之后中国共产党领导人民夺取革命胜利的可贵和人民群众无私奉献的精神；同时也希望学生通过探寻身边的历史，拉近学生生活与历史之间的距离，提升学生对历史的认知，发展历史思维，认识到家乡在中国革命历程中的重要作用，激发学生对家乡的热爱之情；引导学生借助时间线、战争形势变化两大主线对北伐战争在韶关的发展历程进行探究，使学生逐步形成在具体时空条件下考察历史的时空观念。学生通过对身边史料的搜集、整理、甄别、编辑运用等，学会尊重历史、在唯物史观的指导下看待历史，认识历史发展规律，进一步提升史料实证、历史解释等历史学科核心素养。

一、目标、任务与方法

（1）目标：在探寻身边历史的过程中，体会家乡在中国革命历程中的重要地位，感悟家乡英雄人物的革命英雄主义精神。通过史料的搜集整理、纪录短片的拍摄制作等过程，提升历史思维和历史学科素养，进一步发展自主探究、合作交流、沟通表达、实践创新等共通性素养。

（2）任务：综合运用乡土历史资源及地理、道德与法治、语文、艺术等知识，搜集、整理身边的历史信息，对史料进行搜集、分类、整理、甄别及运用。在活动中探究其历史背景，进一步认识韶关在中国革命历程中的地位及作用。

（3）方法：通过史料搜集、编排、短片剪辑等活动，进一步提升对史料的辨析、研读、运用能力，增强对历史的理解。结合文字记载、实地走访、参观纪念场馆、考察历史遗址，查阅相关书籍、资料，搜集北伐时期的书信、物件等，并对搜集到的信息进行分类、整理、汇编、求证、筛选，创作文案；利用图片编辑软件、视频编辑软件，依据文案剪辑、制作短片。

二、学科（跨学科）主题学习活动知识图谱

具体活动见表1。

表1

知识	相关课程内容							
	历史	乡土历史	地理	道德与法治	语文	信息技术	音乐	美术
中国近代史	北伐战争	韶关乡土历史资源	战争形势图	革命斗争中的英雄人物及事迹	北伐战争时期的文学作品、回忆录、书信等	图片、视频编辑软件应用技术	北伐战争题材的音乐作品	北伐战争题材的美术作品，如宣传画、漫画等

三、活动过程

（1）提出学习活动主题：制作纪录短片《北伐纪实·韶关篇》，时长5～10分钟。北伐战争是中国革命史上的重要事件，1922年和1924年，孙中山先生曾两次亲临韶关督师北伐，大本营设在韶关，韶关人民全力支持北伐。孙中山先生为什么以韶关为北伐大本营？韶关在北伐中发挥了哪些重要作用，涌现了哪些北伐名将？我们可以通过哪些途径，

在哪里找到这些历史信息？寻找这些信息能给我们带来什么感受和启示？

（2）全班分成若干小组——总导演及制片组、图表资料组、文字资料组、音像资料组、走访考察组、资料审核组、文案编辑组、视频编辑组。各小组主要任务如下。

总导演及制片组：纪录短片的总负责人、组织者和领导者，组织和团结所有创作人员、技术人员；负责剧本统筹、前期筹备；参与各组探究方案制定；跟踪各组活动进度，协调各组关系。

图表资料组：负责搜集、整理图表类史料，如美术作品、漫画、明信片、旧照片等，并对所搜集到的图表史料进行甄别、筛选，加上说明并分类，简单编辑形成初稿。也可与文字资料组的学生搜集到的资料进行整合。

文字资料组：负责搜集、整理文字类史料，如回忆录、书信、相关文学作品等，并对所搜集到的史料进行甄别、筛选，加上说明并分类，简单编辑形成初稿，也可与图表资料组的学生搜集到的资料进行整合。

音像资料组：负责搜集、整理音像资源，如纪录片、电影片段、宣传短片、采访等，对所搜集到的音像资源进行筛选、分类，并做初步编辑。

走访考察组：实地走访北伐纪念馆、博物馆，探寻革命遗迹，做好笔记；走访相关村落，寻找革命者亲属或其他见证者，进行采访并做好采访记录和心得感受；拍摄图片或视频片段，形成初稿。

资料审核组：协助各资料组进行资料的搜集整理，并对各组搜集来的资料进行甄别，力求尊重历史、还原历史。

文案编辑组：与总导演及制片组合作，明确纪录短片的主题，制定总体框架，编辑文案、字幕及其他说明。

视频编辑组：按总导演及制片组和文案编辑组制定的纪录短片制作方案，综合其他小组的资料，编辑制作视频。

各小组要多交流，以便及时整理、编辑资料，修改文案，确保纪录短片的制作进度和质量。

（3）各小组推选组长，明确本组的任务、探究方向及方式，并将任务细化分工，责任到人。例如，图表资料组的学生要对搜集到的图表资料进行处理、保存，查找图表背后的故事，对图表资料进行解释说明，并对搜集到的图表资料和文字说明按照时序或其他方式进行编排，形成初稿。

（4）各小组定期或不定期召开全员或部分小组会议，及时交流、互相学习，不断修改、完善设计思路及文案。

（5）各小组组长建立聊天群，及时协调、沟通，公开本组进度和成果，以便相应负责小组分阶段完成短片制作任务，将纪录短片制作这一庞大的工作化整为零。

（6）举办纪录短片《北伐纪实·韶关篇》初稿发布会，邀请教师代表们（可以是历史、语文、信息技术等科目的教师）观看，并提出意见，进行修改。

（7）各小组协调合作，结合教师们的意见对初稿进行修改。

（8）在年级举办纪录短片《北伐纪实·韶关篇》公映会。公映后，各小组派代表宣讲本组的探究成果、探究心得和感悟；将制作的短片发至学校历史科组，供其他年级学生观看。

四、 活动延伸

学生可在本次探究活动的基础上，继续探寻身边的历史，探寻韶关红色文化，切实感受韶关是一座革命的城市，发扬革命先烈的奉献精神，传承红色文化基因。

以下摘录部分学生对于本次跨学科主题学习活动的感悟。

许梓琰：这次制作纪录短片我被安排在文字资料组，负责搜集资料。一开始我只是在百度上搜索，看到与“北伐战争”“韶关”有关的资料我就直接复制粘贴，交给资料审查组之后，大部分被退回来了，说是“和其他资料有出入”“没有重点”“资料来源不可靠”……后来找老师解决，老师建议我去北伐纪念馆看看展馆的介绍或者找一些更权威的书籍。在北伐纪念馆我看到《孙中山北伐在韶关》等书籍，从这些书中找到了很多有用信息。这次的资料搜集不仅让我对北伐战争有了更深的了解，更重要的是令我掌握了很多搜集、整理史料的方法。

李奥：因为我家在县城，所以这次活动我负责的是走访考察。我周末叫上爸爸陪我去了张发奎故居（见下图），也找了一些认识的亲戚聊天，听爷爷辈们说当年的事。这次活动让我感受到，历史离我们这么近，我们身边就有活在教科书里的人。

韶关市始兴县隘子镇张发奎故居

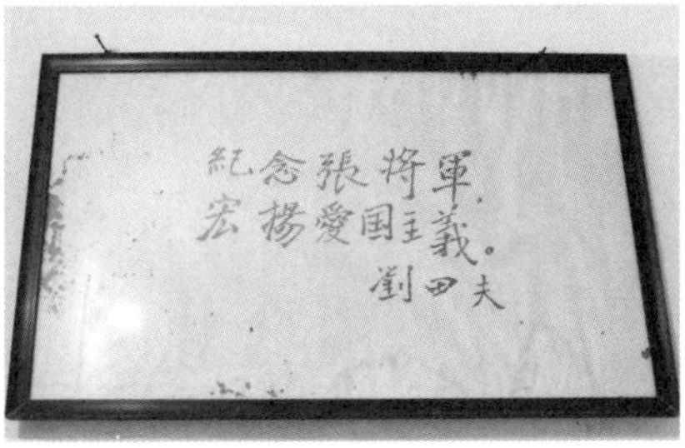

故居内题词

马若妍：这次制作纪录短片我负责资料审核，这是一项非常庞杂的工作，老师说“历史最重要的是真实客观”，她对我们这组工作的第一要求就是确保资料的真实性和正确性。为了核实资料，我们会要求资料搜集组提供确切照片，并确认资料来源，有些也会通过网络查询。我们还到北伐战争纪念馆实地走访核对资料。对于一些无法核实的资料，我们大多会选择放弃。这次活动让我对待历史学习更严谨了，当然也了解到了很多课本上没有的知识。

韶关市北伐战争纪念馆

韶关市中山公园题词

朱祖言：我是这次纪录短片的主要视频编辑人员。我们一开始毫无头绪，因为交给我们的资料太多了，完全无从下手。导演组的同学和老师沟通后，让我们先找资料审核组的同学大致了解资料的内容，然后每个组派代表开会编写剧本，再按剧本整合图片、视频、文案等信息。真是说起来容易，做起来难啊。不过，一边做，也一边了解到很多课外知识，很有意义。

……

本次活动以历史学科为主，与政治、语文、地理、信息技术等学科共同开展，学生需利用课余时间查阅资料、研究资料、分工合作制作研究成果等，一定程度上提升了学生自主探究的意识，让学生从做中学，从探寻历史的过程中逐渐形成“论从史出”的历史学习观。本次活动结合本乡本土的历史文化进行乡土主题资源开发，让学生进一步了解和感受家乡的历史底蕴、光荣传统，引导学生树立知家乡、爱家乡和建设家乡的信念，根植家国情怀。不过本次活动也存在一些问题：学生学业压力重，成绩本位，对于课外活动探究的热情、时间和精力都有限；学生之间能力差异大，实践中发现学生参与面及参与度并不高，活动的完成主要依靠少数能力较强的学生 ；当地可用于获取史料的场馆、遗址有限，而且从安全角度考量，学生实地走访有一定难度。这些问题也鞭策笔者在今后的教学中立足学情、生活实际，不断优化活动设计，提高活动的可操作性和实效性，让更多学生真正参与活动体验。